CHARLES-QUINT

Paris.—Imprimé chez Bonaventure et Ducessois, 55, quai des Augustins.

CHARLES-QUINT

SON ABDICATION

SON SÉJOUR ET SA MORT AU MONASTÈRE DE YUSTE

PAR

M. MIGNET,

DE L'ACADÉMIE FRANÇAISE

Secrétaire perpétuel de l'Académie des sciences morales et politiques.

SIXIÈME ÉDITION.

PARIS

LIBRAIRIE ACADÉMIQUE

DIDIER ET Cⁱᵉ, LIBRAIRES-ÉDITEURS

35, QUAI DES AUGUSTINS.

1863

Tous droits réservés.

L'abdication de Charles-Quint et son séjour dans un cloître de l'Estrémadure pendant les deux dernières années de sa vie : tel est l'objet de ce livre. Consacrer un volume entier au récit d'un événement qui fait sortir, pour ainsi dire, ce puissant monarque de l'histoire, et au tableau d'une existence terminée loin du trône, dans l'inaction monotone de la solitude et au milieu des pratiques minutieuses de la piété, n'est-ce pas trop?

D'abord, il s'agit d'un grand homme, qui, après avoir occupé quarante ans la scène du monde, s'en retire, et, par un acte des plus extraordinaires renonce à la plus vaste des dominations.

Ensuite, les véritables pensées et les suprêmes actions de Charles-Quint, lorsqu'il devient un pieux solitaire sans cesser d'être jusqu'à la fin un politique éminent, ont été mal connues et entièrement défigurées par les historiens des trois siècles qui ont précédé le nôtre. Il n'est donc pas hors de propos d'expliquer l'abdication du prince en lui donnant ses motifs et sa grandeur, et de raconter sa vie à l'ombre du cloître en lui restituant toute l'influence extérieure qu'elle conserve et tout l'attrait intérieur qui l'anime.

Comment le potentat auquel a été attribué le premier dessein de la monarchie universelle est-il descendu volontairement du trône? Pourquoi, cessant de diriger l'empire d'Allemagne, de régner sur l'Espagne, l'Italie et les Pays-Bas, de commander dans les îles de la Méditerranée, d'occuper la côte septentrionale de l'Afrique, de posséder les immenses États d'Amérique, est-il allé achever ses jours auprès des religieux hiéronymites, dans un petit palais construit à côté de leur couvent? Quand a-t-il eu cette pensée si singulière dans son siècle et avec son ambition? L'ayant eue de fort bonne heure, quelle est la raison qui la lui a fait réaliser aussi tard? S'est-il promptement repenti de son abdication, comme on l'a prétendu, ou bien a-t-il continué à s'applaudir de sa retraite et à se plaire dans son repos? Quelle a été sa vie au monastère de Yuste? S'y est-il tenu étranger à toutes les affaires du monde, ainsi qu'on l'a cru longtemps, et n'a-t-il pas, au contraire, connu, jugé, quelquefois même préparé ou conseillé plusieurs des choses qui se sont accomplies durant cette époque si féconde en événements politiques et militaires? Son esprit, déjà fatigué par des travaux accablants et de longues maladies, s'y était-il affaibli dans la dévotion, ou avait-il conservé sa lucide intégrité, sa fermeté prévoyante, sa hauteur dominatrice? C'est ce que des documents nombreux et authentiques, dont quelques-uns ont été récemment publiés et dont quelques autres sont demeurés encore inédits, tout en devenant accessibles aux historiens, permettent maintenant et d'éclaircir avec exactitude et d'exposer avec intérêt.

Le principal de ces documents est un volume manuscrit de don Tomás Gonzalez, tiré surtout des archives espagnoles de Simancas. Ce volume embrasse les projets de retraite de Charles-Quint, son séjour, ses occupations, les divers incidents de son existence, ses infirmités, sa dernière maladie, sa mort au monastère de Yuste. Aussi est-il intitulé *Retiro, estancia y muerte del emperador Carlos Quinto en el monasterio de Yuste*. Don Tomás Gonzalez ajoute : *Relacion histórica documentada*. C'est en effet une relation historique composée avec des pièces qui sont tout à la fois de la plus haute importance et de la plus précieuse authenticité. Elles consistent en lettres émanées de l'Empereur lui-même, de son fils Philippe II, de sa fille la princesse doña Juana, qui gouvernait l'Espagne en l'absence de Philippe II; de son majordome Luis Quijada, de son sommelier de corps Jean de Poupet, seigneur de la Chaulx, de son secrétaire Martin de Gaztelú, de son médecin Henri Mathys, qui l'avaient suivi au monastère; du grand commandeur d'Alcántara don Luis de Avila y Zuñiga, et de l'archevêque de Tolède Bartolomé de Carranza, qui allèrent l'y visiter, le premier très-fréquemment, le second à la veille de sa mort; enfin du principal secrétaire d'État espagnol, Juan Vasquez de Molina, qui de Valladolid lui adressait communication de tous les événements portés à sa connaissance, de toutes les affaires soumises à son examen. Insérées en totalité ou par extraits dans un récit bref mais judicieux et intéressant, elles forment un véritable journal des dernières années de Charles-Quint et donnent des certitudes incontestables sur tout ce qui avait été jusqu'alors l'objet de fausses imaginations.

Le volume de don Tomás Gonzalez a deux cent soixante-six feuillets ou cinq cent trente-deux pages in-folio de texte; il est suivi en outre d'un appendice de cent vingt et un feuillets (deux cent quarante et une pages), où se trouvent onze pièces relatives aux instructions laissées par Charles-Quint à Philippe II sur la manière dont il doit régner, à son abdication, à son testament et à son codicille, à l'inventaire des meubles et des joyaux qu'il avait au monastère, à la guerre qui éclata et se poursuivit pendant son séjour à Yuste entre Philippe II, Paul IV et Henri II. De ces onze pièces, sept avaient été déjà publiées dans Sandoval. Quatre seulement étaient inédites, à savoir : l'extrait de l'inventaire dressé après la mort de Charles-Quint, les lettres et déclarations concernant la guerre entre Philippe II et Paul IV.

Don Tomás Gonzalez avait été dans la position la plus favorable pour recueillir ces matériaux inconnus et nécessaires à l'histoire. Chanoine de Plasencia, dans le voisinage de Yuste, aussi instruit qu'intelligent, il avait été chargé par Ferdinand VII de remettre en ordre les archives historiques et politiques de l'Espagne transportées à la suite de l'invasion française de 1808 à Paris, et rétablies après 1815 à Simancas. Les riches documents qui lui montraient sous son véritable jour le vaste règne de Charles-Quint, dont les vues et les actes lui parurent ou ignorés ou dénaturés par les historiens les plus accrédités, soit nationaux, soit étrangers, lui suggérèrent la pensée de reconstruire ce règne tout entier et d'en faire reposer l'édifice sur des fondements certains. Mais il recula bientôt devant l'immensité de la tâche, et il se borna à retracer l'histoire de Charles-Quint pendant les dernières années de sa vie, qui étaient le plus imparfaitement connues.

Le manuscrit qu'il a laissé en mourant à son frère don Manuel Gonzalez, archiviste de Simancas de 1825 à 1836, a été offert à divers gouvernements de l'Europe. Comme le prix qu'on en demandait était d'abord de 15,000, puis de 10,000 fr., le célèbre manuscrit resta longtemps sans acheteur. Mais, don Manuel Gonzalez ayant enfin consenti à le céder moyennant la somme de 4,000 fr., le gouvernement français en fit l'acquisition en avril 1844[1]. Depuis lors il a été déposé aux archives des affaires étrangères.

Acquis par la France, il devait être profitable à l'histoire. Aussi a-t-il été consulté utilement par les auteurs de deux ouvrages récemment imprimés sur ce sujet et sur cette époque à Londres et à Paris. Il a servi de principal fondement au charmant volume que M. Stirling a donné en 1852 sous le titre de *The cloister life of the emperor Charles the fifth*[2], et qui a déjà eu et mérité trois éditions en Angleterre,

---

[1] Sous le ministère de M. Guizot et par l'entremise de M. Tiran, alors chargé d'une mission scientifique en Espagne et aujourd'hui chancelier de l'ambassade française à Madrid.

[2] Cette *Vie de l'empereur Charles-Quint dans le cloître* avait déjà paru en 1851 dans le *Fraser's magazine*.

ainsi qu'à l'intéressante *Chronique de la vie intérieure et de la vie politique de Charles-Quint*[1] que vient de publier M. Amédée Pichot. En mettant la connaissance des faits à la portée des historiens, il permet au public d'arriver enfin à la réalité de l'histoire.

Ce document inédit est aujourd'hui complété par un recueil imprimé non moins précieux. M. Gachard, archiviste général du royaume de Belgique, auquel notre temps doit déjà de si savants travaux et de si importantes publications historiques, a réuni, sous le titre de *Retraite et mort de Charles-Quint au monastère de Yuste*, les dépêches et pièces qu'il a été admis à copier en 1843 et 1844 dans le vaste dépôt de Simancas. Le premier volume de cette riche collection contient deux cent trente-sept documents, dont le premier est une lettre écrite de Laredo le 29 septembre 1556, le lendemain du débarquement de Charles-Quint en Espagne, et le dernier une lettre de Quijada adressée à Philippe II

---

[1] Le titre exact du volume de M. Pichot est : *Charles-Quint, chronique de sa vie intérieure et de sa vie politique, de son abdication et de sa retraite dans le cloître de Yuste.*

le 13 décembre 1558, un peu moins de trois mois après sa mort.

On peut regarder ce curieux volume, qu'un autre suivra bientôt[1], comme ajoutant à certains égards au manuscrit de don Tomás Gonzalez. Outre quelques pièces d'un haut intérêt qui ne sont point dans le manuscrit, le recueil de M. Gachard contient en entier les lettres de l'Empereur, de son majordome, de son secrétaire, de son médecin, du secrétaire d'État Juan Vasquez, etc., que don Tomás Gonzalez n'a souvent insérées dans le sien que par extraits ou en analyse. Mais, de son côté, le manuscrit de don Tomás Gonzalez renferme des pièces qui ne se trouvent pas dans le premier volume de M. Gachard. On s'en apercevra à nos citations, car nous avons puisé abondamment dans l'un et dans l'autre, le manuscrit de don Tomás Gonzalez ayant été à notre disposition dès 1844, et M. Gachard ayant bien voulu nous communiquer les

[1] Ce second volume, qui paraîtra au mois de septembre à Bruxelles, d'après ce que m'écrit M. Gachard, contiendra deux cents nouvelles pièces importantes qu'il a reçues de Simancas, et la relation du moine hiéronymite de Yuste dont il sera parlé plus bas.

feuilles de son recueil à mesure qu'elles étaient imprimées, avec une obligeance à laquelle il nous a depuis longtemps habitué, et dont nous ne saurions lui rendre trop de grâces.

Mais ces deux ouvrages, également nécessaires à qui veut écrire l'histoire de Charles-Quint dans sa retraite, ne sont pas les seuls qui aient été offerts de nos jours à la curiosité du public sur ce grand prince et cette grande époque. Des documents de toute nature, consistant en papiers d'État, en correspondances politiques et privées, en négociations diplomatiques, en pièces officielles, en relations écrites par les observateurs les plus pénétrants et les plus habiles, sont sortis des diverses archives de l'Europe pour être imprimés : à Leipsick, dans la *Correspondance de l'empereur Charles-Quint*[1] ; à Vienne, dans l'*Histoire de Ferdinand I*[2] ; à Madrid, dans la *Collection des documents inédits sur l'histoire*

---

[1] *Correspondance des Kaisers Karl V*, aus dem Königlichen Archiv und der Bibliothèque de Bourgogne zu Brüssel mitgetheilt von Dr Karl. Lanz. Leipzig, 1844-1846. 3 volumes in-8.

[2] Geschichte der Regierung Ferdinand des Ersten. Aus gedruckten und ungedruckten Quellen von F. B. von Bucholtz. Vienne, 1831-1838, 9 vol. in-8°.

d'Espagne[1]; à Florence, dans les *Relations des ambassadeurs vénitiens*[2]; à Paris, dans les *Papiers d'État du cardinal de Granvelle*[3].

Outre ces documents en quelque sorte politiques qui éclairent tant de points de la vie et tant de côtés du caractère de Charles-Quint, le hasard a fait découvrir, il y a quatre ans, dans les archives de la cour féodale de Brabant, une relation nouvelle et détaillée de son existence religieuse à Yuste, écrite par un moine de ce couvent. Le récit de ce hiéronymite inconnu est plus étendu et plus circonstancié que celui du prieur même du monastère, fray Martin de Angulo, dont s'est servi trop exclusivement Sandoval dans la *Vida del emperador Carlos*

---

[1] *Coleccion de documentos inéditos para la historia de España*, par D. Martin Fernandez Navarrete, D. Miguel Salvá et D. Pedro Sainz de Baranda, in-8°. Le premier volume a paru en 1842 et le vingt-deuxième en 1853. La collection se poursuit.

[2] *Relazioni degli ambasciatori Veneti al senato*, raccolte, annotate ed edite da Eugenio Alberi. Firenze, 1839-1844, 7 vol. in-8°. — Cette collection, dont la publication avait été interrompue, a été reprise récemment; beaucoup de relations vénitiennes restent encore inédites.

[3] Dans la grande collection des documents inédits publiés au ministère de l'instruction publique.

Quinto en Yuste. Fray Martin de Angulo n'a passé à Yuste que les quatre derniers mois du séjour de Charles-Quint, tandis que le moine anonyme y était avant son arrivée, y est demeuré après sa mort et a suivi ses restes à l'Escurial lorsqu'ils y ont été transportés en 1574. Les relations laissées par ces deux contemporains de Charles-Quint ont servi à fray Joseph de Siguenza, contemporain de Philippe II, à écrire la partie de son Histoire de l'ordre de Saint-Jérôme relative à l'établissement de l'Empereur à Yuste. — M. Bakhuizen van den Brink a donné en français une analyse fort détaillée du manuscrit qu'il a découvert et que M. Gachard doit publier avec le texte espagnol tout entier dans le second volume de son recueil. J'en ai fait usage, ainsi que de fray Martin de Angulo, cité par Sandoval, et de fray Joseph de Siguenza. Mais j'ai cru devoir néanmoins recourir à eux avec une certaine réserve. J'ai préféré les témoignages des serviteurs mieux instruits et plus véridiques de Charles-Quint, toutes les fois qu'ils étaient en désaccord avec les récits des moines.

A l'aide de ces documents nouveaux et de quelques documents anciens, j'ai essayé de rétablir, de mon côté, la fin singulière de cette grande vie. J'ai pu fixer, non plus sur des ouï-dire vaguement transmis, mais d'après les paroles sorties de la bouche même de Charles-Quint, l'époque précise où il a eu la première pensée de son abdication. Il avait déjà conçu la résolution de se retirer du monde à l'âge de trente-cinq ans, avant son veuvage et ses revers, lorsqu'il était le plus fortuné des hommes le plus puissant et le plus glorieux des princes. C'est ce que met dorénavant hors de doute une dépêche inédite de l'ambassadeur portugais Lourenço Pires de Tavora du 16 janvier 1557, dépêche écrite après un entretien avec l'Empereur au château de Jarandilla, vingt jours avant que Charles-Quint se renfermât au monastère de Yuste. J'en dois l'obligeante communication à M. le vicomte de Santarem, qui possède et emploie avec un habile discernement tant de pièces diplomatiques sur les relations du Portugal avec les divers États de l'Europe et notamment avec l'Espagne.

Cette histoire de Charles-Quint, un peu avant son abdication et depuis son abdication jusqu'à sa mort, avait été déjà ébauchée dans des articles insérés au *Journal des Savants* du mois de novembre 1852 au mois de mars 1854. Je la présente aujourd'hui avec de nouveaux développements et sous sa forme définitive. En se retirant de la scène, Charles-Quint ne se retire pas de l'histoire. Les affaires l'accompagnent dans le couvent où il s'enferme, et remplissent encore sa solitude de ce qui avait occupé sa puissance. Les sollicitudes de la guerre, les alarmes pour l'orthodoxie religieuse menacée au cœur même de l'Espagne, les combinaisons de la politique, le suivent et l'agitent dans le monastère. Le pape, le roi de France, le roi de Portugal, le roi de Navarre, le roi d'Espagne, la reine d'Angleterre, l'infant don Carlos, les ducs d'Albe et de Guise, le duc Philibert-Emmanuel de Savoie et le connétable Anne de Montmorency, le comte d'Egmont et le maréchal de Thermes y comparaissent en quelque sorte, en même temps que s'y annonce la courte et brillante destinée de don Juan d'Autriche. Beaucoup de négociations s'y traitent et de graves événements s'y préparent. Les guerres d'Italie et de France, les batailles de Saint-Quentin et de Gravelines, les siéges de Calais et de Thionville, les entreprises maritimes des Turcs, ont leur retentissement à Yuste, où Charles-Quint, soit par la connaissance, soit par le conseil, ne demeure étranger à rien de ce qui se passe alors sur le théâtre du monde. Ce volume consacré à sa vie dans le monastère est donc tout ensemble une étude intime sur Charles-Quint et un tableau de l'histoire générale du temps aperçu du fond d'un cloître et tombant sous le regard et le jugement du plus grand politique du siècle.

24 juin 1854.

Depuis qu'a paru la première édition si bien accueillie et si vite épuisée de cet ouvrage, M. Gachard a fait imprimer à Bruxelles le second volume des documents qui lui ont été envoyés de Simancas. Ce second volume ajoute aux richesses historiques contenues dans le premier. Des lettres nombreuses, ou importantes ou intéressantes, la plupart écrites par les mêmes personnages, et quelques-unes par des personnages nouveaux, montrent de mieux en mieux la part que Charles-Quint, dans sa retraite, prit aux événements politiques et militaires de ces deux années, l'influence recherchée de ses conseils, l'intervention invoquée de son autorité dans de graves et délicates affaires. Ces correspondances, émanées de l'Empereur ou écrites sur lui, sont précédées du fameux manuscrit hiéronymite que M. Bakhuizen van den Brink a récemment découvert, que M. Gachard publie aujourd'hui, et dont les récits colorés répandent un jour si vif sur la vie intérieure de Charles-Quint et sur ses habitudes religieuses à Yuste.

M. Gachard m'ayant communiqué, avec sa complaisance habituelle, les feuilles de ce second volume aussitôt qu'elles étaient imprimées, j'ai pu m'en aider à établir plus fortement quelques faits, à restituer tout leur caractère à certains actes, à mieux peindre certains détails, à donner tout à la fois plus de précision et plus d'étendue aux négociations engagées pour opérer l'échange du duché de

Milan avec la Navarre et préparer l'adjonction future du Portugal à l'Espagne. En faisant reposer de plus en plus cet ouvrage sur les solides matériaux tirés des archives où ils ont été si longtemps enfouis, et pouvant seuls servir d'inébranlables fondements à l'histoire, j'espère l'avoir rendu de moins en moins indigne de l'attention et de la faveur du public

15 septembre 1854.

Charles-Quint a-t-il assisté à ses obsèques célébrées, de son vivant, dans le monastère de Yuste? C'est ce que racontent les chroniqueurs hiéronymites et ce qu'a accepté l'histoire, longtemps peu certaine des motifs qui conduisirent Charles-Quint dans sa retraite de l'Estrémadure, et surtout très-imparfaitement instruite de la vie qu'il y mena après s'y être enfermé. Le chanoine don Tomás

Gonzalez, éclairé par la lecture des documents authentiques, s'est le premier élevé contre des erreurs jusqu'ici admises, et il a formellement contesté la célébration de ces funérailles anticipées. A mon tour, j'ai exprimé des doutes touchant la réalité d'un acte aussi bizarre de dévotion superstitieuse. J'ai donné, dans le chapitre VIII de ce volume, les raisons de ces doutes. Elles sont fondées sur :

1° La règle religieuse qui interdit aux vivants de semblables cérémonies réservées pour les morts ;

2° Les délicates affaires que traitait Charles-Quint au moment assigné par les moines à ces funérailles, et ses préoccupations incessantes, fort propres à le détourner d'une étrange fantaisie qu'aurait pu seule inspirer une imagination désœuvrée ;

3° La santé de l'Empereur, qui, bien près de sa fin, sortant à peine d'une attaque de goutte violente et prolongée, se tenant avec beaucoup de difficulté sur ses jambes encore malades et depuis longtemps affaiblies, était incapable d'assister plusieurs jours de suite aux services funèbres en l'honneur de son père Philippe le Beau, de sa mère Jeanne la Folle, de sa femme l'impératrice Isabelle, services fatigants, suivis de ses propres obsèques plus fatigantes encore ;

4° L'invraisemblance même d'un service célébré vers la fin d'août pour l'impératrice, ce service l'ayant été déjà trois mois auparavant, le 1ᵉʳ mai, anniversaire de sa mort ;

5° Le silence absolu que gardent à ce sujet le majordome Quijada, le secrétaire Gaztelú, le médecin Mathys, qui parlent, dans leur correspondance habituelle, d'actes religieux ordinaires de la part de l'Empereur, et qui, dans leurs lettres devenues alors plus fréquentes et plus circonstanciées, ne disent pas un mot d'une cérémonie à laquelle les moines leur font prendre une part active, et dont le caractère étrange non moins que les suites dangereuses auraient dû les frapper beaucoup, puisqu'elle aurait précédé et en quelque sorte amené sa maladie mortelle, survenue selon eux par une autre cause et à une autre date ;

6° Non-seulement le silence des serviteurs de Charles-Quint, mais le désaccord de leurs témoignages avec les relations bien moins incontestables des moines.

Je n'insisterai point ici sur ces divers points qui sont développés dans l'ouvrage même. M. Gachard, examinant la question des obsèques dans les deux savantes préfaces qu'il a placées en tête des volumes de documents si habilement recueillis et si judicieusement interprétés par lui, après être resté assez incertain, en 1854, sur leur célébration, s'est montré plus affirmatif en 1855. Il n'a pas cru que, témoins assidus de la vie de Charles-Quint à Yuste, les moines n'en aient pas été les historiens véridiques. Il est donc disposé à admettre la naïve exactitude de leurs récits. Il s'attache à lever quelques-unes des objections que leur opposent les correspondances des serviteurs, bien autrement instruits et en tout sincères, de Charles-Quint. Il espère rendre plus croyables ces obsèques singulières, en en changeant la date, que les moines fixent d'une manière formelle au 31 août et qu'il reporterait assez conjecturalement au 30. Mais, dans l'un et l'autre cas, la véracité du moine anonyme dont M. Gachard a publié l'intéressante chronique est également en défaut. Si les obsèques ont eu lieu le 31, Charles Quint, retenu dans sa chambre par la maladie grave qui s'était déclarée la veille, n'a pas pu y assister; si elles ont eu lieu le 30, le médecin Mathys, que l'Empereur avait envoyé à Jarandilla, n'a pas pu ce jour-là se trouver présent à la scène de la terrasse dans laquelle le moine hiéronymite le fait intervenir et parler.

Quant aux 2,000 couronnes que gardait l'Empereur pour ses vraies funérailles, et qui auraient servi à payer les frais de ses funérailles simulées, il est encore plus difficile d'admettre qu'elles furent consacrées à cet usage. Il est vrai que le lendemain de la mort de Charles-Quint, il ne restait que 54 écus d'or dans la bourse de velours où elles étaient renfermées. M. Gachard le constate, en constatant aussi que, la veille, 600 écus d'or en avaient été tirés pour la mère de don Juan[1]. Or les 1,346 autres écus d'or dont on ne connaît pas l'emploi, et qui avaient peut-être été donnés comme les 600 destinés à Barbe Blomberg, formaient une somme infé-

---

[1] Voir *Retraite et mort de Charles-Quint*, t. II, préface, p. CLI à CLXI avec les notes.

niment trop forte pour des funérailles sans éclat. En effet, une somme quatre fois moindre de 300 ducats fut plus que suffisante pour les funérailles solennelles, prolongées et dispendieuses, qui furent célébrées après la mort de l'Empereur[1]. D'ailleurs, comment aurait-on été obligé d'acheter au mois de septembre les tentures noires pour l'église de Yuste, et les vêtements de deuil pour les serviteurs de Charles-Quint, si l'on s'en était déjà pourvu au mois d'août?

Je n'ajouterai plus qu'un mot. M. Gachard a consulté les doctes et habiles théologiens de l'université de Louvain au sujet des funérailles anticipées. Ils les ont reconnues irrégulières sans les trouver condamnables. Un concile tenu à Toulouse en 1327 est allé plus loin. Il a décidé que, contraires au droit ecclésiastique et au droit séculier, elles étaient considérées par l'Église comme des actes répréhen-

---

[1] Ces 300 ducats furent apportés de Valladolid : « Pagado que se hayan los lutos, cera y otros gastos que se deben de las honras de su M^d de los trescientos ducados que se han traido, servirá lo que de ellos sobrara para pagar, etc... » (Lettre de Quijada à la princesse doña Juana, du 16 octobre 1558, dans *Retraite et mort de Charles-Quint*, t. I, p. 430.)

sibles de superstition, et il a interdit d'y procéder sous peine d'excommunication. J'indique dans ce volume[1] l'occasion, et je donne le texte de cette défense. Le lecteur prononcera, du reste, lui-même, après avoir pris connaissance du récit des hiéronymites et des faits comme des raisons qui en contredisent les affirmations et en montrent les invraisemblances.

25 juillet 1857

[1] P. 408, 409, 410.

CHARLES-QUINT

SON ABDICATION
SON SÉJOUR ET SA MORT AU MONASTÈRE DE YUSTE.

CHAPITRE PREMIER

CHARLES-QUINT AVANT SON ABDICATION.

Premières pensées d'abdication chez Charles-Quint. — Nécessités qui le détournent longtemps de les réaliser. — Gouvernement de ses États; étendue de ses entreprises. — Établissements qu'il forme en Italie; expéditions qu'il fait en Afrique; résistance qu'il oppose aux conquêtes des Turcs en Hongrie; guerres qu'il poursuit contre la France; démêlés religieux qu'il soutient avec les protestants d'Allemagne. — Difficultés pour un seul homme de remplir une tâche si vaste et si compliquée. — Complexion physique de Charles-Quint; son caractère; son esprit; ses sentiments; ses habitudes; ses infirmités. — Moment où, après avoir réussi dans ses divers desseins, il croit pouvoir exécuter le dernier et le plus périlleux de tous, en soumettant l'Allemagne à son autorité et en la ramenant au catholicisme. — Ses campagnes et ses victoires sur le Danube et sur l'Elbe. — Soumission momentanée de l'Allemagne. — Voyage du prince d'Espagne, que Charles-Quint prépare à lui succéder et auquel il veut ménager la possession même de la couronne impériale. — Accord à cet égard entre les deux branches de la maison d'Autriche. — Renversement de ce projet et de la domination de Charles-Quint dans l'Empire par l'attaque combinée des princes protestants qui se soulèvent en Allemagne et du roi de France qui envahit la Lorraine. — Situation dangereuse de Charles-Quint; sa fuite d'Inspruck. — Négociations de Passau; rétablissement de l'indépendance politique et religieuse des États germaniques. — Échec de Charles-Quint devant Metz. — Dispositions morales et infirmités physiques qui le décident à renoncer au pouvoir et à se retirer du monde. — Ses rapports avec les moines, et parmi les moines ses préférences pour les hiéronymites. — Religieux de Saint-Jérôme en Espagne; leur règle; leur savoir; leurs établissements. — Monastère de Yuste dans l'Estrémadure. — Ordre secret que donne Charles-Quint de construire à côté de ce monastère la résidence où, après avoir renoncé à ses couronnes, il doit passer ses derniers jours.

L'empereur Charles-Quint renonça à toutes ses couronnes pour aller, en 1556, finir sa vie dans la solitude d'un cloître. Cette détermination extraordinaire étonna les contemporains et n'est pas restée sans quelque obscurité dans ses causes pour la postérité. Le vieux pape Paul IV considéra Charles-Quint comme *ayant perdu l'esprit*[1], et le déclara atteint de la même folie que sa mère[2]. Les protestants ne virent dans son abdication

---

[1] C'est ce que dit Paul IV, au mois de décembre 1555, en plein consistoire : « Continuant, puis après Sadite Sainteté dit que « l'on avoit envoyé un mandat au nom de Charles, naguères « empereur, pour résigner l'empire; qu'il estoit aisé à enten- « dre que ledit Charles n'avoit point parlé; et quand bien il « auroit parlé, que tout ce qu'il auroit fait estoit de nulle va- « leur, attendu qu'il est notoire à chascun qu'il est *impos men- « tis.* » (Mémoire du 20 déc. 1555, envoyé de Rome par le cardinal Du Bellay, dans Ribier. *Lettres et Mémoires d'Estat des rois, princes et ambassadeurs*, etc., *sous les règnes de François Ier, Henri II et François II*, 2 vol. in-fol. Paris, M.DC.LXVI, t. II, p. 623.)

[2] « ... Notre saint-père me dit que, quant à l'empereur... il

qu'un acte de découragement et presque de désespoir. Ils l'attribuèrent aux revers inattendus qu'avait essuyés en Allemagne ce souverain jusque-là tout-puissant, qui s'était promis d'y rétablir l'unité catholique, d'y étendre l'autorité impériale, et dont les plans avaient été soudainement renversés par l'effort commun des luthériens qu'il y avait vaincus et des princes qu'il y tenait assujettis. Beaucoup de catholiques en cherchèrent la raison dans l'ambition impatiente de Philippe II, qui aurait fait descendre prématurément son père du trône pour l'y remplacer plus tôt.

Les doutes sur les motifs qui décidèrent Charles-Quint à l'abdication se sont étendus aux sentiments qu'il éprouva après l'avoir consommée. Les uns lui ont prêté de prompts regrets : ils ont prétendu qu'il s'était vite lassé de la solitude et avait voulu reprendre les couronnes qu'il avait déposées. D'autres, au contraire, lui ont fait mener la vie humble et bornée d'un moine dans le couvent hiéronymite de Yuste : loin de le représenter comme un ambitieux repentant, ils n'ont vu en lui qu'un observateur ponctuel de toutes les règles monastiques, poussant le soin de son salut jusqu'à

« est aujourd'hui comme un homme mort, estant retiré hors
« du commerce des hommes, et, ainsi qu'il entend, agité de
« mesme maladie que sa mère. » (Lettre de l'évêque d'Angoulême, écrite de Rome au roi Henri II, le 2 juin 1558, dans Ribier, t. II, p. 747.)

se donner la discipline dans le chœur de l'église, en même temps que les autres religieux et en leur présence[1]. Sandoval et Robertson, l'historien le plus pompeux et l'historien le plus accrédité de ce grand politique, qui avait été plus de trente ans le dominateur de l'Europe, l'ont placé à Yuste dans un état de pauvreté plus convenable à un reclus qu'à un souverain retiré du monde, l'y ont rendu insensible à tout ce qui se passait hors de son cloître, l'y ont tenu étranger à toutes les affaires des royaumes qu'il avait gouvernés. Sur la foi des chroniqueurs hiéronymites[2], on l'y a fait

---

[1] *Historia de la orden de San Gerónimo*, etc., por fray Joseph de Siguenza, III[a] parte, lib. I, c. xxxvii, p. 195, éd. petit in-fol. Madrid, 1605. — Strada, *De bello belgico*, lib. I, p. 9, éd. in-fol. Rome, 1632.

[2] Ces chroniqueurs hiéronymites sont : le prieur du monastère de Yuste, fray Martin de Angulo, dont la relation, restée manuscrite, a été consultée par Sandoval (*Historia de Carlos quinto*, t. II, lib. XXXII, § 3, éd. in-fol. Pampelune, 1634); la relation d'un moine hiéronymite de Yuste, dont M. Bakhuizen van den Brink a publié l'analyse en 1850, à Bruxelles, sous le titre de la *Retraite de Charles-Quint*, etc., *par un religieux de l'ordre de Saint-Jérome, à Yuste*, c. xxxiii, p. 44; enfin le P. Joseph de Siguenza, qui, dans son histoire, part. III, liv. I, c. xxxviii, p. 200 et 201, a presque copié le moine anonyme de M. Bakhuizen. Ils ont été suivis entièrement par don Juan Antonio de Vera y Figueroa, conde de la Roca, dans son *Epitome de la vida y hechos del invicto emperador Carlos quinto*, in-4°, Bruxelles, 1656, p. 249, ainsi que par Strada, *De bello belgico*, p. 9; et avec exagération par Robertson, *Histoire de Charles-Quint*, liv. XII.

mourir à la suite des bizarres funérailles que, dans un accès de pieux désœuvrement et de singularité superstitieuse, il aurait célébrées lui-même de son vivant.

Charles-Quint n'abdiqua qu'après y avoir longtemps pensé. Il n'eut aucun repentir d'un acte auquel il fut naturellement conduit, et qu'il accomplit avec une lenteur prudente. En possession de sa forte raison et d'une expérience consommée, il fut instruit, dans son cloître, des affaires de la monarchie espagnole, et consulté sur les plus importantes et les plus délicates d'entre elles par son fils, qui conserva toujours envers lui une respectueuse déférence et une tendresse soumise. Il y vécut séparé des moines, dans les habitudes et avec la dignité d'un ancien souverain. Malgré son extrême dévotion, le chrétien fervent ne cessa point d'y être un politique résolu. Il aurait voulu que son fils, attaqué en Italie par le pape Paul IV, ne ménageât pas plus cet ambitieux pontife qu'il n'avait ménagé lui-même le pape Clément VII; et, lorsque le timide Philippe II termina en septembre 1557 sans avantage et avec peu de dignité une guerre marquée jusque-là par des succès éclatants, le fier Charles-Quint trouva que la paix avec le saint-siège avait été conclue trop humblement et trop vite. Enfin la maladie à laquelle il succomba survint dans des circonstances et par des causes fort ordinaires; sa vie s'acheva comme elle s'était passée, simplement, avec une noble piété et une grandeur naturelle. C'est ce que des documents authentiques m'autorisent à avancer et me permettront d'établir.

Charles-Quint songea de bonne heure à quitter le pouvoir et à se retirer du monde. Il en conçut la première pensée après l'heureuse et brillante expédition de Tunis en 1535. C'est ce qu'il affirma lui-même à l'ambassadeur portugais Lourenço Pires de Tavora dans un curieux entretien au château de Jarandilla quelques jours avant d'entrer à Yuste[1]. C'est ce qu'il dit aussi aux moines de ce couvent[2], lorsqu'il se fut

---

[1] Ce fait précieux pour l'histoire est mis hors de doute par la lettre encore inédite que Lourenço Pires de Tavora écrivit, le 16 janvier 1557, au roi Jean III, et dont je dois l'intéressante communication au savant et obligeant vicomte de Santarém. Voici les termes mêmes de la dépêche de Lourenço Pires : — « Dissemé... quanto avia desejada tirar esta carga, e como estava para nam cazar pe la deixar mais sedo, e tambem o quizera depois fazer quando veyo de Tunis e que o deixao por seu filho. »

[2] Son contemporain et son chroniqueur, Juan Ginez Sepulveda, qui alla le visiter au monastère de Yuste, dit qu'il avait eu ce projet : « Isabella etiam uxore vivente et conscia, ut mihi ad idem cœnobium primarii monachi qui ex Carolo ipso audierant, retulerunt, cum ejus salutandi gratia, quod mihi loco magni beneficii contigit, eodem processissem. » (*Joannis Genesii Sepulvedæ Opera*, vol. II, lib. XXX, p. 540, 541, grand in-4°. Madrid, 1740.) — C'est ce que dit aussi don Juan Antonio de Vera, conde de la Roca, dans son *Epitome*, p. 249. « Deseó verse desde que vivia la emperatriz, con quien estava conforme que se recogiessen, ella en un convento de monjas, y él Cesar a Yuste. »

établi au milieu d'eux. Ce dessein traversa donc son esprit mélancolique près de vingt ans avant qu'il pût le mettre à exécution. La solitude l'attirait déjà du vivant de l'impératrice Isabelle sa femme. A la mort de cette princesse, qu'il aimait tendrement et dont la perte prématurée le jeta en 1539 dans une profonde affliction, ce désir pénétra plus avant en son âme. Pendant qu'on transportait les restes de l'impératrice du palais de Tolède à la chapelle royale de Grenade, où reposaient son aïeul Ferdinand d'Aragon, son aïeule Isabelle de Castille, son père Philippe le Beau, et qui devait servir de tombeau à toute sa race, il s'était enfermé au couvent hiéronymite de la Sysla[1].

Le pieux don Francisco de Borja, alors marquis de Lombay, qui devint bientôt duc héréditaire de Gandia et finit par gouverner la société de Jésus comme son troisième général, fut un de ceux que Charles-Quint désigna pour accompagner jusqu'à sa dernière demeure l'impératrice, dont il avait été le grand écuyer. En déposant dans le caveau funéraire le cercueil de sa noble et belle maîtresse, le marquis de Lombay la laissa sous la garde des hiéronymites sans avoir pu la reconnaître, tant les traits de son visage avaient été déjà décomposés par la mort. Tombant en dégoût de la beauté et de la puissance humaines, qui aboutissaient

---

[1] Sepulveda, vol. II, ch. xxiv, p. 95, 96.

à une aussi prompte destruction et finissaient dans un aussi étroit réduit, il prit dès ce moment la résolution d'embrasser la vie religieuse[1]. A son retour, il entretint de son projet Charles-Quint, qui en méditait un à peu près semblable, et qui lui fit en 1542[2], aux cortès d'Aragon, la confidence mystérieuse de sa future abdication.

Lorsqu'il ressentit ces premiers dégoûts de l'autorité suprême, il avait moins de quarante ans et il était dans tout l'éclat de la puissance. Il avait terminé à son avantage les luttes qui duraient depuis le commencement du siècle entre l'Espagne et la France pour la possession de l'Italie. Vainqueur de François Ier dans trois guerres successives, du souverain pontife Clément VII et de tous les États italiens indépendants, il avait eu pour prisonniers un roi et un pape, et il avait soumis à ses arrangements ce pays longtemps disputé. Inébranlablement établi dans le royaume de Naples et dans le duché de Milan, il s'était attaché les Médicis, qu'il avait investis de la souveraineté de Florence ; les

---

[1] Ribadeneyra, *Vida del Padre Francisco de Borja*, ch. vii, p. 329 à 335, obras del Padre Pedro de Ribadeneyra, in-fol., éd. de Madrid, 1605.

[2] Charles-Quint dit, en 1556, au P. Borja, qui était venu le visiter au château de Jarandilla, à la veille de son entrée au monastère de Yuste : « Acordais os que os dixe el año de 1542 en Monçon que avia de retirarme, y hacer lo que he hecho ? — Muy bien me acuerdo, señor. » (*Ibid.*, ch. xiii, p. 380.)

ducs de Ferrare, auxquels il avait attribué Modène et Reggio, réclamés par le saint-siége ; les marquis de Mantoue, qu'il avait agrandis du Montferrat. Il disposait de Gênes, où commandait André Doria[1], qui, sous ses auspices, avait été le glorieux libérateur et le sage instituteur de sa patrie en 1528, et qui, joignant la flotte génoise aux flottes espagnole, napolitaine, sicilienne, l'avait rendu maître de la Méditerranée. Il avait réduit la puissante république de Venise à une neutralité sincère, et soumis à son influence le saint-siége, sur lequel il chercha à mieux assurer encore son ascendant par le mariage de sa fille naturelle Marguerite d'Autriche avec le petit-fils du pape Paul III, le duc Octave Farnèse, mis en possession de Parme en attendant de l'être de Plaisance. Il occupait ainsi les deux plus vastes États de l'Italie au sud et au nord, dominait tous les autres par l'intérêt ou par la crainte, et avait fondé dans cette

---

[1] Charles-Quint, dont il était le capitaine général sur mer, l'avait fait prince de Melfi et l'appelait son père : « Del principe Doria... dirò solamente che non è uomo di nazione alcuna che sia a cui l'imperatore abbia più respecto e più osservanza che a lui; perchè da esso riconosce il contenersi Genova in officio d'aver potuto egli passare tante volte di Spagna in Italia e d'Italia in Spagna; unde gli è venuto d'aver avuto modo di conservar molti suoi stati, che forze sarrebero andati perduti. E finalmente riconosce da lui tutta la riputatione che egli ha nelle cose maritime, e lo suol sempre chiamare e trattare da padre. » (*Relazione di Bernardo Navagero*, en 1546, dans Alberi, *Relazioni degli ambasciatori Veneti*, in-8°. Firenze, 1841, série I, vol. I, p. 305.)

péninsule un ordre territorial et politique qui devait s'y maintenir durant plusieurs siècles.

D'un autre côté, il avait été le victorieux défenseur de l'Allemagne menacée par les Turcs. Il en avait repoussé lui-même le formidable Soliman II, qui s'avançait vers Vienne, et dont il avait arrêté les conquêtes. Marchant ensuite contre son capitan pacha Khaïr-Eddin Barberousse, il avait attaqué sur la côte d'Afrique cet intrépide corsaire devenu maître d'Alger et de Tunis. Il avait continué avec non moins d'éclat que d'utilité les expéditions du cardinal Ximenès et de Ferdinand le Catholique sur ce littoral, où ils avaient poursuivi les anciens dominateurs de l'Espagne. Aux conquêtes d'Oran et de Bougie, faites sous son prédécesseur en 1509 et 1510, Charles-Quint avait ajouté l'occupation de Bone, de Bizerte, de Sousa, de Monastir, et surtout la prise de la Goulette et de Tunis, enlevées à Barberousse dans une campagne aussi glorieuse que rapide. Posséder les principaux points de l'Afrique septentrionale qui faisaient face à ses États depuis le royaume de Grenade jusqu'au royaume de Sicile, c'était tout à la fois préserver de nouvelles invasions musulmanes l'Espagne, qui s'était délivrée si péniblement des anciennes, et mettre à l'abri des déprédations barbaresques les bords maritimes de l'Italie et les îles occidentales de la Méditerranée, presque toutes placées sous sa domination.

Jusque-là Charles-Quint n'avait eu au fond que des succès. Il n'avait pas encore tenté, par un effort moitié politique et moitié religieux, de soumettre plus étroitement l'Allemagne à son autorité et de la ramener au catholicisme, entreprise que sa complication et sa gravité devaient rendre fort difficile et extrêmement périlleuse pour lui. Il n'avait donc, en 1535 et en 1539, aucun sujet extérieur de déposer le pouvoir, puisque la fortune n'avait pas encore ébranlé sa confiance par des revers, ni la nature réduit ses forces par des infirmités. Il n'était au-dessous de sa tâche ni par la vigueur de l'esprit, ni par l'activité du corps, ni par la constance de la félicité. Aussi les entraînements qui le poussaient vers la solitude furent-ils longtemps combattus par des nécessités ambitieuses qui le retinrent sur le trône. Trop habile pour en descendre tant que son fils se trouvait hors d'état de l'y remplacer, il ne devait point abandonner au hasard l'œuvre de ses prédécesseurs et la sienne.

Mais la disposition qu'une tristesse naturelle[1], une douleur profonde[2] et une piété ardente avaient alors

---

[1] È di complessione in radice melancónica. (*Relazione di Gasparo Contarini* ritornato ambasciatore da Carlo quinto, letta in senato a di 16 nov. 1525, dans Alberi, série I, vol. II, p. 60.)

[2] Vers la fin de 1539 et le commencement de 1540, lorsqu'il traversa la France pour se rendre dans les Pays-Bas, où l'appelait la révolte des Gantois, Scepper et Snouckaert de Scauvenburg (Zeconarus), qui allèrent de Bruxelles au-devant de lui, le

fait naître, une extrême fatigue la renouvela dans la suite en la rendant de plus en plus impérieuse. Les maladies accablèrent Charles-Quint et le vieillirent. Sa constitution physique, son genre de vie, l'administration d'un trop grand nombre de pays, la direction d'une multitude d'entreprises qui se succédaient sans s'achever, la poursuite de guerres renaissantes qui ne le laissaient jamais longtemps dans le même lieu et le jetaient toujours dans de nouveaux périls, le poids de toutes les affaires qu'il fallait porter et conduire, l'usèrent de bonne heure. On peut dire qu'il succomba surtout à l'excès d'une puissance trop considérable et trop éparse pour n'être pas au-dessus de l'activité et du génie d'un homme.

Il avait en effet à régir l'Espagne, les Pays-Bas, le royaume de Naples, le Milanais; à diriger l'empire d'Allemagne; à maintenir sous sa dépendance ou dans son amitié les États d'Italie; à lutter à peu près con-

---

trouvèrent dans un deuil profond : « Cùm Cæsari... ex Belgicâ cum Sceppero occurrissem antequam aquitanicum et celticum illud iter perficeret (quod illum Parisios recta equis commodatitiis, et gallicis in pulla veste ducebat) frequenter nocte per duas, tresque horas, utroque genu inclinatum, orantem repperi, eum septem cereis facibus, in cubiculo nigris undique pannis tecto, accensis. » (*De republica, vita, moribus, gestis, fama*, etc., *imperatoris Cæsaris Augusti quinti Caroli*, authore Gulielmo Zenocaro a Scauvenburgo, auratæ militiæ equite imperatoris Caroli Maximi, lib. III, p. 169, in-fol. Gand, 1559.)

stamment contre la France ; à ramener par l'intérêt dans son alliance l'Angleterre, qui s'en était séparée par la foi ; à repousser les Turcs du côté de la Hongrie ; à contenir les Barbaresques sur le littoral de l'Afrique; à soutenir par les négociations et par les armes son système politique, qui s'étendait à toute l'Europe; à résister aux progrès d'une révolution religieuse qui avait renversé la vieille Église chrétienne dans plusieurs États et la menaçait du même sort dans beaucoup d'autres ; à régler la conquête et la colonisation de l'Amérique. Cette immense tâche, il la remplissait presque seul ; ses vice-rois, ses ministres, ses généraux, ses négociateurs, n'étaient que les instruments bien choisis de ses desseins et les habiles exécuteurs de ses volontés. Il dirigeait lui-même la vaste administration de ses pays et de ses affaires depuis 1529. Après la mort du chancelier Gattinara, qui avait succédé, en 1521, à son gouverneur Chièvres dans l'exercice de toute son autorité, il n'avait plus souffert auprès de lui de premier ministre[1] : il'avait pris le gouvernement de ses États en maître absolu et l'avait conduit en prudent politique. Il s'était entouré d'hommes capables, mais subordonnés, qu'il savait trouver avec art, employer avec à-propos,

---

[1] *Relazione di Nicoló Tiepolo*, ritornato ambasciatore da Carlo V l'anno 1532, dans Alberi, série I, vol. I, p. 60. — « In qualunque maniere di termini, fa le deliberazioni a modo suo. » (*Ibid.*, p. 64.)

conserver avec fidélité, enrichir avec lenteur pour s'en servir plus longtemps[1], et qu'il surpassait tous par la sûreté de son jugement[2] et la vigueur de sa résolution.

A cette époque et jusqu'à leur mort, survenue en 1547 et en 1550, ses deux principaux ministres furent le secrétaire Covos et le garde du grand sceau Granvelle[3]; il n'expédiait rien sans la signature du premier et sans l'avis du second. Il appelait Granvelle son premier conseiller[4], et discutait avec lui pendant des heures entières avant de se résoudre[5]. Il écrivait les raisons pour et les raisons contre, afin de mieux voir, après les avoir comptées et pesées, ce qu'il devait faire. Sa décision une fois arrêtée, il retenait souvent plusieurs jours encore le courrier chargé de la porter, pour l'examiner une dernière fois avec sang-froid[6], avant d'en ordonner

---

[1] *Relazione di Marino Cavalli*, ritornato ambasciatore da Carlo V l'anno 1551, dans Alberi, série I, vol. II, p. 212.

[2] « L'ho ritrovato yo in tutte le azioni sue, molto prudente; « si che si tiene tra i suoi che nessuno sia più sano consiglio « che il suo. » (*Ibid.*, série I, vol. I, p. 64.)

[3] Voyez *Relazione di Bernardo Navagero*, ritornato ambasciatore da Carlo V nel luglio 1546. *Ibid.*, série I, vol. I, p. 34.

[4] « È chiamato da Cesare suo primo consigliero. » (*Ibid.*, p. 345.)

[5] « Col quale consigliando poi ciascuna cosa, o piccola o « grande che sia, si risolve come gli pare. » (*Ibid.*, p. 341, 342.) — « Nelle cose di stato e in ogni altra particolarità si serve del « consiglio solo del signor di Granvela. » (Marino Cavalli, *Ibid.*, série I, vol. II, p. 210.)

[6] Marino Cavalli, *ibid.*, p. 215.

l'irrévocable exécution. Mais alors rien n'était plus capable de lui faire abandonner le parti qu'il avait embrassé ; il le suivait jusqu'au bout, et, après avoir mis tout son esprit à bien le prendre, il mettait tout son caractère à le bien exécuter.

Tant d'États à conduire, de pays à parcourir, d'affaires à décider, de mesures à préparer, d'actes à accomplir, devaient épuiser assez promptement les forces d'un seul homme, bien que Charles-Quint eût tout disposé pour rendre ce vaste gouvernement plus facile. Il avait laissé à ses divers États leur administration particulière; chacun d'eux se régissait intérieurement d'après ses vieilles formes, suivant ses propres lois, et avait à sa tête un représentant supérieur de la puissance souveraine. Son frère Ferdinand présidait, comme roi des Romains, à la direction de l'Allemagne; sa sœur Marie, reine douairière de Hongrie, était régente des Pays-Bas; son fils, l'infant don Philippe, était chargé, depuis l'âge de quinze ans, de gouverner l'Espagne, avec l'aide de conseillers prudents, parmi lesquels étaient le cardinal de Tavera et le duc d'Albe[1]; d'excellents vice-rois résidaient à Palerme, à Naples et à Milan. Mais les affaires générales de tous ces États aboutissaient à Charles-Quint, qui en était resté le régulateur suprême, et en surveillait l'administration :

---

[1] *Retiro, estancia, etc.*, por don Gonzalez, fol. 4 r°.

il avait organisé pour cela une sorte de gouvernement central attaché à sa personne et le suivant partout. Outre ses ministres, il avait trois chancelleries : l'une allemande, l'autre espagnole, la dernière italienne[1]; il avait de plus un conseil composé de docteurs et de légistes pris parmi les Siciliens, les Lombards, les Francs-Comtois, les Flamands, les Aragonais, les Castillans, et présidé par l'évêque d'Arras[2], fils du garde du grand sceau Granvelle, destiné à être un des plus habiles hommes d'État de ce temps. Charles-Quint était ainsi le centre de ses États et le lien de ses peuples. Ceux-ci, fort divers de mœurs et de goûts, se rattachaient à lui par des côtés différents. Un ambassadeur vénitien remarque, avec la finesse judicieuse propre aux politiques de sa nation, qu'il était agréable aux Flamands et aux Bourguignons par sa bienveillance et sa familiarité, aux Italiens par son esprit et sa prudence, aux Espagnols par l'éclat de sa gloire et par sa sévérité[3].

Si son grand sens et les qualités variées de son caractère le rendaient capable de pourvoir aux intérêts et de contenter les sentiments de tous ces peuples, sa complexion naturelle et son genre de vie ne devaient pas lui permettre d'y suffire longtemps. D'une taille

---

[1] *Relazione di Marino Cavalli* en 1551, Alberi, série I, vol. II, p. 209.

[2] *Ibid.*, p. 209 et 210.

[3] Marino Cavalli, dans Alberi, série I, t. II, p. 217.

ordinaire mais bien prise, avec des membres robustes, il avait eu dans ses jeunes années la force et l'adresse nécessaires pour se livrer à tous les exercices du corps et pour y exceller; mieux que personne il avait su rompre une lance, courir la bague et lutter à la barre; il passait pour le meilleur cavalier de son temps[1]. Il avait beaucoup aimé la chasse, et il était même descendu dans l'arène pour y combattre des taureaux qu'il avait terrassés de ses mains[2]. Ces salutaires exercices de sa jeunesse avaient bientôt fait place aux travaux presque exclusifs de la politique et de la guerre. L'activité et la vigueur singulière de son esprit, qui se montraient sur son front spacieux et se lisaient dans son ferme et pénétrant regard[3], n'avaient plus trouvé une salutaire diversion dans ces utiles mouvements du corps : quand il n'était pas en campagne, il menait une vie trop sédentaire.

[1] « Excedió á todos los hombres ae a cavallo de su tiempo, á la brida; y armado parecia tan bien, y era tan sufrido, que dixeron los exercitos, que por aver nacido rey, perdieron en él el mejor cavallo ligero de aquel siglo. » (Vera y Figueroa, *Epitome de Carlos V*, p. 262, 263.)

[2] Marino Cavalli, dans Alberi, série I, t. II, p. 212; — et Contarini, *ibid.*, p. 60.

[3] « Ha la fronte spatiosa, gli occhi cesii e che danno segno di « gran vigore di animo. » (*Relazione del clarissimo Federico Badouaro*, ambasciatore a Carlo quinto e al re di Spagna suo figliuolo, l'anno 1557. Ms. de la Bibliothèque nationale, n° 10,083, 2. 2. A.)

Adonné à certains plaisirs dans lesquels, selon l'expression d'un ambassadeur contemporain, il ne portait pas *une volonté assez modérée*, « il se les procurait « partout où il se trouvait, avec des dames de grande « et aussi de petite condition[1]. » Il était encore moins tempérant à table : il mangeait plusieurs fois par jour et beaucoup[2]. La conformation un peu défectueuse du bas de son visage nuisait à sa santé encore plus qu'à son aspect. Sa mâchoire inférieure, trop large et trop longue, dépassait extrêmement la mâchoire supérieure ; en fermant la bouche, il ne pouvait pas joindre les dents. L'intervalle qui séparait[3] celles-ci, d'ailleurs rares et mauvaises, l'empêchait de bien faire entendre

---

[1] « È stato nei piaceri venerei di non temperata volontà in « ogni parte dove s'è ritrovato con donne di grande ed anche di « piccola conditione. » (*Relazione* ms. di Federico Badouaro en 1557. Bibl. nat., n° 10,083, 2. 2. A.) — Mocenigo dit, dans une relation écrite en 1548 : « L'Empereur étoit et est encore, au dire de ses médecins et de ceux qui l'entourent, très-enclin de nature aux plaisirs sensuels. » (Cette relation est dans Bucholtz, *Geschichte der regierung Ferdinand des Ersten*, in-8°. Vienne, 1835, vol. VI, p. 498 à 517.)

[2] Navagero, dans Alberi, série I, vol. I, p. 342. — Federico Badouaro. Ms. de la Bibl. nat., n° 10,083, 2. 2. A.

[3] *Relazione di Gasparo Contarini*, dans Alberi, série I, vol. II, p. 60. Ce que Contarini dit en 1525, Federico Badouaro le répète en 1557 d'une manière semblable, en remarquant aussi que « non può congiungere li denti e nel finire le parole non è ben' inteso. » Il ajoute : « Ha pochi denti dinanzi et fracidi. » (Ms. de la Bibl. nat., n° 10,083, 2. 2. A.)

la fin de ses phrases et de broyer ses aliments; il balbutiait un peu et digérait mal. C'était sans doute pour atténuer quelques effets de cette imperfection physique, et aussi pour donner une saveur plus agréable à ce qu'il mangeait, qu'il faisait usage de mets fortement épicés.

Il en était même arrivé au point que tout lui paraissait insipide et qu'il avait souvent besoin de recourir à un vin de séné fabriqué tout exprès pour lui et composé d'une certaine quantité de moût de raisin et de feuilles de séné ayant fermenté ensemble[1]. Un jour, trouvant que ce qu'on lui servait n'avait pas assez de saveur, il s'en plaignit au baron de Montfalconnet, l'un de ses majordomes, et lui reprocha d'avoir corrompu le goût de ses cuisiniers en leur ordonnant de n'apprêter que des mets fades[2]. Montfalconnet, qui était plaisant et dont Charles-Quint aimait les reparties[3], faisant allusion à la manie de l'Empereur pour les horloges, que le fameux mécanicien Juanello lui avait fabriquées en grand nombre et sous toutes les

---

[1] La recette en est donnée d'après une lettre de Charles-Quint, écrite de Bruxelles, le 11 oct. 1555, à Vasquez de Molina, dans D. Tomás Gonzalez, *Retiro*, etc., fol. 27 r°.

[2] « Disse una volta a maiordomo Monfalconetto con sdegno « che haveva corrotto il giudicio a dare ordine ai cuochi, perche « tutti cibi erano insipidi. » (Ms. de la Bibl. nat., n° 10,083, 2. 2. A.)

[3] *Marino Cavalli*, en 1551, dans Alberi, série I, vol. II, p. 216.

formes, lui répondit facétieusement : « Je ne sais plus
« quel moyen trouver de complaire à Votre Majesté, à
« moins que je ne parvienne à lui composer un nou-
« veau ragoût d'horloges[1]. » L'Empereur rit beaucoup
de cette plaisanterie, tout en conservant son goût pour
les mets épicés et sa passion pour les horloges.

L'excès de ses travaux et ses écarts de régime contribuèrent également à hâter et à accroître ses indispositions. Il n'avait jamais eu une santé tout à fait inaltérable. Dans sa jeunesse, il avait ressenti des accès nerveux qui ressemblaient à des attaques d'épilepsie et que son historien Sepulveda appelle de ce nom[2]. A la fin de 1518 et au commencement de 1519, deux de ces attaques l'avaient renversé sans connaissance, l'une pendant qu'il jouait à la paume, l'autre pendant qu'il entendait la grand'messe dans Saragosse. La dernière, qui avait eu tant de témoins, et que l'ambassadeur de France racontait dans une dépêche à sa cour, l'avait

---

[1] « Da quale li fu riposto, non so como poter trovar più modi
« di compiacere alla Maestà Vostra, se io non fo prova di farle
« fare una nuova vivanda di potagi di rilogii. Il che la mosse
« a quel maggiore e più lungo riso, che sia mai stato veduto in
« lei et cosi risero quelli della camera. » (*Relazione di Federico
Badouaro.* Ms. de la Bibl. nat., n° 10,083, 2. 2. A.)

[2] « Annum agens vigesimum sextum Carolus uxorem Hispali
duxit Isabellam Emmanuelis Portugalliæ regis et Mariæ uxoris
filiam, et ab eo tempore *comitiali morbo* quo prius tentabatur
liberatus est. » (Sepulveda, vol. II, lib. XXX, c. xxxv, p. 536.)

laissé plusieurs heures avec la 'pâleur de la mort sur son visage bouleversé[1]. Délivré de cette terrible maladie en 1526, après son mariage avec l'infante Isabelle de Portugal, il ne cessa d'éprouver des douleurs de tête qui l'obligèrent à couper ses longs cheveux en 1529. Lorsqu'il fit le sacrifice de cette noble mais pesante coiffure qu'avaient portée ses aïeux Ferdinand d'Aragon et Maximilien d'Autriche et son père Philippe le Beau, tous les grands l'imitèrent, quoiqu'à regret[2], et ce qui pour lui était soulagement devint mode pour les autres.

Les maladies fondirent bientôt sur lui en changeant de forme. La goutte l'assaillit à l'âge de trente ans[3]. Ses atteintes, de plus en plus fréquentes et prolongées, se portèrent principalement sur les mains et sur les genoux. Il ne pouvait pas toujours signer, et lorsqu'il

---

[1] « Jeudi derrenier en oyant la grant messe, présents beaucoup de gens, il (le roi Charles) tomba par terre estant de genoulx et demeura, cuydant qu'il feust mort, l'espace de plus de deux heures, sans pousser, et avoit le visage tout tourné, et fut emporté en sa chambre... et fut incontinent susbout les deux heures passées. Il avoit été malade une autre foys de mesme sorte il n'y a pas deux moys, toutesfoys je n'en avoye rien sceu jusques à ce coup, et luy print en jouant à la grosse balle de ceste maladye. Il en est grant bruit icy. » (*Dépêche de la Roche-Beaucourt*, écrite de Saragosse le 8 janvier 1519. Ms. Béthune n° 8,486, Bibl. nat.)

[2] Sandoval, vol. II, lib. XVIII, p. 66.

[3] « Circa trigesimum ætatis annum morbo articulari tentari cœpit. » (Sepulveda, vol. II, lib. XXX, c. xxiv, p. 528.)

était en campagne, bien souvent il était incapable de monter à cheval et suivait l'armée en litière. Envahi par la goutte, tourmenté par l'asthme, sujet à un flux de sang dont les retours aussi rapprochés qu'incommodes l'épuisaient, éprouvant des irritations cutanées à la main droite et aux jambes, la tête et la barbe entièrement grises, il sentit décliner ses forces en même temps que s'étendaient ses obligations.

Cependant en 1546, malgré l'accroissement de ses maux, il entreprit de ramener l'Allemagne à l'obéissance et d'y dompter le parti protestant. C'était son dernier dessein, et le moins aisé à accomplir. Il l'avait ajourné longtemps, malgré son esprit de domination et l'ardeur de son catholicisme. Chrétien fervent, Charles-Quint pratiquait la vieille religion avec une piété soumise et scrupuleuse. Il entendait plusieurs messes par jour. Il communiait aux principales fêtes de l'année[1]. Plus d'une heure, chaque matin, était consacrée à la méditation religieuse[2]. Il avait composé lui-même des prières[3]. La lecture de l'Ancien et du

---

[1] Bernardo Navagero, dans Alberi, série I, vol. I, p. 342; Marino Cavalli, *ibid.*, vol. II, p. 213.

[2] Sandoval, t. II, lib. XXXV, § 16, fol. 381, et Vida del emperador Carlos V en Yuste, *ibid.*, § 16, fol. 853.

[3] Sandoval, t. II, p. 896. — « Cartam suapte manu conscriptam, in qua copiose prosecutus erat quæ cuperet a me in compendium redigi ad formulas precum quotidianarum. (*Lettres de Malinæus* (Van Male) *sur la vie intérieure de Charles-Quint*,

Nouveau Testament avait un grand attrait pour lui; la poésie des Psaumes frappait son imagination et remuait son âme[1]. La magnificence des cérémonies catholiques, la grandeur touchante du sacrifice expiatoire dans la messe, la musique mêlée à la prière, la beauté des arts relevant l'austérité du dogme, la puissance miséricordieuse de l'Église secourant par l'absolution, rassurant par la pénitence la faiblesse de l'homme et l'anxiété du chrétien, le retenaient avec ferveur dans l'ancien culte. Sa politique l'y faisait, du reste, persévérer autant que sa foi. Successeur de ces rois catholiques qui avaient conquis la péninsule espagnole sur les musulmans; possesseur d'une grande partie de cette Italie au centre de laquelle était placé le siége de la tradition apostolique et du gouvernement chrétien; chef élu de ce saint empire romain dont la couronne, depuis Charlemagne jusqu'à lui, était posée des mains du pape sur le front de l'empereur, il était tenu de garder et de défendre la vieille croyance de ses ancêtres et de ses pays, le culte héréditaire auquel étaient

publiées par le baron de Reiffenberg, grand in-8°. Bruxelles, 1843; lettre du 11 nov. 1552, p. 51.)

[1] « Scripsi ante annum ad te, si recte memini Cæsarem in adversa valetudine sua impense juvari lectione sacra vel psalmodiæ Davidicæ vel Bibliorum. » (*Ibid.*, p. 30, et lettre du 24 déc. 1552, p. 86.) — « Theologamur valde serio in psalmodia, spiritus ille Davidicus prorsus in Cæsare resuscitatus. » (*Ibid.*, lettre du 5 mai 1551, p. 44.)

attachés la fidélité de ses sujets, le principe d'existence de plusieurs de ses États, la solide grandeur de sa domination.

C'est ce qu'il n'avait pas manqué de faire, en souveverain intéressé comme en catholique convaincu. Il avait préservé sans peine ses royaumes d'Espagne et ses États d'Italie de l'invasion des idées nouvelles, qu'il avait aussi repoussées des Pays-Bas. L'Allemagne seule s'était soustraite à son action religieuse. Plusieurs fois il avait été sur le point d'y intervenir; mais il avait été entraîné vers d'autres entreprises par de plus pressantes nécessités. Lors de sa première apparition en Allemagne, pour s'y faire couronner à Aix-la-Chapelle, en 1520, y régler l'état politique et y interdire les changements religieux dans la diète constituante de Worms en 1521, il n'avait pas pu prolonger son séjour dans ce pays qu'agitait l'esprit d'indépendance et de controverse, ni arrêter l'explosion de la réforme protestante, bien qu'il eût mis le réformateur Luther au ban de l'Empire. L'insurrection des *communeros* en Espagne, les guerres qui se prolongèrent de 1521 à 1529 en Italie, l'appelèrent vers le sud de l'Europe et l'y retinrent jusqu'à ce qu'il eût tout à fait soumis les Espagnols à son autorité, les Italiens à ses arrangements, et qu'il eût contraint les deux grands vaincus tombés tour à tour entre ses mains sur le champ de bataille de Pavie et dans le sac de Rome à subir ses volontés triomphantes, François Ier en renonçant à la possession du Milanais et à la suzeraineté de la Flandre, Clément VII en acceptant sa prépondérance souveraine dans la péninsule italienne.

Il reparut ensuite en Allemagne. Mais, après huit années d'absence, il la trouva transformée. Ce qui n'était en 1521 que la doctrine d'un homme était devenu en 1530 la croyance d'un peuple. La confession luthérienne d'Augsbourg, qu'avaient adoptée sept princes territoriaux puissants et vingt-quatre cités libres, établissait outre-Rhin, sur de fortes bases, une église dissidente qu'il dut sinon admettre, du moins souffrir. Ses ménagements envers elle se réglèrent sur ses besoins. L'assentiment de l'Allemagne entière lui était nécessaire pour l'élection de son frère l'archiduc Ferdinand comme roi des Romains en 1531, et l'union de toutes ses forces était indispensable pour repousser l'invasion de Soliman en 1532.

Depuis lors, et pendant treize années, les expéditions de Charles-Quint contre les Barbaresques, auxquels il reprit Tunis en 1535 et voulut enlever Alger en 1541 ; sa quatrième et sa cinquième guerre avec la France, en 1537 et en 1543 ; ses résistances aux progrès des Turcs du côté de l'Europe orientale, l'avaient conduit à s'entendre avec les protestants d'Allemagne, que la tolérance rendait ses auxiliaires et dont la persécution aurait fait ses ennemis. Il était donc entré avec eux dans des accommodements qui durèrent autant que les exigences de sa politique. A Augsbourg en 1530, à Ratisbonne en 1541, à Spire en 1544, il autorisa momentanément leur dissidence religieuse en Allemagne, afin de pouvoir agir lui-même en Autriche, en Italie, en Afrique, en Hongrie, en France. Les seuls moyens essayés pour les ramener à la croyance qu'ils avaient quittée furent de libres discussions dans des colloques théologiques, où les docteurs des deux cultes ne purent jamais s'entendre, et la convocation d'un concile général où les catholiques parurent seuls et devaient donner une expression de plus en plus rigoureuse aux dogmes de leur foi, concentrer encore davantage les pouvoirs de leur Église.

Mais il n'en fut plus de même lorsque Charles-Quint eut terminé heureusement tous ses grands débats politiques et territoriaux. Le peuple espagnol, pleinement assujetti depuis la défaite décisive des *communeros*, qui avait changé au delà des Pyrénées la royauté à certains égards limitée du moyen âge en monarchie absolue, était devenu le docile et belliqueux instrument de ses victoires, de ses agrandissements et de sa domination dans le monde entier. Les Pays-Bas accrus au nord et au sud, dégagés de toute vassalité à l'égard de la France, détournés de leur ancienne insubordination par le rude châtiment des Gantois en 1540, préservés des doctrines nouvelles par les terribles dispositions de ses édits contre les hérétiques, étaient sous sa forte main unis, paisibles, prospères et puissants. L'Italie semblait dévolue pour toujours à sa souveraineté ou livrée à son influence. Il était en paix avec François Ier, qui touchait au terme de sa vie belliqueuse et de ses opiniâtres ambitions. Enfin il avait conclu avec Soliman une trêve qui mettait la chrétienté à l'abri d'une agression des Turcs vers l'Europe orientale. Ayant triomphé à peu près partout, ne craignant ni trouble dans ses États, ni diversion sur ses frontières, il agit envers les Allemands en Empereur qui voulait être obéi; envers les luthériens, en catholique qui prétendait rétablir l'unité de croyance.

Dans cette croisade politique et religieuse il eut pour auxiliaire le pape Paul III, de la part duquel il reçut un secours considérable en troupes et en argent. Malgré l'alliance conclue avec le souverain pontife, dans le but formel de supprimer le culte nouveau, il ne se déclara point tout d'abord l'ennemi ouvert du protestantisme. Afin de réussir plus aisément dans son dessein, il poursuivit la ligue de Smalkalde avant de s'attaquer à la confession d'Augsbourg. Par cette habile et trompeuse manœuvre, il obtint l'assistance militaire des protestants avides et soumis, tels que le duc Maurice de Saxe, les margraves Jean et Albert de Brandebourg Custrin et Culmbach; la neutralité rassurante des protestants timides, comme l'électeur de Brandebourg et l'électeur palatin. Il ne rencontra dès lors que la résistance fort redoutable encore des protestants confédérés à Smalkalde, dont les chefs principaux étaient l'électeur de Saxe, Jean-Frédéric, la landgrave de Hesse Philippe le Magnanime, le duc Ulric de Wurtemberg, qui s'avancèrent contre lui avec une armée de quatre-vingt mille hommes. Après les avoir mis au ban de l'Empire, il les attaqua à la tête des forces espagnoles, flamandes, italiennes, allemandes, sur le Danube et sur l'Elbe. Vainqueur à Ingolstadt en 1546, à Muhlberg en 1547, ayant divisé et battu les troupes des confédérés, pénétré dans leurs villes, occupé leurs pays, pris leurs chefs, il vit tout fléchir sous ses armes et céder à ses volontés à la suite des deux campagnes qui le rendirent maître de l'Allemagne : de Constance à Hambourg, de Nuremberg à Cologne.

Voulant y affermir et croyant y perpétuer son ascendant, Charles-Quint retint captifs les deux chefs vaincus du protestantisme armé : le duc Jean-Frédéric, qu'il dépouilla de l'électorat de Saxe donné à son cousin Maurice, et le landgrave de Hesse, dont il redoutait le caractère entreprenant. Il ravit aux villes libres leurs priviléges, s'empara de la grosse artillerie qui servait à les défendre, et dont cinq cents pièces furent transportées dans ses États héréditaires. Il désarma les pays tombés en son pouvoir, les frappa de contributions énormes, mit des Italiens et des Espagnols en garnison dans plusieurs de leurs plus importantes places, et prescrivit à tous les États de verser mensuellement dans la caisse militaire de l'Empire l'argent nécessaire à la levée de troupes capables de réprimer un soulèvement ou de repousser une invasion. Après avoir accompli la première partie du plan qu'il avait conçu, en privant l'Allemagne de son indépendance politique, il commença l'exécution de la seconde en essayant de lui enlever son indépendance religieuse. L'ayant réduite à l'obéissance, il espéra la ramener au catholicisme.

Le concile général qu'il avait longtemps demandé à Clément VII comme le seul moyen de pacifier les différends en matière de foi et de culte, et qu'il avait arraché à Paul III, avait tenu ses premières séances à Trente, sans que les novateurs en trouvassent la réunion assez sûre pour s'y rendre, la discussion assez libre pour y prendre part. Alarmé en 1547 de la victoire trop complète de Charles-Quint, et craignant que ce protecteur tout-puissant de l'Église ne devînt le conseiller impérieux du saint-siége, Paul III éloigna le concile de l'Allemagne en l'appelant à Bologne, puis le suspendit tout à fait. Charles-Quint ne se laissa point arrêter par les obstacles qu'il rencontra du côté où il avait droit d'espérer des facilités. En attendant les décisions d'un concile universel et libre qu'il ne cessa point de réclamer, il détermina lui-même le culte de l'Allemagne dissidente.

2.

Deux évêques catholiques et un pasteur luthérien dressèrent d'après ses ordres le fameux *intérim* d'Augsbourg : sorte de transaction entre l'ancienne et la nouvelle croyance, qu'il rapprocha par les doctrines et dans les pratiques sans les réunir en une seule. La théorie luthérienne de la justification par la foi y était admise à côté de la prescription catholique des œuvres satisfactoires ; la communion sous les deux espèces y était concédée aux protestants, obligés de revenir à la célébration de la messe et de reconnaître l'existence des sept sacrements ; le mariage des prêtres y était toléré en même temps que tout l'appareil extérieur du catholicisme y était rétabli. Charles-Quint promulgua en 1548 cette loi religieuse dans une assemblée séculière. La diète d'Augsbourg devint une espèce de concile, où il fit recevoir, sans permettre de le discuter, l'*intérim* comme règle provisoire de la foi et du culte imposés aux divers États et aux nombreuses villes qui suivaient la *confession d'Augsbourg*, et d'où furent expulsés plus de cinq cents ministres qui refusèrent d'y obéir. Après avoir assujetti l'Allemagne entière à son autorité, interdit partout l'exercice de la croyance protestante, Charles-Quint, auquel le pape Paul III avait donné les titres de *très-grand* et de *très-fort,* parut au comble de la gloire et de la puissance. Le silence de la diète germanique devant ses usurpations, l'adhésion de l'Église romaine à ses empiétements, lui persuadèrent qu'il touchait au terme de son œuvre. Il prépara tout alors pour que son fils devînt son successeur.

A la suite de ses campagnes contre les protestants, il avait eu, en 1547 et en 1548[1], deux maladies si graves qu'il avait cru y succomber. En craignant les effets ou le retour, il dicta pour son fils une instruction[2] très-étendue qui, dans un langage simple et haut, contenait les vues de sa politique, les conseils de son habileté, les recommandations de sa tendresse, toutes les maximes d'après lesquelles Philippe devait se conduire envers l'Église, traiter avec les divers princes de l'Europe, gouverner ses propres États et se diriger lui-même. Charles-Quint cherchait par là à lui communiquer son esprit et à lui transmettre son expérience. Le duc d'Albe porta cette instruction de l'Empereur au prince d'Espagne, que l'ordre de son père appelait dans les Pays-Bas à travers les contrées sur lesquelles l'infant régnerait bientôt, afin qu'il en connût les peuples et qu'il se fît connaître d'eux.

L'infant don Philippe avait alors vingt et un ans. Charles-Quint avait mis une hâte singulière à développer son esprit, à former son caractère, à lui apprendre l'exercice de l'autorité, à l'engager dans les liens du

---

[1] Sandoval, t. II, lib. XXIX, § 35 et § 38, p. 627, 633, 634.
[2] « Avisos ó instruccion del Emperador al principe su hijo. » Dans Sandoval, t. II, lib. XXX, p. 639 à 657.)

mariage, comme s'il avait voulu se décharger promptement sur lui du poids des affaires et des fatigues de la souveraineté. Il lui avait donné pour gouverneur un noble, grave et valeureux personnage, le grand commandeur de Castille don Juan de Zuñiga[1], et il avait placé à côté de lui pour l'instruire dans les lettres humaines et dans les sciences religieuses don Juan Martinez Siliceo, théologien éminent qu'il avait nommé évêque de Carthagène, qu'il fit plus tard archevêque de Tolède[2], et que secondèrent deux savants hommes très-versés dans la connaissance des langues grecque et latine, Honorato Juan de Valence[3], qui devint ensuite l'instituteur de l'infant don Carlos, et Juan Ginès Sepulveda de Cordoue, qui devait être l'élégant historien de Charles-Quint[4]. Dès la plus tendre enfance du prince royal, Charles-Quint lui avait fait prêter serment par les cortès de Castille à Valladolid, et en 1542 il avait obtenu pour lui l'obéissance moins facile des peuples d'Aragon, de Valence, de Catalogne, assemblés en cortès dans la ville de Monzon[5]. L'initiant alors aux affai-

[1] Sepulveda, vol. II, lib. XIX, c. IV, p. 100, 101.
[2] *Ibid.*
[3] *Ibid.*, vol. II, lib. XXI, c. XXXVII, p. 189, 190. — Ils parlaient uniquement latin devant lui, afin de l'habituer à l'usage de cette langue, que son père regrettait d'avoir négligé d'apprendre.
[4] Charles-Quint l'avait nommé son historiographe, ou *croniste*, en 1536. (*Ibid*, vol. III, epistol. XI, p. 101.)
[5] *Ibid.*, vol. II, lib. XXI, c. XIX à XXV, p. 171 à 178.

res d'État, il lui avait confié à l'âge de quinze ans l'administration de l'Espagne[1], que l'infant avait conduite avec l'aide d'un conseil dont les membres s'émerveillaient de sa prudence et de son application également précoces. En 1543 il l'avait marié avec sa nièce l'infante dona Maria de Portugal, qui était morte peu de temps après avoir mis au monde le fameux et triste don Carlos.

Suivant le désir de Charles-Quint, l'infant quitta pour la première fois l'Espagne, passa en Italie sur une flotte de cinquante-huit voiles que commandait André Doria, et, environné d'une cour splendide, escorté par une garde imposante, dans tout l'éclat de la grandeur, il parcourut la Lombardie, remonta par le Tyrol en Allemagne, et de l'Allemagne se rendit dans les Pays-Bas. Ce voyage, accompli, après les derniers et éclatants succès de l'Empereur, marqua jusqu'où pouvait aller l'idolâtrie envers la puissance victorieuse. Reçu partout sous des arcs de triomphe, au milieu des fêtes et des flatteries, avec des présents et des soumissions, l'infant vit accourir sur son passage les peuples et les princes[2], il entendit appeler *grand, invincible, divin,*

---

[1] *Ibid.*, c. xxxvii, p. 189.

[2] Ce voyage fut raconté en plus de six cents pages in-folio dans un livre publié quatre ans après à Anvers sous le titre de *El felicissimo viaje del muy alto y poderoso principe don Phelippe hijo del emperador don Carlos quinto maximo etc.*, por Juan Cristoval Calvete de Estrella, in-fol. Anvers, 1552.

son père, qu'on plaçait alors sans hésiter au-dessus des plus célèbres potentats et qu'on égalait aux plus grands hommes. On le nomma lui-même le *futur héritier du monde*[1] et *l'espérance du siècle*[2]. Parti de Barcelone le 2 novembre 1548, l'infant n'arriva à Bruxelles que le 1er avril 1549. Là, sous les yeux satisfaits du père, le fils parcourut les diverses provinces des Pays-Bas, dont il jura les priviléges et dont il reçut les serments. Tout l'été fut consacré à cette tournée politique, qui était comme une dévolution anticipée de l'héritage paternel.

Ce premier voyage, qui dura près d'un an, ne présenta point l'infant sous de favorables auspices et ne fit pas concevoir de bien grandes espérances de son futur gouvernement. Ayant jusque-là vécu constamment avec des Espagnols, il en avait pris l'humeur altière, l'esprit lent, la tranquillité orgueilleuse. Petit de taille, délicat de complexion[3], il avait le vaste front, l'œil bleu et intelligent de son père, son menton avancé, la couleur blonde de ses cheveux et la blancheur de son teint. Son aspect était d'un Flamand, son caractère d'un Espagnol. Taciturne et hautain, timide et opiniâtre, grave et impérieux, aimant le repos et imposant la

---

[1] « Orbis terrarum futurus hæres. » (*El felicissimo viaje*, etc. fol. 33 v°.)

[2] « Philippus sæculi spes. » (*Ibid.*, fol. 38.)

[3] Federico Badouaro. (Ms. de la Bibl. nat. n° 10,683, 2. 2. A.)

crainte, « il montra, disent les relations contemporaines, des dispositions sévères et intolérables[1], ne plut guère aux Italiens, déplut beaucoup aux Flamands, et fut odieux aux Allemands. » Mais sa tante la reine Marie de Hongrie, gouvernante des Pays-Bas, et l'Empereur son père l'avertirent des dangers d'une pareille sévérité, et lui firent sentir qu'elle n'était pas séante à un prince destiné à régir des nations différentes et chrétiennes[2].

Cette leçon ne fut pas sans fruit. Il en reçut d'autres qui ne lui profitèrent pas au même degré. Les seigneurs des Pays-Bas, par ordre de l'Empereur, le dressèrent aux divers exercices de la chevalerie[3], auxquels ses goûts l'avaient laissé trop étranger en Espagne ; mais ils ne l'y rendirent pas bien habile : dans un des tournois où il parut la lance à la main, il reçut sur le casque un coup qui le fit tomber évanoui de la selle de son cheval[4]. On le rapporta dans le palais de son père sans qu'il eût repris ses sens, et depuis il ne fut ja-

---

[1] « Un animo severo et intolerabile. » (*Relazione di Michele Soriano*, de 1559. Ms. de la Bibl. nat., n° 10,083, 2. 2. A.)

[2] « Ma essendo avvertito... della regina Maria, et con più ef-
« ficacia del padre, con questa reputatione et severità non se
« conveniva a chi doveva dominare nationi varie et populi di
« cristiani diversi, se mutò. » (*Relazione di Michele Soriano*,
de 1559. Ms. de la Bibl. nat., n° 10,083, 2. 2. A.)

[3] Marino Cavalli, dans Alberi, série I, vol. II, p. 217.

[4] Sepulveda, vol. II, lib. XXVI, c. LIV, LV, p. 381.

mais un jouteur ni hardi ni adroit[1]. Charles-Quint aurait voulu faire de lui un prince guerrier, il parvint plus aisément à en faire un prince politique. Pendant plusieurs années qu'il le retint à côté de lui, l'Empereur l'appela chaque jour deux ou trois heures dans sa chambre pour le former aux grandes affaires, soit en le rendant témoin des délibérations de son conseil, soit en l'instruisant seul à seul lui-même[2]. A cette forte école, l'infant don Philippe apprit à se contenir et se prépara à gouverner.

Charles-Quint ne songea pas seulement à lui laisser ses États héréditaires, il voulut encore lui ménager la possession de l'autorité impériale. Il considéra cette autorité comme nécessaire à la défense des Pays-Bas et à la conservation de l'Italie. Avant de descendre du trône, il essaya de réaliser ce difficile dessein. Dans l'été de 1550, accompagné de l'infant, il partit pour l'Allemagne, depuis deux ans soumise à toutes ses volontés, et il alla tenir une diète à Augsbourg. Il se pro-

---

[1] Dans une joute qui eut lieu sur la place d'Augsbourg, le 1ᵉʳ février 1551, l'ambassadeur de France Marillac, archevêque de Vienne, dit que les seigneurs de la cour s'y distinguèrent peu. Il ajoute, en parlant de Philippe : « Le prince d'Espagne fist encore pirement que tous, sans pouvoir jamais rompre une lance ny donner une seule atteinte. » (*Lettre de Marillac au connétable de Montmorency*, du 3 février 1551. Ms. de la Bibl. nat., Brienne, n° 89, fol. 196 v°.)

[2] Marino Cavalli, dans Alberi, série I, vol. II, p. 217.

posa d'établir un ordre de succession inattendu dans l'Empire, afin d'en assurer la souveraineté à sa famille par des élections alternatives et convenues d'avance entre les princes des deux branches de la maison d'Autriche, dont l'étroite union suppléerait à la vaste unité qui disparaîtrait avec lui. Il avait fait nommer, en 1531, roi des Romains l'archiduc Ferdinand, auquel il avait généreusement cédé, en 1520, l'Autriche, la Styrie, la Carniole, la Carinthie, le Tyrol, et qui y avait joint, après 1526, les royaumes de Bohême et de Hongrie. Depuis lors, les deux frères avaient été inaltérablement unis. En toute rencontre, Charles-Quint avait favorisé les intérêts de Ferdinand, et Ferdinand avait servi les projets de Charles-Quint. Le mariage de l'archiduc Maximilien, fils aîné de Ferdinand, avec l'infante Marie, fille de Charles-Quint, venait d'ajouter un lien de plus à ceux qui existaient déjà entre les deux familles. L'Empereur l'avait envoyé l'année précédente en Espagne pour y devenir son gendre et y remplacer son fils dans le gouvernement de cette péninsule. Ferdinand, comme roi des Romains, était appelé à remplacer Charles-Quint comme empereur, et il était vraisemblable que Maximilien, déjà créé roi de Bohême, le remplacerait à son tour comme roi des Romains. D'un esprit ouvert, d'un caractère modéré, d'une humeur affable, d'un cœur intrépide, Maximilien était tout à la fois cher et agréable aux Allemands, qui détestaient l'infant don Philippe à cause de son origine espagnole de ses manières hautaines, de ses dispositions sombres, de ses pensées despotiques que cachait mal son silence et qui perçaient à travers sa dissimulation [1].

Charles-Quint n'en projeta pas moins de faire préférer l'un à l'autre par sa famille obéissante et dans l'Empire asservi. Il communiqua d'abord son dessein à Ferdinand, qui n'y fut pas favorable, et, pour la première fois, lui résista [2], en se remettant toutefois à ce que déciderait Maximilien, qu'on fit venir de Valladolid à Augsbourg au cœur de l'hiver. Charles-Quint y appela deux fois [3] des Pays-Bas sa sœur, la reine Marie, à laquelle un esprit supérieur et un caractère décidé assuraient la plus grande influence, afin qu'elle servît de médiatrice entre les deux frères et les deux cousins. Après des débats longs et animés, la volonté de Charles-Quint prévalut.

[1] L'ambassadeur de France, Marillac, dont la correspondance est pleine des sentiments contraires, qu'inspiraient les deux jeunes princes en Allemagne, dit : « Les Allemands ayment d'aultant plus le jeune roy de Bohême en lui dediant leur cœur et leur affection, pour la peur qu'ils ont de tomber en la puissance de l'aultre. » (Lettre du 10 mars 1551 à Henri II. Ms. Béthune, n° 89, fol. 233 v°.)

[2] Voir la lettre très-intéressante et très-irritée que Charles-Quint écrivit à ce sujet à la reine de Hongrie, sa sœur, le 16 decembre 1550. (Lanz, *Correspondenz des Kaisers Karl V*, in-8°. Leipzig, 1846, vol. III, p. 15 à 21.)

[3] Le 10 septembre 1550 et le 1ᵉʳ janvier 1551. Ms. Béthune, n° 89, fol. 75 et 173 v°

Il fit dresser par l'évêque d'Arras un accord qui fut mystérieusement conclu dans sa chambre le 9 mars 1551[1]. On convint qu'aussitôt que Ferdinand succéderait à l'Empire, le prince d'Espagne serait élu roi des Romains, titre qui serait dévolu à Maximilien lorsque Philippe deviendrait empereur. Les princes des deux branches s'engageaient à défendre mutuellement leurs États particuliers en même temps qu'ils s'obligeaient à soutenir en commun les affaires de l'Allemagne contre tous ceux qui, par des troubles soit politiques, soit religieux, porteraient atteinte à la dignité impériale ou à la foi catholique. Roi des Romains, Philippe recevrait une partie de l'autorité de Ferdinand; empereur, il conférerait, durant ses absences, l'administration complète de l'Allemagne à Maximilien. Enfin, pour cimenter encore mieux entre les deux familles l'union fondée par ce traité de succession alternative à l'Empire et d'alliance défensive de leurs États patrimoniaux, Philippe dut épouser l'une des filles de Ferdinand, comme Maximilien avait épousé l'une des filles de Charles-Quint.

Cet arrangement, qui rendait la couronne impériale en quelque sorte héréditaire en l'assurant d'avance à

---

[1] La minute de l'acte était écrite de la main de l'évêque d'Arras et doit se trouver aux Archives impériales de Vienne. Il y en a une copie aux Archives de Belgique, dont je dois la communication à l'obligeance de M. Gachard.

plusieurs possesseurs, avait besoin de la ratification de l'Allemagne. Les électeurs qu'il aurait dépouillés de leurs droits ne pouvaient pas l'accepter et n'étaient pas disposés à le subir. Ceux de Mayence et de Trêves, les seuls qui eussent comparu à la diète, disaient ouvertement qu'ils n'y consentiraient point, « parce qu'ils avaient juré de garder la loi de l'Empire, et que d'ailleurs ils s'étaient promis tous ensemble de ne faire jamais plus un Espagnol empereur[1]. » Le duc Maurice de Saxe, dont l'alliance intéressée, le margrave Joachim de Brandebourg, dont la neutralité accommodante, avaient naguère facilité la victoire de Charles-Quint sur les protestants, sollicités des premiers, ne s'y prêtèrent pas non plus; le margrave Joachim invita même Ferdinand à y renoncer, s'il ne voulait pas se rendre odieux à toute l'Allemagne[2].

L'Allemagne, en effet, frémissante sous le joug du père, n'entendait point être exposée à la domination du fils. L'esprit comprimé de sa vieille indépendance, l'ardeur étouffée de sa nouvelle foi, étaient sur le point d'éclater, et Charles-Quint allait rencontrer enfin ces difficultés inhérentes à la nature même des choses que

---

[1] Ils le disaient au nonce du pape et à l'ambassadeur de France; celui-ci le communiquait à sa cour. (*Dépêche de Marillac à Henri II*, du 16 et du 22 déc. 1550, fol. 158, v°, 166; du 6 janv. et du 24 fév. 1551, fol. 174 et 207.)

[2] Bucholtz, vol. VI, p. 465-467.

la force suspend mais ne supprime pas. Après avoir avancé son œuvre à Augsbourg, il s'était transporté, dans l'espoir de l'y achever, vers les gorges du Tyrol, à Inspruck. De là il pouvait diriger le concile, dont il avait obtenu la convocation de Jules III, et qui s'était réuni pour la seconde fois dans la ville de Trente au mois de septembre 1551. Il avait renvoyé en Espagne l'infant don Philippe, investi de tous les pouvoirs de la royauté, enivré des plus ambitieuses espérances. Il croyait agir sur l'Italie catholique comme il avait agi sur l'Allemagne protestante, réformer l'une par le concile après avoir soumis l'autre par l'*intérim*, et rétablir l'unité détruite dans le monde chrétien.

Ce rêve de la toute-puissance se dissipa bientôt. Depuis quatre ans, Charles-Quint commandait au delà du Rhin en empereur absolu, y parlait même en pontife suprême. L'excès de son autorité y devint insupportable aux princes, aux villes, aux protestants, aux catholiques, qui ne virent plus en lui qu'un infracteur des lois, un tyran des consciences, un usurpateur des pouvoirs du saint-siége. Il se forma contre lui une mystérieuse coalition dans laquelle entrèrent ceux qui l'avaient servi durant la précédente guerre, comme ceux qui l'avaient combattu. Le duc Maurice de Saxe et le margrave Albert de Brandebourg, qui avaient été jusque-là les deux principaux appuis de Charles-Quint, s'en firent les chefs. Alliés à Henri II, qui, politique imitateur de son père François Iᵉʳ, soutint en Italie les petits États mécontents, s'unit à Constantinople avec Soliman II et se déclara le protecteur de la liberté germanique au delà du Rhin, ils concertèrent une attaque simultanée contre leur ennemi commun.

Tout d'un coup l'électeur Maurice, le margrave Albert et les fils du landgrave de Hesse, donnant le signal du soulèvement et de la guerre, marchèrent du nord au sud à la tête de forces irrésistibles, revendiquant les droits de l'Allemagne asservie, la délivrance des princes luthériens captifs, relevant partout sur leur passage la croyance protestante proscrite, remettant dans leurs églises les ministres fugitifs, rétablissant dans l'administration des villes les magistrats dépossédés, et ils arrivèrent sans rencontrer d'obstacle jusqu'à Augsbourg. Henri II s'était avancé, de son côté, vers l'Allemagne et les Pays-Bas en libérateur et en conquérant; il s'était emparé des trois évêchés de Metz, de Toul et de Verdun, qui restèrent à jamais incorporés à la France; il allait occuper la Lorraine et envahir le Luxembourg. En même temps le duché de Parme et la république de Sienne, aidés par les Français, résistèrent avec avantage aux Espagnols, dont ils avaient secoué la domination en Italie, et les pachas de Belgrade et de Bude battaient les Autrichiens à Zegeb et se rendaient maîtres de Temeswar, de Lippa, de

Wesprim et de Szolnok, dans la Transylvanie et dans la Hongrie.

Charles-Quint était pris au dépourvu. Il n'avait ni armée ni argent[1]. Les troupes de son frère Ferdinand résistaient difficilement aux Turcs sur la Theiss et le Danube; les siennes, d'un entretien trop dispendieux, avaient été pour la plupart licenciées après la complète soumission de l'Allemagne. A part quelques garnisons laissées dans Francfort, dans Augsbourg, dans Ulm, dans les places du Wurtemberg et dans les passages fortifiés du Tyrol, il avait envoyé dans le Parmesan détaché de son alliance, dans le Siennois impatient de son joug, les vieilles bandes espagnoles et italiennes avec lesquelles il avait vaincu et occupé les pays germaniques. Soudainement exposé à tant d'agressions, affaibli par les maladies, appauvri et désarmé par suite même de ses efforts et de ses victoires, il vit alors, sous les coups de ses ennemis coalisés, tomber

---

[1] Instruction ostensible de Charles-Quint donnée à J. de Rye, son premier sommelier de corps envoyé auprès de Ferdinand, du 3 mars 1552; Lanz, vol. III, p. 99 à 106. Il y dit : « Nous trouvons personne, ne à Ausbourg ny ailleurs, se veuille laisser persuader à nous accomoder de finance, quelque grand party que leur voulons offrir. » (P. 100.) En parlant des troupes, il dit que les confédérés ont pratiqué de longue main les meilleures en Allemagne, et que, ajoute-t-il, « par faulte de finance et attendant la venue dudict duc (Maurice), nous sommes laissé prévenir. » (P. 101.)

son œuvre à peine ébauchée en Allemagne, s'ébranler sa puissance si laborieusement affermie dans les Pays-Bas et en Italie, et sur le point d'être de nouveau franchies les barrières qu'il avait élevées pour la défense de la chrétienté vers l'Europe orientale.

En cette extrémité, Charles-Quint, sans trouble et sans faiblesse, jugea sa position avec une fermeté d'esprit incroyable. Calculant ce qui lui restait de ressources, et ne se faisant aucune illusion sur la décadence de sa fortune et l'affaiblissement de sa puissance, il reconnut avant tout qu'il ne resterait pas sans péril à Inspruck. « Si j'attendois ici plus longtemps, écrivit-il le 4 avril 1552 à son frère en apprenant l'arrivée de Maurice victorieux à Augsbourg, je ne pourrois qu'être pris un de ces matins dans mon lit[1]. » Après avoir examiné les divers partis qui s'offraient à lui, il ajouta, avec cette hauteur d'orgueil et de pensée qui ne se méprend point sur les jugements humains et se met au-dessus d'eux : « Quoi que je fasse, s'il en advient bien, ils le jetteront à la fortune ; si mal, la coulpe en sera mienne[2]. » Il se décida à gagner les Pays-Bas comme étant le lieu le plus favorable pour réunir promptement une armée, appeler à lui ses partisans d'Allemagne, ses soldats d'Italie, ses bandes d'Espagne, et, placé entre les troupes de Henri II et celles de

---

[1] Lettre de Charles-Quint à Ferdinand. Lanz, vol. III, p. 159.
[2] *Ibid.*, p. 160.

Maurice, faire bientôt face aux unes et aux autres. Ce parti était le meilleur, mais il était fort périlleux. Le chemin des Pays-Bas lui était fermé, et il courait le risque de tomber au pouvoir de ses ennemis. Cependant il n'hésita point. « Le tout bien considéré, continua-t-il, me voyant dans l'état où je me vois, me recommandant à Dieu et me remettant en ses mains, j'ai mieux aimé prendre détermination que l'on me trouve plustôt un vieux fol, que en mes vieux jours me perdre sans faire ce que je dois et peut-être plus que mes forces et débilités ne me conseilleroient de faire. Me voyant nécessité de recevoir une grande honte ou de me mettre en grand danger, j'aime mieux prendre la part du danger, puisqu'il est en la main de Dieu d'y remédier, que d'attendre celle de la honte[1]. »

Il se proposa donc d'aller en Flandre en longeant le lac de Constance et en passant par la haute Allemagne[2]. Le 6 avril, entre onze heures du soir et minuit, suivi de cinq serviteurs, il quitta mystérieusement Inspruck, sans avoir d'autres confidents de son départ que l'évêque d'Arras et le chambellan la Chaulx, chargés l'un et l'autre de cacher son absence en le disant malade plus que jamais. Il marcha toute la nuit à cheval par des chemins détournés. Le jour suivant, il s'avança à travers les montagnes, et parvint non loin de Füssen.

[1] Lanz, vol. III, p. 161.
[2] Ibid.

Mais, lorsqu'il approchait des portes du Tyrol, ses forces qui fléchirent et le bruit qui se répandit de l'apparition des ennemis aux débouchés des Alpes l'obligèrent à retourner sur ses pas. Il rentra de nuit dans Inspruck, sans qu'on y eût même soupçonné la tentative qu'il venait de faire et qu'avaient arrêtée ses maux bien plus que ses craintes[1]. Là, prescrivant des levées de troupes de tous les côtés, il négocia, par l'entremise de son frère le roi des Romains, avec les insurgés allemands, qu'il voulait séparer des Français, afin de diviser ses ennemis, et il resta exposé pendant plus d'un mois à la surprise qu'il avait prévue et qu'il ne put pas éviter.

Les conférences, qui s'étaient ouvertes de bonne heure, n'avaient pas ramené l'accord entre Charles-Quint, qui ne concédait pas assez aux confédérés, et les confédérés, qui exigeaient trop de Charles-Quint Dans le court espace de temps qui sépara les pourparlers de Lintz des conclusions de Passau, avant la trêve qui avait été convenue comme acheminement à la paix, au moment même où Ferdinand était allé chercher à Inspruck les dernières instructions de l'Empereur et

---

[1] Ce voyage tenté clandestinement et si vite arrêté, Charles-Quint le raconte lui-même dans une lettre du 30 mai 1552, datée de Villach en Carinthie et écrite à sa sœur, la reine de Hongrie. Cette lettre est insérée dans Bucholtz, vol. IX, p. 544 à 547.

lui porter ses supplications conciliantes, Maurice tenta un coup des plus hardis. Dans une marche rapide vers les Alpes, et par une attaque foudroyante, il parut soudainement à Füssen, culbuta à Reutte les troupes impériales qui gardaient les défilés du Tyrol, s'empara de la forteresse d'Ehrenberg, et se porta sur Inspruck pour y dicter la loi à celui qui, naguère encore, semblait le dominateur du monde. Instruit le soir même du 19 mai des succès inattendus et de la menaçante approche de Maurice, Charles-Quint s'enfuit précipitamment, et ne lui échappa que de quelques heures[1]. Il partit malade, en litière, aux flambeaux, suivi de sa cour en désordre, et, au milieu d'un temps affreux, il se dirigea vers la Carinthie.

Parvenu dans la nuit à Inspruck, l'entreprenant Électeur, qui livra le palais de l'Empereur au pillage de ses soldats, aurait pu poursuivre l'Empereur lui-même et l'atteindre. Le duc de Mecklembourg le lui conseillait; mais Maurice n'avait pas besoin d'une aussi grande victoire, qui l'aurait sans doute embarrassé. « Je n'ai pas encore, dit-il, de cage pour y enfermer un oiseau de cette grandeur[2]. » Il lui suffisait d'avoir exposé

---

[1] Charles-Quint raconte aussi à sa sœur sa fuite d'Inspruck dans une autre lettre écrite également de Villach, à la date du 30 mai. Lanz, vol. III, p. 203, 204.

[2] Seckendorf, *Histoire de la réformation de l'Église chrétienne en Allemagne,* ad ann. 1552.

Charles-Quint au danger d'être pris, à l'humiliation de fuir, et, le débusquant de cette position centrale, de l'avoir rejeté sur la Carinthie, d'où il ne pouvait rien entreprendre et voyait l'armée des confédérés s'élever comme une barrière entre l'Allemagne et lui.

Après cet audacieux exploit, Maurice alla reprendre à Passau la négociation suspendue à Lintz. L'Empereur comprit qu'il fallait s'entendre avec les Allemands soulevés et renoncer à les assujettir. Il se relâcha de tout ce qui ne touchait point à l'honneur de son caractère, aux droits de son autorité, aux scrupules de sa conscience. Après avoir déjà rendu de lui-même la liberté au duc de Saxe Jean-Frédéric, au moment de quitter Inspruck, il accorda la délivrance du landgrave de Hesse, dont la captivité prolongée avait été l'une des causes de la prise d'armes, mais en subordonnant cette délivrance au licenciement préalable des troupes de la confédération. Il exigea, non plus que les confédérés marchassent contre le roi de France, mais qu'ils rompissent avec lui, et ne souffrit point qu'Henri II fût introduit dans la négociation de Passau[1]. Tout en se montrant disposé à rétablir en Allemagne l'accord politique et la paix religieuse, il n'y laissa point affaiblir l'autorité impériale ni consacrer définitivement la foi luthé-

---

[1] Voir ses nombreuses lettres, depuis le 21 mars jusqu'au 8 juin, dans Lanz, vol. III.

rienne. Il déclara que sa dignité comme chef de l'Empire, sa croyance comme prince catholique ne lui permettaient pas de céder sur ces deux points[1], et tandis qu'on demandait le redressement instantané des griefs et la tolérance immédiate du protestantisme, il annonça qu'il aimait mieux tout rompre, et il s'en remit aux États germaniques assemblés en diète pour régler de concert avec lui l'exercice légal de l'autorité, et décider lequel d'un concile général ou d'un concile national serait le moyen le plus propre à faire cesser les dissidences religieuses et à ramener une foi commune.

Le traité de Passau, auquel le firent consentir les pathétiques supplications de son frère Ferdinand et les dangers de la Hongrie, au secours de laquelle Maurice avait promis de marcher avec son armée[2], fut signé le 2 août, dans les termes mêmes exigés par la fierté et par les scrupules de Charles-Quint. Toutefois l'indépendance germanique et la paix religieuse y étaient consacrées, bien que sous une forme provisoire, par la volonté victorieuse et l'on peut dire universelle de l'Al-

---

[1] Déclaration finale de l'Empereur du 10 juillet, dans Lanz, vol. III, p. 358 à 360. — Son instruction en forme d'ordre à ses commissaires, le sommelier J. de Rye et le vice-chancelier Seld. *Ibid.*, p. 361 à 365.

[2] Lettre de Charles-Quint à la reine Marie du 16 juill 1552, dans Lanz, vol. III, p. 377, 378.

lemagne. En attendant la diète définitive à la décision de laquelle tout était renvoyé, les sectateurs de la confession d'Augsbourg ne devaient pas être gênés dans la paisible possession et le libre exercice de leur culte: la chambre impériale, dont les États luthériens ne pouvaient pas être exclus, devait rendre la justice sans égard à la différence de religion; le conseil aulique ne devait être composé que de ministres allemands pour délibérer tant sur les affaires générales de l'Empire que sur les affaires particulières des États. Après la transaction de Passau, dont les clauses furent transformées trois ans plus tard en loi fondamentale de l'Empire par le recès de la diète d'Augsbourg, auquel Charles-Quint voulut rester étranger, Maurice descendit en Hongrie contre les Turcs et Charles-Quint s'avança vers la France à la tête d'une armée de quatre-vingt mille hommes pour reprendre à Henri II les villes qu'il avait conquises.

Il se porta devant la place extraordinairement fortifiée de Metz, où s'était enfermé le duc de Guise avec une petite armée et la fleur de la noblesse française. Charles-Quint l'assiégea pendant les derniers mois de 1552, au milieu des pluies de l'automne et des froids de l'hiver. Mais le valeureux et vigilant duc de Guise la défendit victorieusement contre lui. Le vieil Empereur ne réussit pas mieux dans ses attaques contre la France qu'il n'avait réussi dans la recherche de la couronne impériale pour son fils et dans l'exécution de ses plans politiques et religieux sur l'Allemagne. Il fut obligé de lever le siége de Metz après avoir perdu la moitié de son armée par les rigueurs du temps, comme il s'était désisté de la candidature du prince royal d'Espagne à l'Empire[1], comme il avait renoncé à rendre toute l'Allemagne dépendante et catholique. A ces revers consécutifs, il comprit que le cours de ses desseins était arrêté, et l'on assure que, faisant allusion à l'âge de ses heureux adversaires, il dit avec autant de profondeur que d'esprit : « La fortune n'aime que les jeunes gens[2]. » Il ne continua plus la guerre que pour la bien finir. Quoiqu'il eût assisté lui-même au siége de Metz[2], dont il avait confié la direction au duc d'Albe, il y avait été presque constamment malade[3], et s'il avait paru quelquefois à cheval au milieu de son camp, c'était le plus

---

[1] Lettre de Charles-Quint à Ferdinand du 3 fév. 1554, dans Lanz, vol. III, p. 606.

[2] « ... Quem auditum ferebant, quum diceret *nempe fortu-« nam esse juvenum amicam.* » Strada, *De bello belgico*, p. 11. — Bayle remarqué judicieusement, dans la note K de son article sur Charles-Quint, que Machiavel avait déjà présenté et commenté cette maxime dans le chap. xxv de son *Prince :* « ... E però sempre (la fortuna) come donna è amica de' giovani, « perchè son meno rispetivi, più feroci e con più audacia la « commandano. »

[3] Sandoval, vol. II, lib. XXXI, § 24, p. 724 à 726. Lettre de Malinæus, écrite du camp devant Metz le 24 déc. 1552, p. 91, 92.

souvent en litière qu'il s'était rendu aux tranchées. Il ne put pas même commander en personne pendant la campagne de 1553, qui lui fut plus favorable. Retenu à Bruxelles, il fit assiéger, prendre et raser les villes de Thérouanne et du vieil Hesdin, dont les garnisons incommodaient la Flandre par leurs agressions.

Il se voyait hors d'état désormais de conduire lui-même ses armées et de pourvoir à l'exécution de ses entreprises. Ses maux s'étaient aggravés[1] avec l'âge et par un défaut de sobriété insurmontable. Ce grand homme, qui savait commander à ses passions, ne savait pas contenir ses appétits ; il était maître de son âme dans les diverses extrémités de la fortune, il ne l'était pas de son estomac à table. Ni les sages conseils de son ancien confesseur[2], ni les sévères avertissements de la maladie n'avaient eu le pouvoir de réfor-

---

[1] Mémoire de l'ambassadeur Marillac à la cour de France de 1555. Ms. de la Bibl. nat., et imprimé dans Ranke, *Deutsche Geschichte in Zeitalter der Reformation*. vol. VI, p. 490 et suiv. : « Aussitost que le froid approche, il faut qu'il demeure enserré en un poisle, ou pour mieux dire en une fournaise en laquelle peut-on demeurer un quart d'heure, et toutesfois il y est tout le jour. Au reste, il a trois maladies inveterées, lesquelles à chacune fois le conduisent à l'extrémité. »

[2] Le cardinal Loysa, qui avait été son confesseur et qui était son ambassadeur auprès du saint-siége, lui écrivait de Rome à ce sujet. *Cartas al emperador Carlos V escritas en los años de 1530-32, copiadas de los autografos en el archivo de Simancas;* par G. Heine, in-8°, Berlin, 1848, p. 69.

mer ses habitudes à cet égard désordonnées. Durant l'hiver douloureux de 1550 à 1551, passé tout entier à Augsbourg dans son appartement chauffé comme une étuve, d'où il ne sortit que trois fois pour se montrer et manger en public dans une salle voisine aux fêtes de Saint-André, de la Noël et des Rois; lorsqu'il était si exténué qu'on le croyait près de sa fin, et que les médecins eux-mêmes lui donnaient à peine quelques mois à vivre[1], l'anglais Roger Asham, qui assista à l'un de ses repas, fut surpris de ce qu'il mangea et surtout de ce qu'il but. Bœuf bouilli, mouton rôti, levraut cuit au four, chapon apprêté, l'Empereur ne refusa rien. « Il plongea, dit Asham, cinq fois sa tête dans le verre, et chaque fois il ne but pas moins d'un quart de gallon de vin du Rhin[2]. »

Deux ans après le repas décrit par Asham, le spirituel et érudit van Male, *ayuda de cámera* de Charles-Quint, fait un tableau plein de malice et de grâce des irrésistibles fantaisies de son maître au siége de Metz et des condescendances dangereuses que les médecins avaient pour lui. « Le ventre, écrit-il à Louis de Flan-

---

[1] *Correspondance de Marillac* à Henri II et au connétable Anne de Montmorency, datée d'Augsbourg en 1550 et 1551, Bibl. nat., Ms. de Brienne, n° 89.

[2] *Works of Roger Asham*, London, 1761, in-4°, lettre du 20 janvier 1551, p. 375. — Le gallon contient quatre litres et demi.

dre, seigneur de Praet, et une fatale voracité sont la source ancienne et très-profonde des nombreuses maladies de l'Empereur. Il y est assujetti à tel point, que, dans sa plus mauvaise santé et au milieu des tortures du mal, il ne peut pas se priver des mets et des boissons qui lui sont le plus nuisibles. Vous vous récriez et contre cette intempérance de César et contre la légèreté, l'indulgence, la faiblesse des médecins. C'est le sujet de toutes les conversations. L'Empereur dédaigne-t-il la viande? qu'on l'emporte. Désire-t-il du poisson? qu'on lui en donne. Veut-il boire de la bière? qu'on ne lui en refuse pas. A-t-il le dégoût du vin? qu'on le retire. Le médecin est devenu un complaisant. Ce que César veut ou refuse, il l'ordonne ou le défend... Si la boisson n'est pas glacée, elle lui déplaît... Il est bien certain qu'affligé de tant de maux, la froideur de la bière exposée à l'air pendant la nuit et qu'il boit avant le jour ne lui convient pas. Il s'y est néanmoins tellement habitué qu'il n'a pas craint d'en boire au péril d'une dyssenterie imminente. Comme je suis pour cela son échanson avant le jour... je l'ai entendu pousser des gémissements qui attestaient ses souffrances... Je lui ai dit tout ce qui m'a paru le plus propre à le détourner de boire aussi mal à propos une boisson si nuisible, ajoutant que personne de nous, même avec une force et une santé athlétiques, ne supporterait sans en être incommodé de la bière glacée bue avant le jour et pendant l'hiver, et que lui ne craignait pas d'en prendre à son âge, avec une santé détruite par les maladies, les voyages et les travaux. Il en est convenu, et, grâce à ce bon conseil, il a défendu que la bière fût exposée à l'air. Le docteur Corneille (Baërsdorp) ne lui a pas permis non plus le vin trop froid à dîner et à ses repas. Je ne sais s'il s'y résignera longtemps. Nous maudissons souvent ici le soin affectueux qu'a la reine (de Hongrie) de lui envoyer des poissons... Dernièrement il en dévora, et avec un très-grand péril, pendant deux jours de suite. Il fit venir des soles, des huîtres qu'il mangea crues, bouillies, rôties, et presque tous les poissons de la mer[1]. »

Dans l'été qui suivit la levée du siége de Metz, Charles-Quint, sentant que les défaillances croissantes du corps se prêtaient de moins en moins aux vues toujours fermes de l'esprit, se prépara à accomplir l'abdication qu'il méditait depuis si longtemps. Le repos et la salubrité des climats du Midi lui parurent les seuls remèdes à des infirmités que la fatigue des affaires et la rude température du Nord augmentaient sans cesse. Il choisit donc l'Espagne pour le lieu de sa retraite définitive, et en Espagne la délicieuse vallée appelée la *Vera de Plasencia*, dans la partie de l'Estrémadure la

---

[1] Lettre de Malinæus au seigneur de Praet, écrite le 24 décembre 1552, du camp devant Metz, p. 91, 92.

plus boisée, sur la pente méridionale d'une montagne que le soleil réchauffait pendant l'hiver, que d'épaisses forêts et de nombreux cours d'eau tempéraient pendant l'été. C'est à l'ombre d'un cloître qu'il projeta de se retirer.

Charles-Quint avait toujours aimé les moines. Dans ses grandes afflictions, à la veille ou le lendemain de ses plus importantes entreprises, il se rendait souvent au milieu d'eux pour puiser dans la retraite et dans la prière des consolations et des forces. Après son élection à Francfort, au moment où, en 1520, il allait s'embarquer à la Corogne pour les Pays-Bas et l'Allemagne, il avait pieusement visité l'église de saint Jacques de Compostelle, l'apôtre de la Péninsule, dont le religieux patronage avait encouragé durant huit siècles les vieux chrétiens espagnols dans la revendication armée de leur pays, et dont le nom leur avait servi de cri de guerre contre les musulmans[1]. Avant de partir pour l'Italie en 1529[2], afin d'y prendre la couronne de fer des Lombards et la couronne d'or de l'Empire, il avait passé plusieurs jours dans le couvent de Santa Engracia à Saragosse[3]. Lorsqu'il était prêt à monter sur sa flotte pour l'expédition de Tunis en 1535, il avait fait un pèlerinage à la célèbre abbaye du Montserrat, et

---

[1] Santiago y á ellos!
[2] Sandoval, vol. II, lib. XXII, § 7, p. 217.
[3] Siguenza, vol. III, lib. II, p. 445.

neuf fois dans sa vie[1], en traversant le comté de Barcelone, il était allé se prosterner devant la Vierge de ce sanctuaire vénéré, à l'image de laquelle il devait conserver jusqu'à son dernier soupir une si tendre dévotion. A la mort de l'Impératrice, en 1539, il avait porté sa douleur et son deuil dans le couvent de la Sysla à deux lieues de Tolède; et après la dispersion de ses vaisseaux devant Alger, en 1541, et l'abandon forcé de son entreprise, il s'était enfermé dans le monastère de la Mejorada, non loin d'Olmedo[2], avec l'intention sans doute de s'y fortifier contre ce revers.

Rien ne peint mieux que ce qui se passa en cette dé-

---

[1] « Fue el emperador devotissimo de Nuestra Señora de Montserrate... Nueve vezes se halla por los libros, que Su Magestad visitó esta santa casa... muchas limosnas dió, y cada vez que venia la mandava dar : no queria que se supiesse lo que mandava dar, parece cantitad de veynte mil ducados por los libros : en una partida se hallan mil ducados, que mando librar en Zaragoça año de 1524. » (Sandoval, vol. II, p. 896, 897.)

[2] Sandoval le raconte ainsi, d'après le manuscrit du prieur de Yuste, fray Martin de Angulo : « Cuenta este padre... que bolviendo el emperador de la perdida de Argel y jornada de Italia, se recogió en la Mejorada, que es un insigne monasterio cerca de la villa de Olmedo... y que estuvo en él muchos dias, y viernes de la semana santa á la hora de comer se passeava por unas calles de cypreses muy hermosas que tienen en un cercado, preguntó que comia el convento, dixeronle que pan y agua, y mandó que le traxassen dos panezillos de los que los religiosos comian, y un jarro de agua, y en pie passeandose le comió y bevió el agua, y con aquello passó aquel dia. » (*Vida del emperador en Yuste,* vol. II, p. 830.)

sastreuse rencontre sous Alger la grandeur de sa résignation chrétienne et la confiance extraordinaire qu'il avait dans les prières des moines. L'expédition qui devait le rendre maître de ce point important de l'Afrique septentrionale avait été entreprise avec trop de hâte, à cause d'une guerre imminente du côté de la France. Charles-Quint était arrivé dans le golfe d'Alger la dernière semaine d'octobre, au moment même des tempêtes de l'équinoxe. Elles se déchaînèrent en effet sur la Méditerranée le surlendemain de sa descente à terre, avant qu'il eût tiré de sa flotte de quatre cents navires et la grosse artillerie pour foudroyer la ville en face de laquelle il s'était déjà campé, et les vivres pour nourrir ses soldats. La violence des vents brisa les ancres de la plupart des vaisseaux, qui heurtèrent les uns contre les autres ou furent jetés à la côte. En même temps une pluie serrée et froide inondait son camp. Dans cette terrible extrémité, exposé à périr sur ce rivage faute de pouvoir ou y vivre, ou en partir, Charles-Quint, couvert d'un long manteau blanc, se promenait au milieu des grands et des *cavalleros* d'Espagne, et s'adressant à Dieu, maître des éléments, il ne laissait entendre que ces religieuses paroles[1] : *Fiat voluntas tua! fiat voluntas tua!* Tout d'un coup, vers onze heures et demie du soir, au plus fort de l'ouragan, il ap-

---

[1] Sandoval, vol. II, lib. XXV, § 12, p. 409.

pela des pilotes expérimentés et leur demanda combien de temps les navires de la flotte pouvaient résister encore aux coups de la tempête. — Deux heures, répondirent-ils. — Se souvenant alors des chants qui commençaient à minuit dans tous les couvents de son royaume, et croyant que cette universelle oraison chrétienne monterait vers le ciel et lui concilierait l'assistance divine, il dit aux siens, le visage ranimé par l'espérance. « Rassurez-vous, dans une demi-heure tous les moines et toutes les religieuses d'Espagne se lèveront et prieront pour nous[1]. » Il est vrai qu'après s'être montré chrétien confiant, il agit en capitaine résolu, et qu'il opéra habilement sa retraite vers le cap Matifou, où s'étaient réfugiés les débris de sa flotte et d'où il ramena son armée en Europe.

Parmi les moines, ses préférences étaient pour les hiéronymites. Ceux-ci formaient un ordre presque exclusivement espagnol, fondé par quelques ermites de la Péninsule, qui avaient obtenu en 1373 du pape Grégoire XI l'autorisation de se réunir en congrégations religieuses sous le nom de saint Jérôme et avec la règle de saint Augustin[2]. Leur premier monastère s'était élevé à San Bartholome de Lupiana, près de Guadala-

---

[1] Sandoval, vol. II, lib. xxv, § 11, p. 408.
[2] Le pape Grégoire XI, dans sa bulle du 18 octobre 1373, les avait appelés frères ou ermites de saint Jérôme, et leur avait donné la règle de saint Augustin comme ayant été l'ami de

jara, sur un des frais coteaux de la Vieille-Castille. De là ils s'étaient promptement répandus dans la plaine de Tolède, dans la forêt de pins de Guisando, parmi les myrtes de Barcelone et de Valence, sous les berceaux de vignes de Ségovie, au milieu des bois de châtaigniers de l'Estrémadure. Placés non loin des villes, dans des sites agréables et solitaires, ils avaient couvert la Péninsule de leurs établissements de Grenade à Lisbonne, de Séville à Saragosse[1]. Ils s'étaient d'abord consacrés à la contemplation et à la prière. Ils vivaient d'aumônes, et depuis le milieu de la nuit jusqu'à l'extrémité du jour ils chantaient avec une assiduité et une pompe singulières les louanges de Dieu[2]. Bientôt enrichis par les dons des peuples et les faveurs des monarques, les hiéronymites, dont l'ordre entier était gouverné par un général élu, dont chaque couvent était administré par un prieur triennal, avaient ajouté la science à la prière, la culture nouvelle des lettres à la pratique conservée des chants, et, de moines pauvres, étaient devenus les possesseurs opulents de vastes terres, de nombreux bestiaux, de riches vergers. Aucuns

saint Jérôme. Siguenza, *Historia de la orden de San Gerónimo*, part. II, p. 38, 39.

[1] Voir le deuxième volume de Siguenza.

[2] Ils surpassaient à cet égard tous les autres ordres. Siguenza, *Historia de la orden de San Gerónimo*, part. II, p. 50 à 55. Les jours de fête ils restaient de dix à douze heures au chœur, p. 55.

religieux en Espagne ne célébraient le culte catholique avec une dignité plus imposante, ne faisaient entendre une musique aussi suave dans les chœurs de leurs églises, ne distribuaient de plus abondantes aumônes à la porte de leurs couvents, n'offraient aux voyageurs dans leurs établissements une plus généreuse hospitalité. A Notre-Dame de Guadalupe, qui était l'un des trois sanctuaires les plus vénérés et les plus visités de l'Espagne, et qui avait la grandeur d'une ville par son étendue, la sûreté d'une citadelle par ses fortifications, les hiéronymites gardaient un trésor considérable dans une tour, avaient de larges celliers toujours pleins, de beaux jardins couverts d'orangers et de citronniers, faisaient paître sur les montagnes voisines d'immenses troupeaux de moutons, de vaches, de chèvres, de porcs, possédaient en Estrémadure cinquante mille pieds d'oliviers et de grands bois de cèdres[1], et dans leurs vastes réfectoires couvraient avec profusion la table des hôtes et des pèlerins, qui était mise et levée six ou sept fois par jour[2].

---

[1] Don Antonio Ponz, *Viage de España*, segunda edicion, Madrid, 1784, in-12, vol. VII, carta IV, §§ 28 et 29, p. 69. Chaque année, on consommait dans le monastère 3,000 arrobes d'huile (une arrobe contient un peu plus de douze litres), 28,000 fanègues de blé (la fanègue contient environ cinquante-cinq litres), 3,000 moutons, 1,500 chèvres, 100 vaches, 150 porcs, sans compter les choses moins importantes.

[2] Siguenza, part. II, p. 50.

Ce fut près d'un couvent de cet ordre adonné à la prière et à l'étude que Charles-Quint songea à se retirer. Il l'avait toujours eu en singulière vénération. Cette vénération était comme un héritage de famille, qu'il avait reçu de son aïeul et qu'il devait transmettre à son fils. Ferdinand le Catholique, après la victoire de Toro en 1475 et la conquête de Grenade en 1492, avait élevé deux monastères de cet ordre[1]; il s'était enfermé dans un de ces cloîtres à la mort de la reine Isabelle de Castille[2], et lorsqu'il s'était lui-même senti près de sa fin, il était allé expirer à Madrigalejo[3] dans une maison appartenant aux hiéronymites, qu'il avait rendus les gardiens des sépultures royales[4]. Philippe II devait fonder pour eux, en souvenir de la bataille de Saint-Quentin, l'immense Escurial, où il irait à son tour vivre et mourir. Charles-Quint, qui, à plusieurs reprises, avait été l'hôte des hiéronymites dans leurs couvents de Santa-Engracia, de la Sysla et de la Mejorada, résolut de terminer ses jours dans leur cloître de Yuste.

Yuste, que la demeure de l'Empereur devait rendre

---

[1] Santa Maria de la Vitoria, près de Salamanque, et Nuestra Señora de la Concepcion, près de Grenade. *Ibid.*, part. III, lib. I, p. 13 à 19, et fol. 47 à 54.

[2] *Ibid.*, part. III, liv. I, fol. 107.

[3] Don Antonio Ponz, *Viage en España*, vol. VII, carta IV, § 32, p. 71, 72.

[4] Le prieur du couvent hiéronymite de Grenade en était le chapelain.

si célèbre, avait été fondé au commencement du quinzième siècle, près d'un petit cours d'eau[1] dont il avait pris le nom, dans une chaîne de l'Estrémadure, coupée de vallées, couverte d'arbres, arrosée par des ruisseaux qui descendaient des cimes neigeuses de la montagne. De ce site pittoresque, ayant à l'est et au sud les plaines de Talavera et d'Arañuelo, la vue dominait le cours du Tietar et du Tage, plongeait sur les belles cultures et les riants villages qui s'élevaient du milieu des bois dans le magnifique bassin de la *Vera de Plasencia*, et apercevait à l'horizon lointain les monts azurés de Guadalupe. Quelques ermites y avaient élevé en 1402 des cabanes dans la forêt de châtaigniers et de noyers qui couvrait les flancs de la montagne. Ils avaient reçu en 1408, par la puissante entremise de l'infant don Ferdinand, une bulle qui les autorisait à transformer leurs humbles cellules en monastère hiéronymite. Mais les moines d'un couvent voisin les avaient troublés dans leurs travaux, et l'évêque de Plasencia s'était opposé à la construction commencée de leur monastère. Ayant invoqué l'appui supérieur de l'archevêque de Saint-Jacques, qui était métropolitain du pays et qui favorisait l'ordre de Saint-Jérôme, ils

---

[1] « Yuste es un sitio, lugar y tierra llamado anzi de un arroyo que está junto á este monasterio, que baxa de una sierra y se llama Yuste. » (Manuscrit hiéronymite, c. xi, dans *Retraite et mort de Charles-Quint*, etc., vol. II, p. II.)

avaient été placés par lui sous la protection armée de don Garcia Alvarez de Toledo, seigneur d'Oropesa, dont le château de Jarandilla était à deux lieues de Yuste. A la tête de ses vassaux, le châtelain de Jarandilla, déployant sa bannière d'azur et d'argent, s'était porté dans la montagne et avait dispersé les agresseurs de la communauté naissante. La généreuse maison de Toledo ne se bornant pas à défendre les moines de Saint-Jérôme par les armes, les avait assistés de ses richesses. En 1415, elle leur avait assuré un revenu suffisant pour l'entretien d'un prieur et de douze religieux, et les hiéronymites reconnaissants de Yuste avaient déféré aux comtes d'Oropesa le protectorat héréditaire de leur couvent[1]. Depuis lors, enrichis par des dons et par des legs, secondés par le concours des grandes maisons conventuelles de Guisando et de Notre-Dame de Guadalupe, les moines de Yuste, devenus plus nombreux, avaient agrandi leur demeure et leurs possessions. Ils entretenaient des chapelles et des ermitages dans la forêt; ils avaient planté autour d'eux des vergers d'arbres fruitiers et des bois d'oliviers; ils avaient donné plus d'étendue à leur hospice, ils avaient reconstruit leur église en la rendant plus spacieuse et plus solide, et ils avaient en dernier lieu ajouté à leur petit cloître primitif, de forme gothique, un cloître assez vaste,

---

[1] Siguenza, part. II, ch. xxix, p. 191 à 197.

dont les lignes régulières et élégantes rappelaient l'architecture grèco-romaine récemment introduite d'Italie en Espagne.

Tel était le monastère que Charles-Quint choisit pour sa retraite. L'agréable salubrité du lieu et sa paisible solitude lui semblèrent convenir également à un corps aussi infirme que le sien et à une âme aussi fatiguée. Mais en se retirant au milieu des hiéronymites de Yuste, dont il connaissait le savoir étendu et dont il estimait la pieuse régularité, il ne voulut ni prendre leur genre de vie ni le troubler. Il se proposa de faire construire à côté de leur couvent un édifice contigu et séparé, d'où il pût avoir le libre usage de l'église du monastère et se donner, quand cela lui conviendrait, la compagnie des moines, en conservant ainsi son indépendance et en respectant la leur. Dès le 30 juin 1553, il ordonna de remettre de l'argent au prieur général des hiéronymites[1], et le 13 décembre suivant, deux années avant son abdication, et non quelques mois comme le dit Robertson[2], il écrivit à son fils une lettre réservée et toute de sa main dans laquelle il prescrivait de « faire « bâtir sur le flanc du monastère de Yuste une habita- « tion suffisante pour y vivre avec la suite des servi- « teurs les plus indispensables à une personne dans une

---

[1] *Retiro, estancia*, etc., fol. 11 r°.
[2] Dans le liv. XII de son *Histoire de Charles-Quint*.

« condition privée[1]. » Il recommanda à l'infant et au secrétaire d'État Vasquez de Molina, qu'il instruisit de son dessein sous le plus grand secret, de s'adresser pour l'exécution au prieur général Juan de Ortega, dans lequel il avait la plus grande confiance[2]. Il chargea le contador Francisco Almaguer de mettre à la disposition du prieur l'argent nécessaire pour construire cet édifice sur le plan qu'il en avait fait dresser et dont il soumit l'exécution à Gaspar de Vega et à Alonso de Covarrubias, les deux plus célèbres architectes de l'Espagne[3]. Après avoir prescrit d'élever à côté du couvent la modeste résidence royale dont les religieux de Yuste avaient surpris et divulgué la destination[4], Charles-Quint disposa tout pour laisser à son fils la domination la moins embarrassée.

[1] « Que al lado del monasterio de Yuste se le fabricára una « casa sufficiente para poder vivir con la servidumbre y cria- « dos mas indispensables en clase de persona particolar. » (*Retiro, estancia*. etc.. fol. 11 r°.)

[2] *Ibid.*

[3] *Retiro, estancia*, etc., fol. 12.

[4] Le contador Almaguer et le secrétaire Vasquez de Molina écrivirent à l'Empereur que son projet n'avait pas été ébruité par leur faute, ajoutant que c'était par l'indiscrétion des moines : « Habladurias de frayles que por no saber lo que « son negocios, no tenian al secreto que estos requieren. » (*Ibid.*, fol. 12 r°.)

CHAPITRE II

L'ABDICATION

Causes qui font ajourner la retraite de Charles-Quint. — Campagne de 1553 et de 1554 contre la France. — Mariage du prince d'Espagne, créé roi de Naples et duc de Milan, avec la reine Marie d'Angleterre. — Son départ de Valladolid; sa visite au monastère de Yuste pour y presser la construction de la résidence destinée à l'Empereur son père; son embarquement à la Corogne; son arrivée en Angleterre, où il épouse la reine Marie. — Dangers auxquels est exposée la domination espagnole en Italie, par l'avénement du pape Paul IV, ennemi ardent de l'Empereur, qui s'allie avec Henri II pour le déposséder du royaume de Naples et du duché de Milan. — Négociations de paix avec la France. — Abdication solennelle de la souveraineté des Pays-Bas. — Discours de Charles-Quint qui retrace les principaux événements de sa vie et fait connaître les causes qui le décident à déposer la puissance. — Abdications successives des royaumes de Castille, de Léon, de Grenade, d'Aragon, de Sardaigne, de Sicile. — Lettre noble et touchante écrite par Charles-Quint à André Doria sur la renonciation à ses couronnes et son prochain départ pour le monastère. — Trêve de cinq ans conclue à Vaucelles entre la France et l'Espagne. — Serment que les ambassadeurs de Henri II viennent demander à Philippe touchant l'observation de la trêve. — Leur visite à Charles-Quint dans la petite maison du Parc de Bruxelles où il s'était retiré. — Curieux entretien. — Nécessité où Charles-Quint se trouve réduit de conserver encore la couronne de l'Empire, qu'il ne [déposa que plus tard. — Ses apprêts de voyage pour l'Espagne. — Maison qu'il conduit à Yuste : le majordome Quijada, le secrétaire Gaztelú, *l'ayuda de cámara* van Male, le médecin Mathys, le mécanicien Juanello, etc. — Embarquement en Zélande. —

Jugement que porte sur lui un ambassadeur vénitien après son abdication.

Malgré ses infirmités et ses fatigues, Charles-Quint ne devait pas déposer la puissance qu'il avait élevée si haut et portée si loin, lorsque cette puissance était attaquée de toutes parts et de toutes parts ébranlée. La guerre s'était rallumée en Hongrie et en Transylvanie, par l'invasion des Turcs et le soulèvement du parti national de Jean Zapolya ; sur les frontières méridionales de l'Empire et des Pays-Bas, qu'entamaient et que ravageaient les armées du roi de France ; dans l'Italie du nord et du centre, où le désir de l'indépendance pouvait menacer la domination espagnole, conquise par un demi-siècle d'efforts et d'habileté. Le repos dans la défaite n'aurait pas eu de dignité pour l'Empereur, qui ne pouvait abdiquer au milieu de désastres sans nuire à ses États et sans porter atteinte à sa réputation. Il resta donc jusqu'à des temps plus heureux.

Il éprouva alors une dernière faveur de la fortune : l'héritier protestant de Henri VIII, Édouard VI, mourut, et la parente de Charles-Quint, la catholique et l'Aragonaise Marie, de la même race et de la même religion que lui, hérita de la couronne d'Angleterre. Il songea à tirer parti de ce grave changement dans l'intérêt de ses alliances momentanées et de la grandeur permanente de la monarchie espagnole. Il négociait déjà depuis quelque temps pour son fils un second mariage avec doña Maria, fille du feu roi de Portugal dom Manuel et sœur du roi Jean III. Cette princesse, que sa mère Éléonore avait laissée à Lisbonne lorsqu'elle était venue à Paris épouser François Iᵉʳ, avait à prétendre des sommes considérables. Sa dot s'élevait à plus d'un million d'écus d'or. A l'instigation de la reine Éléonore, qui depuis son second veuvage avait quitté la France et s'était retirée auprès de son frère Charles-Quint, le mariage entre l'infante doña Maria et le prince de Castille avait été proposé dès 1550; mais la conclusion en avait été habilement retardée par Jean III, peu disposé à se dessaisir de l'immense dot que Charles-Quint comptait faire servir aux dépenses de plus en plus fortes de la guerre dans laquelle il était engagé. On était enfin arrivé à un arrangement dans l'été de 1553, lorsque l'Empereur apprit l'avènement au trône de sa cousine Marie Tudor. Changeant aussitôt ses vues et les détournant du Portugal, d'où il n'était d'ailleurs pas sûr de tirer le million d'écus d'or, pour les porter vers l'Angleterre, où s'ouvrait à lui la perspective d'un grand royaume à ménager à son fils, il écrivit en Espagne : « On m'annonce la nouvelle de la mort du roi Édouard VI ; si les fiançailles avec l'infante doña Maria ne sont pas conclues, il faut les suspendre pour le moment[1]. »

---

[1] Santarem, *Relations diplomatiques du Portugal*, etc., vol. III, à partir de la page 323.

Les fiançailles n'étaient pas conclues, et Charles-Quint proposa bien vite au prince d'Espagne d'épouser la reine d'Angleterre. Seulement, comme cette reine avait trente-huit ans et que le prince d'Espagne n'en avait que vingt-sept, il craignit que la disproportion des âges ne détournât son fils de se marier avec elle. Il écrivit à ce dernier, le 30 juillet 1553, pour lui indiquer les inconvénients qui s'attachaient au mariage de Portugal et les avantages qu'offrirait un mariage avec la reine d'Angleterre. Il lui disait : « Mon fils,
« rien, dans le moment, ne pouvait se présenter plus à
« propos en ce qui touche à la France, à ces États-ci,
« et, bien que je pense que les Anglais feront les der-
« niers efforts pour que leur reine ne se marie pas
« hors du royaume, elle parviendra sans doute avec sa
« prudence et sa dextérité, soit ouvertement, soit par
« voie détournée, à se faire proposer un mariage. Si
« ce mariage doit avoir lieu avec un étranger, je crois
« que les Anglais ne se porteront sur personne d'aussi
« bonne volonté que sur moi, parce qu'ils m'ont tou-
« jours montré de l'inclination. Mais je peux bien vous
« assurer que des États plus nombreux et plus considé-
« rables encore ne me séduiraient point et ne me dé-
« tourneraient pas du dessein dans lequel je suis, et
« qui est bien différent. Au cas donc où ils m'enver-
« raient proposer ce mariage, j'ai cru qu'il serait bon
« de leur en suggérer la pensée pour vous ; ce projet

« serait ensuite conduit à une bonne fin. Les divers
« genres d'utilité et les profits qui, s'ensuivraient sont
« si notoires et si grands, que je n'ai pas à les énumérer
« en détail. Je me borne à les mettre devant vous pour
« que vous les examiniez, et qu'après y avoir réfléchi
« vous m'informiez avec diligence de ce qui vous con-
« viendra, afin que, conformément à vos désirs, il soit
« fait ce qui vous satisfera le plus; et tenez cela en
« grand secret[1]. »

Le prince d'Espagne entra avec une docile déférence
dans les vues de son père. Il lui répondit, le 22 août,
de Valladolid, en paraissant abandonner les projets sur
l'infante de Portugal[2]. « Quant à ce qui concerne l'An-
« gleterre, ajoutait-il, je dois dire que j'ai été plein de
« joie d'apprendre que ma tante avait succédé au trône
« de ce pays, et parce que c'était son droit et parce que
« Votre Majesté en espère beaucoup du côté de la
« France et de ses terres de Flandre. Si l'on pense à
« proposer son mariage avec Votre Majesté, ce serait
« ce qui vaudrait le mieux. Mais, en cas que Votre
« Majesté persiste dans ce qu'elle m'a écrit et qu'elle

---

[1] « ... Las utilidades y provechos que se seguirián son tan
« notarias y grandes, que no hay que particularizarlas. No
« quiero hacer mas que poneros lo delante, para que lo mireis
« y considereis y me aviseis con diligencia lo que os parescerá,
« para que conforme á aquello se haga lo que mas os satisfaga :
« y tenedlo en gran secreto. » (*Retiro, estancia*, etc., fol. 9.)

[2] *Ibid.*, fol. 10 r°.

« croie devoir traiter de ce mariage pour moi, elle sait
« déjà que, comme son fils entièrement obéissant, je
« n'ai pas à avoir d'autre volonté que la sienne, et sur-
« tout en une affaire de cette importance et de cette
« qualité. Je m'en remets donc à Votre Majesté pour
« qu'elle agisse comme il lui conviendra et lui sem-
« blera bon[1]. »

Aussitôt qu'il eut reçu cette lettre, Charles-Quint, sans attendre qu'on lui fît des propositions, chargea son ambassadeur, Simon Renard, de négocier le mariage du prince d'Espagne avec la reine d'Angleterre. Une semblable union devait déplaire beaucoup aux Anglais, mais agréer infiniment à Marie, qui y trouvait une satisfaction pour ses sentiments et un encouragement à ses projets. Les longues douleurs de sa mère et ses propres infortunes depuis le divorce de Henri VII avaient tourné toutes ses affections et toutes ses espérances du côté des princes de sa maison et de sa re-

---

[1] « ... Y que pues piensan proponer su matrimonio con
« Vuestra Magestad, hallandose en disposicion para ello, esto
« seria lo mas acertado. Pero en caso que Vuestra Magestad
« esté en lo que me escribe, y le pareciere tratar de lo que á
« mi toca, ya Vuestra Magestad sabe que, como tan obediente
« hijo, no he tener mas voluntad que la suya; cuanto mas
« siendo este negocio de importancia y calidad que es, y asi
« me ha parecido remitirlo á Vuestra Magestad para que en
« todo haga lo que le parecierá y fuere servido. » (*Retiro, estancia*, etc., fol. 10)

ligion. Sans tenir compte de l'opposition presque unanime et très-dangereuse de son peuple, qui n'aimait pas les étrangers et qui abhorrait surtout les Espagnols[1], elle s'engagea secrètement à épouser le prince d'Espagne. Le 30 octobre au soir, seule dans sa chambre avec Simon Renard, elle se mit à genoux devant le saint sacrement, qui y était exposé, et, après avoir récité avec ferveur le *Veni creator Spiritus*, elle jura sur l'hostie consacrée qu'elle prendrait l'infant don Philippe pour mari[2]. Simon Renard annonça comme

---

[1] Voici, à ce sujet, un curieux extrait de la correspondance inédite de Simon Renard. Je dois l'analyse de cette intéressante correspondance. qui s'étend de 1553 à 1556 et qui est déposée aux Archives de Belgique, à M. Gachard, archiviste général de ce royaume. « Le 5 septembre (1553), l'ambassadeur eut au-
« dience du chancelier (le fougueux Gardiner, évêque de Win-
« chester), lequel lui dit qu'il ne particulariseroit jamais per-
« sonne à la reine pour être son mari; mais que si ladite dame
« lui demandoit s'il convenoit mieux d'épouser un étranger
« qu'un sujet du royaume, qu'il lui conseilleroit d'épouser un
« Anglois pour le bien du royaume et pour la sûreté de sa
« personne; qu'il seroit très-difficile de faire consentir le peuple
« à un étranger pour être le nom seul odieux... Que si elle
« épousoit le prince d'Espagne, le peuple ne pourroit jamais
« comporter les conditions des Espagnols, à l'exemple même
« des propres sujets de Sa Majesté qui ne les pouvoient souffrir
« ni voir en Flandres, et que le royaume épouseroit une guerre
« perpétuelle avec les François, parce que le roi de France ne
« laisseroit jamais Son Altesse ni les Pays-Bas en paix. » (Ms. des Archives de Belgique.)

[2] « Le soir du 30 octobre, la reine fit venir en sa chambre,

certain à l'Empereur le mariage de son fils longtemps avant que l'Angleterre le considérât comme possible. Ce ne fut qu'après avoir triomphé d'une insurrection que provoqua la crainte de ce mariage, après en avoir pris, emprisonné, décapité les chefs, placé sous la plus étroite surveillance sa sœur Élisabeth, qui fut même mise pendant quelque temps à la Tour, et fait monter sur l'échafaud son infortunée rivale Jeanne Gray, que la passionnée Marie, ayant pleinement rétabli l'ancien culte, se prépara à recevoir et à épouser le prince qui devait être le représentant principal et le plus puissant appui de la foi romaine en Europe.

Charles-Quint voulant que son fils parût en roi dans l'île où il irait épouser une reine, lui céda le royaume de Naples et le duché de Milan, et fit d'immenses préparatifs pour lui composer un cortége qui fût à la fois une cour et une armée. Il envoya le comte d'Egmont en Espagne porter à sa fille doña Juana, veuve depuis peu du prince de Portugal et qui récemment venait de mettre au monde le roi dom Sébastien, les pouvoirs

« où était exposé le saint sacrement, l'ambassadeur de l'Empe-
« reur, et, après avoir dit le *Veni creator*, lui dit qu'elle lui
« donnoit en face dudit sacrement sa promesse d'épouser le
« prince d'Espagne, laquelle elle ne changeroit jamais; qu'elle
« avoit feint d'être malade les deux jours précédents, mais que
« sa maladie avoit été causée par le travail qu'elle avoit eu
« pour prendre cette résolution. » (Ms. des Archives de Belgique.)

nécessaires pour gouverner la Péninsule durant l'absence de son fils. Il le chargea en même temps d'inviter de sa part le prince d'Espagne à se rendre au-devant de sa sœur, du côté de la frontière de Portugal. L'infant devait conférer avec elle sur les affaires les plus importantes du royaume, avant de le quitter, et se détourner un moment de sa route pour paraître au monastère de Yuste, afin d'y hâter la construction de la retraite impériale[1]. Conformément aux désirs de son père, Philippe partit le 12 mai 1554 de Valladolid, à cheval, avec une très-petite suite, en annonçant qu'il allait voir sa sœur et qu'il visiterait chemin faisant les constructions royales qu'on élevait dans le bois de Ségovie, au Pardo, à Aranjuez Il n'arriva que le 24 à Yuste, le jour même de la procession de la Fête-Dieu, à laquelle il assista ; il coucha une nuit au monastère, y examina tout minutieusement, et en partit après avoir communiqué les volontés de l'Empereur à l'architecte Gaspar de Vega, au prieur général Juan de Ortega et au frère Antonio de Villacastin, qui exécuta depuis, comme maître des œuvres, le vaste et sévère monument de l'Escurial[2]. Il alla à la rencontre de sa sœur, qu'il joignit un peu au delà d'Alcantara. La princesse et l'infant passèrent plusieurs jours en con-

---

[1] *Retiro, estancia*, etc., fol., 14.
[2] *Ibid.*

férence ensemble ; puis ils se séparèrent pour se rendre, la princesse à Valladolid, où elle prit les rênes du gouvernement, et l'infant à la Corogne, où il arriva le 30 juin et s'embarqua le 13 juillet[1]. La flotte qui le portait en Angleterre était des plus imposantes : elle se composait de soixante et dix navires, vingt ourques, et d'une arrière-garde de trente vaisseaux que commandait don Luis de Carvajal. Il emmenait avec lui le duc d'Albe en qualité de mayordomo mayor, le comte de Feria comme capitaine de sa garde, Ruy Gomez de Silva pour son sommelier de corps ; il était accompagné d'une suite nombreuse de grands et de gentilshommes, et comme escorte militaire il avait quatre mille fantassins espagnols[2]. Débarqué à Southampton le 20 juillet, il épousa la reine Marie le 25 dans la cathédrale de Winchester.

Malgré l'appui qu'il croyait trouver dans cette alliance, ou pour négocier, ou pour combattre plus avantageusement, l'Empereur ne put se rendre, comme il l'espérait, en Espagne au mois de mai 1554[3]. La guerre continua plus vivement que jamais avec la France, soit vers les Pays-Bas, soit en Italie, et Charles-

---

[1] *Retiro, estancia,* fol. 14 et 15.

[2] *Ibid.,* fol. 17.

[3] Il avait écrit à sa fille doña Juana, le 10 janvier 1554 : « Que trataba de accelerar todas las disposiciones necessarias « para venirse á España para mayo de este año á mas tardar. » (*Retiro, estancia,* etc., fol. 18 r°.)

Quint se regarda comme obligé de ne point abandonner le gouvernement de ses États dans des conjonctures aussi difficiles. Les grandes dépenses qu'il avait faites pour l'établissement de son fils en Angleterre ne lui permirent pas de lever tout d'abord des troupes capables de résister aux forces de Henri II. Aussi, après avoir pris Thérouanne et Hesdin dans la campagne de 1553, fut-il moins heureux au commencement de la campagne de 1554. L'armée de Henri II, considérable et victorieuse, entra dans Marienbourg, prit Bouvines d'assaut, s'empara de Dinant, se jeta sur l'Artois, qu'elle ravagea, et finit par investir la place importante de Renty, située sur les confins occidentaux des deux pays, défendant l'entrée de l'un et facilitant l'invasion de l'autre. Les Français, qui, de l'autre côté des Alpes, possédaient le Piémont, s'appuyaient en même temps au delà du Pô sur le duc de Parme, Octave Farnèse, que les Espagnols avaient dépouillé de la ville de Plaisance. De plus, ils entraînaient vers eux le duc de Ferrare, Hercule d'Este, qui avait épousé Renée de France, et ils occupaient au cœur de l'Italie Sienne, soulevée depuis 1552 contre les Espagnols. Ils partirent alors de là pour entrer en Toscane, sous le commandement du maréchal Strozzi, ennemi mortel de Cosme de Médicis, qui avait proscrit sa famille et qui opprimait Florence, et y menacèrent la domination assez récemment établie du grand-duc.

L'Empereur ne négligea rien pour relever ses affaires. Après avoir renforcé la petite armée avec laquelle le duc Emmanuel-Philibert de Savoie empêcha, par d'habiles manœuvres, les généraux de Henri II de pousser leurs succès plus loin, il se fit transporter en litière au milieu d'elle, dans un moment où la goutte lui laissait un peu de relâche, et il parvint à débloquer Renty. L'armée française leva le siège de cette place, après un engagement partiel qui lui avait été cependant favorable, et elle se retira en Picardie, où elle fut suivie par les troupes de l'Empereur, qui, à leur tour, dévastèrent cette province. Pendant qu'il obtenait cet avantage sur la frontière des Pays-Bas, il en remportait de plus rassurants encore en Italie, par son général le marquis de Marignano et son allié Cosme Ier, qui avaient attaqué de concert le maréchal Strozzi et l'avaient mis en déroute à Marciano et à Lucignano. Ils avaient repris la plupart des places de la Toscane tombées au pouvoir des Français, et ils étaient allés ensuite asseoir leur camp devant Sienne, que défendait l'intrépide Blaise de Montluc.

La campagne de l'année 1555 fut encore plus favorable à l'Empereur. Si le maréchal de Brissac, qui commandait en Piémont, avait surpris la ville de Casal dans la haute Italie, la ville de Sienne, dans l'Italie centrale, fut réduite à capituler le 2 avril, après un blocus rigoureux de quatre mois. Charles-Quint en donna l'investiture à son fils, qui possédait ainsi, entre le duché de Milan et le royaume de Naples, la ville de Plaisance sur le territoire pontifical, et l'État de Sienne, au milieu de la Toscane, comme pour tenir plus fortement assujettie cette péninsule entière. Du côté de la France, où des négociations de paix s'étaient ouvertes à Gravelines, par l'entremise et sous la médiation de la reine d'Angleterre, il ne s'était rien fait de considérable de part ni d'autre. Chacun y avait gardé ses positions et s'y était mis en état de défense; les Français avaient rendu Marienbourg inattaquable, tandis que les Impériaux avaient construit Philippeville et fortifié Charlemont. Les rencontres partielles avaient été, en général, avantageuses aux troupes de Charles-Quint qui tenaient la campagne. Les négociations engagées à Gravelines n'avaient conduit à aucun résultat. Les prétentions réciproques étaient trop contraires. Les maisons d'Autriche et de France sentaient le besoin d'établir et d'assurer leur union par des mariages mutuels, comme elles le firent quatre ans après, à la paix de Câteau-Cambrésis; mais chacune exigeait de l'autre des sacrifices qu'elle ne voulait pas s'imposer à elle-même. Les plénipotentiaires de Henri II n'offraient pas de rendre le Piémont au duc Philibert-Emmanuel de Savoie, et réclamaient le comté d'Asti et le duché de Milan pour le duc d'Orléans, second fils du roi, qui serait marié à une archiduchesse, petite-fille de Charles-Quint. Ils revendiquaient de plus la restitution de la Navarre au duc de Vendôme, Antoine de Bourbon, héritier des d'Albret, auxquels ce royaume avait été enlevé, en 1512, par Ferdinand le Catholique. Les plénipotentiaires de l'Empereur n'entendaient en aucune façon céder la Navarre, et proposaient seulement de remettre le Milanais comme dot à Élisabeth de France, qui deviendrait la femme du prince d'Espagne don Carlos. Mais, en retour, ils demandaient que le duc Emmanuel-Philibert reprît ses États en épousant la sœur de Henri II; que l'Empire rentrât en possession des villes de Metz, de Toul, de Verdun et de Marienbourg, qui avaient été conquises sur lui; et que la république de Gênes recouvrât toute la partie de la Corse que les Français avaient détachée de sa domination. On était bien loin de s'entendre : aucune des deux puissances n'ayant été assez victorieuse pour imposer la loi ni assez battue pour la subir. Aussi les conférences furent bientôt rompues, et il était dès lors visible que si l'on parvenait à s'accorder, ce serait par une trêve momentanée et non par une paix définitive, en maintenant de chaque côté l'état provisoire de possession et non en délimitant les territoires.

Pendant qu'on se fortifiait sans se combattre et qu'on négociait sans rien conclure, il était survenu en Italie un événement des plus graves pour la politique comme pour les intérêts de Charles-Quint. Le cardinal Jean-

Pierre Caraffa, doyen du sacré collége, était monté sur le trône pontifical sous le nom de Paul IV. C'était un vieil Italien, ennemi ardent et intraitable de l'Empereur. Recommandable par son savoir, célèbre par son éloquence, extrême en sa piété, rigide dans ses mœurs, il avait autrefois renoncé à l'évêché de Chieti et à l'archevêché de Brindes pour se faire l'un des religieux réformateurs de l'Église orthodoxe attaquée, et il avait fondé l'ordre moitié monastique, moitié séculier des théatins. Chef de la famille Caraffa, qui de tout temps avait été attachée au parti français dans le royaume de Naples, il avait encouru les défiances de Charles-Quint, qu'il poursuivit depuis lors de ses animosités, et dont il agita, ainsi que nous le verrons, les dernières années jusque dans la solitude de Yuste. Il détestait en lui : comme ancien sujet, le souverain auquel il reprochait des injustices envers sa personne et envers sa maison; comme pape, l'Empereur qui avait souffert le sac de Rome et laissé s'étendre le protestantisme en Allemagne; comme Italien, le dominateur étranger dont le joug pesait sur sa patrie. Né en 1477, il avait vu les beaux temps de l'indépendance italienne et les regrettait. Il avait coutume de dire qu'avant les invasions étrangères, provoquées à la fin du quinzième siècle par les dissensions de Ludovic le More, duc de Milan, et d'Alfonse d'Aragon, roi de Naples, la libre Italie était un instrument harmonieux à quatre cordes.

Ces quatre cordes étaient le saint-siége, le royaume de Naples, la république de Venise, l'État de Milan, et il appelait malheureuses les âmes d'Alfonse d'Aragon et de Ludovic le More, qui les premiers en avaient dérangé le bel accord[1]. Il aspira, malgré son grand âge, à le rétablir. Quoiqu'il eût soixante-dix-neuf ans, il était surprenant de force et d'ardeur. Il rappelait Jules II par le caractère comme par les desseins, et il avait les théories de Grégoire VII sur la suprématie pontificale. « Ce pape, disait un ambassadeur accrédité « auprès de lui, est d'une complexion véhémente et « emportée. Il est sain et robuste ; il marche sans pa- « raître toucher terre ; il a peu de chair et il est tout « nerf. Ses yeux et tous les mouvements de son corps « dénotent une vigueur bien au-dessus de son âge. Il « a une gravité incroyable et une telle grandeur dans « toutes ses actions, qu'il semble vraiment né pour « commander. Aussi prétend-il que le pontificat est fait « pour mettre les empereurs et les rois sous ses « pieds[2]. »

Extrême en tout, il porta dans la politique les mêmes intempérances que dans la religion, où il rétablit l'inquisition avec tous ses excès. Il devint aussi ambitieux

---

[1] *Relazione di Bernardo Navagero*, en 1558, dans Alberi, série II, vol. III, p. 389.

[2] *Ibid.*, p. 379, 380.

qu'il avait été austère, et tandis que Charles-Quint était prêt à descendre du trône pour se retirer dans un cloître, Paul IV passait des sévérités de la vie claustrale aux pompes et aux délicatesses de la vie souveraine. Ce vieillard hautain, qui avait eu jusqu'alors une existence dure, qui s'habillait toujours seul, qui ne laissait pénétrer personne dans sa chambre, où la plus grande partie des nuits et des matinées était consacrée à l'étude et à la prière, était maintenant passionné pour la splendeur, la domination et la guerre. Ayant été questionné par le grand maître du palais pontifical sur la vie qu'il voulait mener comme pape, il avait répondu : « Celle d'un grand prince. » Il restait des heures entières à table, où vingt-cinq plats ne suffisaient point à sa somptuosité[1]. Il se déchaînait contre l'Empereur et contre les Espagnols. Il n'appelait jamais ceux-ci que « des hérétiques, des schismatiques maudits de Dieu, « une semence de Juifs et de Maures, la lie du monde; « et il déplorait la misère de l'Italie, qui était réduite à « servir une nation si abjecte et si vile[2]. »

Mais il ne se borna point à ces manifestations méprisantes et haineuses contre les maîtres de son pays. Il conçut le projet de leur enlever Naples, la Sicile, le Milanais, d'expulser les Médicis de Florence et d'y réta-

[1] *Relazione di Bernardo Navagero*, en 1558, dans Alberi, série II, vol. III, p. 380, 381.
[2] *Ibid.*, p 389

blir la république, d'étendre la puissance du saint-siége en Italie, et d'y agrandir sa propre maison en s'unissant avec le roi de France, auquel il offrirait le duché de Milan et le royaume de Naples pour deux de ses fils cadets; avec les Vénitiens, qui recevraient la Sicile en partage; avec les ducs de Parme, de Ferrare et d'Urbain, dont il satisferait aussi les ambitieuses convoitises. Le souverain pontife se proposait de bouleverser de fond en comble tout l'ordre territorial et politique de l'Italie, et voulait défaire en deçà des Alpes l'œuvre si péniblement accomplie par Ferdinand le Catholique et Charles-Quint, comme les princes protestants, aidés aussi par Henri II, avaient détruit au delà du Rhin la suprématie absolue que Charles-Quint avait récemment tenté d'y introduire en matière d'autorité et de croyance.

Paul IV eut à ce sujet des conférences fréquentes avec l'ambassadeur vénitien Navagero, dont il espérait entraîner la république dans ses hardis desseins. Il lui dit « qu'il serait très-facile à la seigneurie de Ve-
« nise de se mettre en possession de la Sicile; que si
« l'on n'arrêtait pas l'Empereur et le roi Philippe, ils
« se rendraient maîtres du monde, que si la magni-
« fique seigneurie laissait abattre le saint-siége, elle
« ne trouverait plus aucun soutien pour sa liberté, et
« que l'occasion actuelle échappée ne se représenterait
« plus; que les fils puînés du roi de France, mis en

« possession de Milan et de Naples, deviendraient
« bientôt Italiens; qu'il serait, d'ailleurs, toujours fa-
« cile de s'en délivrer lorsqu'on le voudrait, parce que
« l'expérience des événements passés avait montré que
« les Français ne savaient pas et ne pouvaient pas s'é-
« tablir longtemps en Italie, tandis que la nation espa-
« gnole était comme le gramen qui s'enracine là où
« il s'attache; que les Vénitiens se trompaient s'ils
« croyaient avoir de plus grands ennemis que les Es-
« pagnols, qui possédaient la part la plus étendue de
« l'Italie et qui en convoitaient le reste[1]. » La prudente
république de Venise était peu disposée à se départir
de son système de stricte neutralité pour se jeter de
nouveau dans des projets d'agrandissement qui avaient
failli la perdre au commencement du siècle; mais le
roi de France devait accepter sans hésitation les offres
d'un pape qui se rendait son allié comme prince, son
appui comme pontife. Il envoya auprès de Paul IV
Saint-Gelais de Lansac pour l'encourager et lui dire
qu'il n'aspirait de son côté « qu'à délivrer la chré-
« tienté et surtout l'Italie de la tyrannie de l'Empe-
« reur[2]. » En attendant que Henri II fît partir pour
Rome le cardinal de Lorraine, afin d'y conclure un

---

[1] *Relazione di Bernardo Navagero*, en 1558, dans Alberi, série II, vol. III, p. 392, 3.

[2] Mémoire de Lansac,

traité d'alliance offensive et défensive entre le saint-siége et la cour de France, Paul IV poursuivit ou disgracia les grandes maisons Colonna, Bagno, Santa Fiore, Sforza, Gonzaga, Medici, Cesarina, Savella, etc., attachées au parti impérial, qu'il voulait abattre dans les États pontificaux. Il fit arrêter le cardinal Santa-Fiore et le cardinal Camille Colonna, et il dépouilla Marc Antonio Colonna et le comte Bagno de leurs possessions et de leurs fiefs.

Charles-Quint fut aussi contrarié que courroucé de cette nouvelle et redoutable inimitié. Les violences commises contre ses partisans lui parurent le prélude des attaques qui seraient bientôt dirigées contre lui-même. Il voulut donc contenir Paul IV en le prévenant. Quelques mois auparavant il avait envoyé le duc d'Albe en Italie comme capitaine général du Milanais et comme vice-roi de Naples. Il lui prescrivit alors de mettre les frontières, les places et les passages de ce dernier royaume en état de défense, et d'aller rétablir les Colonna par les armes dans leurs possessions sur le territoire pontifical, si le pape ne consentait pas lui-même à leur restituer ce qu'il leur avait ravi. Il fit partir pour Rome Garcilaso de la Vega, avec une mission qu'il exposa en ces termes à son ambassadeur à Venise, dans une lettre du 4 octobre 1555 : « Il nous « a paru à propos, disait-il, d'envoyer Garcilaso de la « Vega auprès de Sa Sainteté, pour qu'avec toute hu-

« milité et douceur il lui représente le motif que nous
« avons de nous plaindre de la manière dont elle a
« traité nos serviteurs... Nos actions et notre respect
« envers le siége apostolique étant ce que le monde en-
« tier sait, nous supplions Sa Sainteté de vouloir bien
« mettre en liberté les prisonniers et restituer les pos-
« sessions enlevées à leurs maîtres, en plaçant devant
« ses yeux les inconvénients qui sans cela pourraient
« en résulter, tant à cause de l'obligation où nous
« sommes de secourir et de favoriser nos amis et nos
« serviteurs, et de ne pas les laisser opprimer contre
« la raison, qu'en considération de ce qui touche à la
« sécurité de nos royaumes et au repos de l'Italie. C'est
« la pensée que toujours nous avons eue et que nous
« avons toujours. Il nous a semblé devoir vous en don-
« ner avis, afin que vous vous en serviez où et comme
« il convient, en instruisant cette république et tous
« ceux qui y ont intérêt des démarches qui se font de
« notre part, pour éviter, autant qu'il nous est possi-
« ble, d'en venir à une rupture. Mais si les furies de
« Sa Sainteté ne cessent point et si elles sont poussées
« plus avant, nous serons déchargés envers Dieu et
« envers le monde des inconvénients et des dommages
« qui pourront s'ensuivre[1]. »

[1] « ... De que nos ha parecido daros aviso para que podais-
« satisfacer adonde y como convenga, dando á entender á esa
« republica, y los demas que de ello trataren, los oficios que

Ce fut vingt et un jours après avoir écrit cette lettre que Charles-Quint commença la série de ses abdications. La situation restait, il est vrai, fort embarrassée et assez périlleuse ; la guerre semblait moins près de finir que de s'étendre. Mais les infirmités de l'Empereur le pressaient chaque jour davantage, et ses forces fléchissaient sous le poids des affaires. La mort de sa mère, la reine Jeanne, avait ajouté une profonde tristesse à ses autres accablements. Cette reine infortunée, après un veuvage de quarante-neuf ans et la longue perte de sa raison causée par l'affection et la douleur, venait de terminer ses jours, le 13 avril 1555, au château de Tordesillas. Charles-Quint, qui lui avait toujours donné les marques de la plus grande tendresse et du plus touchant respect, qui ne sortait jamais de l'Espagne sans aller lui dire adieu, et qui n'y rentrait jamais sans accourir auprès d'elle, prit alors le deuil pour ne plus le quitter.

Des négociations de paix ou de trêve s'étant ouvertes, vers le même temps, sous la médiation de la reine d'Angleterre, qu'avait réclamée le roi de France,

---

« por nuestra parte se hacen por escusar, cuanto nos es posible,
« de venir á terminos de rotura; pues cuando no cesasen las
« furias de Su Santidad y los quisiere llevar adelante, seriamos
« descargado con Dios y el mundo de los inconvenientes y
« daños que de aqui podrian resultar. » (De Brucelas, á 4 de octubre de 1555. *Retiro, estancia*, fol. 27 v°, et 28 r°.)

il crut le moment venu d'accomplir ses desseins. Dans le mois d'août, il rappela en Belgique le roi son fils, auquel il fit dire par son sommelier de corps et son favori, Ruy Gomez de Silva : « Qu'il n'avait différé de passer en Espagne que contraint par la nécessité des affaires, dont il n'aurait pu abandonner la direction sans qu'elles eussent une autre issue et que tous ses pays en souffrissent ; mais qu'ayant plu à Dieu de tout mener à bon terme, une partie de ce qui avait été perdu ayant été recouvrée et sa réputation se trouvant un peu rétablie, il voulait maintenant s'en reposer sur lui pour les conduire, les améliorer encore, comme il l'espérait, d'après ce qu'il avait déjà fait et ce qu'il se montrait capable de faire[1]. »

Le roi don Philippe étant arrivé à Bruxelles le 10 septembre, Charles-Quint, dans le mois suivant, malgré les regrets de son frère, le roi des Romains, qui le dissuadait éloquemment[2] d'abandonner le gou-

---

[1] « Tras esto le direis la intencion que he tenido de passar en España y que si no lo he executado a sido por los negocios forçosos que han soberdado de que no me he podido excusar, porque si los desempararan en su ausencia ovjeron tenido diferente fin y lo destas tierras y lo demas padesciera gran trabajo, como lo puede considerar por el punto en que a estado lo de Italia e lo de aqui, que a plazido á N^{ro} Señor traer á tan buen termino, y en que se a recuperado parte de lo pasado y de la reputacion que se avia perdido, etc. » (Archives de Simancas.)

[2] Lettre du roi Ferdinand à l'Empereur, dans *Correspondenz des Kaisers Karl V*, publiée par Lanz, t. III, p. 666.

vernement de l'Allemagne, de l'Italie, des Pays-Bas et de l'Empire, profita de l'hiver qui approchait, et pendant lequel les hostilités étaient suspendues, pour consommer le grand acte de ses renonciations. Il était plein de confiance dans la capacité de son fils, qui, si la lutte continuait avec la France, unirait les forces de l'Angleterre à celles de la monarchie espagnole. Il lui laissait d'ailleurs un ministre consommé dans l'évêque d'Arras, et des généraux aussi valeureux qu'expérimentés dans Ferdinand de Gonzague, qui avait la plus grande réputation militaire du temps, mais que la mort lui enleva bientôt, dans le duc d'Albe, le prince d'Orange, le duc Philibert-Emmanuel de Savoie et le comte d'Egmont, dont le premier devait réprimer le pape Paul IV en Italie, et dont les deux derniers devaient le rendre plus tard vainqueur de Henri II à Saint-Quentin et à Gravelines. Décidé à lui transmettre ses possessions héréditaires, il commença par la cession des Pays-Bas.

Le 22 octobre, Charles-Quint préluda à cette première renonciation en résignant la grande maîtrise de la Toison d'or. Ayant assemblé les seigneurs les plus considérables et les plus illustres des Pays-Bas qui étaient chevaliers de cet ordre, il conféra les insignes et les pouvoirs de grand maître au roi son fils. « Je vous fais à présent, lui dit-il, chef et souverain du très-noble ordre de la Toison d'or; gardez-le et le maintenez en dignité et honneur, comme moi, mon père et tous mes ancêtres l'avons gardé et maintenu. Dieu vous en accorde la grâce en toute prospérité et accroissement ! » Il recommanda en même temps aux chevaliers de servir fidèlement son fils, à son fils d'aimer et d'honorer les chevaliers qui avaient été les vaillants compagnons de ses guerres, les fermes soutiens de ses États, et auxquels il portait une affection singulière pour l'assistance zélée qu'il avait toujours reçue d'eux dans ses nécessités et dans ses périls. Connaissant tout à la fois l'ardeur de leur dévouement et la fierté de leur indépendance, il annonça à Philippe II, avec une pénétration prophétique, que : s'il les traitait bien, ils affermiraient ; s'il les traitait mal, ils ébranleraient sa puissance dans les Pays-Bas[1].

Trois jours après, le 25 octobre, Charles-Quint accomplit son abdication avec beaucoup de solennité, en présence des états généraux des dix-sept provinces, des membres du conseil d'État, du conseil privé, du conseil des finances, des chevaliers de la Toison d'or, des grands de sa cour, des ambassadeurs étrangers réunis dans la vaste salle du palais de Bruxelles, où le peuple avait été également introduit. Vêtu de deuil, portant le collier de la Toison d'or, accompagné de son

---

[1] Le Petit, *Grande Chronique de Hollande*, t. I, liv. VIII, et dans l'*Abdication de Charles-Quint*, par Th. Juste, Liége, 1854, p. 12 et 13.

fils le roi Philippe, de ses sœurs les reines de Hongrie et de France, de ses neveux l'archiduc Ferdinand d'Autriche et le duc Philibert-Emmanuel de Savoie, de sa nièce Christine, duchesse de Lorraine, le vieil Empereur s'avança avec peine, appuyé d'une main sur un bâton, de l'autre sur l'épaule de Guillaume de Nassau, prince d'Orange. Après qu'il se fut assis sous le dais de Bourgogne, ayant à sa droite son fils, à sa gauche sa sœur la gouvernante Marie, autour de lui le reste de sa famille, sur les côtés et en face les corps de l'État et les principaux personnages du pays placés selon leur rang, Philibert de Bruxelles, membre du conseil secret, prit la parole par ses ordres et fit connaître son irrévocable dessein. Il puisa surtout dans les fatigues et les infirmités de ce grand et glorieux prince les raisons qui l'obligeaient à se dessaisir du gouvernement de ses États. Quoiqu'on s'attendît à cette résolution, le discours qui l'annonça pénétra l'assemblée d'une émotion visible[1].

[1] Ce discours, comme tous ceux qui furent prononcés en cette occasion, est dans l'Histoire de Pontus Heuterus, qui assista à la cérémonie de l'abdication, *Ponti Heuteri Delfii rerum austriacarum lib. XV*, lib. XIV, c. i, fol. 336 et 337, ainsi que dans Sandoval, vol. II, lib. XXXII, p. 802 à 807. — La relation de cette cérémonie, tirée des Archives des Pays-Bas, a été aussi publiée par M. Gachard dans ses *Analectes belgiques*, imprimés à Bruxelles en 1830, et où se trouvent toutes les pièces officielles relatives à l'abdication de Charles-Quint, de la page 70 à la page 110 du t. Ier.

L'Empereur, se levant alors, s'appuya sur l'épaule du prince d'Orange, et prit la parole en ces termes[1] : « Bien que Philibert de Bruxelles vous ait amplement expliqué, mes amis, les causes qui m'ont déterminé à renoncer à ces États et à les laisser à mon fils don Philippe pour qu'il les possède et les régisse, je désire vous dire encore certaines choses de ma propre bouche. Vous vous en souvenez, le 5 février de cette année, il y a eu quarante ans accomplis que mon aïeul l'empereur Maximilien, dans le même lieu et à la même heure, m'émancipa à l'âge de quinze ans, me tira de la tutelle sous laquelle j'étais, et me rendit seigneur de moi-même. L'année suivante, qui fut la seizième de mon âge, mourut le roi Ferdinand, mon aïeul, père de ma mère, dans le royaume duquel je commençai à régner, parce que ma mère bien-aimée, qui est morte depuis peu, était restée, après la mort

---

[1] Sandoval, t. II, lib. XXXII, p. 807 à 809. — Pontus Heuterus, c. II, fol. 338, 339. — Strada dit que l'Empereur le lut en français. « Hæc Philibertum rite memorantem surgens improvise Cæsar, humerisque Guilielmi Orangii principis innitens, interpellat : atque e codice quem ad sublevandam memoriam attulerat, tanquam e rationario imperii, gallica lingua recitare ipse cœpit quæ a septimo decimo ætatis anno ad eam usque diem peregisset. » (*De bello belgico*, lib. I, p. 4.) — M. Gachard en a donné les points principaux, mais sommaires, d'après les registres du temps, dans les *Analectes belgiques*, t. I, p. 87 à 91.

« de mon père, avec le jugement égaré et n'avait jamais
« recouvré assez de santé pour gouverner elle-même.
« J'allai donc en Espagne, à travers l'Océan. Bientôt
« survint la mort de mon aïeul Maximilien, à la dix-
« neuvième année de mon âge, et, quoique je fusse en-
« core fort jeune, on me conféra à sa place la dignité
« impériale. Je n'y prétendis pas par une ambition dés-
« ordonnée de commander à beaucoup de royaumes,
« mais afin de procurer le bien de l'Allemagne, de
« pourvoir à la défense de la Flandre, de consacrer
« toutes mes forces au salut de la chrétienté contre le
« Turc et de travailler à l'accroissement de la religion
« chrétienne. Mais, si ce zèle fut en moi, je ne pus pas
« le montrer autant que je l'aurais voulu, à cause des
« troubles suscités par les hérésies de Luther et des
« autres novateurs de l'Allemagne, et à cause des guer-
« res périlleuses où m'ont jeté l'inimitié et l'envie des
« princes mes voisins, et dont je me suis heureuse-
« ment tiré par la faveur divine. »

Racontant ensuite brièvement les agitations multipliées de sa vie, il dit qu'il était allé neuf fois en Allemagne, qu'il s'était rendu six fois en Espagne, sept
fois en Italie, qu'il était venu dix fois en Flandre, qu'il
était entré quatre fois en France, qu'il avait passé
deux fois en Angleterre et deux autres fois en Afrique,
et que pour accomplir ces voyages ou ces expéditions,
au nombre desquels il ne comptait pas les courses de

peu d'importance, il avait traversé huit fois la Méditerranée et trois fois l'Océan. « Cette fois, ajoutait-il, sera
« la quatrième, pour aller m'ensevelir en Espagne[1]...
« Je peux dire que rien ne m'a été plus pénible et n'af-
« flige autant mon esprit que ce que j'éprouve en vous
« quittant aujourd'hui, sans vous laisser avec la paix et
« dans le repos que j'aurais désiré. Ma sœur Marie, qui,
« pendant mes absences, vous a si sagement gouver-
« nés et si bien défendus, vous a expliqué, dans la
« dernière assemblée, la cause de la résolution que
« je prends. Je ne peux plus m'occuper des affaires
« sans une très-grande fatigue pour moi et sans un ex-
« trême détriment pour elles[2]. Les soucis que donne
« une si grande charge, l'accablement qu'elle cause,
« mes infirmités, une santé tout à fait ruinée, ne me
« laissent plus les forces suffisantes pour gouverner les
« États que Dieu m'a confiés; le peu qui m'en reste va
« disparaître bientôt. Aussi aurais-je déposé depuis
« longtemps ce fardeau, si le jeune âge de mon fils et
« l'incapacité de ma mère n'avaient pas forcé et mon
« esprit et mon corps à en supporter le poids jusqu'à
« cette heure. La dernière fois que je suis allé en Alle-
« magne, j'étais déterminé à faire ce que vous me

[1] « Y agora será la quarta que bolvere á passarlo para sepul-
« tarme. » (Sandoval, t. II, p. 807.)

[2] « Yo ya no puedo entender en estas cosas sin grandissimo
« trabajo mio y perdida de los negocios. » (Sandoval, p. 808.)

« voyez faire aujourd'hui, mais je ne pus m'y résoudre
« encore en voyant le misérable état de la république
« chrétienne livrée à tant de tumultes, de nouveautés,
« d'opinions particulières dans la foi, de guerres plus
« que civiles, et finalement tombée dans d'aussi déplo-
« rables désordres; j'en fus détourné parce que mes
« maux n'étaient pas encore si grands et que j'espérais
« donner un bon terme à toutes choses et ramener la
« paix. Afin de ne pas manquer à ce que je devais,
« j'exposai mes forces, mes biens, mon repos et même
« ma vie pour le salut de la chrétienté et la défense de
« mes sujets. Je sortis de là avec une partie de ce que
« je désirais tant. Mais le roi de France et quelques
« Allemands, manquant à la paix et à l'accord qu'ils
« avaient jurés, marchèrent contre moi et faillirent me
« prendre. Le roi de France s'empara de la cité de
« Metz, et moi, au cœur de l'hiver, par la rigueur du
« froid, au milieu des eaux et des neiges, je m'avançai
« à la tête d'une puissante armée levée à mes frais
« pour la reprendre et la restituer à l'Empire. Les Al-
« lemands virent que je n'avais pas encore déposé la
« couronne impériale et n'entendais laisser diminuer
« en rien la majesté qu'elle avait toujours eue. »

Et ici, entrant dans le détail de sa lutte avec la France, il en rappela les incidents variés pendant les deux dernières années. Puis il ajouta : « J'ai exé-
« cuté tout ce que Dieu a permis, car les événe-

« ments dépendent de la volonté de Dieu. Nous autres
« hommes agissons selon notre pouvoir, nos forces,
« notre esprit, et Dieu donne la victoire et permet la
« défaite. J'ai fait constamment ce que j'ai pu, et
« Dieu m'a aidé. Je lui rends des grâces infinies de
« m'avoir secouru dans mes plus grandes traverses et
« dans tous mes dangers.

« Aujourd'hui, je me sens si fatigué, que je ne sau-
« rais vous être d'aucun secours, comme vous le
« voyez vous-mêmes. Dans l'état d'accablement et de
« faiblesse où je me trouve, j'aurais un grand et rigou-
« reux compte à rendre à Dieu et aux hommes, si je ne
« déposais l'autorité, ainsi que je l'ai résolu, puisque
« mon fils, le roi Philippe, est en âge suffisant pour
« pouvoir vous gouverner et qu'il sera, comme je
« l'espère, un bon prince pour tous mes sujets bien-
« aimés..... Je suis donc déterminé à passer en Espa-
« gne, à céder à mon fils Philippe la possession de tous
« mes États, et à mon frère, le roi des Romains, l'Em-
« pire. Je vous recommande beaucoup mon fils, et je
« vous demande, en souvenir de moi, d'avoir pour lui
« l'amour que vous avez toujours eu pour moi. Je vous
« demande aussi de conserver entre vous la même af-
« fection et le même accord. Soyez obéissants envers
« la justice, zélés dans l'observation des lois, gardez
« le respect en tout ce qui se doit, et ne refusez pas à
« l'autorité l'appui dont elle a besoin.

« Prenez garde surtout de vous laisser infecter par
« les sectes des pays voisins. Extirpez-en bien vite les
« germes, s'ils paraissent parmi vous, de peur que,
« s'étendant, ils ne bouleversent votre État de fond en
« comble, et que vous ne tombiez dans les plus extrê-
« mes calamités. Quant à la manière dont je vous ai
« gouvernés, j'avoue m'être trompé plus d'une fois,
« égaré par l'inexpérience de la jeunesse, par les pré-
« somptions de l'âge viril, ou par quelque autre vice
« de la faiblesse humaine. J'ose cependant affirmer
« que jamais, de ma connaissance et avec mon assen-
« timent, il n'a été fait tort ou violence à aucun de mes
« sujets. Si donc quelqu'un peut justement se plain-
« dre d'en avoir souffert, j'atteste que c'est à mon
« insu et malgré moi ; je déclare devant tout le monde
« que je le regrette du fond du cœur, et je supplie les
« présents ainsi que les absents de vouloir bien me le
« pardonner[1]. »

L'Empereur, se tournant alors vers son fils avec une extrême tendresse, lui recommanda, dans les termes les plus pathétiques, de défendre la foi de ses ancêtres et de régir ses sujets en paix et en justice. Puis, ne pouvant plus se soutenir sur ses pieds, la voix altérée par l'émotion, le visage pâli par la fatigue, il se laissa tomber sur son siége. On l'avait écouté dans le plus

---

[1] Pontus Heuterus, fol. 539.

religieux silence, avec des sentiments qui avaient eu peine à se contenir, et qui éclatèrent de toutes parts lorsqu'il eut fini de parler. « Son discours, dit un de ceux qui l'entendirent, remua l'âme de tout le monde ; le plus grand nombre pleurait, quelques-uns sanglotaient; l'attendrissement gagna l'Empereur et la reine Marie, et moi j'avais le visage inondé de larmes[1]. »

Le syndic d'Anvers, Jacques Maes, exprima à l'Empereur, au nom des États, l'affliction qu'ils éprouvaient en perdant un prince de qui ils avaient reçu tant de bienfaits, et dit qu'ils ne pouvaient s'en consoler que par la certitude que le roi son fils, imitateur de ses vertus et héritier de sa valeur, leur inspirerait le même attachement et la même reconnaissance[2]. Le roi Philippe, se jetant alors aux pieds de son père, se déclara indigne du grand honneur et de l'extrême grâce qu'il lui faisait. Il assura qu'il acceptait la résignation des États de Flandre par soumission filiale et avec une respectueuse gratitude, puisque l'Empereur le voulait et le commandait. « Je promets, ajouta-t-il, Dieu me venant en aide, de les administrer selon la justice, de

---

[1] « Cumque rerum veritate dicendi suavitate gravitateque omnium animos commovisset, magno numero præsentes lacrymas fundebant, singultusque adeo sonoros edebant, ut ipsum Cæsarem reginamque Mariam collacrymari cogerent, mihi certe universam faciem madefacerent. » (Pontus Heuterus, fol. 339.)

[2] *Ibid.*, fol. 339, 340.

les défendre avec courage, d'y maintenir les lois, d'y protéger la religion, et d'y rendre à chacun son droit. »
Il baisa en même temps la main de son père, et s'étant levé, il se tourna vers les seigneurs et les députés des États, auxquels il dit : « Je voudrais parler assez bien le français pour vous exprimer de ma propre bouche la sincère affection que je porte aux provinces et aux peuples de la Belgique. Mais, ne pouvant le faire ni en français ni en flamand, l'évêque d'Arras, à qui j'ai ouvert mon cœur et qui connait mes pensées, le fera à ma place. Écoutez-le donc, je vous prie, comme si vous m'entendiez moi-même[1]. » Dans un discours confiant, Granvelle se rendit l'adroit interprète des sentiments du fils de Charles-Quint en affirmant qu'ils étaient en tout conformes aux recommandations de son père. « Il agira, dit-il, en excellent prince envers vous, comme vous avez promis à l'Empereur d'agir envers lui en loyaux sujets[2]. »

La reine de Hongrie se démit alors publiquement de l'administration des dix-sept provinces, qu'elle avait exercée avec non moins d'habileté que d'éclat durant vingt-quatre années. Aucune prière n'avait pu la décider à la conserver. Cette femme d'un grand cœur, d'un esprit haut et ferme, malade comme Charles-

---

[1] Pontus Heuterus, c. III, fol. 340.
[2] *Ibid.*, fol. 340, 341; Sandoval, fol. 800, 801; *Analectes belgiques*, t. I p. 97 à 99.

Quint, et fatiguée de l'autorité comme lui, voulait passer dans le repos et dans la prière le reste des jours qu'elle avait encore à vivre. Elle disait qu'à son âge, après avoir servi plus de vingt-quatre ans sous l'Empereur son frère, il ne lui convenait pas de recommencer à servir sous le roi son neveu, et qu'il fallait se contenter le reste de sa vie d'un Dieu et d'un maître[1]. Décidée à suivre en Espagne le frère qu'elle aimait par-dessus tout, elle prit congé des peuples de la Belgique en priant leurs députés d'avoir pour agréables ses services passés, en les remerciant de leur zélé concours, en leur recommandant de déférer aux sages conseils de leur ancien souverain, d'être docilement attachés à leur prince nouveau, et en leur souhaitant les plus grandes prospérités. « En quelque lieu que je me trouve, dit-elle en finissant, je m'intéresserai à tout ce qui vous touche, et vous trouverez en moi l'affection que j'ai toujours eue pour votre patrie, qui est aussi la mienne[2]. »

La transmission solennelle des Pays-Bas de Charles-Quint à Philippe II fut consacrée le lendemain par une

---

[1] Lettre de Marie, reine douairière de Hongrie, à l'Empereur, août 1555, dans les *Papiers d'État* du cardinal de Granvelle, t. 4, p. 478.

[2] Pontus Heuterus, c. III, fol. 340, 341; *Analectes belgiques*, t. I, p. 99 à 102; *Abdication de Charles-Quint*, par Th. Juste, p. 19, 20.

cession écrite, signée de la main de l'Empereur et notifiée à toutes les provinces. Le même jour et dans la même salle, les députés de chacune d'elles prêtèrent le serment d'obéissance au roi Philippe, qui jura de son côté d'observer fidèlement leurs lois, de respecter leurs usages, de maintenir leurs priviléges, et qui leur donna pour gouverneur général son cousin, le duc Philibert-Emmanuel de Savoie[1]. Il nomma en même temps, comme leurs gouverneurs particuliers, les plus grands personnages du pays, qu'il mit dans le conseil d'État, auxquels il confia tous les commandements militaires, pratiquant envers eux la politique de son père, dont il ne se départit que dix ans plus tard, d'une manière si tragique pour eux et si désastreuse pour lui.

L'abdication de la souveraineté des Pays-Bas et de la Franche-Comté fut suivie, environ deux mois et demi après, d'autres abdications, accomplies avec moins d'appareil et plus de simplicité. Le 16 janvier l'Empereur céda les royaumes de Castille, d'Aragon, de Sicile et toutes leurs dépendances au prince d'Espagne, qui les reçut à genoux. Les actes divers de ces cessions nombreuses, dressés par le secrétaire d'État Eraso, comme notaire public, et passés devant les représentants de ces royaumes, comme témoins, contin-

---

[1] Pontus Heuterus, c. IV, fol. 341.

rent les mêmes motifs que l'Empereur avait déjà fait connaître dans l'Assemblée de Bruxelles. Après les avoir exposés de nouveau avec autant de scrupule que de force, il disait : « Nous avons résolu de notre volonté libre, spontanée, absolue et satisfaite, sans en avoir été prié et sans y avoir été induit, par la seule considération que cela convient au bien de nos sujets et vassaux, en roi qui ne connaît pas de supérieur au temporel et qui anticipe sur sa mort, de renoncer en faveur de vous, notre fils premier-né, prince juré d'Espagne, aux royaumes et seigneuries de Castille et Léon, de Grenade et Navarre, des Indes, des îles et terre ferme de l'Océan, des grandes maîtrises de Santiago, de Calatrava, d'Alcantara, dont nous avons l'administration perpétuelle en vertu de l'autorité apostolique, afin que, avec la bénédiction de Dieu et la nôtre, vous les possédiez et les administriez comme nous les avons eus et gouvernés nous-même jusqu'à ce jour. Nous nous en dépouillons pleinement, et, en attendant que vous puissiez en prendre possession, nous vous en donnons cette cession écrite, que nous voulons être tenue pour loi tout comme si nous l'avions faite en cortès, publiée dans notre cour et dans nos royaumes. » Cet acte, que signèrent en qualité de témoins le duc de Medina-Celi, le comte de Feria, le marquis d'Aguilar, le marquis de las Navas, le grand commandeur d'Alcantara don Luis de Avila et Zuñiga, don Juan Manrique de Lara, porte-clefs de Calatrava, Luis Quijada, majordome de l'Empereur et colonel de l'infanterie espagnole, don Pedro de Cordova et Guttiere Lopez de Padilla, majordomes du roi, et tous les deux du chapitre général de Santiago, don Diego de Azevedo, également majordome de Philippe II, les licenciés Mincheca et Briviesca, membres du conseil de l'Empereur[1], fut complété par une transmission semblable des royaumes d'Aragon, de Valence, de Mayorque, de Sardaigne et de Sicile, à laquelle assistèrent don Martin d'Aragon, comte de Ribagorza, Juan de Luna, Castellan de Milan, Juan de Heredia et Augustin Gallart, chancelier d'Aragon[2].

Le même jour Charles-Quint signifia à ses peuples ces diverses transmissions de couronnes. Il écrivit à tous les prélats, à tous les grands, et il ordonna à toutes les villes de faire flotter les bannières qu'elles avaient coutume d'arborer quand elles avaient un nouveau souverain, et de remplir les solennités requises en ces occasions, tout comme si Dieu avait disposé de lui. Il les invitait à obéir désormais à son fils, à le servir, à l'honorer comme leur vrai seigneur et leur roi naturel, et à exécuter ses ordres écrits et oraux ainsi qu'elles avaient accompli les siens propres[3]. La gou-

---

[1] Sandoval, vol. II, lib. XXXII, § 38, fol. 815 à 818.
[2] *Retiro, estancia*, etc., fol. 36.
[3] *Ibid.*, fol. 36 v° à 37 r°.

vernante doña Juana, dont Philippe II avait confirmé les pouvoirs, fit proclamer le nouveau roi. Tous les grands corps de l'État s'empressèrent de le reconnaître, et l'infant don Carlos, précédé des rois d'armes et suivi de tous les membres des conseils, inaugura lui-même, devant le peuple, l'autorité souveraine de son père. Sur une grande estrade, élevée au milieu de la place de Valladolid, il découvrit l'étendard royal, et, le dressant d'une main encore faible, mais que soutenaient son gouverneur et son mayordomo mayor don Antonio de Rojas, il poussa le cri national de : *Castille, Castille pour le roi Philippe notre seigneur*[1] ! La prise de possession du royaume d'Aragon était soumise à des formalités et subordonnée à des serments qui exigeaient la présence même de Philippe II, et qui ne devaient être prêtés que plus tard.

Le 17 janvier, lendemain du jour où avaient été accomplies les dernières abdications, l'Empereur, voulant ménager à son fils l'utile appui du vieux André Doria, auquel il avait fait connaître d'avance sa résolution, et qui aurait désiré, malgré son grand âge, aller lui baiser une dernière fois la main, écrivit à ce puissant dominateur de Gênes et de la Méditerranée : « Mes infirmités sont allées se multipliant chaque jour

---

[1] « Castilla, Castilla por el rey don Felipe nuestro señor! » (Sandoval, lib. XXXII, § 38, fol. 819.)

« à tel point, que, me sentant hors d'état d'accomplir
« ce que je dois pour l'expédition des affaires et pour
« l'acquit de ma conscience, non-seulement j'ai jugé
« nécessaire de me décharger sur mon fils du poids
« des affaires d'Italie, mais encore de celles des cou-
« ronnes de Castille et d'Aragon, avec la confiance qu'il
« saura si bien les conduire, que Notre-Seigneur en
« sera satisfait et que mes royaumes seront bien gou-
« vernés[1].

« Ma résolution, en me retirant en Espagne, est d'y
« terminer les jours qui me restent, et, débarrassé
« des affaires, d'y faire pénitence en réparation et
« amendement de quelques-unes des choses dans les-
« quelles j'ai gravement offensé Dieu. Mon voyage est
« différé jusqu'au printemps prochain, tant à cause de
« certaines affaires qui se sont présentées, qu'à cause
« de mes maladies, qui ne me l'ont pas permis avant.
« Quant à ce que vous me dites, que, si votre âge et
« votre santé ne s'y opposaient pas, vous désireriez

---

[1] « Nuestras indisposiciones se han ido tanto multiplicando
« de cada dia, que conociendo no poder cumplir con lo que
« debiamos á la expedicion de los negocios y descargo de
« nuestra conciencia, no solamente nos ha parecido dejarle el
« peso de las de Italia, pero aun tambien de las de Castilla y
« corona de Aragon, confiando que á todas ellas sabrá dar
« tan buen cobro que Nuestro Señor quede servido y nuestros
« regnos bien regidos y gobernados. » (*Retiro, estancia,* etc.,
fol. 37 v°.)

« beaucoup venir me voir avant mon départ, cela me
« serait infiniment agréable, sachant combien vous
« m'êtes attaché. Le plaisir que j'aurais à me trouver
« avec vous serait tellement grand, que, si mes indis-
« positions le permettaient, je voudrais faire le chemin
« pour me le donner. Mais, à défaut, vous pouvez de-
« meurer assuré que, de même que j'ai grande raison
« d'être satisfait de l'affection, du zèle et de la vigi-
« lance avec lesquels vous vous êtes employé à me
« servir et vous continuerez à le faire envers le séré-
« nissime roi mon fils, ainsi se conservera en nous
« deux la mémoire vivante de ce que vous avez mérité
« et ne cessez de mériter de nous à tant d'égards. Je
« désire que Notre-Seigneur vous comble de félicité
« comme je l'espère, qu'il allonge vos jours et vous
« accorde une santé parfaite. J'aurai de la joie à re-
« cevoir de temps en temps des nouvelles de vous[1]. »

Après avoir abdiqué ses royaumes, Charles-Quint s'était retiré dans une petite maison qu'il avait fait bâtir au bout du parc de Bruxelles, près de la porte conduisant à Louvain[2]. Cette maison, très-simple et peu vaste, formait comme le passage d'un palais à un couvent. Voulant être utile à son fils jusqu'au moment

---

[1] *Retiro, estancia,* etc., fol. 37 et 38

[2] Ribier, t. II, p. 635. *Voyage de Monsieur l'Admiral vers l'Empereur et le roy Philippe, pour la ratification de la trêve (de Vaucelles).*

où il le quitterait, Charles-Quint lui donnait sur la conduite des affaires ses avis et ses directions, qu'il lui transmettait surtout par l'évêque d'Arras. C'est de là qu'à la suite des négociations reprises pour un échange de prisonniers il concourut à conclure avec le roi de France une trêve qui fut signée, le 5 février 1556, à l'abbaye de Vaucelles. Cette trêve devait durer cinq ans et maintenait de part et d'autre l'état de possession territoriale tel qu'il résultait des derniers événements de la guerre. Elle semblait promettre à Philippe II un commencement de règne plus facile, et quoiqu'elle détachât momentanément de l'empire les trois évêchés de Metz, Toul et Verdun, et qu'elle privât le duc de Savoie de ses États occupés par Henri II, Charles-Quint était heureux de laisser Philippe II en paix avec son puissant voisin le roi de France et son turbulent adversaire le pape Paul IV, qui avait été compris dans la trêve. Il se serait encore plus félicité de cette pacification temporaire, s'il avait connu le traité secret d'alliance offensive et défensive conclu un mois et demi auparavant entre le saint-siége et la France. Par ce traité, qu'avaient signé, le 15 décembre 1555, le cardinal Caraffa et le cardinal de Lorraine, au nom du souverain pontife et du roi très-chrétien, il était stipulé, conformément aux vues de Paul IV, que le royaume de Naples serait enlevé aux Espagnols et donné à un fils du roi autre que le Dauphin; que la

Toscane serait affranchie du joug des Médicis et la république de Florence rétablie; que le duc de Ferrare serait admis dans la confédération, dont il serait généralissime; que les Vénitiens, invités à y entrer, recevraient la Sicile comme prix de leur adhésion et de leur concours; que le pape aurait pour sa part Bénévent et ses dépendances, Gaëte et le territoire en deçà du Garigliano, qu'il recevrait un tribut plus considérable du royaume de Naples, dont le nouveau souverain lui prêterait serment de soumission, et mettrait en temps de guerre quatre cents hommes d'armes à sa disposition; que le roi enverrait en Italie dix à douze mille hommes de pied, cinq cents hommes d'armes, cinq cents chevau-légers, auxquels le pape réunirait une armée de quinze mille hommes d'infanterie, de mille chevaux, avec une artillerie en proportion de ces forces, et que 500,000 écus d'or seraient déposés, soit à Rome, soit à Venise, avant la fin de février 1556, savoir, 350,000 par le roi et 150,000 par le pape, pour subvenir aux frais de la guerre.

Quoique Charles-Quint ignorât ces menaçantes stipulations, qui ne furent alors abandonnées que pour être du reste bientôt reprises, il accueillit avec une satisfaction qu'il ne dissimula point les ambassadeurs de Henri II, lorsqu'ils se rendirent à Bruxelles pour faire ratifier par Philippe II et par lui la trêve de Vaucelles, qui semblait éloigner tout danger de la monarchie espagnole. Ce fut l'amiral Coligny, accompagné de l'évêque de Limoges, Sébastien de l'Aubespine, de ses deux cousins Damville et Méru, fils du connétable Anne de Montmorency, et de beaucoup de seigneurs et de gentilshommes[1], qui vint remplir cette mission vers la fin du mois de mars. Après que Philippe II eut juré dans le château de Bruxelles l'observation de la trêve, Coligny se rendit auprès de l'Empereur, dans sa petite maison du parc, pour recevoir de lui le même serment. Il arriva jusqu'à lui à travers une double haie de seigneurs espagnols et flamands qui remplissaient une petite salle de vingt-quatre pieds carrés précédant la chambre où se tenait l'Empereur, et dont la dimension n'était pas plus grande. Il le trouva assis, à cause de sa goutte, vêtu de deuil, et ayant devant lui une table couverte d'un tapis noir[2]. Charles-Quint répondit très-gracieusement aux félicitations que l'amiral Coligny lui adressa sur la conclusion de la trêve, et il essaya d'ouvrir une lettre que l'amiral lui remit de la part du roi son maître. Comme il n'y parvenait pas, à cause de la goutte qui tenait ses mains à moitié paralysées, l'évêque d'Arras, placé derrière son siége, s'avança pour lui venir en aide; mais l'Empereur n'y consentit point. « Comment, monsieur d'Arras, lui dit-il, vous voulez

---

[1] Ribier, t. II, p. 633.
[2] *Ibid*, t. II, p. 635.

« me ravir le devoir auquel je suis tenu envers le roi
« mon bon frère! S'il plaît à Dieu, un autre que moi
« ne le fera pas. » Il brisa en même temps, par un plus
grand effort, le fil qui tenait la lettre fermée, et, se tournant vers l'amiral, il ajouta avec un sourire qui n'était
pas sans tristesse : « Que direz-vous de moi, monsieur
« l'amiral? Ne suis-je pas un brave cavalier pour cou-
« rir et rompre une lance, moi qui ne puis qu'à bien
« grand'peine ouvrir une lettre[1]? »

Il s'enquit ensuite de la santé du roi et se glorifia de
descendre par Marie de Bourgogne de la maison de
France. « Je tiens à beaucoup d'honneur, dit-il, d'être
« sorti, du côté maternel, du fleuron qui porte et sou-
« tient la plus célèbre couronne du monde[2]. » Ayant
appris que Henri II, qu'il avait vu enfant à Madrid
vingt-huit années auparavant, avait déjà des cheveux
blancs, bien qu'il fût encore jeune, il raconta, par un
retour naturel sur lui-même, cette histoire de ses premières et plus brillantes années. « J'étais, dit-il à l'a-
« miral, quasi du même âge que le roi votre maître,
« lorsque je revins de mon voyage de la Goulette (sur
« la côte d'Afrique) à Naples. Vous connaissez la beauté
« de cette ville et la bonne grâce des dames qui y sont :
« je voulus leur plaire comme les autres et mériter

---

[1] Ribier, t. II, p. 656.
[2] *Ibid.*

« leur faveur. Le lendemain de mon arrivée, je fis ap-
« peler mon barbier de grand matin pour m'arranger
« la tête, me friser et me parfumer. En me regardant
« au miroir, j'aperçus quelques cheveux blancs comme
« en a aujourd'hui le roi mon bon frère. — Otez-moi
« ces poils-là, dis-je au barbier, et n'en laissez aucun :
« ce qu'il fit. Mais savez-vous ce qu'il m'advint? Quel-
« que temps après, me regardant encore au miroir, je
« trouvai que, pour un poil blanc que j'avais fait ôter,
« il m'en était revenu trois. Si j'avais voulu faire ôter
« ces derniers, je serais devenu en moins de rien blanc
« comme un cygne[1]. »

L'Empereur demanda à voir Brusquet, fameux bouffon de cour[2], qui avait suivi l'ambassade française et avait fait l'un de ses tours les plus hardis dans la chapelle même où Philippe II avait juré la trêve. Admis dans les bonnes grâces d'Henri II, qu'il divertissait beaucoup, et qui lui avait donné la charge fort lucrative de maître des postes à Paris, familier avec les plus grands seigneurs de France, s'étant rendu célèbre par une lutte suivie d'inventions facétieuses avec le maréchal Strozzi[3], Brusquet avait assisté à la réception so-

---

[1] Ribier, t. II, p. 637.

[2] « Brusquet a esté le premier homme pour la bouffonnerie qui fut jamais ny sera. » (Brantôme, *Vie du maréchal Strozzi*, t. I, p. 450.)

Brantôme en raconte un certain nombre dans la *Vie du maréchal Strozzi*, ibid., de la p. 436 à la p. 456.

lennelle de l'amiral Coligny par Philippe II. Ce monarque hautain, comme pour faire oublier l'humilité de la trêve présente par le souvenir d'une ancienne victoire, avait reçu l'ambassade d'Henri II dans la grande salle du château couverte d'une belle tapisserie de Flandre représentant la bataille de Pavie, la prise de François Ier, son embarquement pour l'Espagne et sa captivité à Madrid. Cette vue avait blessé les Français, et Brusquet avait songé à tirer une sorte de vengeance de l'orgueil incivil des Espagnols, en tournant leur avarice en dérision, par un acte de générosité et presque de souveraineté française accompli jusque dans le palais de leur roi. Le lendemain, en effet, après que la messe eut été célébrée dans la chapelle du château, en présence de Philippe II entouré de sa cour et de l'amiral Coligny environné de sa suite, au moment où le roi d'Espagne, s'avançant vers l'autel, eut juré sur le livre des Évangiles l'observation du traité de Vaucelles, Brusquet, qui s'était muni d'un sac d'écus frappés au palais de Paris et qui en avait remis un semblable à son valet, se mit à pousser le cri national de : *Largesse ! largesse !* Il traversa ainsi la chapelle, suivi de son valet, proférant l'un et l'autre le même cri et jetant leurs écus, sur lesquels se précipitèrent les archers de la garde, s'imaginant que c'était une libéralité de leur roi. Philippe II se tourna avec surprise et avec hauteur vers l'amiral Coligny, et lui dit qu'il s'émerveillait que les Français eussent assez de témérité pour faire largesse chez lui et en sa présence[1]. L'amiral, aussi étonné que le roi, ne répondit mot. Mais Brusquet continua sans se troubler et sans s'arrêter à pousser ses cris et à répandre ses écus, sur lesquels les autres assistants, tant hommes que femmes, se jetèrent aussi, en se culbutant les uns les autres. Il y eut alors une scène d'une confusion extrêmement comique ; et Philippe II prit même à la fin si gaiement ce qui avait commencé par l'irriter, qu'il fut obligé de s'appuyer contre l'autel à force de rire[2].

« Eh bien, Brusquet, dit Charles-Quint en le voyant, tu nous as bien fait largesse de tes écus. » Brusquet répondit à l'Empereur qu'il lui ôtait la parole en daignant s'abaisser jusqu'à lui. Mais l'Empereur, le plaisantant alors sur une des nombreuses aventures qu'il avait eues avec le maréchal Strozzi, et dont il sortait

---

[1] Ribier, t. II, p. 635.

[2] « Cette farce fut si dextrement jouée, que les assistans, qui estoient plus de deux mille, tant hommes que femmes... estimant que ce fust une libéralité de ce prince, se jetterent avec une furieuse ardeur à ramasser les écus; les archers des gardes en vinrent jusques à se pointer les hallebardes les uns contre les autres; le reste de la multitude entra en telle confusion, que les femmes en furent déchevelées... les uns et les autres, hommes et femmes, renversés par une si estrange drolerie, que ce prince fut contraint de gaigner l'autel, pour se soutenir tombant à force de rire, aussi bien que les roynes douairières de France et de Hongrie, madame de Lorraine et autres. » (Ibid.)

aussi souvent battu que vainqueur, ajouta : « Eh bien, ne te souvient-il plus de la journée des éperons? — Il m'en souvient très-bien, sire, repartit Brusquet; et faisant allusion aux nodosités laissées par la goutte sur les mains de l'Empereur, ce fut, continua-t-il, en même temps que vous achetâtes ces beaux rubis et ces escarboucles que vous portez à vos doigts. » Tout le monde se mit à rire, et l'Empereur tout le premier. « Je ne voudrais pas pour beaucoup, reprit Charles-Quint, n'avoir pas appris de toi cette sage leçon qu'il ne faut jamais s'adresser à un bon niais comme tu fais semblant de l'être, car je t'assure que tu ne l'es pas. » L'amiral ayant ensuite pris congé, Charles-Quint parut aux fenêtres de sa chambre sur le parc, et accompagna du regard l'ambassade française, tenant à lui montrer qu'il n'était pas encore prêt à mourir, comme on en avait fait courir le bruit quelques jours auparavant [1].

Charles-Quint restait toujours empereur. Malgré le désir qu'il en avait, il n'avait pas pu déposer encore la couronne impériale. Depuis le traité de Passau, il s'était tenu étranger à l'administration de l'Empire, et ses sentiments catholiques l'avaient détourné de prendre part aux résolutions finales de la diète d'Augsbourg, qui, par son recès du 21 septembre 1555, avait

---

[1] Ribier, t. II, p. 637.

prescrit et réglé la *paix perpétuelle de religion* en Allemagne. Il avait chargé son frère Ferdinand de coopérer seul, comme roi des Romains et sans recourir à lui, à une mesure désormais inévitable, mais qui donnait une existence définitive et légale à l'hérésie de Luther. « Décidez, lui avait-il écrit, comme si j'étais en Espagne, et point en mon nom ni par mon pouvoir particulier. Pour vous en dire la cause sincèrement et comme il convient entre frères... c'est seulement pour le respect du point de la religion auquel j'ai les scrupules que je vous ai si particulièrement et si pleinement déclarez de bouche, surtout à notre dernière entrevue à Villach[1]. » Il n'avait donc pas été enveloppé[2], selon sa volonté formelle, dans l'accord qui consacrait en Allemagne la liberté et l'égalité religieuse entre les catholiques et les luthériens ; qui y maintenait la sécularisation des biens de l'ancienne Église opérée par les princes protestants ; qui prévoyait et y autorisait l'agrandissement de la confession d'Augsbourg, sous la seule réserve que si cette confession était embrassée par un évêque territorial ou un abbé possessionné, le

---

[1] Lettre de Charles-Quint à Ferdinand, du 8 (10) juin 1554. (*Correspondenz des Kaisers Karl V*, Lanz, t. III, p. 624.)

[2] Il n'avait pas même voulu lui donner conseil à cet égard : « Ne vous eusse-je sceu donner advis de ce que aurez à faire pour le respect que vous scavez j'ay tousjours eu de non me plus *envelopper* en ce poinct de la religion. » (Lettre de Charles-Quint à Ferdinand du 9 sept. 1555. *Ibid.*, p. 682.)

changement particulier de celui-ci, qui perdrait son bénéfice, n'entraînerait point le changement de sa souveraineté, qui resterait comprise parmi les États catholiques.

Charles-Quint, prêt à consommer ses grands sacrifices, avait senti se réveiller la vive affection qui l'avait si longtemps uni à son frère Ferdinand, et que les désaccords de 1550 avaient un peu refroidie[1]. Il le pressa de venir le voir encore une fois à Bruxelles avant qu'il se rendît en Espagne. Mais Ferdinand ne le put point, et lui exprima son profond regret d'en être empêché par l'état de ses affaires et les périls de ses royaumes[2]. Il lui envoya en même temps son second fils, l'archiduc Ferdinand, pour le détourner de renoncer à l'Empire, et le supplier, dans le cas où sa résolution à cet égard serait inébranlable, de consentir au moins à ne pas la rendre publique jusqu'à la prochaine diète[3]. Il désirait y préparer les esprits, afin que l'Allemagne ne fût pas surprise par la grande nouveauté d'une abdication, et que les électeurs ne fissent pas de difficulté, les deux frères vivant encore, de placer la cou-

---

[1] Voir dans le tome III de Lanz la lettre déjà citée du 16 déc. 1550, p. 15 à 21, et d'autres lettres postérieures à cette époque, insérées dans le même volume.

[2] Ferdinand à Charles-Quint, le 20 août et le 26 septembre. (*Ibid.*, p. 675-687.)

Lettres de Charles-Quint à Ferdinand du 19 oct. 1555 (*ibid.*, p. 688), et de Ferdinand à Charles du 31 oct. (p. 692).

7.

ronne impériale de la tête de l'un sur la tête de l'autre.

Charles-Quint n'apprit pas sans peine que Ferdinand ne viendrait point le voir. « Avant de partir pour si loin, lui écrivit-il, j'eusse désiré singulièrement avoir cette consolation[1]. » Il eût également souhaité raffermir par la communauté des intérêts l'union des deux branches de la maison d'Autriche, qui allaient être irrévocablement séparées par le partage des souverainetés. Aussi ajouta-t-il, avec autant de tendresse que d'habileté : « Où que je soye, vous trouverez tousjours en moy la mesme fraternelle et cordiale affection que je vous ai tousjours portée, accompagnée de très-grand desir que l'amytié qu'avons toujours eue ensemble se perpétue aussi aux nostres, à quoi je tiendrai de mon costé la main, comme je suis certain que ferez du vostre, puisque, oultre que le devoir du sang le requiert... il importe aussi aux communes affaires de nous tous[2]. » Afin de maintenir cet accord utile qui n'isolerait pas l'Espagne de l'Autriche, et conserverait l'appui de l'Allemagne aux États d'Italie et aux provinces des Pays-Bas, Charles-Quint déféra au vœu de Ferdinand, et il retarda la transmission de l'Empire. Il le fit non-seulement à sa prière, mais sur les in-

---

[1] Charles-Quint à Ferdinand, 3 nov. 1555. (Lanz, t. III, p. 693.)

[2] Lettres de Charles-Quint à Ferdinand du 19 oct. 1555 et du 5 nov. (*Ibid.*, p. 689 et 693.)

stances de la reine de Hongrie sa sœur, du roi Philippe II son fils, qui joignirent leurs supplications à celles des deux archiducs Ferdinand et Maximilien. Ce dernier et sa femme l'infante Marie, fille de l'Empereur, étaient venus lui dire adieu avant son départ. Il écrivit donc au roi des Romains que *l'un des grands désirs qu'il eust en ce monde étoit de se desnuer de tout*[1], et que cependant, dans la crainte de quelque trouble en Allemagne et de peur que les électeurs ne prétendissent pouvoir procéder à l'élection à son préjudice, il garderait le titre d'empereur, sans conserver l'administration de l'Empire, jusqu'au moment où le roi des Romains se serait assuré des dispositions du collége électoral. Il lui confiait la direction de toutes les affaires, lui laissait l'exercice de tous les pouvoirs, et ne consentait pas même à envoyer des commissaires impériaux à la diète[2]. « Ma conscience étant en cela deschargée, je me laisserai persuader, disait-il, à retenir le titre pour éviter les inconvénients mentionnés en vos lettres, bien que, s'il est aucunement possible de m'en défaire, c'est la chose de ce monde que plus je désire, et en quoi vous me pourrez donner plus de contentement[3]. »

[1] Lettre de Charles-Quint à Ferdinand du 8 août 1556. (Lanz, t. III, p. 708.)
[2] *Id.*, du 28 mai 1556. (*Ibid.*, p. 703.)
[3] *Id.*, du 8 août 1556. (*Ibid.*, p. 709.)

L'Empereur, croyant pouvoir se retirer à Yuste au printemps de 1556[1], avait donné l'ordre que tout fût prêt à cette époque pour l'y recevoir. Il avait déjà choisi les serviteurs de sa maison qui devaient l'accompagner au monastère. Cette maison, dont la composition était restée féodale, et dans laquelle se trouvaient plusieurs des plus grands seigneurs de l'Espagne, des Pays-Bas, de l'Allemagne, comprenait sept cent soixante-deux personnes de tous rangs et de toutes fonctions[2]. Il en laissa les personnages les plus considérables au service de Philippe II et de Ferdinand, et en désigna parmi les autres pour le suivre dans son voyage cent cinquante, dont plus d'un tiers devait s'enfermer au monastère de Yuste avec lui. A leur tête était le colonel Luis Mendez Quijada, seigneur de Villagarcia. Quijada était au service de Charles-Quint depuis trente-quatre ans. Reçu d'abord au nombre de ses pages[3], il était devenu plus tard l'un de ses trois majordomes, et il l'avait accompagné dans toutes ses guerres. Deux de ses frères étaient morts à côté de lui, l'aîné, don Guttiere, devant la Goulette, où il avait été lui-même blessé d'un coup

---

[1] *Retiro, estancia*, etc., fol. 38 v°.
[2] *Ibid*, fol. 40 à 42.
[3] *Retraite et mort de Charles-Quint au monastère de Yuste*, par M. Gachard, préface, p. 29, d'après les registres, *Maison des souverains et des gouverneurs généraux*, t. II, aux Archives du royaume de Belgique.

d'arquebuse[1]; le plus jeune, don Juan, au siége de Thérouanne. Capitaine dans l'expédition de Tunis et dans l'invasion de la Provence, l'Empereur lui avait donné la garde de son drapeau en 1543 et en 1544, et, lorsqu'il fut prêt à livrer bataille à François Ier sous Landrecies, il dit à l'escadron de sa cour en mettant son casque : « Combattez en cavaliers pleins d'honneur, et, si vous voyez mon cheval tombé et l'étendard que porte Luis Mendez Quijada abattu, relevez l'étendard plustôt que moi[2]. » Quijada s'était distingué dans les deux guerres d'Allemagne sur le Danube et sur l'Elbe[3], il avait suivi son maître devant Metz, et il avait commandé en 1553 l'infanterie espagnole à la prise de Thérouanne et d'Hesdin[4]. Quand l'Empereur avait cessé de régner, le fidèle et valeureux Castillan avait cessé de servir. Il ne devait reprendre les armes que quatorze ans plus tard, pour être l'instituteur militaire de don Juan d'Autriche, ce glorieux enfant dont Charles-

---

[1] Sandoval, t. II, lib. XXII, §§ 270, 257.

[2] « El Emperador se puso el yelmo, diziendo al esquadron de su corte, que ya tra llegado su dia, por esso que peleassen como cavalleros honrados, y si viessen caydo su cavallo, y su estandarte que llevava Luis Mendez Quijada, que levantassan primero el pendon que á él. » (Sandoval, t. II, lib. XXV, § 46, p. 461.)

[3] Ibid., p. 454.

[4] Ibid., lib. XXXI, §§ 40, 41, p. 746, 747.

Quint lui avait révélé la mystérieuse naissance et lui confia la tardive éducation.

Retenu auprès de l'Empereur par les obligations de sa charge et les assiduités de son dévouement, Quijada avait été réduit à se marier par procuration en 1549 avec doña Magdalena de Ulloa, femme d'une illustre origine et d'un noble esprit. Il avait beaucoup de sens, le cœur haut, le caractère grave et même un peu rude, une fidélité qui n'excluait pas quelquefois le murmure, la ferveur d'un Espagnol d'antique race pour la religion, et l'éloignement d'un franc cavallero pour les moines, la plus grande admiration comme le plus profond attachement pour l'Empereur, envers lequel, sans cesser jamais d'être respectueux de sentiment, il se montra en bien des rencontres libre de langage au delà de ce qu'osaient l'être les sœurs et les enfants de Charles-Quint. Tel fut le serviteur éprouvé, le fier Castillan, le simple et ferme chrétien qui, chef désigné de la petite colonie de Yuste, devait, en exact majordome et en vieux soldat, y conserver l'étiquette d'une cour et tenter d'y introduire la discipline d'une armée.

Celui à qui était réservée, après Quijada, la première place auprès de l'Empereur, et qui avec Quijada devait nous faire connaître le mieux sa vie au monastère, était le secrétaire Martin de Gaztelú. Charles-Quint l'avait choisi parmi les *officiales* principaux de la secrétairerie d'État[1]. Gaztelú était employé sous Eraso, qui, depuis la mort de Covos, avait obtenu la confiance de Charles-Quint pour la conduite et l'expédition des affaires espagnoles, et que Charles-Quint avait laissé comme une des parties les plus précieuses de son héritage à Philippe II[2]. En l'absence d'Eraso, l'Empereur s'était quelquefois servi de Gaztelú[3], dont il avait remarqué l'esprit net, le jugement ferme, la rédaction prompte et élégante, la parfaite discrétion, l'empressement tranquille et la douceur invariable. Il s'en souvint alors, et fit de lui le secrétaire du souverain qui laissait derrière lui ses royaumes, mais que les affaires devaient suivre du trône dans la solitude.

Il ne se proposa point de conduire au monastère de sommelier de corps ou chambellan. Il se contenta de désigner quelques serviteurs secondaires qu'on appelait les uns *ayudas de cámara*, les autres *barberos*. Ces *aides* et ces *barbiers de chambre* formaient deux catégories distinctes par le rang. Dans la première avait été longtemps un homme sans instruction, mais non sans es-

---

[1] *Retraite et mort de Charles-Quint au monastère de Yuste*, préface, p. 35.

[2] « Quanto os he dado este dia no es tanto como daros este criado. » (La Roca, *Epitome de la vida y hechos de Carlos V*, p. 242.)

[3] Lettre de Gaztelú à Vasquez du 29 septembre 1556. (*Retraite et mort de Charles-Quint*, etc., p. 2 et 3.)

prit, d'une fidélité silencieuse, d'un service infatigable et d'une humeur plaisante, Adrien Dubois (de Bapaume), qui ne savait ni lire ni écrire. Il avait maintes fois servi de messager politique entre Charles-Quint et le vieux Granvelle, portant ouverts les billets de l'un et les avis de l'autre, et il était entré dans les plus intimes confidences[1] comme dans les plus familières habitudes de son maître. Il avait eu même le pouvoir de le tirer quelquefois de ses tristesses et de le faire rire, avec le nain polonais et le bouffon de cour Périco, auxquels appartenait de droit la charge difficile de l'amuser et de le distraire[2]. Charles-Quint n'avait plus auprès de lui Adrien Dubois, et, dans le moment, le plus affidé des serviteurs de sa chambre était le Brugeois Guillaume van Male. Il ne ressemblait pas plus à Adrien par la réserve du caractère que par la culture de l'esprit. Aussi instruit qu'Adrien était ignorant, van Male, versé dans

---

[1] Il avait appris seul, avant Quijada et avant Philippe II, le secret de la naissance de don Juan d'Autriche, comme nous le verrons plus tard.

[2] È nella camera sua talora ridere e burlare con un nano suo polacco, o con Adriano, suo ajutante di camera. » (Marino Cavalli, 1551, dans Alberi, série I, vol. II, p. 216.) Navagero dit la même chose en 1538, et ajoute : « Lo dileta anche assai e lo fa ridere un buffone venuto ultimamente di Spagna, che Perico si noma, il quale per acquistar la grazia dell' Imperatore, sempre quando egli nomina Filippo suo figliuolo, lo chiama signor di *todos*. » (Série I, t. I, p. 343, 344.)

la connaissance des langues latine et grecque, était un humaniste distingué du siècle, savait beaucoup, parlait bien, écrivait élégamment. Sur la recommandation de Louis de Flandre, seigneur de Praet, chef des finances des Pays-Bas, dont il était l'ingénieux correspondant, il avait été placé en 1550 en qualité d'*ayuda de cámara* auprès de Charles-Quint, auquel il avait plu par la diligence de son service, la variété de son savoir, l'agrément de son entretien. Accoutumé aux soins adroits qu'exigeait la personne de son maître, ne le quittant ni jour ni nuit dans ses infirmités, lui servant de lecteur durant ses insomnies, écoutant les récits de ses guerres et de ses négociations, qu'il transcrivait sous sa dictée, van Male le suivit à Yuste, où il devait lui être non moins agréable que nécessaire[1].

Au lieu de garder son ancien médecin, Corneille de de Baersdorp, Charles-Quint l'avait laissé à ses deux sœurs, désormais inséparables, les reines Marie et Éléonore, dont la première était tourmentée par une maladie de cœur assez avancée, la seconde par un asthme devenu très-violent, et qui l'accompagnaient en Espagne. Il prit avec lui le jeune docteur Henri Mathys, qu'il emprunta en quelque sorte à son fils. Assez

---

[1] Voir sa très-curieuse correspondance, déjà citée, avec le seigneur de Praet, et publiée par le baron de Reiffenberg. Voir aussi Gachard, *Bulletin de l'Académie de Bruxelles*, t. II, 1re partie, p. 30.

habile dans son art, Mathys, né à Bruges comme van Male, et d'un esprit cultivé comme lui, était un médecin lettré, plus capable de disserter en bon latin sur les infirmités de l'Empereur que d'y porter remède par l'autorité de ses prescriptions. Charles-Quint n'oublia point le célèbre mécanicien crémonais Giovanni Torriano, que les Espagnols appelaient Juanello, et qu'il conduisit à Yuste en qualité de son horloger. Les autres personnes de sa suite étaient attachées, ainsi que nous le verrons plus tard, aux divers services de sa chambre, de sa table, de sa cuisine, de son argenterie, de son écuyerie, de sa pharmacie, et lui formaient une maison complète. Trois grands personnages flamands et francs-comtois, Jean de Croy, comte de Rœulx, dont la puissante famille avait toujours été dans la faveur de Charles-Quint, Floris de Montmorency, seigneur de Hubermont, auquel était réservée, ainsi qu'à son frère, le comte de Hornes, une fin si tragique sous Philippe II, et Jean de Poupet, seigneur de la Chaulx, qui avait été premier sommelier de corps de l'Empereur, devaient le suivre jusqu'à son entrée au monastère.

Charles-Quint, qu'avait précédé en Espagne Luis Quijada, partit le 8 août de Bruxelles, après avoir fait de tendres adieux à sa fille la reine de Bohême et à son gendre Maximilien, qui reprirent le chemin de l'Allemagne. Philippe II l'accompagna jusqu'à Gand. Le 28, ils se séparèrent pour toujours; et Charles-Quint, suivi de ses deux sœurs, Éléonore, veuve de François Ier, et Marie, reine de Hongrie, descendit par le canal de Gand vers la Zélande, où l'attendait une flotte de cinquante-six voiles. Quelques jours avant de se mettre en mer, il dressa en faveur du roi des Romains Ferdinand l'acte de renonciation à l'Empire, que devaient porter plus tard en Allemagne ses ambassadeurs, à la tête desquels se trouvait le prince d'Orange[1]. Il écrivit à son frère, le 12 septembre, qu'il le laissait libre de choisir le lieu et le moment où se réuniraient les électeurs pour le nommer à sa place[2], mais en lui rappelant, ce qu'il lui avait déjà dit, qu'il avait hâte d'être déchargé non-seulement de tous ses pouvoirs, mais de tous ses titres. Le lendemain au soir il s'embarqua dans le port de Flessingue, sur le vaisseau principal appelé la *Bertendona*, où lui avait été préparé un appartement fort commode, et la flotte leva l'ancre le 13 au matin. Mais le calme d'abord et ensuite les vents du sud-ouest la retinrent à quelques lieues de Flessingue, et la forcèrent de relâcher à Rammekens du 14 au 17[3]. Ce jour-là, les vents ayant cessé d'être contraires, il

---

[1] Voir la constitution dans Goldast, t. I, p. 577, édition in-folio, Francfort, 1713.

[2] Lettres de Charles-Quint à Ferdinand, dans Lanz, t. III, p. 708 et 710.

[3] D'après le livre du contador de la flotte de don Luis de Carvajal, dans *Retiro, estancia*, etc., fol. 48 et 49.

cingla vers la côte de Biscaye pour aller s'ensevelir en Espagne dans la retraite qu'il s'était choisie et qu'on lui avait préparée.

Au moment où il quittait la scène du monde, qu'il avait si longtemps occupée, sa grande renommée s'était affaiblie. Alors se vérifia ce qu'il avait dit lui-même. On *jeta*, selon son expression, *les événements de son règne à la fortune*, à laquelle on en attribua et les premières prospérités et les anciennes grandeurs. Un politique italien, exprimant l'opinion de ses contemporains devenus sévères envers Charles-Quint volontairement dépouillé de sa puissance, et ayant passé à son égard de l'admiration au désenchantement, écrivit à la seigneurie de Venise : « Il y a six ans Sa Majesté
« Impériale était affermie dans cette grande réputation
« qu'aucun autre empereur, non-seulement de notre
« âge, mais depuis bien et bien des siècles, n'avait eue
« parmi les princes du monde et vis-à-vis de ses en-
« nemis couverts et déclarés, soit chrétiens, soit infi-
« dèles, à cause de tant et de si glorieuses victoires
« qu'il avait remportées : en Afrique, sur le roi de Tu-
« nis ; en Allemagne, sur l'électeur Jean-Frédéric de
« Saxe, le landgrave de Hesse, les villes libres et le duc
« de Clèves ; dans ses guerres avec la France, dont il
« avait fait le roi prisonnier ; en Italie, sur le pape Clé-
« ment, sur Gênes, Florence et Milan. Mais la fuite
« d'Inspruck et la mauvaise issue de l'entreprise de

« Metz ont traversé le cours de cette gloire. Le sou-
« venir ranimé d'autres désastres, comme ceux de la
« retraite de Provence, de l'expédition d'Alger, de l'at-
« taque de Castelnuovo, la trêve désavantageuse con-
« clue avec le roi très-chrétien, la renonciation à ses
« États, son séjour dans un monastère, lui ont fait per-
« dre quasi toute sa réputation. Je dis quasi, car il lui
« en reste autant qu'il reste d'impulsion à un navire
« qui, poussé par les rames et par le vent, fait encore
« un peu de chemin lorsque les rames s'arrêtent et que
« le vent tombe. Tous en concluent que le souffle favo-
« rable de la fortune a guidé l'immense navire des
« États, des royaumes, de l'empire de Sa Majesté[1]. »

---

[1] *Relazione di Federico Badoaro* (en 1558), Ms. de la Bibl. nat., n° 1044, ou n° 277, Saint-Germain-Harlay.

CHAPITRE III

DÉPART POUR L'ESPAGNE. — ENTRÉE AU COUVENT.

Départ de Charles-Quint. — Sa traversée de la Zélande en Espagne. — Son débarquement à Laredo. — Préparatifs ordonnés par Philippe II et par la princesse doña Juana pour le recevoir; ils sont mal exécutés. — Mécontentement de l'Empereur. — Son voyage à travers la Vieille-Castille. — Son entrée à Burgos. — Négociation au sujet de la Navarre, en échange de laquelle Antoine de Bourbon fait demander par son envoyé Escurra le duché de Milan érigé en royaume de Lombardie. — Entretien de Charles-Quint avec son petit-fils don Carlos, qui va à sa rencontre jusqu'à Cabezon; caractère de ce jeune prince, jugement que l'Empereur porte sur lui. — Arrivée et séjour à Valladolid. — Départ de Charles-Quint pour l'Estrémadure. — Passage du *Puerto Nuevo* à la Vera de Plasencia par les montagnes de Tornavacas; paroles que prononce l'Empereur au sommet de la brèche. — Établissement de Charles-Quint durant trois mois au château de Jarandilla; visites qu'il y reçoit; provisions et présents qui lui sont envoyés de toutes parts. — Entretien de l'Empereur avec le Père François de Borja. — Négociation avec la cour de Portugal au sujet de la venue en Espagne de l'infante doña Maria, fille de la reine Éléonore; regret que Charles-Quint exprime à l'ambassadeur Lourenço Pires de Tavora de n'avoir pas accompli ses anciens projets de retraite après ses victoires en Allemagne. — Reprise des pourparlers sur l'échange de la Navarre avec Escurra. — Guerre en Italie; rupture de la trêve de Vaucelles par la France. — Succès militaires du duc d'Albe dans les États pontificaux; suspension d'armes qu'il accorde à Paul IV; mécontentement qu'en montre l'Empereur; habiles et prévoyants conseils qu'il donne. — Attaque de goutte. — Rétablissement de Charles-

Quint, qui se sépare d'une partie de sa suite et monte avec le reste au monastère de Yuste. — Son entrée au couvent; réception que lui font les moines.

Avant que Charles-Quint quittât Flessingue et fît voile vers la Biscaye, Philippe II avait annoncé à la princesse doña Juana, gouvernante d'Espagne, la prochaine arrivée de l'Empereur leur père. Dès le 27 juillet, il lui avait écrit d'envoyer dans le port de Laredo l'alcade de cour Durango, avec l'argent nécessaire à l'achat de tous les approvisionnements et à la réunion de tous les moyens de transport que réclameraient sa sa venue et son voyage à travers le nord de la Péninsule. Durango devait de plus y porter la solde de la flotte et y conduire six chapelains que l'Empereur désirait y trouver à son débarquement[1]. Le 28 août, jour où Charles-Quint partit de Gand pour la Zélande, Philippe II renouvela ses instructions à doña Juana[2], et, le 8 septembre, il lui écrivit encore:

« Sérénissime princesse, ma très-chère et aimée
« sœur, l'Empereur mon seigneur..... qui est en
« bonne santé, grâce à Dieu, s'embarquera au premier
« jour..... Afin de ne vous causer aucun dérangement,
« Sa Majesté a résolu de loger à Valladolid dans la
« maison de Gomez Perez de las Marinas, où demeurait
« Ruy Gomez. Vous ordonnerez qu'on la nettoie, qu'on

---

[1] Ms. *Retiro, estancia*, etc., fol. 43.
[2] *Ibid.*, fol. 44 et 45.

« l'arrange, qu'on achète et qu'on prépare tout pour
« que les pièces soient mises, avec grande célérité, en
« état de recevoir Sa Majesté, qui, en débarquant, en-
« verra devant elle Roggier son *aposentador de pa-
« lacio* (son fourrier de palais), afin d'apprêter les lo-
« gements sur sa route et de disposer son appartement
« selon son gré à Valladolid[1]. » Ne se contentant point
d'entrer dans tous ces détails pour assurer à son père
une réception commode en Espagne, Philippe II voulut
qu'on lui montrât les empressements et qu'on lui
rendît les honneurs qu'il ne demandait plus lui-même.
Aussi ajouta-t-il : — « Quoique Sa Majesté n'ait point
« songé à traiter de cela, il serait juste que quelques-
« uns des principaux personnages et gentilshommes
« allassent jusqu'au port où elle descendra, qu'ils y
« fussent accompagnés d'un évêque et des six cha-
« pelains dont je vous ai déjà parlé..... Sa Majesté Im-
« périale monte le navire *Bertendona*, sur lequel on a
« disposé pour elle un appartement de toute commo-
« dité. Vous pourvoirez aux besoins de ce navire et du
« reste de la flotte, dont l'équipage devra toucher la
« partie de solde qui lui est encore due, sans qu'il y
« ait faute, et vous aurez à m'aviser de ce qui se sera
« fait. »

[1] La lettre de Philippe II est en entier dans *Retiro, estancia*, etc., fol. 47.

Après avoir reçu cette lettre le 17 septembre, jour même où la flotte qui conduisait l'Empereur en Espagne sortait du port de Rammekens, la princesse doña Juana s'empressa d'exécuter les ordres du roi son frère. Elle fit préparer la maison de Gomez Perez à Valladolid, qui était alors la résidence de la cour et le siége du gouvernement. Elle commanda de nouveau à l'alcade Durango de se rendre avec ses alguazils à Laredo, et d'y remplir la mission dont elle l'avait chargé[1]. Elle ordonna en même temps des prières publiques pour l'heureuse arrivée de l'Empereur[2]; elle avertit le connétable et l'amiral de Castille de se tenir prêts à aller le complimenter, et elle invita don Pedro Manrique, évêque de Salamanque et chapelain du roi, à partir sans délai pour Laredo. « Je sais, lui disait-elle, que « Sa Majesté vous verra avec plus de plaisir qu'un au- « tre, charmée qu'elle sera de rencontrer en arrivant « un aussi ancien et un aussi bon serviteur[3]. »

Mais ces mesures, recommandées avec une insistance prévoyante par Philippe II et prescrites avec un zèle affectueux par sa sœur, furent exécutées pour la plupart avec la lenteur espagnole. Dans ce temps et dans ce pays surtout rien ne se faisait vite, et les actes

---

[1] *Retiro, estancia*, etc., 48 r°.

[2] *Ibid.*, 43 v° et 44 r°.

[3] « Yo sé que Su Magestad holgará con vos mas que con otro, « por ser tan criado y servidor suyo. » (*Ibid.*, fol. 47 v°.)

étaient toujours en grand retard sur les ordres. Aussi tout n'était pas prêt lorsque Charles-Quint parut en vue des côtes de la Biscaye. Sa navigation avait été heureuse et assez prompte. Le vaisseau de cinq cent soixante-cinq tonneaux qui le portait, et qu'il occupait en entier, était uniquement disposé pour son service et de façon à rendre la traversée de la Manche et du golfe de Gascogne moins pénible à ses infirmités. Sur le pont le plus élevé, entre la mâture et la poupe, était l'appartement impérial, composé de deux chambres et de deux cabinets, flanqué d'une pièce oblongue formant un corridor de sortie et de dégagement, et entouré de trois autres petites pièces destinées au sommelier de corps, au chef de la *guarda ropa* et à un *ayuda de cámara*. Intérieurement sculpté et tendu en drap vert, il était très-bien fermé, et avait, par huit fenêtres vitrées, des vues sur la mer. Le lit de sa chambre et quelques-uns de ses meubles étaient suspendus au plafond comme des balançoires, et retenus non loin du plancher par des étais en bois, afin de ne pas suivre tous les ballottements du navire, et de rester à peu près droits lorsque celui-ci s'inclinerait sous les coups des vagues agitées. L'autre côté du pont vers la proue était occupé par les gentilshommes de l'Empereur. Le pont d'en bas servait à la paneterie, à la cuisine, au garde-manger, à la cave et à l'habitation de tous les officiers de bouche. Enfin les provisions pour la traversée, et l'eau, que contenaient d'énormes vases de terre fermés par des couvercles à cadenas, étaient déposées au fond de la cale[1].

Ayant franchi, le 17 septembre, par un temps très-clair, les dangereux bancs de sable de la Zélande, la flotte s'était trouvée, le 18, entre Douvres et Calais, d'où l'amiral anglais était venu avec cinq vaisseaux saluer le père de son roi et lui baiser les mains. Elle n'était sortie du canal de la Manche que le 22. Enfin, ce jour-là, laissant à sa droite l'île de Wight, marquée d'abord comme un point de relâche, et profitant d'un vent favorable, qui ne lui manqua plus, elle se dirigea à toutes voiles vers l'Espagne, et arriva le 28 un peu tard dans le port de Laredo[2]. L'Empereur débarqua le soir même, par un fort beau temps[3], sans qu'aucun de ceux qui l'accompagnaient l'ait vu embrasser la terre en descendant du navire et lui ait entendu prononcer ces paroles que lui prêtent Strada et Robertson: — « O « mère commune des vivants ! je suis sorti nu de ton « sein et nu j'y retourne[4]. » Le vent ayant été impé-

---

[1] *Retiro, estancia*, etc., fol. 48.

[2] *Ibid.*, fol. 48 v° et 49 r°, d'après le livre du contador de la flotte de don Luis de Carvajal.

[3] Lettre du contador Julian de Oreytia du 29 septembre au conseil de guerre, dans *Retraite et mort de Charles-Quint*, etc., vol. I, p. 1 et 2.

[4] Strada, *De bello belgico*, p. 6. Robertson, *Histoire de Charles-Quint*, lib. XII.

tueux le lendemain, la mer fut très-agitée, et les navires qui portaient les deux reines, restés un peu en arrière, ne purent entrer que dans le port plus occidental et plus vaste de Santander[1].

Charles-Quint ne trouva à Laredo que l'évêque de Salamanque et l'alcade de cour Durango, qui n'avait pas encore l'argent nécessaire aux besoins de son service et à la solde de la flotte. Il s'en montra fort irrité, et Martin de Gaztelú écrivit au secrétaire d'État Vasquez de Molina : « Sa Majesté est courroucée de la né-
« gligence que l'on a mise à pourvoir à certaines
« choses qu'il convenait de préparer et que le roi avait
« prescrites[2]. Les six chapelains qui auraient dû venir
« pour le servir lui manquent d'autant plus, que ceux
« qu'il a amenés avec lui sont malades, et chaque jour
« il faut aller chercher un prêtre pour lui dire la messe.
« Il aurait eu besoin de deux médecins, parce que la
« moitié des gens de sa flotte est malade et sept ou
« huit de ses serviteurs sont morts. Le maître général
« des postes aurait dû envoyer un officier avec des
« courriers pour son usage ; il en a senti et il en sent
« la privation. Si l'évêque de Salamanque ne lui avait

---

[1] *Retraite et mort de Charles-Quint*, vol. I, p. 2.

[2] « Su Magestad está bien mohino del descuidado que ha
« habido en no proveerse algunas cosas que fuera razon se
« hubieran proveido, y el Rey tenia mandado. » (*Ibid.*, p. 5 et 6.)

« pas procuré certaines commodités, il n'aurait rien
« trouvé sur les lieux qui convînt à une Majesté comme
« la sienne. On ne lui a pas écrit une seule lettre ni
« envoyé savoir comment il vient. Tout cela aurait dû
« être fait en même temps à Santander, à la Corogne et
« ici. Voilà ce dont il se plaint, et il dit d'autres cho-
« ses bien sanglantes[1]. »

C'est ce retard mal connu dans l'exécution des ordres de Philippe II et cette expression mal jugée du mécontentement de Charles-Quint qui ont été transformés en acte d'ingratitude de la part de l'un, en signe de regret de la part de l'autre. La plupart des historiens ont prétendu que, le lendemain même de l'abdication de son père, Philippe II avait sinon refusé, du moins négligé de mettre à sa disposition cent mille écus d'or que l'Empereur s'était réservés dans sa retraite[2]. Il n'en est rien, comme on le voit. Ce n'est

---

[1] *Retraite et mort de Charles-Quint*, vol. I, p. 6.

[2] Strada ne lui fait pas exprimer son mécontentement à Laredo, mais à Burgos, au sujet de cette somme, qui d'ailleurs ne fut pas, comme nous le verrons, aussi forte qu'il l'indique. Il dit : « Sensit tum primum nuditatem suam. Accessitque et
« illud, quod ex centum nummûm aureorum millibus (quem
« sibi reditum ex immensis opibus tantummodo seposuerat),
« quum eorum parte opus tum esset, qua famulos aliquot do-
« naret dimitteretque, expectandum ei plusculum, nec sine
« stomacho Burgis fuit, dum illa videlicet summa aliquando
« redderetur. » (*De bello belgico*, lib. I, p. 7.) Robertson. liv. XII, dit la même chose que Strada, et fait rester Charles-Quint quel-

point des cent mille écus qu'il est question ici. Les reproches de l'Empereur portent sur les préparatifs qu'on n'avait faits ni assez tôt ni assez complétement pour son arrivée en Espagne, et il est loin d'y envelopper son fils, qui avait transmis plusieurs fois ses volontés à cet égard de la manière la plus péremptoire et la plus précise. La cour de Valladolid elle-même avait été plus prise au dépourvu que négligente. Charles-Quint, dont le retour avait été annoncé et retardé si souvent, n'était pas attendu si vite. En outre, il y avait toujours en Espagne de grandes difficultés à trouver de l'argent à point nommé et à se faire obéir au moment nécessaire.

Dès que la princesse doña Juana connut, le 1er octobre, le débarquement de l'Empereur, par don Alonzo de Carvajal, qui lui avait été dépêché de Laredo, elle envoya l'argent pour la flotte et des provisions de toutes sortes pour son père. Elle se hâta d'écrire le même

---

ques semaines à Burgos, où il ne passa qu'un seul jour. Mais Charles-Quint n'eut pas à payer alors les serviteurs dont il avait à se séparer, puisque cette séparation n'eut lieu que troi mois et demi après à Jarandilla. Quant à l'argent pour le payement de la flotte et pour les dépenses du voyage, il fut apporté bien avant que l'Empereur arrivât à Burgos, ainsi que le prouve une lettre écrite par Gaztelú à Vasquez de Molina, le 11 octobre, dans laquelle « avisa haber llegado los dineros ne-
« cessarios para la paga de la armada y para los demas gastos de Su Magestad. » (*Retiro, estancia*, etc., fol. 58 r°.)

jour à Luis Quijada, qui était dans son château de Villagarcia. « Ce matin, lui dit-elle, j'ai eu avis que l'Em-
« pereur, mon seigneur, et les sérénissimes reines
« mes tantes arrivèrent lundi passé, veille de Saint-
« Michel, à Laredo, que Sa Majesté débarqua le soir
« même, que mes tantes débarquèrent le jour suivant,
« et que tous se portent bien. J'en ai rendu de grandes
« grâces à Notre-Seigneur, et j'en ai éprouvé, ainsi que
« de raison, une extrême joie. Comme l'Empereur aura
« besoin de vous pour la route, et qu'il importe de sa-
« voir le moment où il se rendra dans cette ville, je
« vous prie de partir aussitôt que vous recevrez ma
« lettre et d'aller en poste auprès de Sa Majesté. Dès
« que vous y serez, rendez-lui compte des deux sortes
« de logement que vous connaissez ici, et informez-
« moi en toute diligence quel est celui des deux que
« choisit Sa Majesté, et si elle veut qu'on y place des
« poêles ou autres choses, afin que tout soit prêt lors-
« qu'elle arrivera.

« Je vous prie aussi de demander à Sa Majesté si elle
« désire que je lui envoie une garde à pied ou à che-
« val, pour son escorte ou pour celle des sérénissimes
« reines mes tantes;

« S'il lui agrée que quelques grands ou gentilshom-
« mes aillent lui former un cortége,

« S'il veut qu'à Burgos et ici on fasse une réception
« à Sa majesté ou à mes tantes, et de quelle manière;

« S'il ordonne que le prince son petit-fils aille au-
« devant de lui et jusqu'où;

« S'il trouve bon que je fasse la même chose ou que
« les conseils qui sont à Valladolid la fassent égale-
« ment. Instruisez-moi diligemment et particulière-
« ment de ce qui sera sa volonté en tout.

« Je vous charge aussi d'avoir soin pendant la route
« que Sa Majesté soit abondamment pourvue de tout ce
« dont elle aura besoin, ainsi que les sérénissimes
« reines mes tantes. Avisez l'alcade Durango de ce
« qu'il devra procurer, pour que rien ne manque, et
« prévenez-moi de ce qu'il convient que j'envoie d'ici.
« En tout vous me ferez grand plaisir[1]. »

Elle chargea don Henriquez de Guzman d'aller complimenter l'Empereur en son nom, et le lendemain le
jeune don Carlos, alors âgé de onze ans, écrivit de sa
main à son grand-père pour lui demander ses ordres :
« Sacrée Impériale et Catholique Majesté, j'ai appris que
« Votre Majesté est en santé, et je m'en réjouis infini-
« ment, au point que je ne saurais le faire au delà. Je
« supplie Votre Majesté de me faire savoir si je dois sor-
« tir à sa rencontre et jusqu'où. J'envoie auprès d'elle
« don Pedro Pimentel, gentilhomme de ma chambre

---

[1] La lettre de la princesse doña Juana est tout entière dans *Retiro, estancia*, etc., fol. 52. — Elle est aussi dans *Retraite et mort de Charles-Quint*, vol. II, p. 95, 96.

« et mon ambassadeur, auquel je supplie Votre Ma-
« jesté d'ordonner ce qui est à faire en cela, afin qu'il
« me l'écrive. Je baise les mains de Votre Majesté. Le
« très-humble fils de Votre Majesté. Le prince[1]. »

Quijada était parti le 2 octobre au matin de Villagarcia et était arrivé le 5 à Laredo. Sa présence avait été très-agréable à l'Empereur, qui se mit en route le lendemain 6, l'alcade Durango étant parvenu à réunir ce qui était nécessaire pour ce voyage[2]. Quijada annonça au secrétaire d'État Vasquez que l'Empereur comptait arriver dans quatre jours à Medina de Pomar, et en moins de dix-sept à Valladolid[3].

Charles-Quint se refusa à ce qu'on lui fît, soit sur la route, soit à Valladolid, une réception solennelle. Il exprima la volonté formelle que le secrétaire Vasquez ne quittât point les affaires pour se rendre auprès de lui, que la princesse sa fille l'attendît dans le palais à Valladolid, et il permit à son petit-fils don Carlos, qu'il avait le désir d'embrasser, de venir à sa rencontre jusqu'à Cabezon[4].

[1] *Retiro, estancia*, etc., fol. 53 r°.
[2] Lettres de Gaztelú et de Quijada du 6 octobre à Vasquez. (*Retraite et mort de Charles-Quint*, etc., vol. I, p. 5 à 9.)
[3] *Retiro, estancia*, etc., fol. 55 r°.
[4] Lettre du 15 octobre de la princesse doña Juana à Philippe II, et lettre du 14 octobre écrite par Gaztelú à Vasquez d'après l'ordre de l'Empereur. (*Retiro, estancia*, etc., fol. 61 v° et 60 v°.)

L'Empereur traversa lentement le nord de la Vieille-Castille, faisant à peine quelques lieues par jour. Quoique sa suite ne fût pas très-considérable, il fut obligé de la diviser dans ces pays âpres et sans ressources, à cause de la difficulté des chemins et des logements[1]. Sa litière, près de laquelle était le majordome Quijada, ouvrait la marche, que continuaient, à une journée de distance, les litières de ses deux sœurs, et que fermaient ses gentilshommes et ses serviteurs à cheval. Les bagages étaient portés sur des mules[2] Pour toute garde, l'Empereur avait l'alcade Durango, qui le précédait avec ses cinq alguazils armés de leur bâton de justice, et qui semblait beaucoup moins escorter un souverain que conduire un prisonnier[3]. Il franchissait les passages escarpés des montagnes sur des siéges à main. Il s'arrêta le premier jour à Ampuero, le second à la Nestosa, où il rencontra don Enriquez de

---

[1] Quijada écrivait : « Y hay malos caminos y peores aloja-« mientos. » (*Retraite et mort de Charles-Quint*, etc., vol. I, p. 9.)

[2] *Retiro, estancia*, etc., fol. 56 r°.

[3] « Vuestra Merced crea que yo lleva mayor vergüenza de « mundo de ver los pocos que somos; solo yo camino con « S. M^{ad}, y cuando está bueno Laxao, y el alcade y cinque « alguaciles, y cuando me veo con tantas varas de justicia, « creo que bamos presos él ó yo. » (Lettre de Quijada du 8 octobre à Vasquez. *Retraite et mort de Charles-Quint*, etc., vol. I, p. 11.)

Guzman et don Pedro Pimentel, qui venaient le saluer de la part de la princesse doña Juana et du prince don Carlos; le troisième à Agüéra, et le quatrième à Médina de Pomar, où il séjourna. Il mangeait beaucoup de fruits, et surtout des melons et des pêches, dont il était privé depuis longtemps. A Medina de Pomar, il trouva les provisions abondantes que la princesse sa fille lui avait envoyées, et il fut un peu indisposé pour avoir mangé trop de poisson, principalement du thon frais[1].

Charmé dans le moment d'être délivré des affaires, il ne voulait pas en entendre parler[2], et il avait l'intention passagère de s'y tenir absolument étranger, et d'entrer le jour de Tous les Saints au monastère de Yuste avec un très-petit nombre de personnes. « L'Em-
« pereur dit, écrivait Gaztelú à Vasquez, qu'il compte
« renvoyer ses serviteurs, rester seulement avec Guil-
« laume Malines (van Male) et deux ou trois *barberos*
« (aides de chambre du second ordre) qu'il conduit
« pour soigner sa goutte si elle vient, panser une plaie
« qu'il a au petit doigt de la main droite, et qui coule
« constamment, ainsi que ses hémorrhoïdes, et qui le

---

[1] Lettre de Quijada du 10 octobre à Vasquez. (*Retraite et mort de Charles-Quint*, etc., vol. I, p. 12.)

[2] « Va tan hostigado dellos, écrivait, le 11 octobre, Gaztelú à « Vasquez, que ninguna cosa mas aborrece que oir solo nombrallos. » (*Ibid.*, p. 18.)

« serviront en plusieurs autres choses. Il dit qu'il fera
« donner au prieur du monastère l'argent nécessaire
« pour qu'il lui fournisse les vivres; qu'il retiendra un
« ou deux cuisiniers pour lui préparer à manger à sa
« façon. Il ne veut pas de médecin; il prétend que les
« moines ont coutume d'en avoir de bons. Il se propose
« de garder Salamanqués comme confesseur, afin d'ô-
« ter tout sujet de division et de zizanie entre les moi-
« nes. Il ajoute qu'il en conservera encore quelque au-
« tre, mais qu'il ne veut pas plus d'embarras, et qu'ar-
« rivé à deux lieues du monastère il congédiera tous
« ceux qui l'accompagnent, afin qu'ils retournent dans
« leurs maisons. Il semble à ceux qui connaissent son
« naturel qu'il ne s'en tiendra pas là; il commence
« même à dire que Yuste, d'après ce qu'il entend, est
« un lieu humide et pluvieux pendant l'hiver, et mau-
« vais pour sa goutte et son asthme. Enfin, jusqu'à ce
« que nous en arrivions là et que nous voyions ce
« qu'il décidera, il n'y a rien de certain à penser,
« parce qu'au fond il est fort caché sur ce qu'il
« veut[1]. »

[1] « ... Algunos que conocen su condicion, les parece que no
« lo podrá sufrir, y que da demostracion de decir que ha
« entendido que Yuste es húmida y lloviosa terra de invierno,
« y que para su gota y pecho es contrario. En fin hasta llegar
« ahi y ver lo que determina no hay cosa cierta, porque es re-
« catado.» (Même lettre de Gaztelú à Vasquez de Molina. *Retraite
et mort de Charles-Quint,* vol. I, p. 19.)

La nouvelle de son arrivée s'étant répandue, les principales villes envoyèrent leurs régidors au-devant de lui; les personnages les plus éminents du clergé, de l'État et des conseils lui écrivirent[1]. Quand il fut près de Burgos, quoiqu'il n'eût pas voulu de réception, le connétable de Castille vint lui baiser les mains à deux lieues de la ville, où il entra le 13 septembre au soir au bruit de toutes les cloches et en traversant les rues illuminées, et le lendemain l'*ayuntamiento* (le conseil de ville) le complimenta dans la cathédrale[2].

Il fut visité dans cette ville par le duc d'Albuquerque, vice-roi de Navarre, qu'accompagnait un gentilhomme du pays, nommé Juan Martinez de Escurra, chargé depuis plusieurs années[3] d'une négociation importante et mystérieuse dont il venait entretenir l'empereur à son passage à Burgos. La Navarre espagnole, placée sur le revers méridional des Pyrénées, avait été enlevée à la maison d'Albret par Ferdinand le Catholique, qui l'avait incorporée à la monarchie dont elle était le prolongement naturel. Depuis

---

[1] *Retiro, estancia*, etc., fol. 59 v° et 60 r°.

[2] *Ibid.*, 60 v°.

[3] Le prince-roi don Philippe écrivait à ce sujet de Londres, le 7 novembre 1554, au duc d'Albuquerque, d'aviser : « Al Em« perador mi señor y á mi de lo que allá se ofrece, y si hay « alguna cosa de nuevo en lo de don Enrique de Labrit (Henri « d'Albret). » (Simancas, *Inglat. Estado*, leg. 808.)

lors, les princes qui en avaient été dépossédés n'avaient pu, malgré l'appui persévérant des rois de France, qu'unissaient à eux les liens étroits de la parenté et de la politique, en obtenir ni la restitution ni même un équivalent territorial ; aussi avaient-ils fini par tourner leurs seules espérances du côté des rois d'Espagne. Henri d'Albret, s'adressant à Charles-Quint, lui avait offert pendant la dernière guerre de quitter l'alliance française et de prendre les armes en sa faveur, s'il lui accordait une compensation pour la Navarre perdue[1]. Après sa mort, en mai 1555, la négociation avait été continuée par son gendre et son successeur, Antoine de Bourbon, duc de Vendôme. Celui-ci, comme Henri d'Albret, se servait d'Escurra, qui portait de Nérac à Pampelune ses demandes et ses offres au duc d'Albuquerque, lequel les transmettait en chiffres à Charles-Quint et à Philippe II. Il réclamait, en dédommagement de la Navarre, le duché de Milan, qui serait érigé en royaume de Lombardie, et il s'engageait à devenir le confédéré perpétuel de l'Empereur et du roi son fils, à fournir durant la guerre cinq mille hommes de pied, cinq cents chevau-légers, deux cents pionniers, trois mille attelages de bœufs et vingt pièces d'artillerie de diverses grosseurs ; à remettre comme gages de sa fidélité son fils aîné, qui

---

[1] Simancas, *Inglat. Estado*, leg. 808.

fut depuis Henri IV, la forteresse de Navarreins et les autres places de ses États[1]. Il laissait même espérer qu'il ouvrirait aux Espagnols les portes de Bayonne et de Bordeaux, qu'il avait sous son commandement comme gouverneur de Guyenne[2]. La trêve de Vaucelles étant survenue avant que l'empereur eût donné sa réponse aux propositions d'Antoine de Bourbon, Escurra vint la lui demander à Burgos.

Charles-Quint n'était pas sans scrupule sur la possession fort utile mais fort mal acquise de la Navarre.

---

[1] « ... Se hará una perpetual aliança, amigo del amigo, y
« enemigo del enemigo, librando por Sus Magestades al dicho
« rey de Navarra el ducado de Milan con titulo de rey de Lom-
« bardia, el qual ducado de Milan el recibirá con el feudo que
« tiene, y con las condiciones que él y sus sucesores seran
« aliados y confederados con el Emperador y rey de Inglaterra...
« Y que al mismo tiempo que él será en possession del dicho
« ducado de Milan, él dará su hijo mayor por la seguridad del
« trato y capitulado, y mas á Navarrens, y las otras plaças
« fuertes, ensemble v^m hombres de pie, D cavallos ligeros,
« cc gastadores, iii^m pares de bueges, con sus carretas y apare-
« jos... x canones, v culevrinas largas, v bastardas, con cient
« millares de polvera y pelotas. » (Lettre du duc d'Albuquerque
au prince-roi Philippe du 15 mars 1556.)

[2] « Que en quanto á la entrega de Burdeos y Bayona, en que
« se le pide que assegure aquellas plaças... dize que formando
« Su Mag^d. un exercito moderado... que luego se hare sin que en
« ello haya duda y aunque no quiere dezir agora él como hasta
« que se concierte, él se obligará á que, si no se ganaren, per-
« derá todos sus estados, de manera que en esto él esta tan asse-
« gurado que ninguna duda tiene en ello. » (Ibid.)

Dans une clause testamentaire secrète, qui datait de 1550, et qu'il avait laissée à Philippe II en partant de Bruxelles, il disait bien que son aïeul avait sans doute conquis justement ce royaume, et que lui l'avait certainement possédé de bonne foi; mais il ajoutait: « Toutefois, pour la plus grande sécurité de notre con-
« science, nous recommandons et ordonnons au séré-
« nissime prince don Philippe, notre fils, de faire exa-
« miner et vérifier, le plus tôt possible et sincèrement,
« si, en raison et en justice, il est obligé de restituer
« ledit royaume ou d'en fournir une compensation à
« qui que ce puisse être. Ce qui aura été trouvé et dé-
« claré juste, qu'il l'exécute de manière que mon âme
« et ma conscience en soient déchargées[1]. » Après avoir pris une semblable précaution, qui rassurait le chrétien, ne gênait pas le politique, et qui devait se transmettre de règne en règne comme une formule expiatoire, Charles-Quint avait écouté les ouvertures du roi de Navarre sans le satisfaire, mais sans le décourager. A Burgos, il se contenta de dire à Escurra qu'il en écrirait au roi son fils, dont l'arrivée en Espagne serait d'ailleurs prochaine, et qu'en attendant il fallait

---

[1] « ... Y lo que assi fuere hallado, determinado y declarado
« por justo, se cumpla con efecto, por manera que mi anima
« y consciencia sea descargada. » (*Papiers d'État du cardinal de Granvelle*, dans la collection des documents inédits, t. IV, p. 500 et 501.)

poursuivre la négociation, qui serait alors menée à bon terme[1]. Un pareil renvoi devait être très-mal pris par Antoine de Bourbon.

A son départ de Burgos, Charles-Quint fut accompagné par le connétable de Castille et par don Francès de Beamonde, qui était venu au-devant de lui avec les gardes et qui l'escorta jusqu'à Valladolid[2]. Toute la route fut couverte de noblesse et de peuple accourus pour le voir une dernière fois[3]. Il coucha successivement à Celada, à Palenzuela, à Torquemada, à Dueñas et à Cabezon[4]. Arrivé là, il trouva son petit-fils don Carlos, avec lequel il soupa et s'entretint longtemps[5]. Ce jeune prince, par la véhémence de ses désirs, les emportements altiers de son caractère, une impatience d'obéir qui devait bien vite se changer en ambition de commander, annonçait déjà ce qui le conduirait plus tard à une fin si prématurée et si tragique. Il ne pouvait s'astreindre à aucun respect ni se plier à aucune étiquette. Il donnait le nom de frère à son père et le nom de père à son aïeul. Garder devant eux pendant

[1] Lettre de Charles-Quint à Philippe II, écrite de Valladolid le 30 octobre 1556. *Retiro, estancia*, etc., fol. 65.
[2] *Ibid.*, fol. 62 r°, et lettres de Gaztelú des 14 et 17 octobre, dans *Retraite et mort de Charles-Quint*, etc., vol. I, p. 23, 24, et note 2 de la page 28.
[3] *Retiro, estancia*, fol. 63 r°.
[4] *Ibid.*, fol. 61.
[5] *Ibid.*, fol. 63.

quelque temps la tête découverte et le béret à la main, lui était impossible[1]. Il donnait des signes d'une férocité alarmante, et se plaisait à faire rôtir vivants des lièvres et d'autres animaux pris à la chasse[2]. Lorsqu'il avait appris que les enfants issus du nouveau mariage de son père avec la reine d'Angleterre hériteraient non-seulement de ce royaume, mais encore des Pays-Bas, il avait dit hardiment qu'il les en empêcherait bien et les combattrait[3]. Il convoitait tout ce qu'il voyait : en apercevant un petit poêle portatif qui servait tous les soirs, pendant le voyage, à chauffer la chambre de l'Empereur, dans ce pays sans cheminées, il en eut une envie ardente. Il le demanda à son grand-père, qui lui répondit : « Tu l'auras quand je serai mort[4]. »

Son précepteur, Honorato Juan, cherchait à tempérer cette fougue par l'étude, qui ne l'attirait pas, et il

---

[1] « Da segno di dovere esse superbissimo, perche non poteva « suffrire di stare lungamente ne inanzi al padre ne avo con « la berretta in mano, et chiama il padre fratello et l'avo pa- « dre, è tanto iracondo, etc. » (*Relazione di Federico Badoaro*, en 1558, manuscrit de la Bibliothèque nationale, f. Saint-Germain-Harlay, n° 277, fol. 113.)

[2] « ... Alle volte che dalla caccia gli vien portato lepri o « simili animali, si diletta di vederli arrostire vivi. » (*Ibid.*, fol. 112 v°.)

[3] « ... Disse che mai il comportaria et che combatteria con « lui. » (*Ibid.*, fol. 113 r°.)

[4] « Que despues de él muerto, le quedaba lugar de desfru- « tarla. » (*Retiro, estancia*, etc., fol. 67.)

lui expliquait vainement le livre de Cicéron *De officiis*, auquel le belliqueux enfant préférait des exercices violents ou des récits de bataille[1]. Aussi interrogea-t-il avidement son grand-père sur ses campagnes et sur ses entreprises. L'Empereur les lui ayant racontées en détail, il l'écouta avec une attention extraordinaire. Lorsque l'Empereur en vint à sa fuite d'Inspruck devant l'électeur Maurice, son petit-fils lui dit qu'il demeurait content de tout ce qu'il avait entendu jusque-là, mais que, pour lui, il n'aurait jamais fui. Charles-Quint ayant alors ajouté que le défaut d'argent, l'éloignement de ses troupes et l'état de sa santé l'y avaient contraint : N'importe, dit don Carlos, je n'aurais jamais fui. — Mais, continua l'Empereur, si un grand nombre de tes pages avaient voulu te prendre, et que tu te fusses trouvé seul, est-ce que tu n'aurais pas été obligé de fuir pour leur échapper? — Non, répéta le jeune prince avec colère, je n'aurais pas fui davantage. L'Empereur rit beaucoup de cette fière saillie de caractère, et il s'en montra charmé[2]. Mais il le fut bien moins de tout

---

[1] « Il preceptore suo nominato l'Honorato... non attende « ad altro che a leggersi li officii di M. Tullio per acquistar « quei troppo ardenti desiderii, ma lui è tutto inclinato a « parlare e leggere cosa della guerra. » (*Relazione di Federico Badoaro*, fol. 113 v°.)

[2] « ... Et egli in colera reitero, con maraviglia e riso di Sua « Maestà et de i circonstanti che mai egli non sarebbe fug « gito. » (*Ibid.*)

le reste ; et l'on assure qu'alarmé des manières comme des penchants de cet héritier présomptif de la puissance espagnole, il dit à sa sœur Éléonore : « Il me « semble qu'il est très-agité ; sa contenance et son hu- « meur ne me plaisent pas, et je ne sais ce qu'il pourra « devenir avec le temps[1]. »

Le lendemain de grand matin le secrétaire d'État Vasquez se rendit à Cabezon pour prendre ses ordres, et l'informa, dans une longue conférence qu'il eut avec lui, de la situation des affaires et du pays[2]. L'Empereur ne partit qu'après son dîner pour Valladolid, où il entra le soir. Il fut reçu très-simplement dans le palais par sa fille, qui, selon qu'il l'avait prescrit lui-même[3], l'attendait, entourée de ses dames, dans la chambre royale[4]. Le connétable et l'amiral de Castille, le duc de Najera, le duc de Sesa, le duc de Maqueda, le comte de Benavente, le marquis d'Astorga, etc.; les prélats qui se trouvaient à la cour, les membres des divers conseils, le corrégidor de la ville, avec les membres de l'*ayuntamiento*, vinrent tour à tour lui baiser

---

[1] « ... Me parece que es muy bullicioso; su trato y humor « me gustan muy poco : y no sé lo que podrá dar de si con « el tiempo. » (*Retiro, estancia,* etc., fol. 63 r°.)

[2] *Ibid.*, fol. 63.

[3] Lettre du 15 octobre, par laquelle doña Juana a annoncé à Philippe II les volontés de l'Empereur, leur père, dans *Retiro, estancia,* fol. 61 v°.

[4] *Ibid.*

les mains¹. Mais il voulut qu'une réception solennelle fût faite aux reines ses sœurs, qui le suivaient à une journée de distance et qui arrivèrent le lendemain².

L'Empereur trouva à Valladolid l'ancien général des hiéronymites, fray Juan de Ortega, leur nouveau général, fray Francisco de Tofiño, et le prieur de Yuste, qu'il y avait mandés³ pour s'entendre avec eux sur tout ce qui serait nécessaire à son service religieux dans le monastère. La division s'était récemment introduite parmi les moines de Saint-Jérôme. Juan de Ortega, de concert avec les membres du conseil privé de l'ordre, avait demandé à Rome des bulles qui y changeaient la forme des élections. Courroucée de cette innovation, qu'elle n'avait point autorisée, l'assemblée générale des hiéronymites avait puni Ortega et tous les membres du conseil privé, en les déclarant désormais inhabiles à être investis d'aucune charge dans l'ordre. Ortega s'était soumis sans murmure, et avait même refusé un évêché dans les Indes que lui avait offert Charles-Quint comme pour le relever de cette disgrâce. Il avait humblement répondu à l'Empereur que celui qui avait été jugé incapable d'être prieur ne pouvait pas devenir évêque, et administrer un diocèse lorsqu'il

---

¹ *Retiro, estancia*, etc., fol. 64.
² *Ibid.*, fol. 61 et 64.
³ *Ibid.*, fol. 53. Siguenza, part. III, fol. 189.

lui était interdit de diriger un couvent[1]. C'était un religieux doux, éclairé, aimable, savant, ami de la paix et des lettres, et auquel on a attribué le livre spirituel et charmant de *Lazarillo de Tormes*, qu'il aurait composé en étudiant à Salamanque, et dont le brouillon écrit de sa main fut trouvé dans sa cellule après sa mort[2]. Quoiqu'il fût redevenu simple moine, Charles-Quint, dont il avait conservé les bonnes grâces, voulut qu'il continuât à surveiller les travaux de Yuste et qu'il pourvût à tout ce qui intéressait son prochain établissement. C'était à lui qu'il avait confié, aux vendanges de 1555 et de 1556, son approvisionnement annuel de vin de séné, préparé avec des feuilles choisies de cette plante venues d'Alexandrie et du moût de raisin tiré des excellents vignobles de Robledillo en Estrémadure[3].

---

[1] Siguenza, part. III, fol. 183, 184.

[2] « El indicio desto fue averle hallado el borrado ren la celda « de su propia mano escrito. » (Siguenza, fol. 184.) Cet ouvrage « est généralement attribué à Hurtado de Mendoza. — Voir D. Nicolás Antonio, *Bibliotheca nueva*, t. I, p. 291, où il est aussi parlé de Juan de Ortega.

[3] *Retiro, estancia*, etc., fol. 26 v° et 27 r°. D'après la recette envoyée par l'Empereur le 11 octobre 1555 à Vasquez, il fallait mettre en cuve 17 livres de feuilles de séné d'Alexandrie dans 70 *azumbres* (105 litres environ) de moût, les y laisser séjourner quatre mois, et en tirer le vin pour le placer dans une autre cuve durant une année. (*Ibid.*, *Retraite et mort de Charles Quint*, etc., vol. I, p. 20.)

L'ancien général des hiéronymites rendit compte à l'Empereur des dispositions prises à Yuste pour l'y recevoir, et lui dit avec quelle joie reconnaissante les religieux du monastère avaient appris la prochaine venue de Sa Catholique Majesté parmi eux[1]. Le nouveau général, après l'avoir remercié de l'honneur sans pareil qu'il accordait à l'ordre en se retirant dans un de ses couvents, mit l'ordre tout entier à sa disposition impériale. D'accord avec fray Francisco de Tofiño, Charles-Quint désigna les moines qui formeraient en quelque sorte sa maison religieuse et la musique de sa chapelle. Il choisit dans les divers couvents de l'ordre ceux qui avaient le plus de célébrité par la doctrine, l'éloquence, la beauté de la voix, pour qu'ils vinssent, durant son séjour à Yuste, lui servir de confesseur, de prédicateurs et de chantres. Fray Francisco de Tofiño, Juan de Ortega et le prieur de Yuste, prirent ensuite congé de l'Empereur et allèrent mettre à exécution les arrangements concertés avec lui[2].

Après avoir passé quatorze jours à Valladolid, Charles-Quint se remit en route pour l'Estrémadure. Le 4 novembre il mangea en public, puis se séparant avec une extrême tendresse de la gouvernante d'Espagne sa fille, du prince son petit-fils, des reines ses sœurs,

---

[1] Lettre de fray Juan de Ortega, dans *Retraite et mort de Charles-Quint*, etc., vol. I, p. 4.

[2] Siguenza, part. III, liv. I, fol. 189.

il sortit de Valladolid vers trois heures et demie, sans permettre à aucun des grands, des prélats, des gentilshommes, des conseillers et des officiers de cour qui l'accompagnaient, de dépasser la porte *del Campo*. Il ne prit qu'une petite escorte de cavaliers et quarante hallebardiers, qui, sous les ordres de leur lieutenant, devaient le suivre jusqu'au village de Jarandilla, dans la vallée au sommet de laquelle s'élevait le monastère de Yuste[1]. Le 5, il entra dans Medina del Campo, et y occupa la maison d'un fameux changeur nommé Rodrigo de Dueñas. Celui-ci, voulant faire montre de ses richesses, et croyant sans doute se rendre par là plus agréable à l'Empereur, plaça un *brasero* d'or massif dans sa chambre, et, au lieu de charbon, y mit de la braise de cannelle fine de Ceylan. Cette ostentation déplut à Charles-Quint, qu'incommoda l'odeur de la cannelle, et qui, ne voulant pas admettre le fastueux changeur des foires de Medina à lui baiser la main, ordonna, pour rabattre sa vanité, qu'on lui payât le logement qu'il en avait reçu[2]. Parvenu le 6 à Horcajo de las Torres, il dit aux siens : « Grâce à Notre-Seigneur, « désormais, je n'aurai plus ni visites ni réceptions[3]. »

---

[1] *Retiro, estancia,* fol. 65 v° et 66 r°.
[2] *Ibid.*, fol. 66 v°.
[3] « Gracias á Nuestro Señor que de aqui adelante ya no ten-
« dremos visitaciones ni ocasion de estos recibimientos. » (*Ibid.*
ol. 66 v°.)

Après avoir fait encore cinq petites journées de marche, et avoir couché le 7 à Peñarenda de Bracamonte, le 8 à Alaraz, le 9 à Gallejos de Solmiron, le 10 à Barco de Avila, il arriva le 11 au soir à Tornavacas, près du rio Xerte et d'une *sierra* qui le séparait de la Vera de Plasencia. Il s'amusa à voir pêcher à la lumière des truites exquises, dont il mangea à son souper.

Le 12 au matin, ayant bien examiné les lieux, il aima mieux franchir ces montagnes que les tourner. Il aurait mis quatre jours à descendre la vallée du Xerte jusqu'à Plasencia, et à remonter ensuite la Vera, tandis qu'en une seule journée il pouvait aller de Tornavacas à Jarandilla en traversant une gorge étroite et abrupte, qui s'ouvrait en avant et sur la gauche de la rivière et du village de Xerte, et qu'on appelait le *Puerto Nuevo*. Il se décida à se rendre d'une vallée dans l'autre par ce rude passage, qui depuis a gardé le nom de passage de l'Empereur. Cela n'était ni commode ni facile pour lui surtout, cassé et goutteux. Le chemin était à peine frayé à travers des torrents tombant avec impétuosité des cimes et des creux de la cordilière qui s'étendait du côté du couchant. Une multitude de pics y étaient mis à nu par les eaux, et des bois de grands châtaigniers en couvraient les flancs et s'élançaient vers le soleil. A chaque pas il y avait des crevasses profondes et des montées très-âpres. L'Empereur s'y hasarda résolûment. Une partie des habitants de la vallée le précédait avec des pieux et des pelles pour rendre la route un peu moins impraticable. Une autre partie se relayait joyeusement pour le porter tour à tour dans sa litière ou sur des siéges à main ou même sur leurs épaules, selon le plus ou moins de difficultés que présentaient les passages[1]. Quijada, une pique à la main, était à ses côtés, ne le quittant point, et dirigeant lui-même les travaux et les mouvements de la marche[2]. Lorsque l'Empereur fut parvenu au sommet de la brèche d'où se découvrait la *Vera de Plasencia*, il la contempla pendant quelque temps, puis, tournant ses yeux du côté du nord, vers la gorge qu'il venait de traverser, il dit : « Je ne franchirai plus « d'autre passage que celui de la mort[3]. »

La descente de la brèche fut moins pénible que n'en avait été la montée, et l'Empereur arriva d'assez bonne heure à Jarandilla, dans le beau château du comte d'Oropesa[4], où il s'établit jusqu'à ce que la demeure qu'il avait fait construire à Yuste fût prête à le recevoir. Il y mangea le soir même d'excellentes anguilles que lui avait

---

[1] *Retiro, estancia*, etc., fol. 67. Lettres de Quijada et de Gaztelú à Vasquez, de Jarandilla les 14 et 15 novembre. *Retraite et mort de Charles-Quint*, etc., vol. I, p. 39 à 42.

[2] *Ibid.*

[3] « No passaré ya otro en mi vida, sino el de la muerte. » (Fray Joseph de Siguenza, III\u1d43 part., lib. I, cap. xxxvi, p. 109. *Retiro*, etc., fol. 68 r°.)

[4] « Casa estaba muy bien aderezada. » (*Ibid.*, fol. 68 r°.)

envoyées sa fille¹; il se portait bien et montrait une humeur joyeuse. Quijada et Gaztelu écrivaient à Valladolid : « L'Empereur a bonne couleur; il mange et dort
« parfaitement²...; l'appartement qu'il occupe lui plaît
« beaucoup; il est joint à sa chambre par un corridor
« abrité où le soleil bat tout le jour. L'Empereur s'y tient
« la plus grande partie du temps et y jouit d'une vue
« étendue et agréable d'arbres à fruit et de verdures,
« il a au-dessous de lui un jardin d'où remonte et se
« sent l'odeur des orangers, des citronniers et des au-
« tres fleurs. Sa Majesté est très contente, et de quel-
« ques jours elle n'ira pas au monastère pour y de-
« meurer³. »

Malgré le beau temps, la montagne sur les flancs de laquelle s'élevait le monastère de Yuste apparaissait de loin tout enveloppée de brouillards. Les serviteurs de Charles-Quint, en voyant, de Jarandilla, le couvent, dont les gens du pays disaient beaucoup de mal, noyé dans la brume, ne croyaient pas que le séjour dût en être aussi agréable et aussi sain pour lui qu'il se l'était figuré en Flandre. « Quoique nous ayons eu, écrivait

---

¹ *Retiro, estancia*, etc., fol. 62 r°.

² « Estaba de buen color, y comia, y dormia perfectamente. » (Lettre de Quijada, du 14 novembre. *Ibid.*, fol. 68, et *Retraite et mort de Charles-Quint*, etc., vol. I, p. 40.)

³ Lettre de Gaztelú à Vasquez du 15 novembre. *Retraite et mort de Charles-Quint*, etc., vol. I, p. 42.

« Gaztelú, quelques jours choisis et même chauds à
« cause du grand soleil, jamais les brouillards n'ont
« quitté les lieux où se trouve le monastère. Il n'est
« pas possible que ce côté ne soit humide ; ici même
« les orages sont fréquents et les pluies abondantes.
« Tout cela est contraire aux indispositions de Sa
« Majesté. Finalement on s'attend à ce qu'il ne puisse
« pas y demeurer [1]. »

Bientôt survinrent les pluies d'automne, que l'Empereur avait déjà rencontrées en traversant l'extrémité septentrionale de la Vieille-Castille, et qui tombèrent là avec abondance et continuité. « Il pleut épouvanta« blement, » écrivaient, le 18 novembre, Quijada et Gaztelú, « et lorsque l'eau cesse de tomber, les brouil« lards s'élèvent si épais, qu'on ne peut voir personne « à vingt pas [2]. » L'Empereur commença à ressentir les atteintes de cette température peu favorable à ses infirmités. Il fut obligé de faire pratiquer une cheminée dans sa chambre [3], de recourir à son poêle de voyage pour chauffer son appartement, et de se couvrir lui-même d'une jaquette de taffetas fourré de plume de l'Inde, qui était tout à la fois légère et chaude. Elle était faite avec l'une des deux couvertures de

---

[1] *Retraite et mort de Charles-Quint,* etc., vol. I, p. 42.

[2] *Ibid.,* p. 46, et *Retiro, estancia,* etc., fol. 69 v°.

[3] Lettres de Quijada et de Gaztelú du 18 novembre. *Retraite et mort de Charles-Quint,* etc., vol. I, p. 44 et 46.

plume doublées de soie qu'il avait reçues de sa fille, à Barco de Avila, et dont il avait été si charmé, qu'il avait demandé une longue robe de chambre semblable[1].

Les pluies ne cessaient pas. Autour de Charles-Quint on était triste et découragé. Le village où il était établi avec sa suite était pauvre et mal approvisionné; la viande y manquait; le pain n'y était pas très-bon; il n'y avait que les châtaignes d'excellentes[2]. Les truites qu'on y pêchait pour la table de l'Empereur les jours maigres étaient trop petites, et Quijada demandait à Vasquez de ne pas manquer de faire porter des pâtés d'anguilles et du gros poisson par le passage des courriers qui allaient chaque semaine de Valladolid à Lisbonne, et qui eurent désormais l'ordre de traverser Jarandilla[3]. Quijada était désolé pour son maître de ce qu'il voyait. « Je vous dis, écrivait-il à Vasquez (le 20
« novembre), qu'ici il tombe plus d'eau en une heure
« qu'à Valladolid en tout un jour. C'est un pays humide;
« en haut ou en bas il y a toujours de la brume, et sur
« les montagnes de la neige... Les gens de ce village
« disent que le monastère est encore plus humide, et
« moi je dis que, s'il l'est autant, Sa Majesté s'y

---

[1] « Dos colchas de pluma forradas de ricos tafetanes, las que
« agradaron tanto por su delicadeza y poco pezo, que mandó
« se le hiciessen de lo mismo batas y chaquetas para su uso de
« cámara interior. » (*Retiro, estancia*, etc., fol. 67 r°.)

[2] *Ibid.*, fol. 70 v° et 71 r°.

[3] *Ibid.*, fol. 68 v° et 71 r°.

« trouvera fort mal. Il paraît qu'il n'y a pas de terre
« cultivable, et qu'il y a beaucoup moins d'orangers et
« de citronniers qu'on ne le prétendait..... Ceux qui
« sont allés voir le site n'en sont pas revenus con-
« tents..... Sa Majesté devait y aller hier, mais il a plu
« tant, qu'elle ne l'a pas pu[1]. » Revenant sur ce sujet
dans sa lettre du 23, Quijada faisait une peinture
affreuse du monastère d'après ceux qui l'avaient visité,
et il ajoutait qu'il n'y croirait l'Empereur établi que
lorsqu'il l'y verrait. « Le séjour, disait-il, n'en convient
« pas à Sa Majesté, qui cherche la fraîcheur pendant
« l'été et la chaleur pendant l'hiver. Ce qui est le plus
« contraire à sa santé, c'est le froid et l'humidité[2]. »
Lorsqu'on faisait ces représentations à l'Empereur, il
répondait imperturbablement : « Qu'il avait toujours
« vu, dans toutes les parties de l'Espagne, qu'il faisait
« froid et qu'il pleuvait en hiver[3]. »

Enfin, le temps s'étant un peu relevé, l'Empereur
monta, le 25 novembre, au monastère. Il le trouva bien
mieux qu'on ne le lui avait dit, et s'en montra fort
content[4]. Il avait fait venir auparavant le prieur géné-

---

[1] *Retraite et mort de Charles-Quint*, etc., vol. I, p. 48 et 49.

[2] *Ibid.*, p. 52. Lettre de Quijada du 22 novembre.

[3] Il ne répond rien, écrit Quijada, « si no que en todas
« partes en España ha visto hacer frio en hinvierno y llover. »
(*Ibid.*, p. 52.)

[4] *Ibid.*, p. 55, 58, 59 et 61. Lettres de la Chaulx du 28 novembre, de Quijada et de Gaztelú du 30 novembre.

ral et le frère Juan de Ortega[1] à Jarandilla, et, quoiqu'il n'eût d'abord paru disposé à s'y établir qu'avec dix-sept personnes, il ordonna alors d'y préparer des chambres pour vingt serviteurs et vingt maîtres[2]. Sa sœur, la reine de Hongrie, qu'avaient alarmée les récits adressés à Valladolid sur les dangers de ce séjour pour la santé délabrée de l'Empereur, lui écrivit en le suppliant de ne pas se rendre à Yuste. Mais Charles-Quint, appliquant au monastère le proverbe que l'imagination espagnole avait tiré de la rencontre du Cid avec le lion, lui répondit spirituellement : « *No es el leon tan bravo como le pintan*[3] (le lion n'est pas aussi terrible qu'on le représente). »

Il ne s'y établit cependant pas tout de suite : les arrangements intérieurs qui se faisaient à Yuste et ses indispositions qui reparurent le retinrent près de trois mois à Jarandilla. Là vinrent successivement le voir le comte d'Oropesa et son frère don Francisco de Toledo, le duc d'Escalona, le comte d'Olivarès, don Fadrique de Zuñiga, don Alonzo de Baeza, et le commendador mayor d'Alcantara, don Luis de Avila y Zuñiga, qui avait fait à ses côtés les dernières guerres d'Allemagne, retracées par lui dans de brillants et fermes récits.

---

[1] *Retraite et mort de Charles-Quint*, etc., vol. I, p. 52, 53.
[2] *Ibid.*, p. 57.
[3] *Retiro, estancia*, etc., fol. 78 v°.

Parmi ceux[1] dont l'Empereur reçut la visite, fut l'ancien grand écuyer de l'Impératrice, le marquis de Lombay, qui avait embrassé la vie monastique, selon l'ardent désir qu'il en avait éprouvé après la mort de cette princesse, et qui portait alors le nom de Père Francisco de Borja. La sainte austérité de sa vie purifiait ce nom des souillures dont l'avaient couvert, au commencement du siècle, Alexandre VI et César Borja. Les charges importantes que Charles-Quint lui avait confiées en Espagne, où il l'avait nommé vice-roi de Catalogne et mayordomo mayor de l'infant don Philippe, et les plus impérieux attachements de la terre, l'avaient retenu dans le monde plus longtemps qu'il ne l'aurait voulu. Ce parfait courtisan, ce cavalier accompli, ce chasseur adroit, ce valeureux soldat[2], ce vice-roi habile, qui avait cultivé les arts de l'esprit comme ceux de la politique et de la guerre, qui avait participé aux goûts délicats[3] comme aux connaissances

---

[1] Le comte d'Oropesa le visita souvent . du 12 au 17 novembre avec son frère, le 5 décembre avec sa sœur, les premiers jours de février seul; Charles-Quint fut visité le 4 décembre par le duc d'Escalona et don Sancho de Cordova, le 6 par don Fadrique de Zuñiga et don Alonzo de Baeza, le 14 par le comte Olivarès, le 19 par le P. Francisco de Borja, le 21 par don Luis de Avila, grand commandeur d'Alcantara.

[2] Sandoval, t. II, lib. XXII, § 6, p. 214. Ribadeneyra, *Vida del Padre Francisco de Borja*, fol. 326, 327.

[3] « En la musica... llegó à componar muchas obras, como

sérieuses de Charles-Quint[1], était entré avec exaltation dans la vie religieuse dès qu'il l'avait pu. Devenu duc de Gandia à la mort de son père, il s'était retiré dans son duché avec la permission de l'Empereur[2]; et, lorsqu'il avait perdu en 1546 sa femme doña Léonor de Castro il s'était senti libre de suivre son insurmontable vocation. Dans la ville même de Gandia il avait établi un collége de jésuites, le premier que l'institut naissant ait eu en Espagne[3]. Un an après il s'était fait recevoir mystérieusement dans la société nouvelle, en vertu d'un bref de Paul III, qui, sur la demande d'Ignace de Loyola même, l'autorisa à rester duc tout en devenant moine, et à gérer son duché jusqu'à ce qu'il eût établi ses fils et ses filles[4]. Depuis lors, vivant en religieux dans sa maison ordonnée comme un couvent, il s'était imposé les plus rudes austérités. Il couchait tout habillé sur une planche au pied de son lit, et levé tous les jours à deux heures après minuit, il restait en prières jusqu'au matin dans les félicités de la plus ardente contemplation[5].

---

un buen maestro de capilla lo pudiera hazer. » (Ribadeneyra, fol. 325.)

[1] «... Si inclinó á éstas ciencias (matematicas) por ver que el « Emperador gastava algunos ratos en ellas, y las oia de Santa-« Cruz su cosmografo mayor. » (*Ibid.*, fol. 326-327.)

[2] *Ibid.*, fol. 357.

[3] *Ibid.*, fol. 338, 339.

[4] *Ibid.*, fol. 342 à 347.

[5] *Ibid.*, fol. 348, 349.

Après avoir marié son fils aîné et ses filles [1], il s'était séparé de sa famille, non sans que ses entrailles fussent émues. Au moment de quitter son château et de partir pour Rome, il s'était jeté aux pieds de son directeur spirituel, le Père Bautista de Barma, et lui avait dit en versant des larmes : « Mon âme souffre. Souvenez-vous de moi, mon père, devant le Seigneur, et ayez soin des enfants que je laisse ici. » Puis, montant sur le vaisseau qui devait le conduire en Italie, il entonna le psaume *In exitu Israel de Egypto*, comme le cantique de la délivrance, et il sortit de son duché ainsi que le peuple d'Israël était sorti de l'Égypte. Il ajouta avec un élan de joie qui trahissait l'effort du déchirement : « Les liens sont brisés, et nous sommes libres au nom du Seigneur [2]. »

De Rome, où il avait habité la petite maison de la compagnie de Jésus à côté de son fondateur Ignace de Loyola, se dérobant aux témoignages de vénération que lui attiraient la grandeur de sa foi et la sainteté de ses mœurs, et repoussant les offres des plus hautes dignités de l'Église [3], il avait écrit à Charles-Quint le 15 janvier 1551 pour lui annoncer la résolution qu'il avait prise et le prier d'accorder son titre à son fils, le marquis de Lombay [4].

[1] Ribadeneyra, fol. 347.
[2] *Ibid.*, fol. 351, 352.
[3] *Ibid.* fol. 352, 353.
[4] *Ibid.*, fol. 354.

Charles-Quint était alors à Augsbourg ; il répondit à l'ancien serviteur qui le précédait de quelques années dans les renonciations et dans la solitude en lui accordant l'autorisation qu'il lui demandait[1]. Se dépouillant aussitôt de tous ses biens et de tous ses titres, François de Borja quitta l'habit séculier pour prendre l'habit de la compagnie, coupa ses cheveux et sa barbe, et le 1ᵉʳ août 1551 il célébra dans le Guipuscoa, où il s'était retiré, sur un autel élevé au milieu des champs, en présence d'un peuple immense accouru de toutes parts, sa première messe, à laquelle Jules III avait attaché des grâces plénières[2].

Le Père *François le pécheur*[3], comme il s'appelait lui-même avec une humble sincérité, s'était alors plongé durant des journées entières dans la contemplation religieuse la plus extrême, se livrant aux austérités chrétiennes les plus grandes. Il y avait entièrement négligé les soins et les nécessités du corps et y avait goûté toutes les allégresses de l'âme. Mais, afin de le rendre utile à l'ordre dans lequel il était entré, et pour qu'il ne succombât point aux privations qu'il s'imposait sans mesure, Ignace de Loyola, l'arrachant à ses contemplations excessives, à ses macérations dangereuses, à ses humilités qui pouvaient sembler sin-

---

[1] Lettre du 12 février 1551. Ribadeneyra, fol. 355.
[2] *Ibid.*, fol. 357, 358.
[3] *Ibid.*, fol. 361.

gulières, l'avait tiré de la solitude et nommé commissaire général de la société de Jésus[1] dans toute l'étendue de la Péninsule. Il avait mis auprès de lui le Père Marcos, chargé du gouvernement de sa personne, et sur l'ordre duquel il devait rompre ses jeûnes trop prolongés et suspendre ses extatiques prières[2]. De peur que sa modestie chrétienne ne parût outrée, il lui avait interdit de s'appeler *François le pécheur*[3].

Soumis comme un soldat qui suit les commandements de son général, le Père Borja avait obéi; et il avait travaillé avec un succès rapide à la propagation de l'ordre qui s'était voué à la défense du catholicisme romain et à l'enseignement des lettres humaines conciliées avec l'orthodoxie religieuse. Couvert de bure, le corps amaigri, l'âme transportée[4], il parcourait les provinces de la Péninsule à pied, sous le soleil brûlant des Castilles ou à travers les *sierras* glacées, suivi de ses deux coopérateurs le Père Marcos et le Père Bustamente, prêchant et fondant des colléges dans les villes d'Espagne et de Portugal. Également bienvenu à Valladolid et à Lisbonne, où l'appelaient fréquemment l'infante doña Juana et la reine Catherine, il était dans

---

[1] Ribadeneyra, fol. 371.
[2] *Ibid.*, fol. 437.
[3] *Ibid.*, fol. 432.
[4] « Andava algunas vezes tan transportado y absorto en « Dios, que no parecia que estava el alma donde estava su « cuerpo. » (*Ibid.*, fol. 439, 440.)

les deux royaumes le conseiller de la cour, le prédicateur du peuple, et préparait son ordre à y être l'instituteur de la jeunesse[1]. Quoique d'origine espagnole, la compagnie de Jésus était suspecte dans la Péninsule et l'y aurait été bien davantage sans lui.

Pendant que l'Empereur était à Jarandilla, le Père François se trouvait dans la ville voisine de Plasencia, où il faisait construire un collège. Il n'avait pas vu son ancien maître depuis quatorze ans, et il craignait de paraître devant lui, parce qu'il avait su de la princesse doña Juana que l'Empereur n'avait pas approuvé son entrée dans la société de Jésus[2]. Ayant cependant appris par le comte d'Oropesa que Charles-Quint était étonné de ne l'avoir pas encore vu[3], il se rendit avec le Père Bustamente et le Père Marcos au château de Jarandilla. Aussitôt qu'il fut en présence de son ancien maître, le Père François tomba à genoux et chercha sa main pour la baiser. L'Empereur ne voulut pas la lui donner jusqu'à ce qu'il se fût relevé et assis. Mais le Père François, que Charles-Quint continua à appeler duc comme autrefois, le conjura de le laisser prosterné à ses pieds. « Je supplie humblement Votre Majesté, dit-il, de me permettre de rester ainsi devant elle, parce qu'il me semble que je suis en présence de Dieu et

---

[1] Ribadeneyra, fol. 365 à 382.
[2] *Ibid.*, fol. 377.
[3] *Ibid.*

que je parlerai à Votre Majesté du changement de ma vie et de mon entrée en religion comme j'en parlerais à Dieu notre Seigneur, qui sait que je lui dirai en tout la vérité. » L'Empereur lui répondit qu'il aurait grand plaisir à l'entendre, mais quand il ne serait plus à genoux[1].

« Je me sens obligé, sire, dit alors le Père François, à rendre compte de moi à Votre Majesté, comme étant son vassal et sa créature, et comme ayant reçu tant de grâces signalées de sa puissante main. Jusqu'ici je n'ai pu le faire, à cause de la longue absence de Votre Majesté et parce que je l'aurais mal fait par des lettres. » Il raconta ensuite à l'Empereur que, décidé à prendre l'habit religieux, il avait été invinciblement conduit à préférer à tous les autres l'ordre qui venait de se fonder. « Je n'entendais point, ajouta-t-il, en choisissant la compagnie de Jésus, que ce fût une *religion* plus sainte et plus parfaite que les autres, mais que le Seigneur voulait s'y servir davantage de moi et me déclarait sa volonté par la félicité ou par la tristesse qu'il répandait en moi, selon que je songeais à embrasser la vie religieuse là ou ailleurs. De plus, le Seigneur me donnait, en sa miséricorde, un ardent désir de fuir toutes les gloires du siècle, de chercher et de saisir ce qui était le plus méprisé et le plus bas, et je craignais,

---

[1] Ribadeneyra, fol. 377.

si j'entrais dans quelqu'un des ordres religieux respectés pour leur ancienneté, d'y trouver ce que je fuyais et d'y être aussi honoré que je l'étais dans le siècle. Je ne pouvais pas avoir cette crainte en entrant dans la compagnie qui, étant le dernier ordre religieux confirmé par la sainte Église, n'est ni connue ni estimée, mais plutôt haïe et persécutée, comme le sait Votre Majesté. » Le Père François, indiquant alors l'esprit qui animait la société de Jésus, les travaux qu'elle accomplissait, les pieuses consolations qu'il y avait trouvées, n'oublia rien de ce qui pouvait justifier auprès de l'Empereur le choix qu'il en avait fait[1].

Charles-Quint l'écouta sans l'interrompre, avec une attention bienveillante plus que persuadée. Aussi lui répondit-il d'une voix amicale et avec un visage ouvert : « J'ai été fort satisfait d'entendre tout ce que vous m'avez dit de vous et de votre état. Je ne veux pas vous cacher que votre détermination me causa une grande surprise, lorsque vous me l'écrivîtes de Rome à Augsbourg. Il me semblait qu'une personne comme vous aurait dû préférer l'un de ces ordres religieux anciens qui sont déjà éprouvés par le long cours des années, à un ordre nouveau qui n'a encore aucune approbation et dont on parle fort diversement[2]. — Sacrée Majesté,

---

[1] Ribadeneyra, fol. 378, 379
[2] *Ibid.*, fol. 379.

repartit le Père François, il n'y a aucun ordre religieux, si ancien et si approuvé qu'il soit, qui n'ait été nouveau et inconnu. Il ne fut pas pire quand il fut nouveau. Au contraire, l'expérience nous enseigne que les commencements des ordres religieux et même ceux de l'Évangile et de la loi de grâce ont été les plus florissants, les plus fervents et les plus féconds en hommes avancés en dévotion et en sainteté. Je sais bien que plusieurs parlent de la compagnie diversement, comme le dit Votre Majesté, parce qu'ils ne savent pas la vérité sur elle. La passion de quelques-uns va même jusqu'à nous attribuer des choses fausses et condamnables. Pour moi, j'assure à Votre Majesté, avec cette vérité que pour tant de raisons je suis tenu de dire en votre présence, que si j'avais su de cette compagnie quelque chose de mal, je n'y aurais jamais mis les pieds, et si, maintenant que j'y suis, je l'apprenais, j'en sortirais aussitôt. Il ne serait pas juste que j'eusse quitté cette misère que j'ai laissée et que le monde estime un peu, pour entrer dans une société religieuse dans laquelle Dieu notre Seigneur ne serait pas bien servi et glorifié[1]. »

L'Empereur ne se rendit pas. Il conservait des préventions contre les jésuites. Leur institut était récent, et d'ailleurs ils avaient emprunté une partie de leurs

---

[1] Ribadeneyra, fol. 379.

usages aux théatins, avec lesquels on les confondait dans la Péninsule et qui avaient eu pour fondateur le pape Paul IV, ennemi déclaré de sa maison. Comme prince et comme Espagnol, Charles-Quint ne les aimait pas. Il n'avait d'attachement et de respect que pour les établissements anciens. Aussi répliqua-t-il au Père François avec l'opiniâtreté castillane : « Je crois ce que vous me dites parce que la vérité s'est toujours trouvée dans votre bouche. Mais que répondrez-vous à ce qu'on objecte contre votre compagnie, que tous y sont jeunes et qu'on n'y aperçoit pas de cheveux blancs? — Sire, repartit le Père François, quand la mère est jeune, comment Votre Majesté veut-elle que les enfants soient vieux? Si c'est un tort, le temps nous en corrigera bientôt. D'ici à vingt ans ceux qui sont jeunes auront bien des cheveux blancs. Il n'en manque pas d'ailleurs dans notre compagnie. J'ai déjà vécu quarante-six années que j'aurais certainement pu mieux employer, et voici avec moi, poursuivit-il en montrant le Père Bustamente, un vieux prêtre qui en a près de soixante, homme d'une doctrine et d'une vertu éprouvées et qui s'est rendu novice parmi nous[1]. » L'Empereur reconnut le Père Bustamente, que le cardinal Tavera, dont Bustamente avait été l'un des secrétaires, lui avait dépêché de Madrid à Naples, lorsqu'il reve-

---

[1] Ribadeneyra, fol. 379.

naît de l'expédition de Tunis. Il n'insista pas davantage, gardant ses doutes sur la compagnie et témoignant la plus affectueuse confiance à son austère et saint ami.

Dans cette conversation, qui dura trois heures, ils se rappelèrent le projet qu'ils avaient autrefois formé l'un et l'autre de se retirer dans la solitude. « Vous souvenez-vous, dit Charles-Quint au Père François, de ce que je vous confiai en 1542 à Monzon en vous annonçant que je ferais ce que je viens d'accomplir? — Je m'en souviens très-bien, sire. — Je ne m'en ouvris qu'à vous et à un autre. — Je sentis toute la faveur de cette confidence, dont j'ai gardé jusqu'ici le secret sans en avoir jamais ouvert la bouche à personne. Mais j'espère que Votre Majesté m'accordera la licence d'en parler. — Vous le pouvez maintenant que la chose est faite. — Votre Majesté se souviendra aussi qu'à cette époque je l'entretins du changement de vie auquel j'étais disposé? — Vous avez raison, je m'en souviens très-bien. Nous avons tenu l'un et l'autre notre parole et accompli nos résolutions[1] »

Trois jours se passèrent dans de semblables entretiens entre l'ancien duc de Gandia et le vieil Empereur, entre l'ascétique jésuite et le royal cénobite, ayant re-

---

[1] « Bien avemos cumplido ambos nuestras palabras. » (Ribadeneyra, fol. 380.)

noncé l'un à toutes les splendeurs de la vie, l'autre à toutes les grandeurs de la puissance, le premier pour s'humilier devant Dieu, enseigner les hommes, parcourir les provinces et les villes, étendre un institut qu'il regardait comme le plus solide appui du christianisme romain chancelant, le second pour se reposer des fatigues de la domination, se soustraire à la responsabilité du commandement, et prier plus paisiblement dans la solitude d'un cloître. Lorsque le Père François prit congé de lui, Charles-Quint l'invita à revenir le voir promptement. Il ordonna à Quijada de lui remettre deux cents ducats en aumône. « Bien que cette somme soit modique, dit Quijada au Père François, Sa Majesté, en considération du peu qu'elle a aujourd'hui, ne vous a jamais donné autant dans les grâces qu'elle vous a autrefois accordées [1]. »

Charles-Quint n'était pas seulement à Jarandilla l'objet d'hommages empressés et respectueux, on lui envoyait encore des présents de diverses espèces et surtout des mets délicats pour sa table. Le courrier qui allait et revenait de Valladolid à Lisbonne portait tous les jeudis soir à Jarandilla du gros poisson pour le service de l'Empereur les jours maigres. Sa fille, la princesse *gobernadora*, lui adressait de la cour des provisions abondantes et des *regalos* continuels : elle n'é-

[1] Ribadeneyra, fol. 380.

tait pas la seule. Les grands et les prélats lui faisaient parvenir à l'envi ce qui était le plus capable de lui plaire. Il reçut des confitures, des pâtés d'anguilles et de grosses truites de Valladolid; des perdrix fines du village de Gama, appartenant au marquis d'Osorno; des saucisses faites à la façon de Flandre dans la maison du marquis de Denia, et telles qu'on les servait naguère encore à sa mère dans Tordesillas; du gibier de l'Aragon et de la Nouvelle-Castille, des veaux de Saragosse, des huîtres fraîches, des soles, des carrelets et des lamproies de Séville et de Portugal, des provisions d'anchois d'Andalousie et de petites olives préparées par le marchand Perejon, qu'il préférait aux grosses olives de l'Estrémadure[1].

L'archevêque de Tolède fit partir, à plusieurs reprises, de sa riche métropole, huit ou neuf mules chargées de provisions de toutes sortes[2] pour Jarandilla. Le prieur de Notre-Dame de Guadalupe ne cessa de lui en expédier de son riche monastère, soit à Jarandilla, soit à Yuste[3]. La duchesse de Béjar et la duchesse de Frias offrirent aussi à Charles-Quint des *regalos* de

---

[1] *Retiro, estancia*, etc., fol. 70 v°, 76 v°, 77, 78 r°, 81, 82, 84, 85; pour Perejon, voir *Retraite et mort de Charles-Quint*, etc., vol. I, p. 40, 44, 49.

[2] *Retiro, estancia*, etc., fol. 84.

[3] Lettre de Quijada à la princesse doña Juana du 16 octobre 1558. *Retraite et mort de Charles-Quint*, etc., vol. I, p. 429.

bouche et des présents. Parmi ces derniers se trouvaient une cassolette d'argent pour brûler des parfums, des eaux de senteur et des gants. L'Empereur se montra sensible à ces attentions, mais il dit en jetant les yeux sur les gants que lui avait envoyés la duchesse de Frias et sur ses doigts noués par la goutte : « Il aurait fallu m'envoyer aussi des mains qui pussent les porter[1]. » Les friandises, les saumures, le gibier, les mets épicés qui arrivaient à Jarandilla, et que l'Empereur mangeait avec plaisir et abondamment, désolaient le fidèle Quijada, qui écrivait à Valladolid : « Tout cela ne fait qu'exciter son appétit[2], et le proverbe dit : *La gota se cura tapando la boca*, la goutte ne se guérit qu'en fermant la bouche. »

La goutte, en effet, reparut bientôt, et un accès violent se déclara du 27 décembre au 4 janvier. Le mal se porta d'abord sur la main droite, remonta jusqu'à l'épaule, saisit le cou, gagna ensuite la main et le bras gauches, et se jeta en dernier lieu sur les genoux[3]. Cette forte attaque, après un peu de rémittence, recommença pour ne cesser entièrement que vers le 26 janvier. Pendant qu'il en souffrait, était arrivé en

---

[1] « Y mirando los guantes dijó que tambien fuera bien enviarle manos en que los trugera. » (*Retiro, estancia*, etc., fol. 78 r°.)

[2] « No se hacia mas que incitar el apetito. » (*Ibid.*, fol. 84 r°.)

[3] *Ibid.*, fol. 82 et 83.

poste de Milan un assez célèbre médecin, Giovanni Andrea Mola, appelé à Jarandilla pour soumettre l'Empereur à ce qu'on appelait alors une *cure*[1], et le guérir des hémorroïdes au moyen d'une plante qu'il ne trouva point en Estrémadure et qu'il envoya plus tard de Lombardie[2]. Le docteur italien lui demanda d'abord de renoncer à l'usage de la bière, comme contraire à sa santé; mais c'était trop exiger d'un Flamand, et Charles-Quint répondit qu'il n'en ferait rien[3]. Le docteur déclara que ce pays était trop humide et n'était pas assez sain pour lui; à quoi Charles-Quint répliqua « *qu'il n'y avait pas encore prononcé de vœux*[4]. » Il était cependant bien résolu de s'établir à Yuste; et Gaztelú, qui commençait à le connaître parfaitement, écrivait à Vasquez de Molina : « L'Empereur ne chan-
« gera rien à ses projets, dans lesquels il ne se lais-
« sera pas ébranler, quand même le ciel se joindrait
« avec la terre[5]. »

Pendant son séjour à Jarandilla, Charles-Quint traita

---

[1] *Retiro, estancia,* etc., fol. 69 v°, 86 v°.

[2] *Retraite et mort de Charles-Quint*; etc., vol. I, p. 114, 116, 121, 122, 123.

[3] « Y Su Magestad respondió que no lo haria. » (*Retiro, estancia,* etc., fol. 91 r°, lettre de Quijada à Vasquez.)

[4] « A esto le respondió que aun aqui no habia hecho profe-
« sion. » (*Ibid.*, fol. 91.)

[5] « Que Su Magestad determinado está de no hacer mudanza
« en ello, aunque se junte el cielo con la terra. » (*Ibid.*, fol. 79 r°.)

plusieurs affaires délicates ou graves qui intéressaient soit la royale famille dont il restait le chef respecté, soit la monarchie espagnole, dont les besoins et les périls ne cessèrent plus, quoi qu'en aient dit les historiens, d'occuper son ardente sollicitude. Après de courtes lassitudes, le goût des affaires lui était revenu[1]. Il déploya l'ancienne vigueur de son esprit et de sa volonté.

La reine Éléonore désirait que sa fille l'infante doña Maria de Portugal vînt auprès d'elle en Espagne. Il y avait plus de vingt-cinq ans qu'elle ne l'avait vue, et elle hâtait de ses démarches comme de ses vœux une réunion que son âge et sa maladie ne devaient pas rendre bien longue. Mais le départ de l'infante de Lisbonne pour Valladolid avait rencontré l'opposition intéressée du roi Jean III, peu disposé à se dessaisir du million d'écus d'or qui revenait à sa sœur consanguine doña Maria. L'infante d'ailleurs éprouvait une orgueilleuse répugnance à paraître dans un pays dont elle avait dû être reine et où elle trouverait le souvenir humiliant du mariage convenu et rompu entre elle et

---

[1] Aussitôt après son arrivée à Jarandilla, il prit connaissance des graves événements qui se passaient en Italie et se préparaient du côté de la Flandre. Gastelú écrivit à Vasquez d'en rendre un compte assidu à l'Empereur : « Porque huelga de entender estas cosas, y aun otras desta cualidad. » (*Retiro, estancia*, etc., fol. 69 v°.)

Philippe II. Aussi les instances de la reine Éléonore n'avaient abouti qu'à des refus. Jean III avait écrit à dom Duarte de Almeida, son ambassadeur à Valladolid : « Je ne puis assez m'étonner qu'on veuille faire sortir de ma maison l'infante ma sœur, que j'ai élevée et que j'aime comme ma propre fille, autrement qu'ont coutume d'en sortir les infantes de Portugal[1]. Ni son honneur ni le mien ne permettent qu'elle quitte son pays et ma maison sans être mariée. » Il prétendait, afin de concilier les devoirs de la nature avec les convenances de la position, qu'au lieu d'envoyer la fille vers sa mère, il fallait que la mère se rendît auprès de sa fille[2].

Désolée de cette résistance, qu'elle sentait bien ne pas pouvoir surmonter toute seule, la reine Éléonore invoqua la puissante intervention de Charles-Quint. Elle le supplia, comme « celui qu'elle tenait à seigneur et à père[3], » d'appuyer ses désirs maternels auprès de la cour de Portugal en réclamant lui-même la venue de l'infante, qu'on n'oserait pas refuser à sa demande, fondée d'ailleurs sur un article formel du traité de

---

[1] Instruction du 7 novembre pour dom Duarte de Almeida. *Papiers de Simancas*, série B, liasse 8¹, nᵒˢ 15-16.

[2] La reine Catherine, femme de Jean III, écrivit dans le même sens à la reine Éléonore, sa sœur. Sa lettre du 7 novembre est sous le n° 14.

[3] Lettre de la reine Éléonore à Charles-Quint du 17 novembre. *Ibid.*, nᵒˢ 1, 2.

mariage conclu entre elle et le roi Emmanuel. Charles-Quint écrivit, comme le souhaitait sa sœur, à don Juan de Mendoza, ambassadeur ordinaire d'Espagne à Lisbonne, où il envoya de plus extraordinairement don Sancho de Cordova, qui vint recevoir ses instructions à Jarandilla et qu'il chargea de réclamer, en son nom, de Jean III, le juste et prompt départ de l'infante[1]. En rencontrant un pareil négociateur, le roi de Portugal devait finir par céder. Mais il eut recours auparavant à toutes sortes de subterfuges et ne visa qu'à multiplier les lenteurs. Il fit partir pour Jarandilla Lourenço Pires de Tavora, que l'Empereur connaissait depuis longtemps et qui lui avait toujours été fort agréable, avec l'ordre de gagner du temps par des propositions préalables de mariage en faveur de l'infante[2].

Arrivé à Jarandilla le 14 janvier 1557, Lourenço Pires fut reçu le lendemain 15 par l'Empereur, qui l'accueillit fort gracieusement et ne voulut point qu'il lui parlât à genoux et la tête découverte[3]. L'ambassadeur de Jean III, conformément aux ordres de son

---

[1] Don Sancho de Cordova arriva à Jarandilla le 29 novembre. Lettre de Gaztelú du 6 décembre dans *Retraite et mort de Charles-Quint*, etc., vol. I, p. 64, note I.

[2] Santarem, *Relations diplomatiques de Portugal*, t. III, p. 349.

[3] Depêche inédite de Lourenço Pires à Jean III du 16 janvier 1557. J'en dois l'obligeante communication à M. le vicomte de Santarem.

maître, ne négligea rien pour prouver que l'infante ne saurait quitter le Portugal sans être mariée, et demanda qu'on lui fit épouser ou le roi des Romains, veuf depuis quelque temps, ou l'archiduc Ferdinand, son fils, qu'aimaient beaucoup les deux reines douairières de France et de Hongrie. La pénétration de Charles-Quint n'eut aucune peine à saisir les intentions dilatoires de Jean III. Repoussant bien loin le mariage de l'infante avec son frère Ferdinand, auquel un âge déjà avancé et de très-nombreux enfants ne permettaient pas de sortir de son veuvage, il admit que ses deux neveux, l'archiduc Ferdinand ou le duc Philibert-Emmanuel de Savoie, pourraient très-convenablement épouser l'infante. Mais, s'il ne fut pas contraire au mariage de sa nièce, il fut pressant pour sa venue, qu'il réclama en vertu de la clause à cet égard péremptoire qu'il avait fait insérer dans le contrat d'union entre Éléonore et le roi dom Manuel le Grand[1].

Dans cet entretien Charles-Quint parla avec une effusion confiante à Lourenço Pires de sa vie nouvelle, des sentiments qu'il y apportait, du repos dont il y jouissait, des dispositions qui l'y avaient conduit et

---

[1] Il cita textuellement à Lourenço Pires cet article, ainsi conçu : « Otro si es concordado que si Dios ordenaré que el dicho senhor rey de Portugal falesco primero que la dicha senhora infanta (Éléonore), que ella y *sus hijos* y creados se puedan partir de los dichos reynos. » (Même dépêche.)

auxquelles il déplora vivement de n'avoir pas cédé plus tôt. Ce fut alors qu'il fixa la première pensée de son abdication au retour de l'expédition de Tunis, en disant qu'il n'avait pas pu l'accomplir à cause du jeune âge de son fils[1]. « Mais, ajouta-t-il avec un regret qui n'était ni sans fondement ni sans amertume, j'aurais dû me retirer au monastère après avoir terminé la guerre d'Allemagne. En le faisant alors, j'aurais eu l'avantage de ne pas affaiblir ma réputation; tandis qu'aujourd'hui elle a souffert des événements qui ont suivi[2]. »

Après deux jours de pourparlers, l'Empereur envoya à Valladolid, avec des lettres pour les reines ses sœurs, Lourenço Pires, qui devait leur proposer le mariage de l'infante avec l'archiduc Ferdinand ou le duc Philibert-Emmanuel[3]. Mais celles-ci avaient une plus haute ambition. Elles pensaient que la reine d'Angleterre, qu'on avait crue grosse, et qui était hydropique, ne vivrait pas longtemps, et elles aspiraient à

---

[1] Même dépêche.

[2] « ... Doendo se tambem de se nam recolher, acabada a guerra de Alemanha, confessando que fôra nessu ocaziam sem perda de reputaçam, o que agora era o contrario pe los acontecimento de depois. »(Dépêche inédite de Lourenço Pires à Jean III et datée du 15 février.) Il lui rend compte du second entretien qu'il eut avec Charles-Quint.

[3] Lettre de l'Empereur à la reine de Hongrie du 16 janvier. *Retraite et mort de Charles-Quint*, etc., vol. I, p. 91-92.

reprendre, lorsqu'elle serait morte, le projet de mariage de 1553 et à donner l'infante doña Maria pour troisième femme à Philippe II.

Avant cette négociation pour la venue de l'infante, le Navarrais Escurra était venu trouver encore une fois Charles-Quint et l'informer des dernières et alarmantes dispositions du duc de Vendôme. Antoine de Bourbon, après avoir connu ce qui s'était passé à Burgos, ne s'était mépris ni sur la réponse évasive de l'Empereur, ni sur le silence prolongé du roi Philippe. Il avait vu ce que signifiaient ces négociations sans terme et ces pourparlers sans conclusion, et il avait dit : « J'admire que ces gens se moquent ainsi de moi, et « me croient assez simple d'esprit pour ne pas m'aper- « cevoir que tous ces délais ne sont que des leurres[1]. » Il avait ajouté *qu'il n'entendait pas être tenu ainsi le bec dans l'eau*[2], et il avait demandé qu'on se décidât vite, dans un sens ou dans un autre, pour qu'il agît en allié ou en ennemi[3]. Le duc d'Albuquerque avait transmis à Philippe II cette sommation, qu'Escurra

---

[1] « Y estoy espantado que las gentes se quieran del todo bur- « lar de mi, y me quieran hazer tan simple de spiritu que yo « no entienda que todas estas prolongaciones no son que burlas « y entretenimientos de palabras. *Copia de lo que un secretario de Vandomu escrivió al Escurra por orden de su amo, á 8 de* « noviembre 1556. » (Simancas, *Estado*, leg. 807.)

[2] « El pico dentro del agua como de presente. » (*Ibid.*)
[3] *Ibid.*

vint communiquer à l'Empereur. Charles-Quint donna de bonnes paroles à l'envoyé du roi de Navarre, mais sans rien promettre. « Étant éloigné des affaires, lui « dit-il, et à la veille d'entrer au monastère, je ne peux « prendre aucune résolution là-dessus. Mais la ré- « ponse du roi mon fils, auquel j'ai écrit de Burgos, « ne saurait tarder. Entretenez donc la négociation du « mieux qu'il se pourra, jusqu'à ce que cette décision « arrive[1]. » Il n'était guère possible d'admettre que la riche Lombardie fût cédée en compensation de la pauvre Navarre, et que des politiques aussi ambitieux et aussi habiles que Charles-Quint et Philippe II achetassent à ce haut prix l'alliance d'un prince dont l'hostilité n'était pas au fond très-redoutable pour eux, et qui ne serait certainement point en état de reconquérir ce que l'un de ses prédécesseurs avait été hors d'état de défendre. Néanmoins, comme il valait encore mieux éviter ses attaques que s'y exposer, on continua à lui laisser des espérances, tout en se préparant, s'il ne s'en contentait point, à le repousser sur la frontière bien défendue des Pyrénées. « Il annonce, écrivait Charles- « Quint à Vasquez de Molina, que si l'accord entre lui « et mon fils ne se conclut pas, il entreprendra l'année « prochaine la guerre contre la Navarre[2]. » La possi-

[1] C'est ce que l'Empereur raconte à Vasquez de Molina dans sa lettre du 6 décembre 1556. Simancas, *Estado*, leg. 809.

[2] « Certificando que en caso que no se effectue el concierto

bilité de cette invasion, lorsque la guerre se renouvelait en Italie pour s'étendre un peu plus tard vers les Pays-Bas, décida Charles-Quint à empêcher, en le désapprouvant, le départ du duc d'Albuquerque pour l'Angleterre, où le mandait Philippe II. « Je m'étonne, « écrivit-il à la princesse doña Juana, que le roi mon « fils, dans un moment où le roi de France a rompu « la trêve, et après la négociation dérisoire de Ven- « dôme, éloigne le capitaine général de la Navarre, « dont la présence est de la plus grande importance sur « cette frontière[1]. »

La trêve de Vaucelles, en effet, avait été rompue, et le pape Paul IV était parvenu à ses belliqueuses fins. Non-seulement il n'avait pas rétabli les Colonna dans leurs terres et leurs fiefs, mais il avait rendu leur dépossession irrévocable en donnant la ville et le duché de Palliano à son neveu Jean Caraffa, comte de Montorio, et au jeune fils de ce dernier la ville de Cavi avec le titre de marquisat. Les Espagnols, qu'il haïssait par-dessus tout, et qu'il voulait expulser de l'Italie, avaient été en butte à de violentes attaques et aux plus insupportables outrages. Sous de frivoles prétextes, il avait arrêté l'envoyé de Charles-Quint, Garcilaso de la

---

entre el rey mi hijo y el dicho Vandoma, emprenderá el « año que viene la guerra contra Navarra. » (*Retiro, estancia*, etc., fol. 81, 86 et 92.)

[1] *Ibid.*, fol. 92 r°.

Vega, emprisonné le grand maître des postes Juan Antonio de Tassis, maltraité l'ambassadeur d'Espagne don Juan Manrique de Lara, marquis de Sarria, qu'il avait contraint de sortir de Rome. Il avait révoqué les diverses bulles par lesquelles ses prédécesseurs concédaient aux rois d'Espagne des subsides ecclésiastiques, et notamment la bulle de la *Quarta*[1], qui donnait à Charles-Quint, pendant les années 1555 et 1556, la quatrième partie des revenus du clergé castillan et aragonais. Paul IV était allé même jusqu'à suspendre le service divin en Espagne; et, poussant les choses aux dernières extrémités, il avait intenté des poursuites contre Charles-Quint et Philippe II devant la chambre apostolique, dont le fiscal avait conclu à ce qu'ils fussent privés, l'un de l'Empire, l'autre du royaume de Naples, que le pape déclarait être également des dépendances du saint-siége. Enfin, dans l'espérance d'obtenir l'adhésion et les secours du puissant allié que la trêve de Vaucelles lui avait fait perdre, il avait envoyé son neveu, le cardinal Caraffa, comme légat auprès d'Henri II, pour ramener ce prince au traité abandonné du 15 décembre 1555, dans le double intérêt du souverain pontificat et de la domination française en Italie. L'entreprenant légat, que Paul IV avait tiré de la vie des camps pour l'introduire dans le sacré collége, et

---

[1] Par un bref du 8 mai 1556. *Retiro, estancia*, etc., fol. 23

qui exerçait un empire extraordinaire sur son oncle par la similitude des haines et la communauté des ambitions, avait pleinement réussi en France, d'où il était revenu avec la promesse de la guerre et avec un corps auxiliaire de deux mille hommes, que devait suivre bientôt le duc de Guise à la tête d'une armée.

Philippe II, attaqué dans ses partisans, outragé dans ses ambassadeurs, poursuivi dans sa croyance et dans celle de ses peuples, dépouillé de ses priviléges, menacé de perdre ses États, ne put point, malgré les hésitations de son caractère et les scrupules de sa piété, éviter la lutte à laquelle il était aussi fortement provoqué. Pour en diminuer les périls, il fallait aller au-devant d'eux. Attendre que ses ennemis opérassent la jonction de leurs forces au centre de l'Italie, c'eût été s'exposer à perdre le royaume de Naples et le duché de Milan. Mais, avant de désobéir aux injonctions pontificales et de commencer la guerre contre l'Église, il voulut se concilier l'approbation et se donner l'appui de l'opinion catholique dans tous les États de la monarchie espagnole. Il fit assembler en Flandre, en Italie, en Espagne, les théologiens les plus respectés, les plus savants jurisconsultes, les plus habiles casuistes, qu'il rendit juges entre le pape et lui.. Ces docteurs du catholicisme et du droit furent, en général, d'avis qu'il devait empêcher l'entrée des brefs pontificaux dans ses royaumes, de peur d'en agiter les peuples; qu'il pouvait y continuer l'exercice du culte chrétien et y percevoir les revenus ecclésiastiques malgré l'interdiction du pape; enfin, qu'il lui était permis de défendre par les armes ses droits légitimes contre Paul IV, qui les lui enlevait sans raison et sans justice[1]. Mais ce sentiment ne fut partagé ni par le primat d'Espagne, don Juan Martinez de Siliceo, archevêque de Tolède, ni par le célèbre fray Domingo de Soto, que Charles-Quint avait autrefois envoyé avec le titre de son premier théologien au concile de Trente, et qui, tous deux, dans leurs scrupules et leur ignorance, conseillaient au roi catholique de conclure un arrangement impossible avec le saint-père. Soto, témoin de l'ébranlement de la vieille religion en tant de pays, craignait qu'un commencement de désobéissance au saint-siége ne fût un prélude de révolution dans la foi. Il l'écrivit au roi[2] en termes colorés et énergiques : « Sans doute, dit-il, ré« sister au pape armé en Italie n'est pas d'un grand « péril, parce que, quand le pape revêt le harnais, il se « dépouille de la chasuble, et, quand il se met le casque, « il se couvre la tiare. Mais, en Espagne, si l'on mé« prise les commandements du pape, qui représente, « parmi le peuple, la loi de Jésus-Christ, il est à crain-

---

[1] *Retiro, estancia*, etc., fol. 24 et 25.

[2] Sa lettre, en réponse à celle de Philippe II, qui l'avait consulté en particulier, était du 5 juillet 1556. Elle se trouve dans le manuscrit de don T. Gonzalez, fol. 25 v°.

« dre qu'il n'y ait bientôt plus de pape, et à la fin plus
« de foi [1]. »

Soutenu par la grande majorité des théologiens et des canonistes qui étaient les lumières de ses États et les guides religieux de ses peuples, Philippe II se décida à la guerre contre Paul IV. Après une protestation plus forte par les faits que par le langage, le duc d'Albe eut ordre de pénétrer sur le territoire pontifical avec des troupes qu'il tenait prêtes, d'y rétablir de force les Colonna dans leurs possessions, et, les armes à la main, d'y contraindre le pape à la paix.

Le duc d'Albe ne rencontra aucune résistance sérieuse dans les États romains. Il entra sans beaucoup de peine dans Anagni, Valmontano, Tivoli, Vicovaro, Nettuno, Palombara, Porcigliano, Ardea ; s'empara de vive force de la ville et de la citadelle d'Ostie ; occupa toutes les positions qui dominaient Rome, et sembla menacer d'une seconde prise d'assaut la capitale du monde chrétien. La ville entière, épouvantée et incapable de se défendre, maudissait tout haut le turbulent vieillard qui l'exposait à ce nouveau péril, et qui, seul intrépide au milieu de l'effroi universel [2] et toujours

---

[1] « Resistir allá al papa armado, no trae tanto peligro; por-
« que quando se viste el arnés, parece desnudarse la casulla,
« y quando se pone el yelmo encubre la tiara. » (*Retiro, estancia, etc.*, fol. 24 et 25.)

[2] *Relazione di Roma di Bernardo Navagero*, en 1558. Dans Alberi, série II, vol. III, p. 382 et 394.

inflexible dans son inimitié, s'écriait, en parlant des Espagnols : « Chacun peut maintenant connaître ces « traitres, qui songent depuis tant d'années à renou-« veler le sac de Rome, comme ils couperaient le foin « dans leur pré et le bois dans leurs forêts[1]. »

Mais le duc d'Albe n'osa point tenter sous Philippe II ce qu'avait accompli le connétable de Bourbon sous Charles-Quint. Au lieu de pousser plus loin ses avantages et de réduire le pape à la paix par une plus grande défaite, il consentit à une trêve de cinquante jours, qui fut conclue avec les Caraffa, sous la médiation des Vénitiens[2].

Cette nouvelle inattendue arriva en Espagne au mois de décembre 1556, et fut portée à Jarandilla, où l'Empereur ne la connut que le 5 janvier 1557[3]. Charles-Quint avait suivi avec un suprême intérêt tous les incidents de cette lutte. Il écoutait avidement la lecture des dépêches de Flandre et d'Italie que lui envoyait Vasquez de Molina et que lui lisait Gaztelú. Après les avoir entendues, il disait toujours : « N'y en a-t-il

---

[1] *Relazione di Roma di Bernardo Navagero*, en 1558. Dans Alberi, série II, vol. III.

[2] Philippe II, par une lettre du 9 octobre, avait accepté la médiation des Vénitiens, et il invita lui-même le duc d'Albe a poser les armes. (*Retiro, estancia*, etc., fol. 50.) La trêve, de dix ours d'abord, fut prorogée de quarante.

[3] *Ibid.*, fol. 83 v°.

plus[1] ? » Lorsqu'il fut remis de son premier accès de goutte, et qu'il se fit communiquer les lettres qui lui avaient été apportées de Valladolid, il apprit avec un extrême déplaisir la suspension d'armes à laquelle avait consenti le duc d'Albe[2]. Dans ce moment, le duc de Guise, à la tête d'une armée française, passait les Alpes, arrivait en Piémont, et la trêve lui laissait le temps d'opérer sa jonction avec les troupes que les Caraffa levaient de toutes parts. C'est ce que dit le pénétrant Charles-Quint, qui, comprenant toute la portée de cette faute[3], y vit la perte prochaine de toutes les places conquises sur le territoire pontifical, et la guerre bientôt transportée des États de l'Église dans le royaume de Naples : « Il ajouta entre les dents, écrivit « Gaztelú, beaucoup d'autres choses; et, dans son mé- « contentement, il ne voulut pas entendre lire les ar- « ticles de la trêve[4]. »

Il fit connaître à Philippe II toute sa surprise et toute sa désapprobation d'une conduite si inhabile. Du 8 au 16 janvier, il ne cessa pas d'écrire des dépêches pour

---

[1] « Pero siempre en estas cosas dice : Si no hay mas. » (Lettre de Gaztelú du 18 novembre.) *Retraite et mort de Charles-Quint*, etc., vol. I, p. 45.

[2] « ... Se manifestó en estremo descontento. » (*Retiro, estancia*, etc., fol. 83 v°.

[3] *Ibid.*, fol. 84 v°.)

[4] « ... Dijó otras varias cosas entre dientes y que de mohino « que estaba, no quisó oir los capitulos de la tregua. » (Lettre de Gastelú. *Ibid.*, fol. 84 v°.)

sa fille et ses sœurs à Valladolid, pour son ambassadeur à Lisbonne, et surtout pour son fils à Bruxelles. Cette application et cette ardeur contribuèrent vraisemblablement à la seconde attaque de goutte qu'il eut jusqu'au 26[1]. Ayant alors reçu de nouvelles lettres de la princesse doña Juana, et voulant, dans d'aussi difficiles conjonctures, aider Philippe II à sortir victorieux de cette première et périlleuse épreuve de son règne, il pressa la gouvernante, sa fille, de mettre les côtes et les frontières de l'Espagne en état de défense, de réunir l'argent nécessaire aux levées des troupes et aux frais de la guerre, d'envoyer en Flandre des soldats castillans, « qui, selon l'expression de Quijada, « étaient les meilleurs soldats du monde[2], » afin d'y compléter les régiments espagnols; de pourvoir, en un mot, à tout ce qu'exigeait une lutte qui allait devenir générale au printemps.

Il lui écrivit à ce sujet une lettre très-longue et très-belle, où reparaissait le prévoyant politique et le souverain qui avait toujours su commander et agir avec opportunité : « Ma fille, lui disait-il, les Français ayant
« rompu la trêve avec aussi peu de fondement qu'ils
« l'ont fait, les affaires de la chrétienté et les nôtres
« étant dans les termes où elles se trouvent, il convient

---

[1] *Retiro, estancia*, etc., fol. 85 et 86.
[2] « Castellanos por que son los mejores soldados del munoo. » (*Ibid.*, fol. 61 r°.)

« de remédier à ce qui ne peut plus être empêché, afin
« d'éviter les inconvénients qui pourraient s'ensui-
« vre[1]. » Placer sur les revers des Pyrénées les troupes,
les munitions et les vivres nécessaires, et y retenir le
duc d'Albuquerque; échelonner sur le littoral les navires propres à le protéger; appeler au besoin les
grands, les prélats et le peuple à concourir à la défense
du royaume; faire porter immédiatement à son fils par
l'escadre de don Luis de Carvajal 500,000 ducats qu'il
avait demandés; frapper en monnaie les lingots d'or et
d'argent venus d'Amérique à Séville; payer exacte-
ment au banquier Fugger ce qui lui était dû[2], afin de
maintenir tout entier le crédit de son fils, si important en pareille occasion; rendre inattaquable la place
de Rosas sur la Méditerranée, et donner au comte d'Alcaudete, gouverneur d'Oran, tous les moyens de défendre sur la côte d'Afrique la ville confiée à sa garde
et qu'attaqueraient infailliblement, de concert avec les
Maures, les Turcs, alliés ordinaires des Français : telles
étaient les mesures qu'il conseillait de prendre avec
résolution, d'exécuter avec promptitude, « sans, disait-
« il, attendre jusqu'au dernier moment, comme cela

---

[1] Cette longue et intéressante lettre est insérée tout entière, fol. 86 v° à 89 r°, dans *Retiro, estancia*, etc. Elle est aussi dans le vol. II de *Retraite et mort de Charles-Quint*, etc., p. 150 à 156.

[2] C'était 258,000 ducats.

« était arrivé en d'autres rencontres, d'où étaient ré-
« sultés de grands inconvénients[1]. » Il insistait surtout pour que la ville d'Oran, dont la conservation importait tant à la sûreté de l'Espagne, fût mise hors de toute atteinte. « Car, ajoutait-il, si elle se perdait, je
« ne voudrais être ni en Espagne, ni dans les Indes,
« mais là où je ne pourrais pas en apprendre la nou-
« velle, à cause du grand affront qu'en recevrait le roi
« et du dommage qu'en souffriraient ces royaumes[2]. »

Il demandait en même temps à la princesse doña Juana de tenir un navire léger[3] à la disposition de M. de Hubermont, qui allait retourner auprès de son fils, et qu'il devait charger de ses dépêches et de ses avis. Cette lettre fut écrite le 31 janvier[4]. Trois jours après, la santé de Charles-Quint étant bien rétablie, et tout se trouvant prêt dans le lieu de sa retraite, il

---

[1] « ... Se ponga en egecucion con la diligencia y presteza
« que fuere posible, sin aguardar al punto de la necesidad,
« como se ha hecho otras veces, de que han resultado los incon-
« venientes que debeis saber. »

[2] « ... No querria hallarme en España ni en las Indias, sino
« donde no lo oyese, por la grande afrenta que el rey recibiria
« en ello, y el daño destos reynos. » (*Retiro, estancia*, fol. 88 v°.)

[3] « Una zabra » qui portera Hubermont, et, disait-il, « la rela-
« cion de lo que en todo he acordado con Aubremont. » (*Ibid.*, fol. 89 r°.)

[4] Il écrivit encore, le 12 février, à sa fille sur la défense des frontières, particulièrement de la frontière de la Navarre, et à Vasquez sur la venue de l'infante de Portugal. *Ibid.*, fol. 92 r°.

quitta définitivement le château de Jarandilla pour aller s'établir au monastère. Le 3 février 1557, dans l'après-midi, il se sépara des serviteurs qui ne devaient pas l'y accompagner, du comte de Rœulx, de M. de Hubermont, et de plus de quatre-vingt-dix Flamands, Bourguignons et Italiens, qui l'avaient suivi de Bruxelles à Jarandilla. Outre le payement de ce qui leur était dû, ils reçurent de lui des présents en témoignage de satisfaction et de bon souvenir[1]. Sur le seuil même de son appartement, il leur dit alors un dernier adieu, et les congédia avec de douces et affectueuses paroles[2]. L'émotion était universelle. Tous ces vieux serviteurs avaient le visage bouleversé, et la plupart fondaient en larmes[3]. Leur douleur, en se séparant à jamais de leur maître, n'avait d'égale que la tristesse de ceux qui allaient s'ensevelir pour toujours dans la même solitude que lui[4].

Vers trois heures, il monta en litière. A cheval et à ses côtés étaient le comte d'Oropesa, qui l'accompagna jusqu'à Yuste; le sommelier de corps la Chaulx, qui y

[1] *Retiro estancia*, fol. 92 v°.
[2] « ... Y él les dispidió con muy buenas palabras y demoz-« tracion de amor. » (Lettre de la Chaulx. *Ibid.*, fol. 92 v°.)
[3] *Ibid.*
[4] Ils se trouvent, dit Gaztelú, dans la « tristeza y soledad. » (*Ibid.*, etc., fol. 91 v°.) Quijada ajoute : « Es gran lastima ver « partir una compañía de tantos años... crea V. que lo sienten « demaziado. » (*Ibid.*, fol. 92 v°.)

resta quelques jours encore avec lui, et le majordome Luis Quijada. Derrière se trouvait le reste de ses serviteurs. Au moment où le cortége se mit en marche, les hallebardiers qui avaient formé sa garde jetèrent leurs hallebardes à terre [1], comme si les armes employées au service d'un aussi grand empereur ne devaient plus être d'aucun autre usage. Le cortége traversa silencieusement le fond de la vallée et gravit lentement les flancs de la montagne sur laquelle s'élevait le monastère. L'Empereur arriva à cinq heures du soir à Yuste [2]. Avertis de sa venue, les religieux l'attendaient à l'église, qu'ils avaient illuminée, et dont les cloches sonnaient à toute volée en signe d'allégresse [3]. Ils allèrent au-devant de l'Empereur, la croix en tête, et le reçurent en chantant le *Te Deum* [4]. Ils étaient transportés de joie, dit un témoin, « de voir ce à quoi ils n'au-« raient jamais cru [5]. » Charles-Quint, descendu de sa litière, se plaça sur un siége, et se fit porter jusqu'aux marches du maître-autel. Là, ayant à sa droite le comte d'Oropesa et à sa gauche Luis Quijada, après que le

---

[1] Manuscrit hiéronymite, c. xiv, dans *Retraite et mort de Charles-Quint*, etc., vol. II, p. 15 et 16.

[2] Lettre de Gaztelú du 5 fév., *ibid.*, vol. I, p. 119.

[3] « Las campanas se hundian y parece que sonavan mas que otras vezes. » (Ms. hiéronymite, c. xiv, *ibid.*, vol. II, p. 16.)

[4] Lettre de la Chaulx dans *Retiro, estancia*, etc., fol. 93 r°.

[5] « De ver lo que nunca creyron. » (*Ibid.*, fol. 93 r°.)

chant des prières solennelles fut terminé, il admit les moines à lui baiser la main. Le prieur, vêtu de sa chape, mais un peu troublé en présence du puissant souverain qui devenait l'hôte religieux de son couvent, le complimenta en l'appelant « Votre Paternité. » — « Dites Votre Majesté, » ajouta en le reprenant aussitôt un moine qui se trouvait à côté de lui [1]. Charles-Quint, en sortant de l'église, visita tout le monastère [2], puis il se retira dans sa propre demeure, dont il prit possession le soir même, et où désormais il devait vivre et mourir.

[1] *Retiro, estancia*, etc., fol. 93 r°. Lettre de M. de la Chaulx et lettre de Gaztelù, *Retraite et mort de Charles-Quint*, vol. I, p. 119.

[2] Lettre de Quijada du 4 février. *Ibid.*, p. 118.

CHAPITRE IV

INSTALLATION ET VIE A YUSTE.

Palais de Charles-Quint à Yuste : sa distribution intérieure; ses communications avec le monastère; ses terrasses; son jardin. — Ameublement de l'Empereur; son argenterie; ses tableaux; ses cartes; ses instruments de mathématiques; ses livres; ses mémoires. — Nombre et offices de ses serviteurs; logements qu'ils occupent, ou dans le cloître du monastère, ou dans le village voisin de Quacos. — Vie de Charles-Quint à Yuste; distribution de sa journée. — Ses relations avec les moines; son confesseur Juan Regla; ses trois prédicateurs; son lecteur, ses chantres. — Satisfaction qu'il éprouve dans la solitude et le repos du cloître. — Célébration à Yuste du 24 février, anniversaire de sa naissance, de son couronnement et de la victoire de Pavie. — Somme de vingt mille ducats d'or qu'il fixe pour son entretien. — Retour de Lourenço Pires de Tavora à Yuste, et reprise de la négociation à la suite de laquelle Charles-Quint obtient de Jean III la venue de l'infante doña Maria en Espagne.

Ce fut le 3 février que Charles-Quint s'enferma à Yuste. L'habitation qu'il y avait fait construire pour sa retraite était plus agréable, plus commode, et plus saine que ne l'avaient représentée de Jarandilla, dans leurs moroses descriptions, ses serviteurs attristés par les pluies de la saison et la solitude du lieu. Elle était située au midi du monastère [1], et dominait la *Vera de Plasencia*. Vers le nord, elle s'adossait à l'église même du couvent, qui l'abritait en la dépassant, et derrière laquelle du levant au couchant s'étendaient les deux cloîtres occupés par les moines et appelés, l'un le cloître vieux, l'autre le cloître neuf. Huit pièces carrées, de dimension égale, ayant chacune vingt-cinq pieds de long sur vingt de large, composaient la demeure impériale. Ces pièces, dont quatre étaient au rez-de-chaussée et quatre formaient l'étage supérieur, s'élevaient pour ainsi dire en amphithéâtre sur la pente très-inclinée de la montagne ; les plus hautes se trouvaient au niveau des cloîtres. La position de celles qui faisaient face au midi les rendait lumineuses et chaudes ; dans toutes, d'ailleurs, l'on avait eu soin de pratiquer, contre les usages du pays, d'assez grandes cheminées.

Un corridor séparait à chaque étage les quatre pièces, dont les portes s'ouvraient sur ce passage intérieur, qui les traversait de l'est à l'ouest. Le corridor d'en haut conduisait des deux côtés à deux terrasses assez vastes

---

[1] Cette description est faite d'après le Père Joseph de Siguenza, part. III, liv. I, p. 190 ; le chap. xii du manuscrit hiéronymite espagnol, imprimé dans *Retraite et mort de Charles-Quint*, etc., vol. II, p. 13 et 14, et d'après le plan primitif, mais modifié plus tard sur quelques points, et qui est annexé au manuscrit de don Tómas Gonzalez.

situées en plein air et formant une galerie couverte que supportaient des piliers, et que l'Empereur transforma plus tard en jardins[1]; il les orna de fleurs odoriférantes qu'il se plut à voir cultiver, les planta d'orangers, de citronniers, et y fit placer des fontaines où coulaient les eaux vives sorties des flancs ou descendues des cimes neigeuses de ces montagnes. Dans le bassin d'un réservoir qu'alimentait une source abondante et qui fut revêtu de carreaux de Hollande, se conservèrent comme en un vivier des tanches ainsi que les truites destinées à sa table les jours maigres, et pêchées surtout dans les clairs et froids torrents de Garganta-la-Olla et des villages voisins. Le corridor qui traversait le quartier d'en bas aboutissait par ses deux extrémités au jardin du monastère, que les religieux avaient cédé à l'Empereur, pour s'en ménager un autre au nord-est de leur cloître. De ce jardin couvert de verdure, rempli de plantes potagères et d'arbres à fruit, les tiges des orangers et des citronniers[2] s'élançaient jusqu'aux fenêtres de la demeure

---

[1] Quijada écrivait en septembre : « Su Magestad quiere tomar
« pasa tiempo en hacer un jardin en lo alto, que es donde
« está un terrado, el cual quiere cubrir y traer una fuente en
« medio del, y á la redonda por los lados hacer un jardin de
« muchos naranjos y flores; y lo mismo quiere hacer en lo
« bajo. » (*Retiro, estancia*, etc., fol. 158 v°, 139 r°. — *Retraite et mort de Charles-Quint*, etc., vol. I, p. 177.)

[2] « ... Y al fin rodeado todo de naranjos y cidros que se lan-

impériale, y portaient leurs belles fleurs blanches et leurs suaves odeurs.

L'appartement occupé par Charles-Quint était à l'étage supérieur. De sa chambre même, située au nord du corridor, il se trouvait en communication avec l'église du couvent, qui était contiguë, et sur laquelle s'ouvrait une fenêtre placée au niveau du maître-autel[1]. Cette fenêtre, d'où on apercevait le prêtre officiant et par où l'on pouvait entrer dans l'église, était à la fois une tribune et un passage. Elle avait la double fermeture d'un vitrage et d'une porte, et devait permettre à l'Empereur d'entendre la messe de son lit lorsqu'il serait malade et d'assister aux offices sans être au milieu des moines [2]. Il pouvait à son gré se mettre en relation avec ceux-ci, en se rendant par des communi-

---

« çan por las mismas ventanas de las quadras, alegrandolo con « olor, color y verdura. » (Fray Joseph de Siguenza, part. III, liv. I, p. 190.)

[1] Manuscrit hiéronymite, c. x, dans *Retraite et mort de Charles-Quint*, etc., vol. II, p. 10 et 11.

[2] Quijada y voyait des inconvénients. « Y tambien, dit-il, es « inconveniente que, oyendo él misa desde su cama, le vean « los frayles que la dijeren y la sirvieren. Lo otro que pienso, « no sé si me engaño, que las horas que los frayles dijeren, las « oirá Su Magestad en su cama, y esto le podrá desasosegar, « puesto que en la ventana hay vedrieras y se hace agora otra « puerta ventana que iguale con el muro. » (*Retiro, estancia*, etc., fol. 75 v°. — *Retraite et mort de Charles Quint*, etc., vol. I, p. 59.)

cations intérieures dans le chœur de leur église, où bien rester séparé d'eux en demeurant dans son indépendante habitation et sur ses terrasses cultivées.

La pièce qui servit de cabinet à Charles-Quint était au sud du corridor, dans une position ravissante, et offrait une vue magnifique. Elle était en plein soleil et plongeait sur le jardin. Des fenêtres de cette pièce, où travailla l'Empereur et où il reçut les ambassadeurs et les grands personnages qui vinrent le visiter à Yuste, s'apercevaient les groupes des coteaux environnants chargés de massifs de châtaigniers, de noyers, de mûriers, d'amandiers, et se terminant par de douces pentes dans le large et verdoyant bassin de la *Véra*. Les beaux aspects dont il jouissait de son cabinet, Charles-Quint les retrouvait sur la terrasse occidentale, lieu de prédilection où il alla fréquemment se promener et s'asseoir, un peu avant le déclin du jour, lorsque le soleil, s'abaissant déjà vers l'horizon, répandait ses feux adoucis sur la montagne et sur la plaine et les dorait encore de ses rayons. C'est de là qu'en suivant un sentier légèrement incliné il descendait sans fatigue dans le jardin, dont les murailles environnaient son appartement de tous les côtés, et dont la porte principale s'ouvrait sur la vaste forêt de chênes et de châtaigniers qui couvrait les flancs et les cimes de la montagne. Dans cette forêt, où purent paître librement les deux vaches destinées à fournir le lait de sa table, étaient disposés de loin en loin les oratoires du couvent, à quatre cents pas duquel s'élevait l'ermitage de Belem, que l'Empereur alla visiter le lendemain de son arrivée à Yuste [1].

Charles-Quint ne vécut point parmi les moines, comme on l'a cru, et à Yuste le cénobite ne cessa pas d'être empereur. S'il n'y trouva point la splendeur d'une cour, il fut tout aussi loin de s'y réduire à la nudité d'une cellule et de s'y condamner aux rigueurs de l'existence monastique. Dans cette retraite à la fois pieuse et noble, dans cette vie consacrée à Dieu et encore occupée des grands intérêts du monde, son esprit resta ferme, son âme haute, son caractère décidé, ses vues fortes; et il donna sur la conduite de la monarchie espagnole les plus habiles conseils et les directions les plus prévoyantes à sa fille, la gouvernante d'Espagne, et au roi son fils, qui les sollicitèrent avec instance et les suivirent avec respect. Il n'y eut pas en lui un seul moment d'affaiblissement moral [2], et les assertions de Robertson à cet égard ne sont pas plus vraies que ne sont exacts les récits donnés par Sandoval et par lui sur le séjour de Charles-Quint au monastère de Yuste. « Il y vivait si pauvrement, dit Sandoval, que ses ap-
« partements semblaient plutôt avoir été dépouillés

---

[1] Lettre de Quijada à Vasquez du 4 février 1557. *Retraite et mort de Charles-Quint*, etc., vol. I, p. 118.

[2] Robertson, *Histoire de Charles-Quint*, liv. XII.

« par des soldats qu'ornés pour le séjour d'un si grand
« prince. Il n'y avait qu'une tenture de drap noir, et
« encore uniquement dans la chambre où dormait Sa
« Majesté. Il n'y avait qu'un seul fauteuil, et tellement
« vieux et de si peu de valeur, que, s'il avait été mis
« en vente, on n'en aurait pas donné quatre réaux.
« Les vêtements pour sa personne n'étaient pas moins
« pauvres et toujours en noir[1]. » Robertson ajoute :
« Ce fut dans cette humble retraite, à peine suffisante
« pour loger un simple particulier, que Charles-Quint
« entra, accompagné seulement de douze domesti-
« ques[2]. »

A ces descriptions imaginées pour établir un contraste complet entre la grandeur passée du souverain et le dénûment nouveau du solitaire, nous allons substituer des descriptions certaines. Nous les tirerons du codicille[3] dans lequel l'Empereur nommait lui-même, en les récompensant, tous les serviteurs qui l'avaient suivi à Yuste, et de l'inventaire[4] que l'on dressa après

---

[1] Sandoval, *Vida del emperador Carlos V en Yuste*, § 3, p. 825.

[2] Robertson, *Histoire de Charles-Quint*, liv. XII.

[3] Qu'il fit dresser par Gaztelú le 8, et qu'il signa le 9 septembre, douze jours avant sa mort. Il est dans Sandoval, *Vida del emperador Carlos V en Yuste*, p. 881 à 891, et dans *Retiro estancia*, etc., Appendices nos 11 et 12, fol. 107 v° à 121.

[4] Cet inventaire, dressé par Quijada et Gaztelú, du 28 septembre au 1er novembre 1558, après la mort de l'Empereur, est dans *Retiro. estancia*, etc., Appendice n° 7, fol. 41 à 54.

sa mort, de tous les objets meublant ou ornant sa demeure. Sans avoir le luxe d'un palais, son habitation n'était dépourvue d'aucune des commodités intérieures que les princes se procuraient à cette époque déjà élégante, et il y jouissait des nobles agréments des arts qu'il avait le mieux aimés. Vingt-quatre pièces de tapisserie, qu'il fit venir de Flandre, les unes en soie, les autres en laine, représentant des sujets divers, des animaux, des paysages, étaient destinées à en couvrir les murailles. L'appartement qu'il occupait, et qui portait les marques du deuil que lui-même ne quitta plus depuis la mort de sa mère jusqu'à la sienne, était tendu tout entier de drap noir fin, avec des portières de la même couleur. Il y avait sept tapis de pied, dont quatre de Turquie et trois d'Alcaraz, et, à côté de bancs à dossier revêtus de tapis, l'on y remarquait trois dais de drap noir et un dais plus riche de velours noir [1].

La chambre de Charles-Quint n'avait rien de la nudité claustrale que lui prête Sandoval. Deux lits, dont l'un plus grand que l'autre, y avaient été dressés avec un luxe extraordinaire de couvertures, de matelas, de coussins [2], pour l'usage de l'Empereur, qui possédait une telle abondance de vêtements, qu'il avait jusqu'à seize robes longues, en velours, en soie, fourrées de

---

[1] Article *Tapiceria*, dans l'Inventaire, Appendice n° 7, fol. 51 v°.

[2] Appendice n° 7, fol. 52 v°

plume de l'Inde, garnies d'hermine, tissues avec des poils de chevreau de Tunis[1]. L'ameublement y consistait en douze siéges de noyer artistement travaillés et ornés de clous dorés, six bancs qui s'ouvraient et se fermaient en forme de pliants, auxquels s'adaptaient des couvertures de drap, six fauteuils de velours noir et deux fauteuils particuliers appropriés à l'état presque toujours infirme de Charles-Quint. De ces deux fauteuils, destinés à lui servir de siége quand il était malade, ou à le changer de place lorsqu'il était convalescent, le premier était entouré de six coussins pour soutenir doucement les diverses parties de son corps, avec un tabouret pour appuyer ses pieds; le second, aussi mollement rembourré, avait des bras en saillie au moyen desquels on le portait d'un lieu dans un autre[2], et notamment sur la terrasse cultivée, où il allait manger quelquefois en plein air, lorsque le temps était beau et sa santé bonne.

Les goûts vifs et délicats qu'il avait eus sur le trône pour la peinture, la musique, l'astronomie, les travaux ingénieux de la mécanique, les œuvres élevées de l'esprit, le suivirent au monastère. Le Titien avait été son peintre de prédilection : il l'avait toujours beaucoup admiré et l'avait comblé de distinctions et de

---

[1] Appendice n° 7, fol. 52 v°
[2] *Ibid.*, fol. 52 r° et v°.

présents : il lui avait donné un ordre de chevalerie, avait payé de mille écus d'or chacun de ses portraits, lui avait assigné une pension de deux cents écus d'or sur les revenus du royaume de Naples [1], et la tradition rapporte que, dans son enthousiasme pour ce grand peintre, qu'il allait voir travailler dans son atelier, il avait un jour ramassé lui-même le pinceau tombé de ses mains en disant que « le Titien méritait d'être servi par un empereur. » Le Titien avait fait son portrait à tous les âges et sous toutes les formes ; il avait peint aussi plusieurs fois l'Impératrice, dont Charles-Quint conservait un souvenir si cher. Les divers portraits de l'Empereur, ceux de l'Impératrice, au nombre de quatre, plusieurs portraits de son fils, Philippe II, de ses filles, la princesse de Portugal et la reine de Bohême, de sa fille naturelle, la duchesse de Parme, et de ses petits-enfants, tous sur toile ou sur bois [2], suspendus aux murailles de son appartement ou enfermés en des coffrets élégants, décoraient sa demeure et y rendaient sa famille comme présente à ses yeux.

Mais ce n'étaient pas seulement ces souvenirs des affections terrestres qu'il avait portés dans sa solitude, il y avait placé de beaux tableaux religieux qui plai-

---

[1] *Vie du Titien,* par Vasari, t. XIII des *Vite dé più eccelenti pittori, scultori,* etc., édit. de Milan de 1811, in-8°, p. 374-375.

[2] *Cruces, pinturas, y otras cosas,* dans l'Inventaire, fol. 50-51, et aussi fol. 42 r°.

saient à la fois à son imagination et à sa piété. Le plus magnifique comme le plus grand de ces tableaux était une *Trinité* qu'il avait commandée au Titien quelques années avant de descendre du trône[1], afin de l'avoir devant lui au monastère de Yuste, d'où elle suivit plus tard ses restes mortels[2] jusqu'à l'Escurial. Dans la partie la plus haute du ciel, au milieu d'un champ de feu, image de l'amour divin, sur des nuages tout resplendissants de lumière, le peintre avait représenté la Trinité chrétienne, qu'environnaient d'innombrables chérubins répandus jusqu'aux profondeurs les plus lointaines de l'espace, et un peu au-dessous de laquelle s'élevait la Vierge du côté du Christ. Presque aux pieds de la Trinité, et vers la gauche, Charles-Quint, soutenu par un ange qui lui montrait le saint mystère, était à genoux, les mains jointes dans l'attitude de la contemplation et de la prière. Près de lui était déposée la couronne impériale. Sa tête, nue et relevée en arrière, était empreinte des fatigues de l'âge et de l'autorité, mais exprimait les élans d'une adoraiton profonde et d'une foi suppliante. Non loin de lui, l'Impératrice, agenouillée aussi sur un nuage et doucement relevée par un ange dont le bras se plaçait au-dessous du sien,

---

[1] « Una pintura de la Trinitad, de mano del Ticiano : sobre « tela. » (*Retiro, estancia*, etc., Appendice n° 7, Inventaire, fol. 50 r°; Vasari, t. XIII, p. 376-377.)

[2] En 1574.

les mains croisées sur la poitrine, les yeux baissés et l'âme ravie, paraissait plongée dans une sainte béatitude, et l'on eût dit que, n'appartenant plus à la terre, elle jouissait déjà de ce que demandait la prière ardente de l'Empereur, prêt à franchir bientôt lui-même le seuil éternel. A quelque distance, parmi d'autres princes et d'autres princesses, apparaissait la figure, jeune, mais sévère, de Philippe II, sur laquelle se lisait une piété ferme dans une adoration tranquille. Ce groupe de la famille impériale, invoquant la Trinité, semblait protégé auprès du trône divin et comme porté jusqu'à lui par une foule de patriarches, de prophètes, d'apôtres, de saints, que précédait l'Église sous l'image d'une femme, et qui tous, dans de pieuses attitudes et avec des formes savamment hardies et admirablement variées, se déployaient dans les airs en cercle lumineux au-dessous de la Trinité céleste et formaient, pour ainsi dire, son cortége venu de la terre[1].

D'autres tableaux, la plupart œuvres du Titien, comme celui qui représentait la terrible scène du ju-

---

[1] Ce tableau, de douze pieds huit pouces de haut sur huit pieds sept pouces de large, fut transporté, en 1574, du couvent de Yuste à l'Escurial, où il fut placé dans l'*aula de Moral*; il y est resté jusqu'après 1833. Aujourd'hui il se trouve au musée royal de Madrid, sous le n° 752. Il fut gravé par Cort en 1566, sous les yeux mêmes du Titien. Cette gravure, d'après laquelle j'en ai fait la description, se voit au dépôt des estampes de la Bibliothèque impériale.

gement dernier, retraçaient sur toile, sur bois, sur des battants d'ébène qui s'ouvraient et se fermaient à volonté : le Christ flagellé ; la Vierge tenant sur ses genoux son fils descendu de la croix ; l'enfant Jésus porté au bras droit de sa mère, ayant auprès d'elle, d'un côté Joseph, et, de l'autre, Élisabeth avec saint Jean-Baptiste ; Marie tenant par la main Jésus, qui jouait avec saint Jean-Baptiste, et que contemplaient des hommes et des femmes groupés au-dessous [1]. Un peintre nommé maestro Miguel, qui était aussi sculpteur [2] et qui avait travaillé en commun avec le Titien à plusieurs de ces ouvrages, avait fait pour l'Empereur un Christ portant la croix sur la route du Golgotha, un Christ crucifié, une sculpture de la Vierge, et une peinture du saint sacrement tenu par deux anges avec des encensoirs à la main [3]. Toutes ces religieuses représentations, que complétaient et une *Annonciation de la Vierge* [4] sur bois et une *Adoration*

---

[1] *Retiro, estancia*, etc., Appendice, fol. 50.

[2] C'est peut-être le Florentin el maestro Miguel dont Cean Bermudez raconte la venue et expose les travaux en Espagne dans le deuxième volume de son *Diccionario histórico de los mas ilustres profesores de las bellas artes en España*. Madrid, 1800.

[3] *Retiro, estancia*, etc., Appendice, fol. 50-51.

[4] « Un tablero bien hecho, en forma de puertas, en madera « con dos tablitas en que hay en la una Annunciacion de Nues- « tra Señora. » (*Ibid.*, fol. 50 v°.)

des mages reproduites sur une tapisserie d'or, d'argent et de soie [1], retraçaient sans cesse aux yeux de l'Empereur la touchante histoire de la rédemption chrétienne : et l'humble naissance du Sauveur dans une crèche, et sa douce enfance, et sa passion douloureuse, et son sacrifice suprême, et son retour triomphant à la droite de son Père, d'où il répandait les rayons de sa gloire sur la famille impériale, et l'offrande journalière de son corps, au moyen de laquelle il unissait à lui l'humanité purifiée.

Charles-Quint possédait également à Yuste plusieurs reliquaires, dans lesquels il avait d'autant plus de confiance, qu'ils lui avaient été transmis comme contenant du bois de la vraie croix [2]; et il gardait avec un soin pieux le crucifix que l'Impératrice expirante avait tenu entre ses mains, et que lui [3] et son fils devaient avoir entre les leurs au moment de la mort. Des objets bien

---

[1] « Una pieza de tapiceria de oro, plata y seda, que es la « Adoracion de los reyes. » (*Retiro, estancia*, etc., Appendice, fol. 50 v°.)

[2] « Una cruz mediana de oro, y la custodia en que está de « plata dorada que tiene muchas reliquias y entre otras la de « la vera cruz... Otra cruz de oro con un *lignum* crucis. » (*Retiro, estancia*, etc., Appendice, fol. 48 r°.) « Una cadenilla de oro con « una cruz de lo mismo en que dicen que hay palo de la vera « cruz. » (*Ibid.*, fol. 49 r°.)

[3] « El crucifijo con que murió Su Magestad y la emperatriz. » *Ibid.*, fol. 49 r°.)

différents, capables de distraire son esprit et d'occuper ses loisirs, avaient été portés au monastère de Yuste pour les travaux de mécanique, d'horlogerie, d'astronomie et de géographie. Le savant mécanicien Giovanni Torriano[1], que secondait un horloger ordinaire appelé Jean Valin, avait construit pour l'Empereur quatre belles et grandes horloges[2], outre un nombre considérable de petites horloges portatives, qu'on a depuis appelées montres, et auxquelles il travaillait à Yuste avec Charles-Quint. La plus grande des quatre horloges, enfermée dans sa caisse et posée sur une table de noyer, était dans la chambre de l'Empereur; les trois autres, dont l'une se nommait *el portal* (le portique), l'autre *el espejo* (le miroir), et dont la dernière était sur pied, mais sans nom[3], avaient été pla-

---

[1] Le fameux Cardan, après avoir parlé, dans le livre XVII, *De artibus*, des horloges à ressorts et à roues dentelées qui avient succédé aux horloges à poids et à cordes, et dans la confection desquelles excellait Giovanni Torriano, dit qu'il fit, au moyen de ressorts et de cercles sur un char de campagne, un siége où l'Empereur était immobile quel qu'en fût le mouvement, et qu'il construisit pour lui une horloge qui donnait toutes les divisions de la terre et tous les mouvements des astres dans le ciel. Cardan, *De subtilitate*, p. 478, édit. pet. in-fol., Bâle, 1582.

[2] « Otros reloges redondos, pequeños para traer en los « pechos. » (*Retiro, estancia*, etc., Appendice n° 7, Inventaire, fol. 51 v°.)

[3] *Ibid.*, fol. 51 r° et v°.

cées dans d'autres pièces de la résidence impériale. Charles-Quint avait aussi un cadran solaire doré et tous les instruments pour en faire d'autres[1].

Les instruments de mathématiques ne lui manquaient pas non plus, et il avait des quarts de cercle, des compas, une règle géométrique à compartiments, deux astrolabes, un anneau astronomique[2], des miroirs de cristal de roche et des lunettes[3], pour lever les hauteurs, mesurer les distances et aider sa vue imparfaite ou fatiguée. Avec une carte marine que lui avait envoyée le prince Doria, il avait des cartes d'Italie, d'Espagne, de Flandre, d'Allemagne, de Constantinople, des Indes[4], sur lesquelles il pouvait suivre du fond de sa retraite les événements du monde.

Sa bibliothèque ne consistait qu'en quelques livres de science, d'histoire, de philosophie chrétienne et de pratique religieuse. L'*Almageste*, ou la grande composition astronomique de Ptolémée, qui restait encore l'explication et la règle des mouvements célestes; l'*Astronome impérial* de Santa-Cruz, qui avait donné des

---

[1] *Retiro, estancia*, etc., Appendice n° 7. Inventaire, fol. 43 v° 148 v°.

[2] « Dos astrolabios y una sortija con que se mira que hora es y se toma el sol. » (*Ibid.*, fol. 51 r°.)

[3] Il en est dénombré plus de trente paires. *Ibid.*, fol. 43 v° et 44 r°.

[4] *Ibid.*, fol. 43 r° et v°.

leçons de mathématiques à Charles-Quint ; les *Commentaires* de César ; les *Histoires* d'Espagne dans les temps anciens et durant le moyen âge, qu'avait réunies Florian de Ocampo, l'un de ses trois chroniqueurs ; plusieurs exemplaires de la *Consolation* de Boëce en français, en italien et en langue romane ; les *Commentaires sur la guerre d'Allemagne*, par le grand commandeur d'Alcantara ; le poétique roman du *Chevalier délibéré* ; les *Méditations* de saint Augustin ; deux autres livres de *Méditations* pieuses ; les ouvrages du docteur Constantin Ponce de la Fuente et du Père Pedro de Soto sur la doctrine chrétienne ; la *Somme des mystères chrétiens*, par Titelman ; deux *Bréviaires* ; un *Missel* ; deux *Psautiers* enluminés ; le Commentaire de fray Tomas de Portocarrero sur le psaume *In te, Domine, speravi*, et des *Prières tirées de la Bible*[1] : tels étaient les sujets habituels de ses lectures.

Plusieurs de ces livres avaient un intérêt particulier pour lui. Les *Commentaires* sur la guerre de 1546 et 1547 contre les protestants d'Allemagne avaient été écrits en espagnol sous son inspiration par don Luis de Avila y Zuñiga, puis traduits en latin par van Male, et rapidement publiés aussi en italien et en français[2].

---

[1] *Retiro, estancia*, etc., Appendice n° 7, Inventaire, fol. 42 v° et 43 r°.

[2] En Espagne d'abord, vers 1548, puis chez Jean Steelz, à Anvers, en 1550, dans l'original espagnol et la traduction

Charles-Quint avait pris une part plus active encore à une autre œuvre : il avait traduit en grande partie en langue espagnole et avec le rhythme castillan le poëme du *Chevalier délibéré*, dans lequel Olivier de la Marche avait retracé allégoriquement la vie aventureuse de son bisaïeul Charles le Téméraire. Cette traduction, qu'il remit à don Fernand de Acuña, fut achevée par ce gentilhomme lettré, qui savait aussi bien écrire que combattre, et auquel l'Empereur avait confié, après la bataille de Muhlberg, la garde de l'électeur de Saxe Jean-Frédéric[1]. Ce fut l'un des exemplaires de cette traduction, imprimée par ses ordres, en 1555, chez Jean Steelz, à Anvers, sous le titre du *Caballero determinado*, que Charles-Quint porta à Yuste, en même temps que le poëme français, couvert d'enluminures[2]. Les commentaires de César dont il se servait n'étaient pas en latin ; il ne comprenait pas très-bien cette langue, que son gouverneur Chièvres avait presque interdit au docte précepteur Adrien de lui apprendre à fond, pendant ses jeunes années, parce qu'il prétendait qu'un

---

latine et dans une traduction flamande; à Paris, en français, en 1551; en italien, à Venise, en 1549 et 1553. *Lettres de Malinæus* (van Male) *sur la vie intérieure de Charles-Quint*, par le baron de Reiffenberg; *Introd.*, p. xxiv-xxv, et p. 8-9, gr. in-8°, Bruxelles, 1843.

[1] *Lettre de Malinæus*, du 13 janvier 1551. *Ibid.*, p. 15-16.
[2] Avec des couvertures de velours cramoisi. *Retiro, estáncia*, etc., Appendice n° 7, Inventaire, fol. 43 v°.

roi devait être élevé dans les exercices guerriers d'un gentilhomme, et non au milieu des livres comme un savant[1]. Aussi avait-il eu recours à une traduction des *Commentaires* de César en italien-toscan[2], qui était alors la langue de la politique et de la guerre, et qui seule pouvait rendre, avec sa mâle simplicité et dans sa rapidité élégante, l'œuvre du conquérant de la Gaule et du dominateur de Rome

Ce livre, digne de servir de modèle à ceux qui, après avoir fait de grandes choses, voulaient les écrire, était sans doute déjà sous les yeux de Charles-Quint lorsque, arrivé au comble de la puissance et de la gloire, il commença, dans l'été de 1550, ses propres Commentaires, dont son confident littéraire van Male parle en ces termes : « Dans les loisirs de sa navigation sur le
« Rhin, l'Empereur, livré aux plus libérales occupa-
« tions sur son navire, a entrepris d'écrire ses voyages
« et ses expéditions depuis l'année 1515 jusqu'à pré-
« sent. L'ouvrage est admirablement poli et élégant,
« et le style atteste une grande force d'esprit et d'élo-
« quence. A coup sûr, je n'aurais pas cru facilement
« que l'Empereur possédât des qualités pareilles, puis-
« qu'il m'a avoué lui-même qu'il n'en devait rien à

---

[1] *Vita Hadriani sexti*, auctore Gerardo Moringo, cap. xii, p. 30-31, dans Casparus Burmannus, in-4°, Utrecht, 1727.

[2] « Los Commentarios de Cesar en Toscano. » (*Retiro, estancia*, etc., Appendice n° 7, Inventaire, fol. 43 r°.)

« l'éducation et qu'il les avait entièrement puisées
« dans ses seules méditations et dans son travail. Quant
« à l'autorité et à l'agrément de l'ouvrage, ils consis-
« tent surtout en cette fidélité et cette gravité aux-
« quelles l'histoire doit son crédit et sa puissance[1]. »
Si Charles-Quint continua dans le couvent de l'Estrémadure ces précieux mémoires commencés sept années
auparavant sur le Rhin, ses propres scrupules[2], et
peut-être les conseils trop humbles du Père Borja[3], et
les volontés trop hautaines de Philippe II, les ont déro-
bés à la curiosité du monde[4].

[1] Lettre de Malinæus, écrite, le 17 juillet 1550, d'Augsbourg, dans Reiffenberg, p. 12.

[2] Charles-Quint avait d'abord permis à van Male de les traduire en latin, après qu'ils auraient été vus par Granvelle et
par son fils, et van Male se proposait de les traduire en style
composé des styles mêlés des plus célèbres historiens latins.
« Statui, disait-il au seigneur de Prat, novum quoddam scri-
« bendi temperamentum effingere mixtum ex Livio, Cæsare,
« Suetonio, Tacito. » Mais bientôt Charles-Quint s'était ravisé,
et van Male ajoutait déjà : « Iniquus tamen est Cæsar et nobis
« et sæculo, quod rem supprimi velit et servare centum clavi-
« bus. » (Ibid., p. 13.)

[3] Sandoval, Historia de Carlos V, liv. XXXII, § 15. Il paraît
que le Père Borja dissuada Charles-Quint de publier ses Commentaires. Voyez l'article de M. Macaulay dans la Revue bri-
tannique, année 1842

[4] Van Male mourut en janvier 1561, après avoir lacéré et
brûlé beaucoup de papiers; mais Philippe II, en apprenant sa
mort, craignit qu'il n'eût fait une histoire de Charles-Quint, et
il écrivit à Granvelle, le 17 février, de visiter les papiers de

Charles-Quint tenait ses propres papiers dans un grand portefeuille de velours noir, qui, à sa mort, fut envoyé cacheté à la gouvernante d'Espagne, sa fille[1]. Ce portefeuille restait toujours dans sa chambre, où se

---

van Male et de lui envoyer ceux que van Male pouvait avoir écrits sur l'histoire de l'Empereur son père, afin qu'il les jetât au feu. *Papiers d'État du cardinal de Granvelle*, t. VI, p. 273. Granvelle répondit, le 7 mars, à Philippe II, pour le rassurer, en lui disant : « Qu'il n'avait rien trouvé dans les papiers de « van Male, qu'il s'était plaint que Quijada lui eût enlevé de « force les Mémoires qu'il avait écrits avec l'Empereur, et qui, « de plus, avait détruit beaucoup de papiers avant de mourir. » (*Ibid.*, t. VI, p. 291.) — Depuis lors on ne trouve plus aucune trace des *Commentaires de Charles-Quint*, qui ont été perdus ou détruits, et sur le sort desquels M. Gachard a inséré une intéressante dissertation dans le *Bulletin de l'Académie de Bruxelles*, t. XII, Ire partie, p. 29-38. — Tout récemment, D. Manuel Garcia Gonzalez, garde des archives royales de Simancas, a transmis à M. Gachard une liste des objets ayant appartenu à Charles-Quint et réservés pour le roi son fils. Il s'y trouve cette indication précieuse : « Una bolsa de terciepolo negro de papeles, la cual llevó el señor Luis Quijada, con algunos papeles de importancia, sellados, para entregallo todo á Su Magestad Real. Lo cual estaba á cargo de Guillermo Malineo, segan dijo el dicho Joanes (Janin Stercke que servia en Yuste de guardajoyas). »

M. Gachard, dans une nouvelle dissertation sur les *Commentaires de Charles-Quint*, a conclu, avec toute vraisemblance, que les papiers contenus dans ce sac de velours étaient les Mémoires de l'Empereur pris à van Male par Quijada, et remis à Philippe II, qui les jeta au feu, comme il y aurait jeté l'histoire de l'Empereur par van Male si on l'avait trouvée à Bruges. (*Académie royale de Belgique*, vol. XXI des Bulletins, n° 6.)

[1] *Retiro, estancia*, etc., fol. 43 v°.

voyaient encore toutes sortes de joyaux et de petits meubles délicatement travaillés en argent, en or, en émail, contenus dans des boites couvertes de velours de diverses couleurs ; les plus précieux étaient sans doute ceux qui renfermaient des substances auxquelles la crédulité du temps attribuait des vertus curatives. Charles-Quint possédait une grande quantité de ces talismans médicaux : il avait des pierres incrustées dans de l'or propres à arrêter le sang [1]; deux bracelets et deux bagues en or et en os contre les hémorroïdes [2]; une pierre bleue enchâssée dans des griffes d'or pour préserver de la goutte [3]; neuf bagues d'Angleterre contre la crampe [4]; une pierre philosophale que lui avait donnée un certain docteur Beltran ; enfin, plusieurs pierres de bézoard venues d'Orient et destinées à combattre diverses indispositions [5]. Avec ces merveilleux spécifiques il aurait dû être délivré de toutes ses maladies. Mais, si son imagination avait pu le disposer un moment à mettre en eux quelque espérance, l'intraitable réalité l'avait ramené bien vite aux ordonnances

---

[1] « Una sortija de oro con piedra de restañar sangre; otra « piedra de la misma virtud engastada en oro. » (*Retiro estancia*, fol. 48 v°.)

[2] *Ibid.*, fol. 48 v°.

[3] « Una piedra azul, con dos corchetes de oro que dicen « que es buena para la gota. » (*Ibid.*, fol. 48 r°.)

[4] *Ibid.*, fol. 48 v°.

[5] *Ibid.*, fol. 41.

presque aussi vaines de son médecin Mathys et aux remèdes non moins impuissants préparés par son pharmacien Overstraeten.

L'argenterie qu'il avait portée au monastère était appropriée avec profusion aux besoins variés de sa personne et de sa maison. Il avait en vermeil et double tout le service pour l'autel de sa chapelle particulière [1]. Des cadres d'or, d'argent et d'émail contenaient toutes sortes de joyaux ou d'objets de prix. La vaisselle de sa table, les objets destinés aux soins assez recherchés de sa toilette ou employés dans l'intérieur de sa chambre, des vases, des bassins, des aiguières, des flacons de toutes dimensions, des ustensiles de toute espèce, des meubles de diverses natures pour sa cuisine, sa cave, sa paneterie, sa brasserie, sa pharmacie, etc...., étaient en argent et pesaient au delà de quinze cents marcs [2].

Loin d'être indigente et restreinte, comme l'ont prétendu Sandoval et Robertson, la maison de Charles-Quint comprenait des serviteurs dont le nombre était aussi étendu et dont les fonctions étaient aussi variées que pouvaient l'être ses besoins. Elle se composait de cinquante personnes qui en remplissaient les divers

---

[1] « Plata de la capilla. » (*Retiro, estancia,* etc., fol. 44.)

[2] « Plata de la capilla, plata que servia en la cámara, en la « panateria, en la cava, en la sauseria, en la botica, en la ce- « reria, y al cargo del guardajoyas. » (*Ibid.*, fol. 44-49.)

offices[1]. Le majordome Luis Quijada en avait la suprême direction. En l'attachant définitivement à son service, l'Empereur lui accorda le traitement qu'avait eu le marquis de Denia lorsqu'il était auprès de sa mère Jeanne la Folle, dans le château de Tordesillas. Venaient ensuite, en les classant d'après la somme d'argent qu'ils recevaient chaque année, d'abord le secrétaire Gastelú et le médecin Mathys, ayant l'un et l'autre 150,000 maravédis de gages ou 750 florins, dont la valeur équivaudrait à celle de 16,000 francs au moins de notre monnaie[2], puis le Franc-Comtois Guyon de Moron, à qui il était alloué 400 florins comme maître de la garde-robe[3].

[1] Voir cette liste tirée des archives de Simancas, avec les noms dont l'exactitude est rétablie par M. Gachard aux pages L et LI de la préface de *Retraite et mort de Charles-Quint*, etc.

[2] Le florin de Flandre pesait alors 6 fr. 97 cent. de notre monnaie et valait 200 maravédis du temps. La valeur du florin serait aujourd'hui trois fois plus forte au moins que son poids métallique, à cause de l'abaissement successif du pouvoir de l'argent, qui se fit sentir surtout dans le seizième siècle, par suite de la découverte des mines du nouveau monde. D'après les évaluations savantes et judicieuses de M. Leber dans le Mémoire sur l'appréciation de la fortune privée au moyen âge, inséré dans le premier volume des *Savants étrangers* du Recueil de l'Académie des inscriptions et belles-lettres, le pouvoir de l'argent descendit, sous le même poids, de 11 à 6, depuis Charlemagne jusqu'au premier quart du seizième siècle, à 4 dans le deuxième quart, à 3 dans le troisième quart, et à 2 dans le dernier quart.

[3] Codicille. «A Guyon de Moaran my guardarropa, etc. » (*Re-*

Le service de la chambre impériale était confié à quatre *ayudas de cámara*, qui étaient Guillaume van Male, Charles Prévost, Ogier Bodard, Matthieu Routart, ayant chacun 300 florins, et à quatre *barberos* ou sous-aides nommés Guillaume Wyckersloot, Nicolas Bénigne, Dierick Tack et Gabriel de Suert, en recevant tous 250[1]. Le savant et habile Giovanni Torriano avait une pension un peu plus forte, puisqu'il touchait 350 florins; mais l'horloger, Jean Valin, n'en avait que 200[2]. Les autres serviteurs de Charles-Quint, la plupart Belges ou Bourguignons, étaient un apothicaire et son aide de pharmacie, un panetier et son aide, deux boulangers dont un Allemand, deux cuisiniers et deux garçons de cuisine, un sommelier pour le vin avec un valet de cave, un brasseur et un tonnelier, un pâtissier, deux fruitiers, un saucier et son aide, un chef du garde-manger et son contrôleur, un cirier, un pourvoyeur de volaille, un chasseur de gibier, un jardinier, trois laquais porteurs de litière, un garde-joyaux, un portier, un écrivain employé dans l'office de fray Lo-

tiro, estancia, etc., Appendice n° 12, fol. 115 v°.) Il était baron et seigneur de Terny et de Beaumont. Il fut brûlé en 1565 par l'Inquisition. — P. 26, note 2 du manuscrit hiéronymite analysé par M. Bakhuizen. — Groen van Prinsterer, *Archives de la maison de Nassau*, t. I, p. 278.

[1] *Retiro, estancia*, etc., Codicille, Appendice n° 12, fol. 116 et 117 r°.

[2] *Ibid.*, fol. 117-120.

renzo del Losar, auquel l'Empereur confia les approvisionnements de sa maison, enfin deux lavandières, Hippolyta Reynier, femme de van Male, et Ysabeau Pletinckx, ayant soin, l'une du linge de corps, l'autre du linge de table. Charles-Quint avait de plus amené pour lui l'aumônier George Nepotis, et pour les gens de sa maison, le moine franciscain Jean de Halis, qui les confessait et leur administrait à Jarandilla les sacrements de l'Église. La totalité de leurs gages montait à plus de 10,000 florins, qui auraient aujourd'hui la valeur d'environ 210,000 de nos francs [1].

Avant de partir de Jarandilla, Charles-Quint avait distribué en présents tous ses chevaux, qui lui étaient désormais inutiles, et n'en avait gardé qu'un seul déjà vieux et plus accommodé à son usage en ce pays de montagnes, si toutefois ses infirmités lui permettaient de s'en servir encore. Il avait renvoyé trente bêtes de somme à Valladolid, et n'avait conservé que six mulets et deux mules [2] pour les transports habituels entre Yuste et les villages voisins. Les relations étaient surtout très-fréquentes avec le village de Quacos, situé à

---

[1] D'après l'évaluation métallique relative ci-dessus.

[2] C'est ce que Quijada avait écrit à Vasquez le 2 février, en lui disant que l'Empereur « enviara á Valladolid treinta acé-
« mias; que los caballos todos los habia regalado, quedandose
« solo con uno, con seis mulos, dos mulas, y dos literas y una
« silla de manos. » (*Retiro, estancia*, etc., fol. 91 v°.)

une demi-lieue du couvent, et où s'établirent Quijada, Moron, Gaztelù et tous ceux qui ne purent pas être logés à Yuste, mais qui y vinrent tous les jours. Charles-Quint ne garda auprès de lui que les serviteurs dont la présence lui était le plus indispensable. Les *ayudas de cámara*, les *barberos*, les cuisiniers, les panetiers et même l'horloger, habitèrent une partie du nouveau cloître disposée pour eux; le médecin, le boulanger, le brasseur, occupèrent l'hôtellerie même du monastère. Ils pénétraient facilement dans la demeure impériale, tandis que tous les passages qui pouvaient les mettre en communication avec les moines furent soigneusement fermés [1]. La maison de Charles-Quint formait ainsi, soit à Yuste, soit à Quacos, un établissement commode et complet, qui non-seulement satisfaisait aux services divers de sa personne, mais où se fabriquait encore tout ce qui lui était nécessaire, depuis le pain de sa table jusqu'aux remèdes pour ses maladies, depuis le vin et la bière de sa cave jusqu'à la cire pour sa chapelle.

Dès qu'il fut entré à Yuste, la princesse sa fille, afin de faciliter ses approvisionnements, avait transmis, au nom du roi, l'ordre suivant à la ville la plus voisine : « Notre corrégidor ou juge de résidence dans la cité

---

[1] Sandoval, *Vida del emperador en Yuste*, d'après le manuscrit du prieur fray Martin de Angulo, § 11, p. 824.

« de Plasencia, ou votre lieutenant : vous avez déjà
« appris comment l'Empereur, mon seigneur, s'est
« retiré dans le monastère de Yuste, de l'ordre de
« Saint-Jérôme, où est maintenant son impériale per-
« sonne. Et parce qu'il sera besoin, pour son service
« et pour les subsistances de sa maison et de ses ser-
« viteurs, qu'on tire de cette cité et de son territoire
« beaucoup de vivres et toutes les autres choses néces-
« saires, je vous ordonne de mettre un soin tout par-
« ticulier à ce que les personnes qui se présenteront à
« cet effet soient expédiées et pourvues avec beaucoup
« d'attention et de diligence, ainsi qu'il convient. Nous
« nous tiendrons en cela pour bien servie par vous [1]. »
La gouvernante d'Espagne plaça aussi à Quacos un juge
licencié nommé Murga, avec son greffier et son alguazil [2], pour prévenir ou terminer les différends qui s'é-
lèveraient entre les gens de l'Empereur et les habitants
du pays, ce qui eut lieu en quelques rencontres.

La vie de Charles-Quint au monastère de Yuste,
composé de trente-huit religieux, y compris le prieur
et son vicaire, était entièrement séparée de celle des
moines, avec lesquels il n'avait que des rapports religieux. Il avait choisi parmi eux son confesseur, frère

---

[1] *Retiro, estancia,* etc., fol. 93.

[2] Ils sont mentionnés dans le codicille de l'Empereur, qui s'en remet à sa fille pour la récompense qui doit leur être ac-cordée. Appendice nº 12, fol. 120 rº.

Juan Regla; son lecteur, frère Bernardino de Salinas, docteur de l'Université de Paris; et ses trois prédicateurs, frère Francisco de Villalba du couvent de Montamarta près de Zamora, et plus tard chapelain de Philippe II à l'Escurial, frère Juan de Açaloras, profès de Notre-Dame de Prado dans le voisinage de Valladolid, depuis évêque des Canaries, et frère Juan de Santandres, appartenant au monastère de Santa Catalina à Talavera. Les deux premiers avaient d'assez grandes connaissances théologiques et beaucoup d'éloquence religieuse. Le dernier était doué d'une piété plus simple, accompagnée d'une onction touchante [1].

Juan Regla avait acquis de la célébrité comme confesseur, et il avait dû à son savoir et à sa doctrine d'être envoyé, en 1551, au concile de Trente comme l'un des théologiens du royaume d'Aragon. Né de pauvres paysans, dans une humble cabane des montagnes de Jaca, sa vive intelligence et le désir de s'instruire l'avaient conduit, à l'âge de quatorze ans, dans la ville de Saragosse. Il y avait vécu d'aumônes à la porte de Santa Engracia, qui lui avait donné tout à la fois la nourriture du corps et celle de l'esprit, et que, par une affectueuse reconnaissance, il appela depuis lors sa

---

[1] Siguenza, part. III, cap. xxxvii, p. 192-193. — Manuscrit hiéronymite, ch. xx, dans *Retraite et mort de Charles-Quint*, etc., vol. II, p. 24-25.

mère. Sur la recommandation des hiéronymites, qui avaient remarqué la studieuse régularité de sa vie et son ardeur intelligente, il avait été placé auprès du fils d'un riche *cavallero* qu'il avait accompagné à l'université de Salamanque. Il avait consacré treize années à la connaissance du grec et de l'hébreu, aux arts de l'école et aux sciences de la foi. Devenu un profond théologien, un docte canoniste, un casuiste délié et un linguiste habile, il avait pris l'habit religieux dans le monastère même où il avait reçu le pain de la charité et où son intelligence s'était ouverte aux premiers rayons du savoir [1]. A son retour de Trente, il en avait été nommé prieur. Ni sa participation au concile, ni la dignité religieuse dont l'avait revêtu la confiance des moines de Santa Engracia ne l'avaient soustrait aux poursuites de l'inquisition espagnole, qui l'avait contraint d'abjurer dix-huit propositions dénoncées comme suspectes par les jésuites, auxquels Juan Regla ne pardonna jamais cette attaque et cette humiliation [2].

Son gouvernement triennal était expiré lorsque Charles-Quint l'avait appelé à Jarandilla [3] pour lui donner la direction de sa conscience. Juan Regla s'é-

[1] Toute son histoire est racontée par Siguenza, partie III, lib. II, p. 446-449.

[2] Llorente, *Histoire critique de l'Inquisition*, t. III, c. XXIX, art. 2, § 8.

[3] Lettre de Gaztelú à Vasquez du 16 janvier 1557, *Retraite et mort de Charles-Quint*, etc., vol. I, p. 90.

tait montré comme épouvanté d'une pareille charge et avait voulu d'abord la refuser. « Pourquoi donc? lui demanda l'Empereur. — Parce que, répondit le moine, je suis insuffisant et ne me trouve point digne de servir en cela Votre Majesté. — Rassurez-vous, frère Juan, lui dit l'Empereur, j'ai eu près de moi, pendant un an entier, avant mon départ de Flandre, cinq théologiens et canonistes avec lesquels j'ai déchargé ma conscience sur toutes les affaires passées; vous n'aurez à connaitre que ce qui surviendra à l'avenir[1]. » Juan Regla était timide et insinuant, scrupuleux et soumis, et son caractère faisait de lui un confesseur porté au respect et à l'obéissance, comme il le fallait à un pénitent aussi impérieux.

Charles-Quint voulut qu'il fût assis en sa présence, non-seulement quand ils étaient seuls, mais devant Quijada même, qui ne pouvait pas s'accoutumer à cet abandon de l'étiquette impériale et que choquait toujours la vue d'un simple moine dans une position aussi familière à côté d'un grand empereur. Regla se jeta plusieurs fois aux genoux de Charles-Quint pour qu'il lui permît de rester debout, parce qu'il sentait la rougeur lui monter au front lorsque entrait quelqu'un. « Ne vous inquiétez point de cela, lui répondit l'Empe-

---

[1] Siguenza, c. xxxvi, p. 190, part. III. — Manuscrit hiéronymite analysé par M. Bakhuisen, c. xvi, p. 30.

reur. Vous êtes mon maître et mon père en confession ; je suis bien aise qu'on vous voie assis, et je ne le suis pas moins de voir que vous changiez de visage[1]. » Mais, s'il le respecta comme pénitent, il l'asservit comme maître. Il exigea qu'il fût toujours prêt à se rendre à ses commandements ; et un jour que Juan Regla était allé dans la ville voisine de Plasencia, l'Empereur lui dépêcha un exprès pour le faire revenir. « Sachez, frère Juan, lui dit-il à son retour, que c'est ma volonté bien arrêtée que vous ne sortiez point d'ici sans que j'en sois instruit, parce que j'entends que vous ne me quittiez pas un seul instant. » Le moine tout ému s'excusa, et il ne s'éloigna plus du monastère jusqu'à la dernière heure de l'Empereur[2]. Il fut l'un des exécuteurs testamentaires de Charles-Quint, et après avoir été son confesseur à Yuste, il devint celui de Philippe II à l'Escurial[3].

Charles-Quint, comme on l'a déjà vu, avait toujours été très-pieux[4]. Il avait la foi rude et l'intolérance violente d'un Espagnol. Il portait dans les pratiques religieuses la régularité zélée qu'il mettait dans ses

---

[1] Siguenza, part. III, lib. II, p. 448.
[2] Manuscrit hiéronymite, c. xvi, dans *Retraite et mort de Charles-Quint*, etc., vol. II, p. 19-20.
[3] Siguenza, part. III, p. 448, 449.
[4] Voir Contarini, en 1525, Tiepolo, en 1552, dans Alberi, série I, vol. II, p. 61, et vol. I, p. 65.

croyances. Avant de se retirer au monastère il entendait tous les jours, en se levant, une messe privée pour l'âme de l'Impératrice ; et après avoir donné quelques audiences et expédié les affaires les plus urgentes, il allait à une messe publique dans sa chapelle [1] ; le dimanche et les fêtes solennelles, il assistait aux vêpres et à la prédication ; quatre fois au moins par an il se confessait et communiait [2]. Souvent on le voyait en prière devant la croix : il y avait passé plusieurs heures de la nuit qui précéda la bataille d'Ingolstadt. Ce fut pour ainsi dire de son prie-Dieu qu'il s'élança avec une valeureuse impétuosité à la défense de son camp, attaqué par l'armée luthérienne, beaucoup plus forte que la sienne [3]. Il parcourait à cheval le front de ses troupes au milieu des décharges de l'artillerie ennemie, lorsque le vieux Granvelle, effrayé de son péril, lui fit dire, de la part de son confesseur, de ne pas s'exposer ainsi. Avec une intrépidité résolue et une foi confiante, il répondit « qu'on n'avait pas encore vu un roi ou un empereur mourir d'un coup de canon, et que si le sort avait décidé de commencer par lui, il valait mieux qu'il mourût ainsi que de vivre de l'autre manière [4]. »

---

[1] Bernardo Navagero, en 1546 ; dans Alberi, sér. I, v. I, p. 342.
[2] Marino Cavalli, en 1551 ; *Ibid.*, vol. II, p. 213.
[3] Feder. Badoaro, en 1557. Ms. Saint-Germain Harlay, n° 277.
[4] Relazione di Moncenigo, en 1548, dans Bucholtz, *Geschichte der Regierung Ferdinand des ersten*, t. VI.

La vie religieuse qu'il avait menée sur le trône, il la continua dans le monastère. Chaque jour il y faisait dire quatre messes et offrir le sacrifice chrétien pour l'âme de son père, celle de sa mère, celle de sa femme et la sienne; c'est à cette dernière qu'il assistait, soit dans le chœur de l'église, où on lui avait élevé une petite tribune séparée, soit de la fenêtre de sa chambre, où il se plaçait toujours pour entendre les vêpres. Les jeudis, une messe du saint sacrement, dans lequel il avait conservé, comme toute sa race, la plus grande dévotion, était célébrée pour lui en plein-chant et avec la pompeuse solennité de la Fête-Dieu[1]. La musique le charmait autant que la peinture, et son ancienne chapelle impériale, où se trouvaient quarante chantres des mieux exercés et des plus habiles, avait été réputée la première de toute la chrétienté[2]. Aussi, quand il fut à Yuste, y fit-on venir, par ses ordres, des divers couvents de l'Espagne, les moines qui avaient les voix les plus belles et qui chantaient le mieux. On y appela du monastère de Saint-Barthélemy de Lupiana fray Antonio de Avila pour servir d'organiste, ainsi que deux ténors, deux contralto, deux basses-tailles et deux dessus, qui furent choisis dans les maisons hiéronymites

---

[1] Manuscrit hiéronymite, c. xxi; dans *Retraite et mort de Charles-Quint*, etc., vol. II, p. 25-26.

[2] Marino Cavalli, dans Alberi, série I, vol. II, p. 207 208.

de Valence, de Prado, de Zamora et de Ségovie. Plus tard, cette musique fut complétée par la venue du frère Juan de Villamayor, qui passa du monastère del Parral à Ségovie dans celui de Yuste pour être maître de chapelle et basse-taille, et par celle d'un nouveau ténor, d'une nouvelle basse, d'un nouveau dessus, tirés des couvents de Barcelone, de Talavera de la Reyna, d'Estrella et de Saragosse. Après la mort de Charles-Quint, ils reçurent tous un don comme prix de leur déplacement et en témoignage de la satisfaction que l'Empereur avait eue à les entendre[1].

La distribution de la journée de l'Empereur à Yuste était très-régulière; mais l'ordre en était fréquemment troublé par la politique et par les affaires. En s'éveillant il avait coutume de manger, son estomac ne pouvant jamais rester vide. Cette habitude était si impérieuse qu'elle ne cédait ni à la maladie ni à la dévotion. Les jours même où il communiait, il n'était pas à jeun, contrairement à la règle catholique, en recevant l'hostie consacrée; et par une exception extraordinaire, une bulle du pape Jules III l'y avait autorisé sur sa demande, en 1554. Jules III disait dans cette bulle : « Votre Majesté nous a fait connaître qu'elle était poussée et contrainte par l'état de sa santé et d'a-

---

[1] Leurs noms et la somme d'argent qui fut donnée à chacun d'eux sont dans *Retiro, estancia*, etc., fol. 255 v° à 257 r°.

près le conseil de ses médecins à prendre, pour le soutien de son estomac, un léger déjeuner les jours même où elle avait coutume de recevoir la très-sacrée eucharistie, et elle nous a supplié de lui accorder à cet égard, en vertu de l'autorité apostolique, une absolution pour le passé et une dispense pour l'avenir. C'est pourquoi, considérant cette nécessité où vous êtes et reconnaissant l'esprit pieux et sincère avec lequel Votre Majesté a constamment respecté et en toute rencontre défendu la religion catholique et les constitutions des saints Pères, nous vous déchargeons, au nom du Seigneur, de tout scrupule de conscience que vous pourriez avoir conservé à ce sujet ; et au nom du même Seigneur, en vertu du pouvoir qu'il nous a conféré, nous vous autorisons avec indulgence à prendre la nourriture dont vous avez besoin avant de recevoir le très-saint sacrement de l'eucharistie. » Le pape terminait en conjurant Charles-Quint de veiller à la conservation d'une santé sur laquelle reposait à un si haut point le salut de la république chrétienne[1].

Dès que la porte de l'Empereur était ouverte, le confesseur Juan Regla entrait dans sa chambre, où il était souvent précédé par Juanello ; Charles-Quint priait avec l'un et travaillait avec l'autre. A dix heures, les

---

[1] Cette bulle, du 19 mars 1554, est dans Siguenza, part. III c. xxxvii, p. 194.

ayudas de cámara et les *barberos* l'habillaient. Lorsque sa santé le lui permettait, il allait à l'église, ou bien de sa chambre il entendait la messe avec un profond recueillement. L'heure du dîner venue, il aimait à découper lui-même ce qu'il mangeait quand ses mains étaient libres, et il avait auprès de lui van Male et le docteur Mathys, tous les deux fort doctes, qui lui faisaient une lecture ou l'entretenaient de quelque sujet intéressant d'histoire et de science. Après le dîner, revenait Juan Regla, qui lui lisait d'ordinaire un fragment de saint Bernard, ou de saint Augustin, ou de saint Jérôme, sur lequel s'engageait une conversation pieuse. Charles-Quint prenait ensuite un peu de repos dans une courte sieste. A trois heures, il se rendait les mercredis et les vendredis au sermon de l'un de ses trois prédicateurs, ou, s'il ne pouvait pas y assister, ce qui lui arrivait souvent, Juan Regla était chargé de lui en rendre compte. Les lundis, les mardis, les jeudis, les samedis, étaient consacrés à des lectures que lui faisait le docteur Bernardino de Salinas [1]. Ces pauvres moines n'étaient, du reste, jamais pleinement rassurés devant lui, et dans le religieux pénitent de Yuste ils reconnaissaient toujours l'imposant empe-

---

[1] Tous ces détails sont tirés de fray Joseph de Siguenza, *ibid.*, p. 192-193, et des chapitres XIX, XX, XXI, XXII du manuscrit hiéronymite publié dans *Retraite et mort de Charles-Quint*, etc., vol. II, p. 22 à 27.

reur. Un jour, en se rendant à l'autel au moment de l'offrande, il fut obligé de prendre lui-même la patène que le moine interdit oubliait de lui offrir [1], et la première fois qu'il entra dans l'église, sa présence jeta dans un tel trouble le religieux qui devait lui donner l'eau bénite, qu'il demeura immobile et comme pétrifié. Saisissant alors le goupillon et s'aspergeant lui-même : « Père, lui dit Charles-Quint, c'est ainsi qu'il
« faut faire désormais et sans avoir peur [2]. »

Le seul moine qu'il employa dans son service particulier, fut fray Lorenzo del Losar, qui connaissait le pays et qui fut chargé de l'achat des vivres pour sa maison. Mais il ne paraît pas qu'il s'en soit beaucoup applaudi, car, quelque temps après, ayant permis à Quijada d'aller voir sa famille à Villagarcia, il le rappela en lui faisant dire de « venir au plus tôt, parce
« que son service avait besoin de lui, et que les moines
« n'y entendaient rien [3]. » Gaztelú ajoutait : « Je crois
« que Sa Majesté est à présent persuadée qu'il lui con-
« vient de n'employer les moines en quoi que ce soit [4]. »

---

[1] Siguenza, p. 195; *Retraite et mort de Charles-Quint*, etc., vol. II, c. xxvi, p. 32.

[2] *Ibid.*, p. 104; *ibid.*, c. xxvi, p. 32.

[3] « Porque para su servico conviene que no falte una persona
« de su calidad que tenga cuenta con esto, por que los frayles
« no lo entendien. » (*Retiro, estancia*, etc., fol. 127 r°.)

[4] « Yo creo que se va ya Su Magestad desengañando de que

Le séjour de Yuste plaisait infiniment à l'Empereur. Il y goûtait avec une douceur profonde le plaisir inaccoutumé d'être en repos et de se porter mieux. Mais ce qui avait tant de charme pour lui faisait la désolation de ses serviteurs. « La solitude de cette maison et de « cette terre, écrivait Quijada, est aussi grande que Sa « Majesté a pu la désirer depuis tant d'années. C'est « la vie la plus délaissée et la plus triste qui se soit ja- « mais vue... Personne ne saurait la supporter, si ce « n'est ceux qui laissent et leurs biens et le monde « pour devenir moines[1]. » Il y était fort peu disposé pour sa part, et il ajoutait dans une autre lettre, après avoir obtenu de l'Empereur l'autorisation de se retirer quelque temps dans son château : « J'espère bien n'a- « voir plus à manger les asperges et les truffes de ce « pays[2]. »

Charles-Quint était depuis vingt et un jours au monastère lorsque arriva le 24 février, fête de saint Matthias. Cette fête était pour lui un grand anniversaire : c'était le 24 février qu'il était venu au monde, en 1500 ; qu'il s'était assuré, en 1525, la possession de l'Italie

---

« no le conviene occuparlos en nada. » (*Retiro, estancia*, etc., fol. 127 r°.)

[1] *Ibid.*, fol. 94 v°.

[2] « No volver á Estremadura á comer esparragos y turmas « de tierra. » (Lettre de Quijada à Vasquez du 28 mars. — *Retraite et mort de Charles-Quint*, etc., vol. I, p. 135.)

par la victoire de Pavie et la captivité de François Ier;
qu'il avait été couronné empereur à Bologne, en 1530,
et il avait en singulière dévotion l'apôtre qui avait ainsi
présidé à sa naissance et à ses plus hautes prospérités.
Aussi célébrait-il avec une vénération reconnaissante
la fête de saint Matthias, à laquelle un pape avait attaché des indulgences partout où se trouverait Charles-
Quint. Ce jour-là, les habitants de l'Estrémadure vinrent à Yuste de quarante lieues à la ronde, afin de gagner l'indulgence promise à leur piété, et aussi afin de
voir le religieux et grand empereur auquel ils en étaient
redevables. On avait dressé hors du monastère, au
milieu des champs déjà ranimés par la vive lumière et
la chaleur naissante d'un printemps précoce, un autel
et une chaire pour la messe et la prédication des pèlerins. Quant à l'Empereur, dont les officiers et les serviteurs avaient communié dès le matin avec leurs habits de fête, il put lui-même, richement vêtu et portant
le collier de la Toison d'or, se rendre jusqu'au pied du
grand autel du couvent, où il remercia Dieu de toutes
les félicités dont il l'avait comblé durant le cours de sa
vie, et où il déposa autant de pièces d'or qu'il comptait d'années, en y comprenant celle dans laquelle il
entrait le 24 février 1557[1]. « Vous ne sauriez croire,
« écrivait Quijada à Vasquez, comme Sa Majesté se

---

[1] Siguenza, p. III, c. xxxvii, p. 195. — C. xxiii du Ms. hiéron.,
dans *Retraite et mort de Charles-Quint*, etc., vol. II, p. 27-28.

« porte bien ; le jour de saint Matthias il est allé sur
« ses jambes, en étant, il est vrai, un peu aidé, faire
« lui-même son offrande au maître-autel[1]. »

Trois jours après, il envoya à Valladolid Martin Gaztelú, avec des instructions pour la gouvernante d'Espagne relatives soit à ses arrangements particuliers à Yuste, soit aux levées d'argent qu'exigeait le service du roi son fils. Il le chargea en même temps d'une lettre ainsi conçue pour le ministre principal : « Juan
« Vasquez de Molina, mon secrétaire et de mon conseil,
« ayant achevé de prendre en tout ma résolution, et
« de fixer ce dont j'aurai besoin chaque année pour ma
« dépense, j'ai jugé à propos de faire partir Gaztelú,
« afin qu'il en instruise la princesse ma fille, et qu'on
« règle comment, à qui et à quelles époques il con-
« viendra de le fournir[2]. » La somme qu'il avait indiquée comme nécessaire à son entretien ne s'élevait qu'à vingt mille ducats d'or[3]. Il l'avait auparavant

[1] « V. no puede pensar cuan bueno está... El diá de Santo
« Matia salió á ofrecer al altar mayor por sus piés; es verdad
« que ayudándole un poquito. » (*Retraite et mort de Charles-Quint*, etc., vol. I, p. 127.)

[2] « Joan Vasquez de Molina, mi secretario y del mi con-
« sejo, » etc. (*Retiro, estancia*, etc., fol. 95 r°.)

[3] « Dándose por contento y servido de que los 20ᵐ ducados
« que habia fijado definitivamente para sus gastos y assistencia
« en el monasterio se hubiesen consignados sobre el producto
« de las minas de Guadalcanal. » (*Ibid.*, fol. 97 v°.) Le ducat, dont il était taillé 98 dans la livre d'or de 12 onces espagnoles,

bornée à seize mille, mais il s'était aperçu qu'elle était insuffisante[1]. Le payement en fut établi sur les mines d'argent de Guadalcanal, qu'on exploitait non loin de Yuste, dans la sierra Morena, et qui commençaient à donner des produits considérables ; il s'était en outre ménagé la perception d'un droit de *onze et six sur mille* que recevait pour lui le facteur général Herman Lopez del Campo[2]. Satisfait de cet arrangement, l'Empereur tenait de plus en réserve trente mille ducats d'or déposés dans un coffre au château de Simancas[3], pour l'acquittement, après sa mort, des legs pieux qu'il prescrivait par son testament. Il répandit de grandes aumônes à Yuste et dans les villages voisins, qu'une forte disette désola et dépeupla en partie l'année suivante,

valait 12 de nos francs comme poids, et représentait 375 maravédis de veillon. Voyez *Demonstracion histórica del verdadero valor de todas las monedas que corrian en Castilla*, etc., par le Padre fray licenciado Saez, Madrid, 1805, in-4°, p. 238-239. D'après l'évaluation ci-dessus, cette somme équivaudrait à 720,000 de nos francs.

[1] Lettre de Quijada à Vasquez du 14 mars. *Retraite et mort de Charles-Quint*, etc., vol. I, p. 130.

[2] *Once y seis al millar*. Il en est fait mention dans la lettre que Charles-Quint écrit, le 27 février 1557, à Vasquez, *Retiro, estancia*, etc., fol. 95 r° ; dans celle du 19 mai au même, fol. 108 r°, et dans son codicille du 9 septembre 1558. *Ibid.* Appendice n° 12, fol. 120-121.

[3] *Ibid.*, fol. 126 v°, et *Retraite et mort de Charles-Quint*, etc. vol. II, p. 214, note 1.

et où il délivra des prisonniers pour dettes et maria de jeunes filles pauvres[1].

Il avait poursuivi avec activité la venue de l'infante de Portugal. Lourenço Pires de Tavora, après d'infructueuses conférences à Valladolid avec les reines de France et de Hongrie, était revenu à Yuste. La mère et la tante de doña Maria, démêlant dans les artificieuses propositions de mariage que faisait Jean III l'intention où était ce prince de retenir sa sœur en Portugal, demandèrent avant tout qu'elle pût se rendre librement en Espagne, comme les traités lui en donnaient le droit. Elles adressèrent à l'Empereur un long mémoire à ce sujet, et le firent supplier de plus par Vasquez[2] de ne pas souffrir que Jean III gardât l'infante en quelque sorte prisonnière, sous prétexte de lui trouver un mari qu'il ne se souciait pas de lui donner. De son côté, Jean III, irrité des impatientes et injurieuses exigences des deux reines, avait ordonné à Lourenço Pires d'aller retrouver l'Empereur, dont les paroles seules auraient de l'autorité sur lui[3].

---

[1] Siguenza, part. III, p. 191. Manuscrit hiéronymite, c. xvii dans *Retraite et mort de Charles-Quint*, vol. II, p. 20.

[2] Lettres de Vasquez à l'Empereur du 26 et du 30 janvier 1557. *Retraite et mort de Charles-Quint*, etc., vol. I, p. 101 à 104, et p. 106 et 107.

[3] Lettre de Jean III à Lourenço Pires du 21 février 1557. *Collection de pièces diplomatiques recueillies par le vicomte de Santarem.*

Pires arriva au monastère le 4 mars. Charles-Quint, tout occupé dans ce moment de ses dévotions et privé d'ailleurs de son secrétaire Gaztelú, qui était encore à Valladolid, envoya à Quacos pour quelques jours Pires, qui y devint l'hôte de Quijada. Lorsque la négociation fut reprise, le 7 mars, elle fut très-simplifiée. L'infante déclara qu'elle ne voulait pas se marier[1]. Restait la question seule du voyage. Pour la résoudre comme il l'entendait, Charles-Quint s'y prit fort adroitement. Il loua beaucoup l'affectueuse sollicitude de Jean III, qui s'était conduit envers l'infante encore plus en père qu'en frère. Mais il ajouta que Jean III ne devait pas se faire un cas d'honneur de la laisser partir sans être mariée; que telle était son opinion comme chrétien et comme *cavallero*[2]. Lourenço Pires lui ayant objecté que, au dire de l'ambassadeur portugais, Soano Rodriguez Correa, arrivé récemment de Londres, la présence de l'infante à la cour de Philippe II serait d'un mauvais effet et pourrait même exciter les inquiètes défiances de la reine d'Angleterre, l'Empereur lui répliqua « que les Anglaises n'étaient point jalouses, et que d'ailleurs l'infante demeurerait en Espagne, où sa présence n'aurait aucun inconvénient[3]. » Il insista donc

---

[1] Dépêche de Lourenço Pires à Jean III, mars 1557. Même collection.

[2] *Ibid.*

[3] *Ibid.*

pour que Jean III, respectant les stipulations du traité de mariage du roi dom Manuel son père, permît à l'infante de venir auprès de la reine Éléonore. « Je l'attends, dit-il, de son amitié comme la plus grande faveur qu'il puisse me faire dans ma solitude. Eussé-je la possession de plus de royaumes et d'États que je n'en ai laissé, je n'emploierais pas autre chose que la prière, qui m'est commandée par la nouvelle profession que j'ai prise[1]. »

C'est ce qu'il écrivit à Jean III et à la reine Catherine, sa sœur, en expédiant Lourenço Pires pour Lisbonne[2]. Les favorables effets de son intervention ne se firent pas longtemps attendre. Jean III autorisa le départ de l'infante. Il l'annonça lui-même à Charles-Quint par l'envoi d'un gentilhomme portugais, qui lui porta aussi des lettres de la reine Catherine[3], et auquel Charles-Quint, dans son contentement, donna une chaine d'or de cent ducats[4]. L'évêque de Salamanque et le marquis de Villanueva furent désignés[5] pour aller recevoir à la frontière de Portugal l'infante, auprès de laquelle l'Empereur approuva l'envoi de don Geronimo

---

[1] Même dépêche.
[2] Lettres de Quijada et de Gaztelú à Vasquez du 14 mars. *Retraite et mort de Charles-Quint*, vol. I, p. 129, 131, 132.
[3] Lettre de Gaztelú à Vasquez du 12 avril. *Ibid.*, p. 143.
[4] Lettre de Gaztelú à Vasquez du 30 avril. *Ibid.*, p. 145.
[5] Lettre de l'Empereur à Vasquez du 31 mars. *Ibid.*, p. 140.

Ruiz¹ pour régler l'état de sa maison et le nombre de ses serviteurs.

En même temps que se concluait cette affaire de famille qui comblait de joie les deux sœurs de Charles-Quint, l'Empereur avait traité d'autres affaires de très-grande importance et qui touchaient aux intérêts essentiels de la monarchie espagnole.

---

¹ Lettre de Gaztelú à Vasquez du 19 mai. *Ibid.*, p. 150-151

CHAPITRE V

ÉVÉNEMENTS ET VISITES

Regrets faussement attribués à Charles-Quint d'avoir abdiqué. — Guerre en Italie et sur la frontière des Pays-Bas. — Embarras et périls de Philippe II. — Mission qu'il donne à son favori Ruy Gomez de Silva d'aller à Yuste supplier l'Empereur de lui venir en aide en sortant du monastère et de conserver la couronne de l'Empire. — Refus de Charles-Quint, qui accorde néanmoins à son fils le secours de ses conseils et de son influence. — Levées de troupes et d'argent. — Sommes arrivées d'Amérique à la *Casa de contratacion* à Séville; leur détournement. — Colère de Charles-Quint: lettre qu'il écrit; mesures qu'il ordonne. — Efficacité de son intervention dans l'emprunt imposé par Philippe II aux prélats et aux grands d'Espagne; vivacité de sa correspondance avec l'archevêque de Séville, qui se refusait et qu'il contraint à y prendre part. — Envoi des sommes nécessaires à la guerre d'Italie et à la guerre de France. — Invasion du royaume de Naples par le duc de Guise, qui échoue devant Civitella, et que le duc d'Albe oblige à rentrer dans les États pontificaux. — Campagne de Picardie. — Siége et bataille de Saint-Quentin. — Lettre de Philippe II à l'Empereur son père sur la victoire gagnée par les Espagnols. — Joie que Charles-Quint en éprouve et regret qu'il ressent de ce que son fils n'a pas paru sur le champ de bataille. — Espérance qu'il a de la marche de l'armée espagnole victorieuse sur Paris. — État de l'Empereur à Yuste. — Son dîner au réfectoire du couvent. — Visites : l'amiral d'Aragon don Sancho de Cardona; le président du conseil de Castille don Juan de Vega; l'historien Sepulveda; le grand commandeur don Luis de Avila. — Respect de Charles-Quint pour la vérité de l'histoire. — Reprise de la négociation de Navarre. — Mort de Jean III. — Minorité du roi dom Sébastien, petit-fils de Charles-Quint, qui intervient entre sa sœur la reine Catherine, investie de l'administration du royaume, e sa fille la princesse doña Juana, aspirant à la tutelle du jeune roi. — Arrivée en Estrémadure des reines Éléonore de France et Marie de Hongrie, qui viennent attendre l'infante de Portugal auprès de l'Empereur. — Leur visite à Yuste. — Joie et occupations de Charles-Quint.

« L'Empereur, dit Strada, eut regret de son abdication aussitôt après l'avoir accomplie, comme plusieurs le racontent en se fondant sur ce qui se passa quelques années plus tard entre le cardinal Granvelle et le roi Philippe. Le cardinal ayant rappelé au roi que c'était l'anniversaire du jour où son père Charles s'était démis de l'Empire et de tous ses royaumes, le roi lui répondit sur-le-champ : C'est aussi l'anniversaire du jour où il s'est repenti d'y avoir renoncé[1]. » Nous avons déjà vu que le seul regret éprouvé par Charles-Quint était de n'avoir pas exécuté, en 1547, le projet de retraite qu'il avait déjà rêvé en 1535, et qu'il ne put réaliser qu'en 1556. Nous allons voir si les paroles de dédaigneux reproche qu'on prête à Philippe II, et qui sont également contraires à son respect pour son père et à ses instances envers lui, sont plus vraies que les sentiments d'ambitieux repentir attribués à Charles-Quint.

Au printemps de 1557, Philippe II, en guerre avec le roi de France comme avec le pape, était dans une position pleine de difficultés et de périls. Ainsi que

---

[1] Strada, *De bello belgico*, lib. 1, p. 6 et 7.

l'avait prévu Charles-Quint, la trêve conclue entre le duc d'Albe et le cardinal Caraffa avait été suivie de revers pour les Espagnols. En apprenant la venue du duc de Guise, le duc d'Albe avait évacué les États pontificaux, qu'il ne pouvait plus occuper contre des forces supérieures aux siennes, et n'y avait gardé qu'Anagni, Nettuno, Ostie et un fort sur le Tibre laissés en état de défense; il s'était replié vers le royaume de Naples, pour le mettre à l'abri d'une invasion.

Le duc de Guise, à qui avait été confiée l'expédition d'Italie, était l'un des plus avisés, des plus hardis et des plus heureux capitaines de ce temps. Arrivé dans les premiers jours de 1557 avec une petite mais vaillante armée de 12,000 hommes d'infanterie et de 1,200 hommes de cavalerie en Piémont, où le maréchal Cossé de Brissac commandait 10,000 hommes de vieilles troupes, il était parti de Turin le 9 janvier, avait pris sur sa route Chivasso, Tricero, Valenza, et s'était rendu à travers la Lombardie et le Parmesan dans les États de son beau-père, le duc de Ferrare, nommé généralissime de la sainte ligue, et qui l'attendait à Ponte di Lenza à la tête de 6,000 fantassins et 800 chevaux italiens bien armés et magnifiquement équipés. Si les confédérés s'étaient jetés sur le duché de Milan, en ce moment mal pourvu de soldats et de munitions, ils s'en seraient emparés assez facilement. Une fois maîtres de la haute Italie, les Français, qui n'y auraient plus été inquiétés du côté de l'Allemagne comme du temps de Maximilien et de Charles-Quint, auraient dominé l'Italie moyenne et attaqué avec beaucoup d'avantage l'Italie inférieure. C'était l'avis du maréchal de Brissac, et, dans un conseil qui se tint à Reggio, le duc de Ferrare se prononça à peu près dans le même sens. Mais le cardinal Caraffa, investi des pouvoirs de Paul IV, à la disposition duquel Henri II avait mis le duc de Guise et son armée, se déclara contre l'occupation militaire de la Lombardie, et, dans l'impatience où il était de chasser les Espagnols du territoire pontifical, il somma le duc de Guise de marcher vers Rome, lui offrant, en exécution du plan primitif, la séduisante perspective de la conquête de Naples. Le duc obéit, conformément aux instructions qu'il avait reçues du roi son maître, et il entra en Romagne, laissant le maréchal de Brissac sur la frontière de la Lombardie, et le duc de Ferrare dans ses propres États, qu'il avait à défendre contre les alliés du roi d'Espagne, Guillaume Gonzague du côté de Mantoue, et Octave Farnèse du côté de Parme et de Plaisance. La bonne fortune de Philippe II lui fit rencontrer, dans les commencements de son règne, des ennemis plus passionnés que prévoyants, qui, en divisant leurs forces et en manquant le vrai point d'attaque contre lui en Italie, loin de parvenir à l'expulser de cette contrée, devaient l'en rendre le possesseur mieux affermi.

Cependant sa domination y semblait dans le moment compromise. A l'approche du duc de Guise et à l'aide d'un corps auxiliaire déjà venu de France, sous le maréchal Strozzi, Paul IV avait recouvré Ostie, Frascati, Grotta-Ferrata, Marino, Castel-Gandolfo, Vicovaro, Cavi, Gennazano et Montefortino. Les autres places où s'étaient renfermés les Espagnols devaient être bientôt reprises, si l'invasion de Naples était conduite avec rapidité. C'est ce qu'aurait voulu le duc de Guise, qui, laissant son armée dans les Marches, se rendit à Rome pour y presser l'exécution des clauses souscrites par Paul IV. Rien de ce qui avait été promis à Henri II ne s'y trouvait prêt. Les troupes pontificales étaient peu nombreuses; l'argent faisait défaut, et le pape, qui parlait naguère de donner la couronne impériale à Henri II et d'établir deux de ses fils à Milan et à Naples, refusait même l'investiture de ce dernier royaume jusqu'à ce qu'il eût été conquis. Après avoir perdu un mois en plaintes stériles et en demandes éludées, le duc de Guise, mécontent de l'incapacité de Paul IV et de la fourberie de ses neveux les Caraffa, quitta Rome au milieu d'avril, et se dirigea, en côtoyant la mer, vers la frontière des Abruzzes, par où il projetait d'envahir le territoire napolitain. Ses troupes et quelques faibles corps italiens, qui s'étaient joints à elles, pillèrent Colonella, Controguerra, Corropoli, Giolianuova, et emportèrent Campli. Le duc mit ensuite le siège devant

Civitella, sur le Tronto, espérant que, si cette place tombait entre ses mains, la fidélité aux Espagnols serait ébranlée dans le royaume de Naples, où l'ancien parti français trouverait alors le courage de se déclarer pour lui.

Pendant que le prince lorrain descendait en Italie, l'amiral de Coligny avait franchi la frontière des Pays-Bas. Celui-là même qui était allé jurer solennellement la trêve à Bruxelles, moins d'une année auparavant, avait été chargé de la violer : il avait reçu de Henri II l'ordre de s'avancer à l'improviste de la Picardie, dont il était gouverneur, vers l'Artois et vers la Flandre, et de s'y emparer de quelque ville forte. Il s'était donc embusqué près de Douai en janvier 1557 et avait cherché à s'en rendre maître; mais il avait échoué dans cette entreprise, et n'était parvenu qu'à piller Lens, entre Lille et Arras. Après ces actes d'hostilité sans déclaration de guerre, la trêve était ouvertement rompue par Henri II, qui sollicitait, à Constantinople, du vieux Soliman l'envoi d'une flotte turque dans la Méditerranée et l'ordre donné aux Barbaresques d'attaquer les possessions espagnoles en Afrique.

Philippe II, que cette agression inattendue surprenait sans troupes et presque sans argent, était alarmé d'avoir à combattre sur tant de points des ennemis si nombreux et si diversement redoutables. Dans cette situation dangereuse, il ordonna, avec l'agrément de son

oncle le roi des Romains, des levées considérables en Allemagne; il se rendit lui-même en Angleterre pour décider la reine Marie à embrasser sa querelle contre Henri II, et il envoya son conseiller et son favori, Ruy Gomez de Silva, comte de Melito et depuis prince d'Eboli, en Espagne, afin d'y obtenir de l'argent, d'y enrôler des soldats et d'y invoquer l'appui de l'Empereur son père. Philippe II aurait voulu que, quittant la solitude où il entrait à peine, Charles-Quint consentît à lui venir en aide et à prendre de nouveau dans ses mains expérimentées la direction de la monarchie espagnole. Dans les instructions écrites qu'il avait données, le 2 février, à Ruy Gomez, il lui disait : « Vous passerez là
« où est Sa Majesté l'Empereur, et en lui remettant ma
« lettre et le visitant de ma part, vous lui donnerez une
« connaissance particulière et complète de l'état dans
« lequel sont les affaires ici ; de ce qui s'est passé avec
« Sa Sainteté et avec le roi de France ; de ce qui est sur-
« venu en Italie ; de la résolution que j'ai prise de me
« rendre en Angleterre, comme aussi de réunir l'ar-
« mée, et vous lui exposerez les raisons qui m'y déci-
« dent. Vous supplierez avec toute humilité et avec in-
« sistance Sa Majesté qu'elle veuille bien s'efforcer en
« cette conjoncture de me secourir et de m'aider non-
« seulement de ses avis et de ses conseils, ce qui est le
« plus grand bien qui puisse m'arriver, mais aussi de
« la présence de sa personne et de l'action de son au-

« torité, en sortant du monastère et en se portant dans
« le lieu qui conviendra le mieux à sa santé et aux af-
« faires, afin d'y traiter celles qui se présenteront par
« les moyens qui le fatigueront le moins : car de ses ré-
« solutions dépendra le bon succès de tout. Au seul
« bruit que le monde aura de cette nouvelle, je suis
« certain que mes ennemis en seront troublés, et Sa
« Majesté sera cause qu'ils hésiteront dans leurs pro-
« jets et dans leur conduite[1]. Comme je lui écris à ce
« sujet, je ne vous en dis pas davantage et je m'en re-
« mets à ce que vous connaissez de mes intentions.
« Seulement, vous demanderez à Sa Majesté de m'en-
« voyer son avis sur ce qui touche à cette guerre et de
« m'indiquer par où et comment il faut entreprendre
« cette expédition pour pouvoir porter les coups les
« plus décisifs[2]. »

Peu de temps après, cette prière fut suivie d'une autre non moins importante. Philippe II supplia son père de ne pas se dessaisir de l'Empire. Ferdinand avait convoqué pour le mois de janvier 1557, à Ratisbonne, une

---

[1] « ... Supplicando con toda humildad e instancia á Su Ma-
« gestad tenga por bien de esforzarse en esta coyuntura, socor
« riéndome y ayudándome, non solo con su parecer y consejo
« que es el mayor caudal que puedo tener, pero con la presen-
« cia de su persona y autoridad, saliendo del monasterio, á la
« parte y lugar que mas comodo sea à su salud. » (*Retiro, estancia*, etc., fol. 93.)

[2] *Ibid.*

diète électorale, à laquelle les électeurs de Saxe et de Brandebourg s'étaient excusés d'assister, ce qui avait fait revenir sur ses pas le prince d'Orange, chargé d'y porter l'acte de cession de l'Empereur. Philippe II mandait à Ruy Gomez d'en instruire Charles-Quint et de lui annoncer en même temps que la diète, manquée en janvier à Ratisbonne, devait se réunir en mai à Egra sur la frontière de Bohême. Il ajoutait dans sa dépêche : « Ce qui conviendrait le mieux, ce serait que Sa Ma-
« jesté ne persistât point à renoncer à l'Empire, sa
« conscience n'étant pas intéressée, tout le monde le
« lui a dit, à ce qui s'y fait, puisqu'il ne le sait même
« pas. Certainement pour les Pays-Bas et pour l'Italie,
« je perdrai beaucoup à cette renonciation, si Sa Ma-
« jesté l'accomplit, et beaucoup plus qu'on ne pense...
« Rendez-lui compte du retour du prince d'Orange, et
« suppliez-le avec très-grande instance qu'il ne veuille
« pas faire au moins sa renonciation jusqu'à ce que
« nous voyions quel tour prendront mes affaires. De
« ce qui sera décidé vous me donnerez avis par toutes
« les voies possibles, pour que, si Sa Majesté y consent,
« on empêche le départ du prince d'Orange[1]. »

Ruy Gomez arriva à Yuste le 23 mars. L'Empereur l'accueillit très-gracieusement et lui accorda une fa-

---

[1] Lettre de Philippe II à Ruy Gomez de Silva du 11 mars 1557, dans *Retiro, estancia*, etc., fol. 102.

veur qu'il ne fit depuis à personne autre : il ordonna à Quijada de lui préparer une chambre dans ses propres appartements[1]. Le 23 et le 24 mars, il resta deux fois en conférence avec lui pendant cinq heures de suite[2]. Charles-Quint, ainsi que nous l'avons vu, étendant lui-même sa prévoyance aux diverses parties de la monarchie espagnole, avait déjà jugé avec la fermeté de son esprit ce qui s'était passé en Italie, et insisté sur toutes les mesures que commandaient la sûreté des deux péninsules et la défense des villes occupées par les Espagnols sur la côte d'Afrique. Le 20 février, la Chaulx s'étant séparé de lui pour reprendre bientôt le chemin de la Flandre, Charles-Quint lui avait remis des lettres dans lesquelles il disait « qu'il était très-satisfait d'être au monastère de Yuste, mais qu'il ne laisserait point pour cela de concourir d'œuvre et de parole à ce que le roi son fils fût bien pourvu et secouru dans les grandes affaires qu'il avait entre les mains[3]. » Mais il ne consentit ni à sortir du monastère, ni à conserver la couronne impériale, comme l'en sup-

---

[1] Lettres de Gaztelú à Vasquez des 14 et 28 mars. *Retraite e mort de Charles-Quint*, etc., vol. I, p. 135 et 136.

[2] *Ibid.*, p. 136.

[3] « Pero que no, por estar en él, dejaria de ayudar de obra y de palabra en cuanto pudiesse para que se tomaran providencias eficaces á fin de que el rey su hijo estubiese bien proveido y asistido en los grandes negocios que traia entre manos. » (*Retiro, estancia*, etc. fol. 94 v°.)

pliait Philippe II, ni à se rendre en Aragon pour y faire reconnaître la nouvelle autorité du roi, comme l'aurait désiré la gouvernante d'Espagne sa fille[1]. Il se borna à leur accorder à tous deux ses précieux conseils et son efficace entremise en ces graves conjonctures.

Ruy Gomez n'avait pas trouvé à réunir, aussi vite ni aussi complétement qu'il en avait reçu l'ordre, les sommes nécessaires à l'entretien d'une guerre très-dispendieuse. De l'argent dépendaient surtout le nombre, la discipline, la fidélité, la victoire même des armées. Recrutées, en général, dans des pays militaires et mercenaires, tels que l'Allemagne et la Suisse, où des croyances de toutes les espèces donnaient des soldats pour toutes les causes, celles-ci obéissaient avec zèle et se battaient avec bravoure si elles étaient bien payées; mais, si la solde n'arrivait pas à temps, elles se mutinaient, refusaient leurs services à la veille d'une bataille, et quelquefois même passaient d'un drapeau sous l'autre. Les troupes que Philippe II avait demandées en Hongrie et en Allemagne devaient arriver par l'Adriatique dans le royaume de Naples, par les vallées des Alpes dans le Milanais, et venir des bords du Rhin dans les Pays-Bas, où il avait le dessein de rassembler au delà de cinquante mille hommes, afin de s'y rendre

---

[1] Lettre de la princesse doña Juana du 5 mars. *Ibid.*, fol. 96 et 97.

le plus fort. Il lui fallait donc de l'argent dans la Méditerranée pour ses flottes et pour les galères du prince Doria ; en Italie, en Afrique et en Flandre pour les troupes qu'il se proposait d'y entretenir.

A cette époque, les moyens financiers des princes ne répondaient jamais à leurs entreprises; cependant les rois d'Espagne disposaient de ressources qui manquaient aux autres princes. Il y avait à Séville un vaste dépôt d'argent dans lequel ils s'étaient ménagé le droit de puiser. Ils avaient concentré dans cette ville tout le commerce du nouveau monde, et formé sous le nom de *Casa de contratacion* un établissement qui en avait l'administration et le monopole. Cette *Casa de contratacion* [1], placée dans l'ancien *Alcazar*, où se réunissaient les consuls des marchands et auprès de laquelle résidaient des officiers royaux, était le point de départ et le lieu d'arrivée de toutes les marchandises portées d'Espagne en Amérique, ou venues d'Amérique en Espagne. C'était là qu'abordaient annuellement les galions chargés de la récolte d'or et d'argent faite dans les mines du Méxique ou du Pérou, soit pour le roi, soit pour des particuliers. Toutes les matières métalliques, quelle qu'en fût la destination, devaient y être

---

[1] Voyez *Norte de la contratacion de las Indias occidentales*, etc., por D.-J. Deveita Linage. 1 vol. in-4°, Séville, 1772, et le t. III, liv. IX, tit. I à XIV, fol. 130 à 205, de la *Recopilacion de las leyes de los regnos de las Indias*, etc., 4 vol, in-4°, Madrid, 1681.

enregistrées, et ne pouvaient en être retirées qu'avec l'autorisation du gouvernement, qui prenait, dans les conjonctures difficiles et pour ses besoins pressants, les sommes des particuliers, auxquels il en servait l'intérêt et en promettait le remboursement. La *Casa de contratacion* était donc un grand entrepôt d'argent et comme une banque toujours ouverte au gouvernement espagnol, qui avait la facilité d'y emprunter des sommes considérables sans avoir besoin d'obtenir l'agrément du prêteur. De semblables emprunts forcés troublaient les opérations commerciales, dérangeaient les fortunes privées, étaient rarement remboursés. Aussi mettait-on tout en œuvre pour s'y soustraire, en retirant des galions les lingots d'or avant qu'ils fussent enregistrés à Séville, ou en les faisant sortir par une sorte de fraude de la *Casa de contratacion* lorsqu'ils y avaient été inscrits. C'est ce qui était arrivé dans cette occasion.

D'après l'enregistrement même, il aurait dû y avoir alors à Séville plus de cinq millions d'or, que Philippe II entendait appliquer à la guerre qui allait s'ouvrir. Il avait écrit plusieurs fois de Gand qu'on n'y touchât point, parce qu'ils serviraient à faire un grand effort, que ses sujets et ses vassaux avaient l'obligation de seconder : mais la majeure partie en avait été retirée, avec la connivence des membres de la *Casa de contratacion*. Lorsque Philippe II l'apprit, il en fut comme

désespéré : « Je me trouve par là, écrivit-il, en si
« grande confusion, que je peux assurer qu'aucune
« nouvelle n'était capable de me causer plus de peine
« et d'ennui ; l'on peut bien dire que ceux qui ont con-
« couru à cela non-seulement m'ont fait la guerre et
« l'ont faite à mes États et à mon patrimoine, qu'ils
« ont mis en péril notoire comme ils y sont, mais
« qu'ils ont exposé mon honneur et ma réputa-
« tion[1]. »

Charles-Quint en fut encore plus outré que Philippe II. Son mécontentement ne s'exprima point par des plaintes amères et des regrets craintifs ; il éclata en violente indignation et en terribles menaces. Il adressa à la princesse doña Juana une lettre[2] où ses sentiments débordaient : « En vérité, lui disait-il, si je
« m'étais bien porté, je serais allé moi-même à Séville
« rechercher d'où procédait ce frauduleux détourne-
« ment de deniers ; j'aurais pris à partie tous ceux de

---

[1] « Nos hallamos en tan gran confusion que verdaderamente
« os puedo certificar que ningun aviso me pudiere venir, y
« con mucha razon, que mas pena y henojo me diera, y que los
« que en esto han concurrido y lo han permitido, no solo se
« puede dezir que me han hecho la guerra á mi, á mis estados
« y patrimonio e traydolos en notorio peligro como lo están,
« pero que han puesto en condicion mi honor y reputacion. »
(Lettre de Philippe II à la princesse doña Juana, du 13 avril 1557.)

[2] Lettre de Charles-Quint à doña Juana, du 31 mars 1557,
Retraite et mort, etc., vol. I, p. 137-138.

« la *contratacion*, et je les aurais traités de manière à
« tirer au clair cette affaire. Je n'aurais pas suivi les
« voies ordinaires de la justice, sinon pour savoir la
« vérité et pour châtier les coupables; j'aurais saisi
« leurs biens, je les aurais vendus, et je les aurais pla-
« cés eux-mêmes en un lieu où ils auraient jeûné et
« payé la faute qu'ils avaient faite.

« Je vous dis cela avec colère et non sans cause, car,
« dans mes embarras passés, lorsque j'avais de l'eau
« jusqu'à la bouche et qu'eux étaient là fort à leur
« aise[1], s'il arrivait une bonne masse d'argent, ils ne
« m'en avisaient jamais qu'après qu'elle était sortie,
« et maintenant que, de sept à huit millions qui y
« avaient été portés, ils en étaient venus à n'en rete-
« nir que cinq; de ces cinq, ils en sont venus à ne rete-
« nir que cinq cent mille ducats. On ne m'ôtera pas de
« la tête que cela ne peut pas avoir été fait sans qu'il
« en ait été donné une bonne part à ceux qui l'ont
« laissé sortir. »

Charles-Quint pressait sa fille de faire rentrer les sommes soustraites ou de punir tous ceux qui s'étaient rendus
complices de leur soustraction; puis il ajoutait : « Si cela
ne se fait point, je certifie que l'écrirai au roi de manière

---

[1] « Porque estando yo en mis trabajos pasados, con el agua
« hasta encima de la boca, los que acá estaban muy á su pla-
« cer, etc. » *Retraite et mort de Charles-Quint*, etc., vol., p. 158.

« qu'il montrera sa colère plus qu'il ne l'a témoignée
« jusqu'à présent ; je lui conseillerai de ne pas em-
« ployer les procédés de la justice ordinaire, et si en
« cela je lui puis être bon, quoique je tienne la mort
« entre les dents, je me réjouirai de le faire. Mais, pour
« cela *le bonhomme ne recouvrera point sa vache*[1], et
« mon fils ne laissera pas de tomber dans de grands
« embarras. Si cet argent ne se retrouve point, et si
« l'on ne punit pas ceux qui l'ont soustrait, tout au
« moins aurai-je accompli ce que je dois comme père,
« et satisfait à l'amour que j'ai pour mon fils. »

Cette affaire délicate et embrouillée, dans laquelle la sévérité de ses jugements et de ses reproches se porta même sur Vasquez de Molina et sur les autres ministres, l'occupa et l'agita plusieurs mois. Il se fit rendre compte des poursuites intentées à Séville, qu'il ne trouva jamais assez promptes ni assez concluantes. Il fut cause qu'on jeta en prison les anciens officiers de la *Casa de contratacion*[2], et que la princesse en institua de nouveaux[3]. Il aurait même voulu qu'on arrêtât les maîtres et les pilotes des navires sur lesquels la fraude

---

[1] « Y si por esto yo soy bueno para ello, aunque tenga la muerte entre los dientes, holgaré de hacerlo, mas por esto el buen hombre no cabrará su vaca. » (*Retraite et mort de Charles-Quint*, etc., vol. I, p. 138.)

[2] *Retiro, estancia*, etc., fol. 106 v°.

[3] *Ibid*, fol. 117 r°.

s'était pratiquée, et il ne recula que devant la crainte de les voir passer au service du roi de France[1]. Le conseil des Indes et le conseil chargé de la surveillance de l'argent à Séville lui ayant écrit pour se justifier auprès de lui et pour apaiser son indignation, il leur fit répondre qu'il inculperait tout le monde[2], jusqu'à ce qu'on eût réparé le mal et châtié les coupables. Mais la véhémence de ses reproches et ses opiniâtres rigueurs n'amenèrent aucune rentrée d'argent, et causèrent seulement la mort d'un des malheureux officiers de la *Casa de contratacion*, Francisco Tello, qui, enfermé dans un cachot de la forteresse de Simancas, y succomba de chagrin au bout de quelques jours[3]. Toutefois l'expérience du passé lui suggéra des précautions pour l'avenir, et quand la flotte qui venait tous les ans des Indes parut à la hauteur des Açores, il écrivit à sa fille d'y envoyer des gens de sa confiance avant que les galions entrassent dans Séville, afin de prévenir les fraudes précédemment commises[4].

L'intervention de Charles-Quint dans toutes les levées d'argent fut très-utile au roi son fils, qui, pour suppléer aux sommes enlevées, eut recours à toutes sortes d'expédients. Il s'adressa aux banquiers; il mit un ducat d'or d'impôt sur chaque sac de laine exporté

---

[1] *Retiro estancia*, fol. 110 r°.
[2] *Ibid.*, fol. 120 v° et 124 v°.
[3] *Ibid.*, fol. 125 v° et 126 r°.
[4] *Ibid.*, fol. 130 v° et 131 r°.

d'Espagne, et deux sur chaque sac de laine importé de l'étranger en Flandre ; il demanda au duc d'Escalona soixante mille quintaux de l'alun de ses mines, pour les vendre; il fit des emprunts à la grandesse, à la noblesse, à la prélature, aux universités du royaume. Ruy Gomez, chargé de négocier ces emprunts, rencontra dans l'Empereur, auprès duquel il était retourné le 14 mai[1], un puissant appui. Tandis que les principaux prélats acceptèrent sans difficulté les taxes qui leur étaient imposées, l'archevêque de Séville, Fernand Valdez, qui était aussi grand inquisiteur de la foi, ne voulut rien donner, et personne ne pouvait lui arracher un denier. Aussitôt que l'Empereur le sut, il lui écrivit :

« Très-révérend père en Christ[2], archevêque de Sé-
« ville, inquisiteur général en ces royaumes contre la
« perversité hérétique et l'apostasie, et de notre con-
« seil.

« ..... J'ai appris que non-seulement vous n'avez pas
« fourni la somme qui vous a été demandée, mais
« que vous avez laissé peu d'espérance de le faire. Je
« ne suis pas peu émerveillé de cela de votre part à
« vous qui êtes ma créature, mon ancien serviteur,
« qui depuis tant d'années jouissez des revenus épisco-

---

[1] *Retiro, estancia*, etc., fol. 106.
[2] Lettre de Charles-Quint du 18 mai. *Ibid.*, fol. 107.

« paux, et en qui j'aurais été heureux de trouver les
« preuves de cette bonne volonté que vous m'aviez tou-
« jours dit prendre aux choses de mon service. Aussi
« ai-je cru devoir vous prier et vous engager forte-
« ment, pour une cause que vous reconnaissez si juste
« et dans une occasion si pressante, d'aider mon fils
« avec la somme qui vous a été demandée en son nom.
« Je sais que, le voulant, vous pouvez le faire, tout au
« moins pour la majeure partie. Outre que vous ac-
« complirez ce que vous devez et ce à quoi vous êtes
« tenu, vous me ferez en cela, pourvu que vous agis-
« siez promptement, plaisir et service. S'il en était au-
« trement, le roi ne laisserait pas de commander qu'on
« y pourvût ni moi de le lui conseiller. »

Le tenace archevêque ne se rendit pas tout de suite.
Il fallut que l'Empereur, auprès duquel il s'excusa
très-humblement d'acquitter la contribution exigée,
lui écrivît de nouveau et avec plus de force encore[1],
en mandant à sa fille que, si l'archevêque persistait dans
ses refus, « il serait employé envers lui une autre dé-
« monstration, qui serait telle cependant que le re-
« querrait la décence de l'affaire[2]. » Mais l'archevêque
n'attendit point cette démonstration ; il se décida à

[1] Lettre de Charles-Quint à l'archevêque, du 2 juin. *Retiro estancia*, etc., fol. 113 v°.

[2] Lettre de Charles-Quint, du 2 juin, à la princesse sa fille. (*Ibid.*, fol. 113.)

prêter le tiers de ce qu'on exigeait de lui, et il transigea pour 50,000 ducats. L'archevêque de Saragosse en avait donné 20,000, tandis que l'évêque de Cordoue en avait accordé 100,000, et l'archevêque de Tolède 400,000 [1]. L'Empereur, très-touché de la générosité empressée de ces deux derniers prélats, les en remercia [2]. En même temps qu'il contribuait aux levées d'argent, il en dirigeait l'envoi sur les divers théâtres de la guerre, notamment sur celui dont son fils était éloigné. Philippe II l'en avait instamment prié : « Je désire, avait-il écrit à Ruy Gomez, que vous
« rendiez compte à l'Empereur des affaires d'Italie et
« que vous le suppliiez d'y veiller, puisque moi, étant
« en campagne, je n'aurai pas le moyen de le faire. Je
« conjure donc Sa Majesté, aussitôt qu'arrivera l'ar-
« gent que vous avez ordre de lever pour ici et pour
« là-bas, de vouloir bien y mettre la main et me faire
« la grâce de pousser, d'animer, d'autoriser ceux qui
« en sont chargés à pourvoir de deniers l'Italie, qui
« est en très-grande nécessité et le sera chaque jour
« davantage si la guerre dure, et bien plus encore si,
« comme cela semble certain, la flotte turque paraît
« sur ses côtes [3]. »

---

[1] *Retiro, estancia*, etc., fol. 105 v° et 120 v°.
[2] Lettre de Charles-Quint du 2 juin. *Ibid.*, fol. 114 r°.
[3] Lettre de Philippe II à Ruy Gomez du 11 mars. *Ibid.*, fol. 102.

L'Empereur s'employa en effet, avec une ardeur incroyable, à faire parvenir au duc d'Albe et au roi son fils l'argent et les troupes dont l'un et l'autre avaient besoin. Les galères de la Catalogne portèrent de bonne heure un premier secours en hommes et en argent au duc d'Albe, qui reçut bientôt après 550,000 ducats, et auquel on s'apprêta à en envoyer encore 400,000 autres avec un corps de fantassins castillans[1]. Sur la côte de l'Océan, deux flottes sortirent, à peu d'intervalle, de la Corogne et de Laredo, chargées de 1,200,000 ducats et de 6,000 hommes d'infanterie espagnole pour les Pays-Bas[2]. Une troisième flotte était préparée à Laredo. Ruy Gomez, qui vint encore une fois à Yuste vers la mi-juillet, devait s'y embarquer avec le reste des sommes et des troupes nécessaires à Philippe II[3].

Grâce aux recommandations de l'Empereur, ces secours en hommes et en argent arrivèrent en Italie et dans les Pays-Bas avec assez de promptitude et d'opportunité pour contribuer aux succès décisifs qu'obtinrent: le duc d'Albe, contre les forces combinées du duc de Guise et des Caraffa; le duc Philibert-Emmanuel, contre le connétable de Montmorency et l'amiral de Coligny. Le duc d'Albe, après avoir pris les mesures les plus

---

[1] *Retiro estancia*, etc., fol. 125 v°.

[2] Lettres de Vasquez à l'Empereur des 8 et 28 mai et du 12 juin. *Ibid.*, fol. 105 v°, 110 r° et 116 v°.

[3] Lettre de Vasquez à l'Empereur du 28 juin. *Ibid.*, fol. 120 r°.

capables de protéger le royaume dont la défense lui avait été confiée, s'était dirigé vers la frontière des Abruzzes avec une armée plus forte que l'armée d'invasion. A son approche, le duc de Guise, que Civitella avait arrêté vingt jours, leva le siège de cette place, à laquelle il avait fait une immense brèche et donné inutilement plusieurs assauts, et voulant réparer ce premier échec par un coup d'éclat, il offrit la bataille à son adversaire, afin de s'ouvrir autrement le chemin de Naples. Mais le prudent Espagnol, placé dans une position inexpugnable, se garda bien d'exposer au sort incertain des armes le salut déjà assuré du royaume. Il attendit patiemment que le duc de Guise ne pouvant ni prendre une place, ni avancer d'un pas dans le pays qu'il devait conquérir, se retirât sur le territoire de l'Église en frémissant. La conquête de Naples était manquée. La situation des Français et des Pontificaux n'allait pas être meilleure dans le reste de l'Italie, où Philippe II, après s'être assuré d'Octave Farnèse en lui rendant Plaisance, avait entièrement gagné le grand-duc de Florence en lui cédant la ville de Sienne, et où le duc d'Albe était prêt à reparaître en vainqueur. Mais, au moment même, un plus grand désastre frappait les confédérés vers les frontières des Pays-Bas.

Philippe II avait pleinement réussi dans son voyage d'Angleterre. La reine Marie, dont l'amour pour son mari l'emportait sur l'obéissance au souverain pontife, avait, malgré les menaces de Paul IV, déclaré, le 7 juin, la guerre à Henri II. Elle avait formé un corps auxiliaire de huit mille Anglais qui devait se joindre à la grande armée espagnole, déjà forte de trente-cinq mille hommes de pied et de douze mille chevaux. Bien payée et bien conduite, cette armée, composée surtout d'Allemands et d'Espagnols, se mit en mouvement, sous les ordres du duc Philibert-Emmanuel de Savoie, dans le mois de juillet. Elle sembla d'abord menacer la Champagne, et elle attira du côté de Rocroy l'armée française, qui était de moitié moins nombreuse. Se jetant tout à coup sur sa droite, elle s'avança vers la frontière mal défendue de Picardie, et alla inopinément investir la place importante et dégarnie de Saint-Quentin, où elle se logea presque sans obstacle dans le faubourg de l'Isle.

L'amiral de Coligny, gouverneur de cette grande province qui couvrait Paris du côté du nord, sentit que la prise de Saint-Quentin ouvrirait aux Espagnols la route jusqu'au cœur du royaume. S'étant concerté avec son oncle, le connétable de Montmorency, venu, en ce danger public, se mettre à la tête de l'armée française, il prit quelques compagnies d'hommes d'armes et de gens de pied, et, passant par la Fère et Ham, il pénétra, le 2 août, à travers beaucoup de difficultés et de périls, mais non avec tout son monde, dans la place assiégée depuis quatre jours. Il y releva les courages, et y ranima un moment la défense par son activité et son énergie. Cependant il n'y pouvait pas tenir longtemps s'il n'était secouru. Le connétable, qui s'était porté dans le voisinage, où il occupait Ham et la Fère avec ses troupes, mit tout en œuvre pour introduire dans Saint-Quentin d'indispensables secours. Une première tentative dirigée par d'Andelot, frère de Coligny, ayant échoué, le connétable en fit une seconde, qui, plus étendue et mieux combinée, semblait devoir réussir. Le 8 août, il alla reconnaître lui-même un marais qui couvrait la ville vers le sud-est et qu'il fallait traverser, moitié par d'étroits sentiers et moitié dans des bateaux, pour entrer dans Saint-Quentin.

De retour à la Fère, il y prépara, le 9 au soir, fort secrètement son expédition, et, le 10 août, de très-grand matin, il se mit en marche avec environ neuf cents hommes d'armes, cinq ou six cents chevau-légers, quinze compagnies d'infanterie française, vingt-deux d'infanterie allemande, six pièces de grosse artillerie, quatre couleuvrines et quatre petites pièces de canon; il arriva entre huit et neuf heures vers le faubourg de l'Isle. Par une attaque soudaine et impétueuse, il délogea les avant-postes des ennemis, et ses canons jetèrent dans un assez grand désordre le camp du duc de Savoie, assis de ce côté. La tente du général espagnol fut renversée, et Philibert-Emmanuel, à peine revêtu de sa cuirasse, se replia précipitamment sur le quartier du comte d'Egmont, placé un peu plus loin de l'autre côté. Pendant cette rapide attaque, le secours dont elle devait faciliter l'introduction dans la ville assiégée s'était engagé, sans rencontrer d'obstacle, dans le marais. Mais là beaucoup de soldats s'étaient perdus dans des sentiers sinueux qu'ils connaissaient mal, tandis que d'autres, parvenus jusqu'aux bateaux que Coligny tenait prêts pour leur transport à travers ces eaux profondes et bourbeuses, s'y précipitant en trop grand nombre, en avaient fait enfoncer une partie dans la vase. Aussi ne pénétra-t-il dans Saint-Quentin que cinq cents hommes, conduits par l'intrépide d'Andelot; le reste se noya dans le marais ou fut tué plus tard par les Espagnols.

Mais ce secours imparfait coûta bien cher : la manœuvre hardie exécutée par le connétable afin d'ouvrir l'accès de la place était extraordinairement périlleuse. Il fallait opérer maintenant la retraite en présence d'une armée provoquée au combat et tout à fait supérieure en forces. Le connétable l'essaya néanmoins. Sur les derrières de la route qu'il avait parcourue pour se rendre de la Fère à Saint-Quentin, et qu'il devait reprendre pour retourner de Saint-Quentin à la Fère, se trouvait un passage par où l'ennemi pouvait déboucher et l'attaquer en flanc. Il y avait envoyé des troupes qui malheureusement étaient trop peu nombreuses pour le garder. C'est par là, en effet, que le duc Philibert-

Emmanuel et le comte d'Egmont, à la tête d'une masse énorme de neuf mille chevaux, fondirent sur lui. Surprise dans son mouvement de retraite et sa marche de flanc, la petite armée française s'ébranla vite, fut facilement culbutée et entièrement battue. Dans cette funeste journée, commencée par une témérité et finie par une déroute, elle perdit ses chefs, qui furent presque tous pris ou tués, ses drapeaux, ses canons, et elle compromit la sécurité de la France. Le connétable, grièvement blessé, tomba entre les mains de l'ennemi avec un de ses fils, avec le maréchal de Saint-André, le duc de Montpensier, le duc de Longueville, le prince Ludovic de Mantoue, le comte de la Rochefoucauld, et une foule de vaillants seigneurs et gentilshommes, parmi lesquels le duc d'Enghien, le vicomte de Turenne et beaucoup d'autres restèrent sur le champ de bataille. Dans le trouble universel et le découragement profond qui suivirent ce grand désastre, le duc de Nevers chercha à mettre en défense cette frontière désormais ouverte, et d'où il semblait que le roi d'Espagne, si complétement victorieux, pouvait se rendre sans obstacle sous Paris et y dicter la paix au roi de France abattu.

Philippe II était revenu d'Angleterre sur le continent depuis trois semaines. Il n'avait pas encore paru au camp, dont il était assez peu éloigné, lorsque lui parvint la nouvelle de la victoire de Saint-Quentin. Il éprouva une secrète humiliation de n'avoir pas assisté à une bataille donnée dans son voisinage, et il s'inquiéta beaucoup de l'opinion qu'aurait de lui l'Empereur son père. Aussi, en lui transmettant, le lendemain même 11 août, la relation de cette bataille, lui écrivait-il, non sans quelque confusion : « Votre « Majesté en apprendra les détails par le mémoire qui « accompagne ma lettre. Puisque je ne m'y trouvais « pas, de quoi me pèse ce qu'en pourra penser Votre « Majesté, je ne saurais vous raconter ce qui s'est « passé que par ouï-dire[1]. » Il ajoutait que, Saint-Quentin pris bientôt, comme il l'espérait, l'Empereur devait juger des choses importantes qu'on entreprendrait en France si l'argent ne manquait pas : « L'af- « faire étant, disait-il, dans de pareils termes, je « supplie Votre Majesté, aussi humblement que je le « peux, de vouloir bien faire en sorte que je sois se- « couru de deniers, afin d'entretenir ces troupes-ci « sous les armes. Si cela est, je crois que tout ira bien. « C'est pourquoi je renouvelle mes supplications à « Votre Majesté, pour qu'elle m'aide à tirer parti « d'aussi favorables conjectures. Que Notre-Seigneur

---

[1] « Y pues yo no me halle alli, de que me pesa lo que Vuestra « Magestad puede pensar, no puedo dar relacion de lo que pasó « syno de oydo. » (Lettre de Philippe II à Charles-Quint, aux archives de l'hôtel Soubise, *Papiers de Simancas*, série B, liasse 9, nᵒˢ 10, 2.)

« garde l'impériale personne de Votre Majesté comme
« je le désire. Le très-humble fils de Votre Majesté[1].

« Le Roi. »

Charles-Quint avait appris avec une vive satisfaction la résistance heureuse du duc d'Albe dans le royaume de Naples; mais la victoire de Saint-Quentin le combla de joie. Il écrivit à sa fille le 6 septembre :
« Par les relations que vous m'avez envoyées, j'ai en-
« tendu ce qu'il y avait de nouveau de tous les côtés,
« et, en dernier lieu, la déroute des Français, la cap-
« ture du connétable et de tous les autres; j'en ai
« éprouvé le contentement que vous pouvez imaginer,
« et je rends bien des grâces à Notre-Seigneur de voir
« le bon commencement que prennent les affaires du
« roi, et qu'il leur continuera ainsi que j'en ai la con-
« fiance. Pour cela il convient, comme vous le com-
« prenez, que, conformément à ce qu'il écrit lui-
« même, il soit pourvu de plus d'argent que n'en
« porte Ruy Gomez, et qu'on tire cet argent, ou de la
« flotte des Indes arrivée aux Açores, ou d'ailleurs;
« mais il faut surtout que ce soit avec une grande
« promptitude, sans perdre une minute de temps.
« Dites-le ainsi de ma part à ceux du conseil des
« finances[2]. »

[1] *Papiers de Simancas, Ibid.*
[2] Lettre de Charles-Quint á la princesse doña Juana. *Retiro, estancia,* etc., fol. 132 v° et 133 r°.

Le contentement de l'Empereur fut néanmoins mêlé d'amertume. Si le politique s'applaudit de la victoire remportée, le père regretta que son fils n'y eût pas pris part. Le 4 septembre, Quijada écrivit à Vasquez : « Vous pouvez assurer à Leurs Majestés (les reines) et « à Leurs Altesses (la princesse et le prince) que l'Em- « pereur a ressenti de ces nouvelles une des plus « grandes satisfactions qu'il ait jamais eues. Il en a « rendu grâce à Dieu, et aujourd'hui il a entendu une « messe fort solennelle; il s'est confessé, et il a distri- « bué d'abondantes aumônes... mais, à vous dire vrai, « je sens en lui qu'il ne peut pas se consoler de ce « que son fils n'y a point été, et il a raison. Maudits « soient les Anglais qui l'ont retenu trop longtemps[1] ! » Les Espagnols cherchaient à mettre sur le compte des Anglais l'éloignement où leur jeune roi s'était tenu du champ de bataille, au lieu de l'attribuer à son peu d'inclination pour la guerre.

Cependant Philippe II sentit la nécessité de paraître à son armée, et d'assister au moins à la prise de Saint-Quentin; il se rendit le 13 août devant cette place[2],

---

[1] « ... Para decir verdad á V. Su Magestad muy alegre está « y muy contento, mas siento dél que no se puede conortar de « que su hijo no se hallase en ello, y tiene razon. Mal hayan « los Ingleses que le hicieron tardar! » (*Retraite et mort de Charles-Quint*, etc., vol. I, p. 170.)

[2] *Relacion del sitio y asalto de San-Quintin*, p. 496 et 497 du

dont le siége fut poussé avec une grande vigueur. Quatorze jours après, ouverte par onze brèches, la ville de Saint-Quentin, malgré l'opiniâtre résistance de Coligny, tomba le 27 entre les mains des Espagnols[1]. Charles-Quint, qui savait Philippe II à la tête d'une puissante armée et sans personne devant lui, qui avait fait parvenir en Flandre l'argent nécessaire pour la tenir longtemps en campagne, par les soins duquel une nouvelle somme de 900,000 ducats était sur le point d'être expédiée dans les Pays-Bas, et une réserve de 700,000 autres était amassée en Espagne pour un besoin extraordinaire[2], crut que son fils ne laisserait aucun relâche à Henri II en ce moment désarmé, et qu'il irait l'attaquer au centre même du royaume de France. Comme il n'aurait pas manqué de le faire, il espéra que son fils le ferait aussi. « Sa « Majesté, écrivait Quijada à Vasquez, a un extrême « désir de savoir quel parti prendra le roi son fils « après sa victoire. Il se montre à cet égard très-im- « patient, et il fait le compte qu'il devrait être déjà « sous Paris[3]. » Ce qu'imaginait le hardi capitaine et

t. IX de la *Coleccion de documentos ineditos*, publié à Madrid en 1846, in-8.

[1] *Le Siége de Sainct-Quentin*, par Coligny, p. 462 à 467, dans le t. XXXII de la collection Petitot, et les *Commentaires* de François de Rabutin. *Ibid.*, p. 90 à 96.

[2] *Retiro, estancia*, etc., fol. 149.

[3] « Su Magestad tenia gran deseo de saber que partido to-

le grand politique du fond de son couvent était conseillé à Philippe II par l'état de faiblesse et par les craintes mêmes de ses ennemis. Les Espagnols, dit un des hommes de guerre qui avaient échappé au désastre de Saint-Quentin, « pouvoient parachever la « totale extermination des forces de France, et nous « oster toute ressource et toute espérance de nous « remettre sus[1]... Mais il semble que le supresme « dominateur, Dieu des victoires, les arresta là tout « court[2]. » La prudence extrême de Philippe II arrêta seule l'armée espagnole, qui, s'avançant pas à pas sur le territoire français, assiégea le Catelet et Ham, dont elle s'empara, entra dans Noyon et dans Chauny sans oser pénétrer plus loin. Deux ans après, c'était sans doute le souvenir de la circonspection inhabile de ce prince qui faisait dire de lui par l'ambassadeur Michele Soriano, dans le sénat de Venise : « S'il avait « voulu imiter l'Empereur son père, ou le vieux roi « catholique son bisaïeul, avec la grandeur de sa puissance et l'extraordinaire prospérité de sa fortune, il « serait devenu formidable au monde[3]. »

« maba el rey su hijo despues de la victoria, y que estaba impa-
« cientissimo formando cuentas de que ya deberia estar sobre
« Paris. » (Lettre de Quijada du 19 septembre. *Ibid.*, fol. 137.)

[1] *Les Commentaires* de François de Rabutin, t. XXXII de la collection Petitot, p. 60-61.

[2] *Ibid.*, p. 59.

[3] « Et se havesse voluto imitar l'Imperatore o il re cattolico

Il y avait alors un an que Charles-Quint était de retour en Espagne et huit mois qu'il s'était enfermé dans le monastère de Yuste. Pendant tout cet été, à part les indispositions dont le repos, le climat et l'art ne pouvaient pas triompher, sa santé fut bien meilleure qu'elle ne l'avait été depuis longtemps. Il prenait avec persévérance ses pilules et son vin purgatif de séné beaucoup plus par habitude que comme remède[1]. Il n'était pas plus sobre qu'il ne l'avait été à Jarandilla, et il continuait au monastère à recevoir des friandises et des présents qui lui étaient envoyés de Valladolid, de Lisbonne et même de Flandre, d'où son fils lui en avait adressé par mer une caisse toute remplie, en lui faisant parvenir les brevets des pensions qu'il désirait assurer après lui à ses fidèles serviteurs[2]. La température élevée et vivifiante de l'Estrémadure en cette saison avait tellement rétabli ses forces, qu'il put aller un moment à la chasse. « Sa Ma« jesté, écrivait Gaztelu le 5 juin, a demandé une ar« quebuse, et elle a tiré deux pigeons sans avoir be« soin d'aide pour se lever de son siége ni pour tenir

« vecchio, sarebbe, con la grandezza della potenza et della « prosperità della fortuna che hà, formidabile al mondo. » (*Relatione di M. Michele Soriano*, an. 1559; Bibl. nat. ms., fonds de Saint-Germain-des-Prés, n° 785².)

[1] *Retiro, estancia*, etc., fol. 113 r°.
[2] *Retiro, estancia*, etc., fol. 126 r°.

« l'arquebuse[1]. Il eut même la fantaisie, trois jours après, de dîner dans le réfectoire du couvent avec les moines. Il s'y fit servir, sur une table séparée, par les religieux, qui lui apportèrent les mets de leur cuisine, que van Male découpait devant lui; mais il ne paraît pas qu'il ait tenté de renouveler ce repas, qu'il acheva vite en laissant plusieurs plats sans y toucher. Afin de ne pas contrister les moines, surpris d'un départ si prompt, « il leur dit avec bonne grâce de garder pour « lui les mets qui restaient intacts, et il leur annonça « en même temps qu'il ne les en tenait pas quittes[2]. » Il ne lui arriva plus néanmoins de leur demander à dîner et de s'inviter à leur table.

Le monastère de Yuste, auparavant si inanimé et si solitaire, était devenu un centre de mouvement et d'action. Quijada, avant de partir pour Villagarcia, se plaignait d'y être l'hôte de tous les visiteurs de Yuste et l'agent de tous les solliciteurs d'Espagne[3]. Des courriers y arrivaient et en partaient sans cesse. Toutes les nouvelles y étaient soigneusement envoyés à l'Empereur, dont on prenait les conseils ou les ordres sur

---

[1] Lettre de Gaztelú du 5 juin. *Retraite et mort de Charles-Quint*, etc., vol. I, p. 154.

[2] *Retiro, estancia*, fol. 114 v°, et manuscrit hiéronymite, c. XXV, p. 31 du vol. II de *Retraite et mort de Charles-Quint*, etc.

[3] Lettre de Quijada à Vasquez du 14 mars 1557. *Retraite et mort de Charles-Quint*, etc., vol. I, p. 129.

la plupart des choses qu'il fallait préparer ou résoudre. On le faisait juge des différends et on lui demandait des grâces. L'amiral d'Aragon, don Sancho de Cardona, venait lui porter ses plaintes contre le maître de l'ordre religieux et militaire de Montesa, avec lequel il était en contestation[1]. Le président du conseil de Castille, Juan de Vega, qui lui devait ce grand office après avoir été son vice-roi en Sicile, vint lui baiser les mains et resta une heure et demie en conférence avec lui[2]. Dès son retour à Valladolid, il envoya les pancartes nécessaires pour qu'il y eût marché et juridiction à Quacos, afin de faciliter le service et l'approvisionnement de l'Empereur et de sa maison[3].

Charles-Quint avait eu au monastère la visite de deux de ses historiens, le docte Sepulveda et le vaillant don Luis de Avila. Sepulveda était venu le voir au printemps de 1557[4]. Il travaillait alors à cette élégante histoire latine que Charles-Quint recommanda plus tard, du fond de son cloître, de recueillir soigneusement avec les travaux historiques de Florian de Ocampo, pour les faire imprimer lorsque ces deux *cro-*

---

[1] *Retiro, estancia*, etc., fol. 127 r°.

[2] *Ibid.*

[3] *Ibid.*, fol. 138, et *Retraite et mort de Charles-Quint*, etc. Lettre de Gaztelú à Vasquez du 27 septembre, vol. I, p. 178.

[4] Lettre de Sepulveda à van Male de juin 1557. Sepulveda, t. III, lib. VII, epist. ix, p. 351 à 355.

nistes, dont l'âge était très-avancé, seraient morts[1]. L'Empereur aimait beaucoup l'histoire et avait un grand souci de sa vérité. Il ne pouvait en supporter le mensonge, qu'il fût flatterie ou dénigrement, et il avait appelé le luthérien Sleidan et l'évêque Paul Jove, dont la passion ou la cupidité dirigeait la plume, ses deux menteurs. Un jour Sepulveda l'avait supplié de l'éclairer lui-même sur des actes importants de sa vie et avait proposé de lui soumettre ce qu'il en avait appris des bouches les plus autorisées, lui demandant de le confirmer par son silence ou de le rectifier par quelques paroles. « Il ne m'est pas agréable, lui dit brièvement Charles-Quint, de lire ou d'entendre ce qu'on écrit sur moi. Qu'après ma mort les autres le lisent. Mais, si vous désirez savoir quelque chose de moi, adressez-m'en la question, et je vous répondrai sans peine. » Sepulveda interrogea alors l'Empereur sur un fait qui relevait singulièrement sa grandeur d'âme, et que lui avait raconté l'un des personnages de sa cour les plus éclairés et qui semblait le mieux à

---

[1] « Pues la princesa escribió al cabildo de la iglezia de Zámora sobre lo de la Crónica que Florian de Campo tiene escrita, será bien que, asi en lo que toca á esto como en la que hace el cronista Sepulveda, se dé orden que en caso que muriesen antes de imprimirlas, por ser ambos tan viejos, se ponga recaudo en ellas, de manera que no se pierdan, y salgan á luz. » (Lettre de Charles-Quint à Vasquez du 9 juillet 1558. *Retraite et mort de Charles-Quint*, etc., vol. I, p. 310.)

portée de le bien savoir. Charles-Quint lui dit qu'il ne s'en souvenait point. Sepulveda avait composé à ce propos un fort beau récit. Tout déconcerté, il demanda à l'Empereur la permission de vérifier le fait auprès de Covos et de Granvelle. « Abstenez-vous en, répondit Charles-Quint, qui craignait sans doute que Covos et Granvelle n'osassent pas contredire une fausseté racontée à sa louange; la chose n'a aucune réalité, c'est une pure invention[1]. »

C'était pour rétablir l'exactitude défigurée de l'histoire qu'il avait écrit ses mémoires, dont la perte ne saurait être trop regrettée. En les montrant au Père François de Borja, dans une des visites qu'il en reçut à Yuste, il lui demanda, par un excès de scrupule, si l'on n'accuserait pas de vanité celui qui retraçait ses propres actions. « J'ai raconté, lui dit-il, toutes mes entreprises avec leurs causes et les motifs qui m'ont poussé à les accomplir; ni l'ambition de la gloire ni l'orgueil ne m'y ont décidé, mais bien le besoin de faire connaître la vérité, que les historiens de nos temps altèrent ou par ignorance, ou par affection, ou par haine[2]. »

Ce désir de la vérité, il le montra aussi au grand

---

[1] Sepulveda, t. II, lib. XXX, c. xxxi et xxxii, p. 533 et 534.

[2] Ribadeneyra, *Vida del padre Francisco de Borja*, lib. II, c. xviii, p. 586. Sandoval, *Vida del emperador Carlos V en Yuste*, § 15, p. 833.

commandeur d'Alcantara, qui vint le revoir au monastère dans l'été de 1557. Don Luis de Avila lui était particulièrement agréable, et l'Empereur lui réservait même des mets de sa table. Il avait été son ambassadeur auprès des papes Paul III et Pie IV pour les affaires du concile, son sommelier de corps, le compagnon de ses guerres, l'historien de ses victoires en 1546 et 1547. Politique, guerrier, écrivain, homme de cour, après avoir habilement négocié en Italie, vaillamment combattu en Afrique, en Provence, en Allemagne, où il commandait la cavalerie impériale, raconté avec un chaleureux enthousiasme la gloire du maître dont il avait servi la personne avec un zélé dévouement, il s'était retiré en Estrémadure. Il devait à l'Empereur la grande commanderie d'Alcantara, et, grâce à lui, il avait épousé la riche héritière des Mirabel, dont il possédait le marquisat et dont il habitait la somptueuse résidence à Plasencia. Là, dans le doux repos de l'opulence, il goûtait les plaisirs des arts et se livrait à l'attrayante culture des lettres. Son admiration reconnaissante pour l'Empereur se voyait partout dans son palais, d'une noble et élégante architecture, et dont la cour intérieure, ornée d'une fontaine à la façon mauresque, était entourée de deux étages de galeries avec des colonnes d'ordre dorique et d'ordre ionien. Au fronton de la plus apparente fenêtre était inscrite la devise chrétienne et philosophique : *Todo pasa*, Tout passe¹. Sur une terrasse en jardin suspendu étaient des inscriptions romaines et des bustes antiques. Parmi ceux d'Auguste et d'Antonin le Pieux, dont Luis de Avila avait placé une magnifique tête en marbre de Charles-Quint, sculptée par le maître Leone Leoni ou par son fils Pompeyo Leoni, et au bas de laquelle il avait mis une plaque en bronze avec cette inscription d'un tour espagnol et d'un langage italien :

CAROLO QUINTO. ET È ASSAI QUESTO,
PERCHÈ SI SA PER TUTTO IL MONDO IL RESTO ².

A Charles-Quint. Ce nom en dit assez, car le reste se sait par le monde entier.

Don Luis de Avila décorait son palais de tableaux représentant les plus glorieux événements de la vie de son héros. Il faisait peindre à fresque quelques-unes de ses victoires. L'Empereur, auquel il raconta qu'au nombre des peintures se trouvait la dernière rencontre qu'il avait eue avec le roi de France à Renty, lui demanda quelle était la disposition du tableau. En apprenant que les Français y semblaient chassés de leur position et mis en pleine déroute, Charles-Quint n'accepta point la flatterie d'un aussi grand succès et lui dit : « Faites, don Luis, que le peintre modère cette action

---

¹ Don Antonio Ponz. *Viage de España*, t. VII, carta v, § 75, p. 117, 118.

² *Ibid.*, § 83, p. 122.

et la représente comme une honorable retraite et non comme une fuite ; car véritablement ce n'en fut pas une[1].

L'Empereur voyait aussi arriver vers lui des veuves de militaires qui avaient fait les campagnes d'Afrique, d'Italie, de Flandre et d'Allemagne. Elles venaient solliciter de sa générosité, les unes des secours, les autres des pensions, les autres des lettres de recommandation pour le roi son fils ou la princesse sa fille ; et il ne les renvoyait jamais sans les satisfaire[2]. Mais c'étaient surtout les affaires importantes de la monarchie qui lui étaient soumises. Nous avons vu qu'il s'était occupé avec sollicitude de celles dont dépendaient les événements militaires d'Italie et de Flandre ; son intervention avait été si active et si connue, qu'on le croyait prêt à sortir du monastère pour marcher au secours de son fils et pénétrer en France par les Pyrénées, à la tête des troupes espagnoles. Ce bruit, répandu par la princesse sa fille en Estrémadure[3], provenait de l'accord prêt à être conclu avec le roi de Navarre, et qui devait être suivi d'une expédition contre la France. Escurra, après avoir sollicité de Charles-Quint, à Burgos et à Jarandilla, la cession de la Lombardie espa-

---

[1] Vera, *Epitome de Carlos V*, p. 252.
[2] Lettre de Gaztelú du 10 juillet. *Retiro, estancia*, etc., fol. 124 v°.
[3] *Retraite et mort de Charles-Quint*, etc., vol. II, p. 226, 227.

gnole à Antoine de Bourbon, qui deviendrait l'allié actif et perpétuel de l'Espagne, était venu reprendre cette négociation à Yuste. Philippe II, à qui la guerre et l'éloignement rendaient difficile de conduire et de terminer lui-même une affaire aussi grave, s'en était déchargé sur l'Empereur son père, et avait écrit : « Que « Sa Majesté ordonne et pourvoie à cet égard comme « elle le jugera convenable, sans qu'il soit nécessaire « de recourir à moi[1]. » Dans la situation périlleuse où le mettaient, au printemps de 1557, les agressions concertées de Paul IV et d'Henri II, il lui importait d'acquérir un confédéré qui pouvait lui être aussi utile qu'Antoine de Bourbon en ouvrant les passages des Pyrénées et en l'aidant à prendre Bayonne et Bordeaux. Il consentait donc non-seulement à lui céder le duché de Milan en dédommagement de la Navarre, mais encore à le lui remettre avant qu'il livrât ses places et ses fils comme garanties de sa coopération et otages de sa fidélité. Philippe II soumit néanmoins cet arrangement à l'adhésion de l'Empereur, et il recommanda à son favori Ruy Gomez et au duc d'Albuquerque, son vice-roi de Navarre, « de suivre en tout « ce que Sa Majesté approuverait et prescrirait[2]. »

[1] Lettre de Philippe II au duc d'Albuquerque du 3 février 1557. *Ibid.*, p. 160, not. II.

[2] Instruction de Philippe II du 13 avril 1557. *Retraite et mort de Charles-Quint*, etc., vol. II, p. 161-162, note V.

Charles-Quint, auprès duquel se rendirent deux fois à Yuste, en avril et en juillet, Ruy Gomez et Escurra, ne fut pas d'avis que Philippe II se dessaisît de Milan avant qu'Antoine de Bourbon eût reçu garnison espagnole dans ses places de France. Il trouvait, avec sa défiance expérimentée, que sans ce gage préalable on s'exposerait à perdre le Milanais si le duc de Vendôme n'était pas de bonne foi, et s'il l'était on livrerait ses États à l'invasion française. « Dans ce dernier cas, disait-il, le roi de France occupera les pays de Vendôme, qu'abandonneront en même temps la plupart des amis et des personnages sur lesquels il compte, comme cela s'est vu et se voit chaque jour. Il sera privé de ses forces, se perdra et ne pourra garder l'État de Milan, qu'il ne saurait défendre sans l'appui de mon fils. Il faut donc qu'il ait confiance en mon fils, et si, pour sa plus grande satisfaction, il veut que je m'oblige à son égard, je le ferai[1]. »

Dans les conférences qui se tinrent au mois de juillet à Yuste, et auxquelles vint assister, avec Ruy Gomez et Escurra, un secrétaire d'Antoine de Bourbon, nommé Bourdeau, muni de ses instructions et de ses pouvoirs, Charles-Quint dressa en onze articles[2] une

[1] Lettre de Charles-Quint à la princesse doña Juana du 29 avril 1557. *Retraite et mort de Charles-Quint*, etc., vol. II, p. 175. 176.
[2] *Ibid.*, vol. II, p. 244 et 245, où ces articles se trouvent dans la note I.

convention qui réglait les conditions de l'alliance entre les deux confédérés, et fixait la part que chacun d'eux prendrait à la guerre contre la France. Antoine de Bourbon et sa femme, Jeanne d'Albret, renonçaient à tous droits sur les royaumes d'Aragon et de Navarre, ainsi que sur le comté de Biscaye, et recevaient en retour le duché de Milan, qui ne serait toutefois remis à Antoine de Bourbon que trois mois après le passage des Pyrénées par l'armée espagnole. L'Empereur et le roi son fils s'engageaient à lui conserver le Milanais, qu'ils défendraient du côté du Piémont en lui fournissant pendant trois années un secours de dix mille hommes d'infanterie. Afin de cimenter cet accord par un mariage, le fils aîné du duc de Vendôme, qui fut depuis le glorieux et grand roi Henri IV, devait épouser une fille ou de Philippe II, ou du roi des Romains, ou du roi de Bohême.

Il était convenu de plus qu'Antoine de Bourbon joindrait ses forces à l'armée espagnole destinée à envahir le midi de la France. Charles-Quint promettait, si sa santé n'y mettait pas obstacle, de conduire lui-même cette expédition en ayant pour lieutenant le duc de Vendôme, qui, à son défaut, la commanderait en chef. L'espérance très-éventuelle qu'il avait conçue et qu'il avait donnée à cet égard faisait croire qu'il quitterait bientôt le monastère pour reparaître à la tête des troupes castillanes. La nouvelle en avait

été accueillie avec transport. Aussi, moins d'un mois après, le grand commandeur d'Alcantara, don Luis de Avila, qui était venu visiter l'Empereur vers cette époque, disait dans une lettre écrite de Plasencia, le 13 août, à Vasquez : « J'ai laissé le frère Carlos dans
« une paix profonde et se confiant néanmoins en ses
« forces[1]. Il pense qu'elles lui suffiraient pour sortir
« du couvent. Depuis ma visite, tout peut avoir été
« changé ; mais il n'est rien que je ne croie de l'amour
« qu'il porte à son fils, de son bon courage et de ses
« anciennes habitudes, puisqu'il a été nourri dans
« la guerre comme on dit que la salamandre vit dans
« le feu.

« La lettre de la princesse adressée à cette cité, et
« dans laquelle il est annoncé que Sa Majesté se pro-
« pose de quitter maintenant Yuste et d'entrer par la
« Navarre, a mis ici tout le monde sur pied. En vé-
« rité, je crois qu'il ne restera pas un homme qui
« n'aille avec lui. Plaise à Dieu Notre-Seigneur que, si
« cette bravade, comme disent les Italiens, doit s'exé-
« cuter, ce soit bientôt, parce qu'il n'est pas en notre
« pouvoir d'allonger le temps, et que la Navarre n'est

---

[1] « Yo muy sosegado dejé á fray Carlos. » (Lettre de don Luis de Avila, écrite le 13 août de Plasencia à Vasquez. *Retraite et mort de Charles-Quint*, etc., vol. II, p. 226. Et *Retiro, estancia*, etc., fol. 127 v°.)

« pas l'Estrémadure, où l'hiver ne se montre pas si
« vite¹. »

L'Empereur n'eut réellement ni l'intention ni la possibilité de faire cette expédition militaire. Lorsque Quijada revint de Villagarcia à Yuste, dans les derniers jours d'août, il écrivit à Vasquez que Charles-Quint était plus vigoureux qu'il ne l'avait laissé, mais de moins bonne couleur, et il ajoutait : « Quant à ce « que le peuple dit dans les rues sur la sortie de l'Em- « pereur d'ici, je n'ai aperçu à mon retour aucune « nouveauté à cet égard ; j'ai plutôt trouvé qu'il était « en très-grand repos et avec un air tout à fait établi. « Il se pourrait, s'il en a été dit quelque chose, que « ce fût dans une simple vue d'utilité, et pas plus. Le « reste, au fond, serait impossible². »

D'ailleurs, le projet de traité dressé par Charles-Quint à Yuste n'avait pas été accepté par Antoine de Bourbon. Ruy Gomez, de retour à Valladolid, en avait communiqué les articles au conseil d'État d'Espagne, qui les avait pleinement approuvés, et le secrétaire Bourdeau les avait portés à Nérac, où son maître les avait reçus sans y adhérer. Ses longs retards, qui équivalaient à un refus, n'avaient pas surpris l'Empereur, qui supposait depuis longtemps que le roi de Navarre s'entendait avec le roi de France dans la

---

¹ *Retraite et mort de Charles-Quint*, etc., vol. II, p. 226 et 227.
² *Ibid.*, vol. I, p. 167

poursuite de cette négociation. Au fond il n'en fut pas fâché. La position de Philippe II était changée par les succès qu'avait obtenus le duc d'Albe en Italie, et la grande victoire que le duc Philibert-Emmanuel avait gagnée à Saint-Quentin. Il trouvait dès lors que c'était acheter trop cher, en les payant du Milanais, la renonciation d'Antoine de Bourbon à un royaume qu'il ne possédait plus et une assistance armée qui devenait de sa part beaucoup moins nécessaire. Aussi écrivit-il à son fils : « Vos affaires étant, par la bonté de Dieu, en
« si bons termes, vous et moi ne sommes pas engagés
« par un traité qui n'a pas été souscrit au temps con-
« venu. Nous demeurons tous libres, et il faut, pour
« notre plus grande justification, le faire signifier[1]. »
Il le fit signifier en effet au roi de Navarre par le duc d'Albuquerque, auquel il écrivit : « M. de Vendôme
« n'ayant pas accepté l'offre que lui a portée le secré-
« taire (Bourdeau) venu avec Escurra, mon fils et moi
« restons dégagés de cette offre et de ma promesse[2]. »

Les pourparlers ne se terminèrent cependant point là. Un peu plus tard, don Gabriel de la Cueva, fils du duc d'Albuquerque, auquel s'était adressé derechef Antoine de Bourbon, se rendit à Valladolid avec de

---

[1] Lettre de Charles-Quint à Philippe II du 22 sept. 1557. (*Retraite et mort de Charles Quint*, etc., vol. II, p. 244 à 246.)

[2] Lettre de Charles-Quint au duc d'Albuquerque du 24 oct. 1557. (*Ibid.*, vol. II, p. 260.)

nouvelles propositions de ce prince, que le gouvernement espagnol lui donna l'ordre d'aller soumettre à l'Empereur. Antoine de Bourbon ne demandait plus la cession du Milanais, mais la restitution de la Navarre, et, au lieu d'une invasion en Gascogne et en Guyenne, il proposait une expédition par mer contre la Rochelle. La revendication tant de fois rejetée de la Navarre n'était pas acceptable, et l'entreprise sur la Rochelle présentait plus de difficultés que d'avantages. C'est ce qu'écrivit Charles-Quint en les refusant l'une et l'autre sans hésitation[1]. Il ne fut cependant pas d'avis de rompre, de peur d'amener la guerre sur la frontière nord-ouest de l'Espagne, et il dit avec habileté : « Il n'y a pas « autre chose à faire dans le moment qu'à entretenir « la négociation sans rien concéder[2]. »

Tandis qu'il retardait ainsi les hostilités du côté de la Navarre, il était obligé d'insister de nouveau auprès de la cour de Lisbonne pour en arracher l'infante doña Maria. Le roi Jean III, qui avait promis de la laisser partir, était mort assez subitement, le 11 juin. Sa mort suspendit le voyage de l'infante et de plus faillit amener un conflit d'autorité entre sa veuve la reine Cathe-

---

[1] Lettre de l'Empereur à la princesse doña Juana du 25 janvier 1558. (*Retraite et mort de Charles-Quint*, vol. I, p. 247, 248.)

[2] *Retiro, estancia*, etc., fol. 156 et 159 v°.

rine; et sa bru la princesse doña Juana, l'une aïeule, l'autre mère du nouveau roi dom Sébastien, à peine âgé de trois ans. Jean III avait laissé l'administration de l'État et la tutelle de son petit-fils[1] à Catherine, la plus jeune des quatre sœurs de Charles-Quint. Mais doña Juana, comme mère du roi mineur, prétendit à cette tutelle et à cette administration. Elle envoya de Valladolid à Lisbonne, pour les revendiquer en son nom, don Fadrique Enriquez de Guzman, qui dut passer à Yuste afin de prendre les ordres de l'Empereur.

Charles-Quint, qui avait fait célébrer dans le monastère un service funèbre en l'honneur de son beau-frère Jean III[2], reçut en audience don Fadrique Enriquez, le 3 juillet, en même temps que l'ambassadeur ordinaire d'Espagne en Portugal, don Juan de Mendoza de Ribera[3]. Il leur dit à l'un et à l'autre comment ils devaient hâter la venue de l'infante. Il supprima d'autorité les instructions écrites de sa fille que portait don Fadrique et y en substitua d'autres, qui étaient aussi nobles qu'adroites. Il l'annonça, le 5 juillet, en ces termes

---

[1] Voir le testament de Jean III et la sanction qu'il reçut, dans Andrade, *Chron. del rey D. Joao*, vol. III, part. IV, cap. cxxviii, et Barbosa, *Memorias del rey D. Sebastiao*, vol. I, part. I, liv. I, c. iii, p. 31 à 42.

[2] *Retiro, estancia*, etc., fol. 119.

[3] *Ibid.*, fol. 121 r°.

à la princesse doña Juana : « Ma fille, j'ai entendu la
« lecture de l'instruction que vous avez remise à don
« Fadrique Enriquez sur ce qu'il avait à faire en Por-
« tugal. Il ne m'a paru en aucune façon qu'il dût
« traiter de votre part avec la reine ma sœur, ni avec
« les autres personnages pour lesquels vous lui avez
« donné des lettres, du gouvernement du royaume du-
« rant la minorité du roi votre fils, non plus que de ce
« qui touche à la formation de sa maison et aux servi-
« teurs qui doivent y être attachés. Aussi je le lui ai
« défendu : cela pourrait avoir des inconvénients dans
« ces temps-ci et ne conviendrait pas. L'instruction
« que je lui donne, et dont je vous envoie copie, lui
« prescrit la manière dont il doit s'y prendre. Pour le
« reste, il aura du temps devant lui. Il est bien, en pa-
« reil cas et entre frères, d'agir avec beaucoup de cir-
« conspection sous tous les rapports, et, à plus forte
« raison, le devez-vous à l'égard d'une reine dont vous
« êtes la belle-fille[1]. »

Don Fadrique Enriquez reçut les directions que
l'Empereur lui donna par écrit, et partit de Yuste
chargé de ses lettres de condoléance pour toute la famille royale de Portugal. Il alla à Lisbonne exécuter les
ordres, non de doña Juana, mais de Charles-Quint, qui
s'adressait à sa sœur Catherine avec l'affection d'un

---

[1] *Retiro, estancia*, etc., fol. 121.

frère, à la veuve de Jean III avec les consolations d'un chrétien retiré du monde et placé plus avant que personne sur l'inévitable chemin de la mort, à la régente de Portugal avec les prudentes insinuations d'un négociateur consommé. Son intervention entre la mère et l'aïeule du roi dom Sébastien fut très-opportune, car elle empêcha que les prétentions de l'une ne se heurtassent contre les pouvoirs de l'autre. La reine Catherine conserva la régence de Portugal, que lui avaient confirmée les cortès, et la tutelle de dom Sébastien, qu'elle ne déposa que plus de quatre ans après la mort de Charles-Quint entre les mains du cardinal Henri, et non de la princesse doña Juana. Outre la mission temporaire donnée à don Fadrique Enriquez, l'Empereur accrédita lui-même à la cour de Lisbonne, comme son ambassadeur, don Juan de Mendoza de Ribera, afin qu'il y eût la première place et que l'ambassadeur du roi de France ne fût pas tenté de lui disputer la préséance. Mendoza et don Sancho de Cordova pressèrent de plus en plus le départ sans cesse promis et toujours ajourné de l'infante, qui parut se décider enfin à visiter la reine Éléonore sa mère. Celle-ci vint l'attendre dans l'Estrémadure avec la reine de Hongrie, dont elle était l'inséparable compagne.

Avant que les reines ses sœurs se rendissent auprès de lui, Charles-Quint avait rappelé du château de Villagarcia Quijada, dont il ne pouvait du reste se passer, afin qu'il préparât tout pour leur installation[1]. Quijada n'avait pas repris sans regret le chemin de l'Estrémadure. « Sa Majesté, disait-il, a jugé qu'il convenait à son service et à son repos que je résidasse ici avec doña Magdalena. Bien que je l'aie suppliée de vouloir bien considérer qu'il y a trente-cinq ans entiers que je la sers sans m'être absenté de sa cour, que tous mes frères sont morts à son service, que je reste seul de ma maison, qu'il est dur de quitter mes terres, ma tranquillité, mes passe-temps, pour venir dans un lieu où l'on ne trouve ni à se loger ni à vivre, et d'où il faut sans cesse aller au monastère par la chaleur, la pluie, le froid, le brouillard, d'y traîner ma femme et ma maison en les arrachant aux agréments de leur demeure pour les conduire dans les incommodités de cette triste solitude, mes objections n'ont servi de rien. Sa Majesté veut, il convient que j'obéisse[2]. »

Revenu en Estrémadure dans la première moitié d'août, il avait arrangé le château de Jarandilla pour y recevoir les deux sœurs de Charles-Quint. Il avait en même temps disposé dans la petite résidence impériale deux pièces où elles pussent se reposer. « Quand elles

---

[1] Lettres de l'Empereur à Quijada du 3 juin, et de Quijada à l'Empereur du 13 juin. (*Retraite et mort de Charles-Quint*, etc., vol. I, p. 155.)

[2] Lettre de Quijada à Vasquez du 30 août 1557. (*Retraite et mort de Charles-Quint*, etc., vol. I, p. 168 et 169.)

viendront voir Sa Majesté, disait Quijada, nous leur donnerons à boire à la glace, c'est le plus grand régal que nous puissions leur faire¹. »

Les deux reines partirent de Valladolid le 18 septembre², pour aller rejoindre leur frère, dont elles étaient séparées depuis dix mois. Elles se dirigèrent à petites journées vers l'Estrémadure, et arrivèrent le 28 à Yuste. L'Empereur éprouva une grande joie à les revoir³. Elles le trouvèrent tout préoccupé des grands événements qui se passaient en France, et cherchant des distractions dans l'arrangement de sa demeure et la culture de ses jardins. « Sa Majesté, écrivait-on la
« veille de leur arrivée, est soucieuse de savoir ce
« qui est survenu et quel chemin aura pris son fils
« après avoir achevé son entreprise. Elle croit que
« le temps seul a empêché que la nouvelle lui en
« parvînt.

« L'Empereur se plaît à prendre un passe-temps
« dans la construction d'un jardin sur la haute terrasse
« qu'il fait couvrir, au milieu de laquelle il élève une
« fontaine, en plantant sur ses côtés et tout autour
« beaucoup d'orangers et de fleurs. Il projette de faire

---

¹ Lettre de Quijada à Vasquez du 20 septembre 1557. (*Retraite et mort de Charles-Quint*, p. 175.)

² *Retiro, estancia*, etc., fol. 137 v°.

³ *Ibid.*, fol. 139 r°.

« la même chose dans le quartier d'en bas, où il pré-
« pare également un oratoire[1]. »

Charles-Quint dressait aussi le plan d'une autre construction qu'il destinait à loger son fils tout près de lui lorsque Philippe II retournerait en Espagne et viendrait le visiter à Yuste. Les reines ses sœurs, qu'il n'établit point dans sa résidence, demeurèrent deux mois et demi à Jarandilla. Elles montaient de temps en temps au monastère pour y jouir de la présence et des entretiens de l'Empereur leur frère. Elles avaient pour lui un dévouement sans bornes, et lui avait toujours eu pour elles autant de confiance que d'affection. Éléonore, alors âgée de cinquante-neuf ans, était son aînée de quinze mois : bonne, douce, soumise, sans ambition et presque sans volonté, elle avait été le flexible instrument de la politique de son frère, qui l'avait fait monter tour à tour sur les trônes de Portugal et de France. Après la mort de son second mari, le brillant mais peu fidèle François Ier, elle s'était rapprochée de sa sœur la reine de Hongrie pour ne plus la quitter. Celle-ci avait une sorte d'adoration pour l'Empereur Charles-Quint, qu'elle appelait *son tout en ce monde après Dieu*[2] et dont elle avait la vigueur d'esprit et la

---

[1] Lettre de Quijada à Vasquez du 27 septembre 1557. (*Retraite et mort de Charles-Quint*, etc., vol. I, p. 176-177.)

[2] Lettre de Marie, reine douairière de Hongrie, à l'Empereur,

hauteur de caractère. Pénétrante, résolue, altière, infatigable, propre à l'administration et même à la guerre, pleine de ressources dans les difficultés, portant dans les périls une pensée ferme et un mâle courage, ne se laissant ni surprendre ni abattre par les événements, elle n'avait plus voulu conserver à son neveu le secours de la grande habileté qu'elle avait mise pendant un quart de siècle au service de son frère. Elle avait supplié Charles-Quint de lui accorder le contentement de le suivre en Espagne, afin de rapprocher la reine Éléonore de l'infante sa fille et de pouvoir vivre elle-même plus près de lui. Pendant tout cet automne, l'Empereur eut ses deux sœurs dans son voisinage et s'entretint bien des fois avec la reine de Hongrie des affaires de la monarchie espagnole, à la conduite desquelles il conçut le projet et garda l'espérance de la faire participer.

août 1555, dans les *Papiers d'État* du cardinal de Granvelle, t. IV, p. 478.

CHAPITRE VI

GUERRES D'ITALIE ET DE FRANCE. — SENTIMENTS DE CHARLES-QUINT.

État de Charles-Quint dans l'hiver de 1557 à 1558. — Affaires d'Italie : succès militaires du duc d'Albe : départ du duc de Guise pour la France, où le rappelle Henri II ; paix des Espagnols avec le pape. — Mécontentement de Charles-Quint en apprenant les conditions de cette paix, qu'il trouve humiliante. — Venue prochaine à Badajoz de l'infante doña Maria ; départ des reines de France et de Hongrie, qui vont à sa rencontre après avoir pris congé de l'Empereur. — Arrivée à Yuste du Père François de Borja, que l'Empereur avait chargé d'une mission secrète de la plus grande importance à Lisbonne. — Leur entretien. — Conflit de juridiction entre le juge de Quacos et le corrégidor de Plasencia don Zapata Osorio, qui fait incarcérer l'alguazil de l'Empereur, et que l'Empereur fait suspendre de ses fonctions. — Vol commis dans le coffre de Charles Quint à Yuste ; refus de mettre à la torture ceux qu'on soupçonnait d'en être les auteurs. — Vues de l'Empereur sur la campagne de France ; ses conseils. — Siége et prise de Calais par le duc de Guise. — Chagrin profond que cette nouvelle, apportée à Yuste, cause à l'Empereur. — Ses accès de goutte. — Envois d'argent à Philippe II. — Anniversaire de l'entrée de Charles-Quint au couvent ; simulacre de profession monastique. — Visiteurs généraux de l'ordre de Saint-Jérôme à Yuste ; conversation et rapports de Charles-Quint avec eux. — Entrevue de l'infante doña Maria avec la reine Éléonore à Badajoz ; leur séparation. — Maladie de la reine Éléonore, sa mort. — Affliction touchante de Charles-Quint ; ses tristes et prophétiques paroles à cette occasion. — Retour à Yuste de la reine de Hongrie, que Charles-Quint établit cette fois dans la résidence impériale. — Projet conçu par l'Empereur de rendre l'habileté de la reine de Hongrie utile à son fils en l'associant au gouvernement de l'Espagne. — Refus de la princesse doña Juana, qui aspire toujours de son côté à la possession de l'autorité en Portugal. — Diète électorale de Francfort : la renonciation de Charles-Quint à l'Empire y est acceptée le 28 février, et la couronne impériale y est décernée à Ferdinand le 12 mars 1558. — Paroles que prononce Charles-Quint et ordres qu'il donne en apprenant *qu'il n'est plus rien.*

La seconde année que Charles-Quint passa dans le monastère fut plus troublée par la maladie que ne l'avait été la première, et les événements extérieurs l'assombrirent profondément. L'hiver ramena les infirmités de l'Empereur en les aggravant. Vers la fin de novembre 1557, il eut un fort accès de goutte qui se déclara dans le bras gauche, s'étendit au bras droit, et l'empêcha pendant plusieurs jours de se servir de l'un et de l'autre. Les élancements du mal étaient d'une telle violence, que Charles-Quint dit n'en avoir jamais essuyé une aussi furieuse attaque[1]. Le 20 novembre, on l'habilla à grand'peine, et on le porta sur un siége à l'église pour y entendre la messe. Ce fut pendant cette crise douloureuse, qui se prolongea jusqu'en décembre, qu'il apprit la conclusion humiliante des affaires d'Italie.

Après avoir repoussé l'armée française de la frontière de Naples et fait lever au duc de Guise le siége de Civitella, le duc d'Albe avait reparu dans les États pon-

---

[1] Lettres du docteur Mathys à Juan Vasquez et de Luis Quijada à la princesse doña Juana du 22 novembre 1557. (*Retraite et mort de Charles-Quint*, etc., vol. I, p. 216, 217.)

tificaux à la tête de forces supérieures. Il s'était jeté dans la vallée d'Orvieto, et, passant par Banco et Sora, il s'était réuni, vers Ponte di Sacco, à Marcantonio Colonna, qui avait enlevé le château de Pratica, s'était emparé de la ville de Palestrina, avait battu les troupes du pape entre Valmonte et Paliano, assiégé et pris Rocca di Massimo et pénétré de vive force dans Segni. La jonction opérée, il avait marché sur Rome, avec le dessein et l'espoir de la surprendre. Paul IV était réduit à l'impuissance. Le duc de Guise, irrité d'avoir été si mal soutenu par les Caraffa, s'était retiré à Macerata, où il restait cantonné avec son armée. Les Allemands que Paul IV avait pris à sa solde, et qui étaient presque tous luthériens[1], lui nuisaient plus auprès de ses sujets qu'ils n'étaient capables de le protéger contre ses ennemis. Ce fut sur ces entrefaites que le duc d'Albe s'avança, dans la nuit du 26 août, jusque sous les murs de Rome. Il lui aurait été assez facile d'y entrer ; mais, soit qu'il craignît un échec en voyant la ville tout illuminée et en la croyant prête à se défendre, soit qu'il reculât devant l'horreur d'un nouveau sac de Rome, il ne poussa pas jusqu'au bout son entreprise. La menace n'en jeta pas moins la consternation dans la ville pon-

---

[1] Cette « gente tedesca, » comme dit Navagero, « era in tutto « luterana, non voleva la messa, abborriva le immagini, non « faceva in tutti i giorni differenza di cibo, » etc. (*Relatione di Roma*, dans Alberi, série II, vol. III, p. 401.)

tificale et remplit le cœur de Paul IV de colère et d'épouvante. « C'était une chose horrible à voir, dit l'am-
« bassadeur vénitien Navagero, que les lumières placées
« pendant plusieurs nuits sur toutes les maisons, par
« crainte de ceux du dehors et de ceux du dedans. Il
« naissait de là un très-grand mécontentement dans la
« cité de Rome, où les uns désiraient la mort du pape,
« les autres demandaient que le duc d'Albe entrât au
« plus tôt dans Rome, et des citoyens romains s'enten-
« dirent entre eux pour lui en ouvrir les portes s'il s'y
« présentait. Le pape, l'ayant su, les appelait dégéné-
« rés de leur antique sang et de la valeur romaine[1]. »

Paul IV mettait ses dernières espérances dans les troupes françaises qui étaient accourues de Macerata et qui campaient à Monte-Rotondo et à Tivoli; mais le duc de Guise fut soudainement rappelé par le roi son maître après la défaite de Saint-Quentin. Henri II, dans l'extrémité où le plaçait ce grand revers, considéra un aussi habile capitaine comme seul capable d'arrêter l'ennemi victorieux. L'instruisant des mesures qu'il avait prises, des levées considérables qu'il avait ordonnées, il lui écrivit, dans un simple et noble langage : « Reste à avoir bon cœur et à ne s'estonner de rien[2]. »

---

[1] Navagero, *Relatione di Roma*, dans Alberi, série II, vol. III, p. 408.

[2] Lettre de Henri II au duc de Guise du 15 août 1557. Ribier, t. II, p. 701.

Il l'invita à laisser d'assez fortes garnisons dans quelques bonnes places de l'État ecclésiastique, du Siennois, de la Toscane, et à partir tout de suite avec ses meilleures troupes. « Je ne seray point à mon aise, « ajoutait-il, que je ne sache que vous êtes en che- « min[1]. »

Le duc de Guise quitta donc l'Italie et dit en partant. « J'aime bien l'Église de Dieu, mais je ne feray jamais « entreprises ni conquestes sur la parole et la foy d'un « prestre[2]. » Paul IV, qu'il laissa maître de s'arranger avec les Espagnols, s'y voyait contraint, à son grand déplaisir. Depuis quelque temps, il s'en montrait moins éloigné. Philippe II n'avait pas cessé de lui faire parvenir les plus humbles supplications, en lui offrant une obéissance qui touchait à l'abaissement[3]. Il ne pouvait pas supporter la pensée d'être en guerre avec le souverain pontife : aussi ordonna-t-il au duc d'Albe « de négocier la paix à des conditions qui n'eussent « rien d'humiliant pour Sa Sainteté[4], car il préférait, « disait-il, la considération du saint-siége à ses propres

---

[1] Lettre de Henri II au duc de Guise du 15 août 1857. Ribier t. II, p. 700.

[2] Brantôme, t. V, p. 310, *Vie de Marie d'Autriche, reyne de Hongrie.*

[3] Lettre de Selve à Henri II. Ribier, t. II, p. 696 à 698.

[4] Lettre de Philippe II au duc d'Albe, citée par Adolfo de Castro. (*Historia de los protestantes españoles*, etc., in-8°, Cadiz, 1851, p. 134. — *Retiro, estancia,* etc., fol. 156 r°.)

« avantages et aux convenances de sa couronne. » Le
fils de Charles-Quint, en cela si peu semblable à son
père, étant prêt à subir la loi du pape en Italie, lorsqu'il pouvait la lui imposer, l'arrangement était facile
et devait être prompt. Deux conventions, l'une publique, l'autre secrète, furent conclues, le 14 septembre,
entre Paul IV et Philippe II. La première portait que le
roi catholique ferait ses soumissions au pape, qui renoncerait à l'alliance des Français; qu'il restituerait
toutes les places qui avaient été prises sur lui, et dont
les fortifications seraient abattues; que Paliano serait
mis en séquestre entre les mains de Jean Bernardin
Carbone, parent des Caraffa, jusqu'à ce que les parties
en eussent décidé autrement. Par la seconde, il fut
stipulé que Jean Caraffa recevrait, à titre de principauté, la ville de Rossano; qu'il céderait au roi d'Espagne Paliano, dont le séquestre cesserait alors, dont
les fortifications seraient rasées, et que le roi d'Espagne pourrait donner à qui il lui conviendrait, pourvu
que ce ne fût point à un excommunié ou à un ennemi
du pape. C'était exclure de sa possession Marcantonio
Colonna, qui en avait été dépouillé comme ami des
Espagnols, qui s'était distingué dans la dernière guerre
comme leur allié, et qu'on sacrifiait à l'opiniâtre animosité du Pape. Il fut, de plus, stipulé « que Sa Sain-
« teté recevrait du roi catholique, par l'organe de son
« plénipotentiaire le duc d'Albe, toutes les soumissions

« nécessaires pour obtenir le pardon de ses offenses[1]. »

L'impérieux et altier Paul IV s'attacha à rendre éclatante, dans une cérémonie publique, l'humiliation du roi qui l'avait vaincu. Assis sur le trône pontifical, entouré des cardinaux et au milieu de l'appareil le plus solennel, il admit auprès de lui le duc d'Albe, qui, tombant à ses genoux, le pria d'absoudre le roi et l'Empereur des censures qu'ils avaient encourues en lui faisant la guerre. Le pape donna alors cette absolution avec la majesté hautaine et l'indulgence généreuse d'un maître et d'un supérieur. Il dit ensuite en plein consistoire « qu'il avait rendu au siége apostolique le « plus grand service qu'il eût jamais reçu, en apprenant aux souverains pontifes, par l'exemple même « du roi d'Espagne, à abaisser l'orgueil des princes « qui méconnaîtraient toute l'étendue de l'obéissance « qu'ils doivent au chef visible de l'Église[2]. » Le duc d'Albe, que Paul IV logea dans le palais du Vatican et qu'il fit manger à sa table, ne sentit pas moins la faiblesse du roi son maître : « Si j'avais été le roi d'Espa-

---

[1] *Historia de los protestantes españoles*, p. 131.

[2] *Ibid.*, p. 131. Paul IV disait à Selve, ambassadeur de Henri II, « que personne n'étoit exempt de sa juridiction, fût-il empereur « ou roy, et qu'il pouvoit priver empereurs et roys de leurs « empires et royaumes sans avoir à en rendre compte qu'à « Dieu. » Lettre de Selve à Henri II du 8 janvier 1558. Ribier, t. II, p. 716.

« gne, dit-il, le cardinal Caraffa serait allé à Bruxelles
« implorer aux pieds de Philippe II le pardon que je
« viens de demander aux pieds de Paul IV[1]. »

La paix rétablie avec le saint-siége combla de joie la
religieuse Espagne, où le souverain pontife conservait
un parti puissant, dans le clergé surtout. Les cloches
furent mises en branle dans toutes les villes, et il y eut
à Valladolid deux processions d'actions de grâce auxquelles assistèrent la régente d'Espagne et le prince
don Carlos[2]. Charles-Quint fut loin de partager cette
allégresse. Vasquez lui transmit les lettres du cardinal
de Siguenza, qui rendait compte de la négociation du
traité et de l'accueil fait au duc d'Albe dans le palais du
Vatican. Restituer à l'ennemi invétéré de la domination espagnole en Italie tout ce qu'on avait pris sur lui
sans l'obliger à rendre ce qu'il avait enlevé aux partisans ainsi sacrifiés de la maison d'Autriche, parut au
politique et fier Empereur une faute et une honte.
« Malgré sa goutte, écrivit Gaztelú à Vasquez le 23 no-
« vembre, l'Empereur se fit lire hier toutes les dépê-

---

[1] « El rey mi amo ha incurrido en gran falta. Si cambiándose
« la suerte yo hubiese sido rey de España, el cardenal Carrafa
« hubiera ido á Bruselas á hacer de rodillas ante Felipe II lo
« que hoy he ejecutado yo ante Paulo IV. » (*Historia de los protestantes españoles*, p. 131.)

[2] Lettre de Juan Vasquez à l'Empereur du 18 novembre 1557,
dans *Retiro, estancia*, etc., fol. 149 v°.

« ches que vous avez envoyées..... Il se mit en colère à
« propos de la paix, qu'il trouva très-déshonorante, et
« certes Sa Majesté ne se serait pas attendue à voir dans
« ce temps-ci une pareille chose[1]. »

Charles-Quint ne put pas s'accoutumer à cette nouvelle, et, plus d'un mois après, il n'en parlait qu'avec un insurmontable courroux. « Il n'y a pas de jour, écrivait Quijada le 26 décembre, que l'Empereur ne murmure entre les dents contre la paix avec le pape[2]. » La connaissance des articles réservés ne l'apaisa point, et il dit « qu'il trouvait la capitulation secrète aussi « mauvaise que la convention publique[3]. » Le commandeur d'Alcantara fut témoin lui-même de son blâme et de son irritation. Il apporta à l'Empereur une lettre très-humble du duc d'Albe qui, l'instruisant de ce qu'il avait fait à Rome, lui annonçait qu'il s'embarquait pour la Lombardie, afin d'y mettre les affaires dans le bon

---

[1] « Pusó se en colera por lo de la paz pareciéndole que es muy vergonzosa, etc. » (*Retiro, estancia*, etc., fol. 149 v°.) Ferdinand, son frère, ne la trouva pas moins désavantageuse; il écrivit à Philippe II : « A mi me desplugo que la paz con el papa « no se hiciese con medios mas aventajados, para V. A. como « yo quisiera ó él merescia. » Lettre de Ferdinand Iᵉʳ à Philippe II du 27 novembre 1557. (*Coleccion de documentos inéditos*, Madrid, in-8°, t. II, p. 509.)

[2] Lettre de Quijada à Vasquez du 26 décembre. (*Retiro, estancia*, etc., fol. 156 r°.)

[3] « Dijó parecerle tan mal la capitulacion secreta como la « publica. » Lettre de Gaztelú à Vasquez. (*Ibid.*, fol. 158 v°.)

état où elles étaient ailleurs, avec l'intention d'aller ensuite demander au roi la permission de se reposer de vingt-cinq années d'agitations et de fatigues et de venir en Espagne baiser les mains de Sa Majesté Impériale. La faveur dont jouissait le messager ne suffit pas à faire bien accueillir le message. Charles-Quint ne répondit rien, et ne voulut pas même entendre une relation détaillée des événements qui était jointe à la lettre du duc d'Albe. Il dit « qu'il en savait assez[1]. »

L'Empereur n'avait pas eu beaucoup plus de satisfaction du côté du Portugal. L'infante doña Maria s'était enfin décidée à paraître en Espagne et à y visiter sa mère. Ce voyage ne lui avait pas été arraché sans peine. On avait été réduit à transiger avec elle. L'infante devait non plus rejoindre pour toujours la reine Éléonore, mais venir simplement la voir; et, au lieu de se rendre à Jarandilla, comme cela avait été d'abord convenu, elle ne devait pas dépasser Badajoz, d'où après avoir reçu les embrassements et la bénédiction de sa mère, elle pourrait, si elle le voulait, retourner à Lisbonne. Ce médiocre résultat d'une poursuite qui avait duré plus d'une année avait contenté les deux reines. L'Empereur s'y était également résigné. Il avait employé plus de temps et plus de négociateurs à amener l'entrevue d'une fille avec sa mère qu'il n'en avait

---

[1] *Rétiro, estancia*, etc., fol. 160.

mis autrefois à conclure les plus grandes affaires de son empire. Non-seulement l'ambassadeur ordinaire, don Juan de Mendoza, et l'envoyé extraordinaire don Sancho de Cordova, appelé plusieurs fois à Yuste, y étaient intervenus de sa part, mais il s'était servi encore du Père François de Borja, qu'il avait fait partir pour Lisbonne afin qu'il y contre-balançât l'influence exercée par les religieux portugais sur l'infante, dont la dévotion égalait l'orgueil et qui était aussi sèche qu'opiniâtre.

Dès que le départ de doña Maria avait été convenu, les deux reines douairières de France et de Hongrie s'étaient disposées à aller au-devant d'elle. Charles-Quint n'avait pas voulu d'ailleurs que ses sœurs restassent plus longtemps dans un pays que son élévation montagneuse rendait souvent humide et froid dans la saison d'hiver. Il avait désiré qu'elles se dirigeassent du côté du sud, où elles attendraient l'infante leur fille et nièce. Les deux reines étaient donc montées à Yuste le 14 décembre, et elles avaient pris congé de l'Empereur. Le lendemain elles avaient quitté Jarandilla et s'étaient mises en route pour Badajoz. Moins de huit jours après leur départ, le Père François de Borja arriva de Lisbonne et vint rendre compte à l'Empereur des diverses missions qu'il lui avait confiées en Portugal. Outre qu'il s'était entremis pour la venue de l'infante et dans la question de la régence portugaise,

Charles-Quint l'avait chargé, si la mort enlevait prématurément le jeune dom Sébastien son petit-fils, de ménager à son autre petit-fils don Carlos l'héritage de son royaume.

Il lui avait remis une instruction très-secrète rédigée par Gaztelú et attestant la persévérance de ses vues ambitieuses, sinon pour lui, du moins pour sa race. Charles-Quint envisageait de Yuste, en 1557, ce que Philippe II exécuta de Madrid en 1580, la réunion éventuelle des deux royaumes de la Péninsule en un seul État, mais en donnant au Portugal un roi espagnol avant de l'incorporer à l'Espagne. Cette réunion, que provoquait le contact des territoires et que repoussait la jalousie des nationalités, avait paru sur le point de s'effectuer soixante années auparavant, mais dans un sens tout à fait contraire. En 1497, le roi de Portugal dom Manuel et sa femme Isabelle d'Aragon avaient été reconnus héritiers présomptifs des royaumes de Castille et d'Aragon par les cortès de ces deux pays, qui, en 1498, avaient prêté serment à leur fils dom Miguel comme à leur futur souverain. Ce qui avait été légalement établi à la fin du quinzième siècle en faveur d'un prince portugais né d'une infante d'Espagne, et ce qu'une mort prématurée avait seule empêché de se réaliser, Charles-Quint songea à le faire consacrer au milieu du seizième siècle au profit d'un prince espagnol né d'une infante de Portugal. Son petit-fils don Carlo y avait un double titre par son aïeule l'impératrice Isabelle et par sa mère doña Maria. Mais la reconnaissance de son droit semblait subordonnée au droit supérieur du cardinal Henri, qui représentait la branche masculine de la maison royale de Portugal, et que Charles-Quint, dans sa paternelle convoitise, considérait sans doute comme incapable, ou de succéder au trône à cause de son caractère sacerdotal, ou de continuer la dynastie à cause de son âge et de ses infirmités. Déjà, le 5 juillet 1557, il avait chargé don Fadrique Enriquez d'adresser à la reine Catherine sa sœur une insinuation indirecte à cet égard et de lui dire de sa part : « qu'étant tous sujets à la mort, et *les jeunes* « *pouvant mourir comme les vieux*, il désirait savoir ce « qui avait été réglé pour un cas pareil[1]. » Mais la mission confiée au Père François de Borja avait été plus expresse. Après l'avoir pleinement exposée à la reine Catherine, le pieux ambassadeur avait ordre d'instruire en mots couverts l'Empereur des résultats obtenus ou promis, en se servant de noms supposés pour désigner les personnes et les pays. Dans cette correspondance, où le Père François devait signer du nom de *Pedro Sanchez* des lettres adressées à Charles-Quint sous le nom de *micer Agustino*, la reine de Portugal devait s'appe-

---

[1] Instruction du 5 juillet donnée par l'Empereur à D. Fadrique Enriquez. (*Retraite et mort de Charles-Quint*, etc., vol. II, p. 210.)

lèr *Catalina Diez*, le jeune roi *Sebastian Diez*, Philippe II *Santiago de Madrid*, etc.; la Castille recevoir la dénomination de *Milan* et le Portugal celle de *Perpinan*[1].

En Espagnol dévoué, le Père Borja était allé remplir la mission grave et mystérieuse que lui avait donnée son ancien maître. Dans ce voyage entrepris à pied, le bâton à la main, durant les plus grandes chaleurs de l'été, il était tombé très-dangereusement malade à Evora. La reine Catherine l'y avait envoyé prendre en litière aussitôt qu'il avait pu se remettre en route, et l'avait fait conduire à Aldea Gallega, sur le Tage, où l'attendait le brigantin royal, et d'où il avait été transporté au palais de Xobregas, qui lui servit de demeure. Lorsqu'elle apprit le dessein de son frère, la régente de Portugal, loin de le repousser comme impossible ou de s'en effrayer comme dangereux[2], l'approuva et promit de le

[1] Lettre du P. François de Borja à l'Empereur du 6 et 12 octobre 1557. (*Retraite et mort de Charles-Quint*, etc., vol. II, p. 253, 255, avec le chiffre qui y est annexé, note I.)

[2] C'est ce que dit faussement Barbosa, auquel je m'en étais rapporté dans la première édition de ce livre. N'ayant pas les documents authentiques de cette négociation, j'avais cru exact sur ce point l'auteur bien informé des *Memorias del rey dom Sebastiao* (vol. I, c. VI, p. 71 et suivantes, grand in-4°. Lisbonne, 1736). Mais, en bon Portugais, il a fait rejeter par la reine Catherine la proposition de l'Empereur son frère, à laquelle le témoignage du Père François de Borja et l'affirmation positive de Charles-Quint prouvent qu'elle avait adhéré.

faire réussir promptement. « Catalina Diez, écrivit le
« Père François à Charles-Quint, à laquelle j'ai parlé
« conformément à l'instruction que je portais, s'est
« pleinement ouverte avec Pedro Sanchez, mais en l'en-
« gageant à ne pas confier à une lettre la réponse
« qu'elle lui donnait et à ne la communiquer que de
« vive voix... En attendant, micer Agustino peut être
« très-satisfait[1]. » Il ajouta dans une autre lettre « que
« Catalina Diez obéirait à micer Agustino comme pour-
« rait le faire Santiago de Madrid[2]. » Il avait été en
effet convenu que l'infante doña Maria irait en Espagne
voir la reine Éléonore sa mère; que don Carlos serait
reconnu, par une pragmatique, héritier de la couronne
de P tugal, et que, pour empêcher plus tard le mariage de dom Sébastien avec une princesse de France,
ainsi que le voulait le parti contraire à l'Espagne, on
lui réserverait pour femme une petite-fille de Charles-
Quint, fille de la reine de Bohême, qui viendrait à la
cour de Valladolid et y serait élevée[3].

A son retour auprès de l'Empereur, le Père François

---

[1] Lettre du P. François de Borja à l'Empereur du 6 oct. 1557.
(*Retraite et mort de Charles-Quint*, etc., vol. II, p. 254.)

[2] Lettre du P. François de Borja à l'Empereur du 12 octobre
1557. (*Ibid.*, p. 255.)

[3] Lettres de l'Empereur à Philippe II des 31 mars et 7 avril
1558. (*Retraite et mort de Charles-Quint*, etc., vol. II, p. 368,
369, 370.)

lui fit part de ces importants résultats de sa mission à Lisbonne. L'avenir, dont les hommes les plus prévoyants et les plus puissants sont si peu les régulateurs et les maîtres, semblait fixé d'avance; mais les événements dérangèrent ces lointaines combinaisons. La pragmatique si formellement annoncée à Charles-Quint, et destinée à régler l'ordre de succession au trône de Portugal en faveur de don Carlos, ne fut point publiée : l'ombrageuse nationalité des Portugais en détourna sagement la régente Catherine. Dom Sébastien n'épousa point la fille de la reine de Bohême. Éloigné du mariage par la piété outrée que lui inspira le jésuite Luiz Gonçalves da Camara, son confesseur et son maître, entraîné vers les entreprises religieuses et démesurées par l'ardeur d'une foi conquérante et les élans d'une imagination belliqueuse, sans postérité comme sans prudence, il alla se faire tuer en Afrique et ensevelir avec lui toutes les espérances de la dynastie portugaise sur le champ de bataille d'Alcaçar-Quivir. Mais alors se réalisa ce qu'avait voulu Charles-Quint, quoique d'une autre façon. Si le Portugal ne fut pas annexé à l'Espagne par don Carlos, qui mourut avant dom Sébastien, il y fut incorporé par Philippe II, qui survécut au vieux cardinal-roi Henri, et qui opéra l'union des deux royaumes que vingt-trois ans auparavant l'Empereur son père préparait du cloître de l'Estrémadure.

Après que le Père François de Borja eut informé

l'Empereur de tout ce qui l'intéressait à la cour de Portugal, leur entretien roula sur le nouveau genre de vie qu'ils avaient embrassé l'un et l'autre, et qu'ils ne pratiquaient pas de la même manière. Le Père François en était arrivé à ce suprême détachement chrétien qui le mettait au-dessus de tous les intérêts humains et de toutes les affections terrestres. Il était devenu insensible aux avantages et même à la vie de ses enfants, n'aimant plus d'eux que leur âme et ne priant que pour leur salut. Il disait que, depuis le jour où Dieu avait pris possession de son cœur, il s'y était rendu tellement le maître, qu'aucune créature n'avait le pouvoir de le troubler, ni vivante, ni morte. Chez l'Empereur, au contraire, le chrétien n'avait pas effacé l'homme, et le père demeurait dans le cénobite. L'inquiétude de sa propre gloire l'occupait encore, et il restait plein d'attachement comme d'ambition pour son fils et son petit-fils. Aussi s'émerveilla-t-il des désintéressements surhumains de son pieux ami.

Après avoir demandé au Père François des nouvelles de ses enfants, il lui dit que l'amiral d'Aragon don Sancho de Cardona se plaignait du duc don Carlos de Borja, parce qu'il l'accusait de détenir, contrairement à la justice, les villages del Real qu'il prétendait lui appartenir. Interrogeant à cet égard le Père François, Charles-Quint désira savoir ce qu'il pensait du droit de son fils et de la décision qu'il devait prononcer lui-même. « Seigneur, répondit le Père François, je ne sais de quel côté est le droit. Mais je supplie Votre Majesté non-seulement de rendre justice à l'amiral, mais de lui faire toute la grâce qui sera compatible avec la justice. — Pourquoi, repartit l'Empereur, abandonnez-vous ainsi vos fils? Est-ce que cette grâce ne vaudrait pas mieux pour le duc? — Sacrée Majesté, répliqua le Père François, l'amiral d'Aragon en a vraisemblablement plus besoin que le duc, et il est bien d'assister la nécessité la plus grande[1]. »

L'Empereur n'enviait pas cet abandon des affections paternelles dans le trop stoïque jésuite, dont il se sentait impuissant à imiter les mortifications. Il dit au Père François, qui couchait tout habillé sur une planche : « Pour moi, avec mes infirmités ordinaires, je ne peux pas faire toutes les pénitences que je voudrais. Il m'est surtout impossible de dormir vêtu. — Votre Majesté, lui répondit le Père François, ne peut pas coucher avec ses vêtements, parce qu'elle a passé beaucoup de nuits sous la cotte d'armes. Laissez-nous remercier Dieu de ce que vous avez rendu plus de services en veillant tout armé pour la défense de sa foi et de sa religion que n'en rendent beaucoup de moines en dormant dans leurs cellules couverts d'un cilice[2]. » Après deux jours

---

[1] Ribadeneyra, lib. IV, c. VI, p. 447-448.
[2] *Ibid.*, p. 580. — Vera, *Epitome de Carlos V*, p. 253.

passés au couvent, où Charles-Quint le fit[1] loger non loin de lui et lui envoya chaque jour un plat de sa table, le Père François baisa les mains de l'Empereur et se rendit dans la maison de novices qu'il avait établie pour son institut à Simancas.

De petites tribulations s'étaient jointes aux vives souffrances et aux grandes contrariétés de Charles-Quint. Il avait fait établir à Quacos une juridiction particulière dont avait été investi le licencié Murga. Cette juridiction était d'autant plus nécessaire, que les villageois de Quacos, turbulents et pauvres, se montraient sans beaucoup de respect pour le puissant cénobite qui vivait dans le voisinage et leur distribuait une bonne part des aumônes qu'il répandait tous les mois parmi les habitants les moins heureux de la Vera. Ils se querellaient avec ses serviteurs, ils prenaient ses vaches si elles pénétraient sur leurs pâturages dans la forêt, ils pêchaient les truites qu'on lui réservait dans les cours d'eau de la montagne. Cette juridiction nouvelle offusqua le corrégidor de Plasencia, don Pedro Zapata Osorio, qui la considéra comme un empiétement sur la sienne. Un jour, dans la jalousie d'autorité qui lui troublait la tête, il envoya exécuter des mandements à Quacos, et comme l'alguazil du licencié Murga s'y

---

[1] Lettre de Gaztelú à Vasquez du 26 déc. 1557. (*Retraite et mort de Charles-Quint*, etc., vol. I, p. 255.) — Nieremberg, *Vida de Borja*, p. 136.

opposa, don Pedro Zapata Osorio se transporta lui-même à Quacos avec son lieutenant, son greffier, deux alguazils et deux régidors de Plasencia, et il fit incarcérer l'alguazil qui avait contesté ses pouvoirs et résisté à ses ordres[1]. Irrité d'une hardiesse aussi peu respectueuse, Charles-Quint fit suspendre par sa fille don Pedro Zapata Osorio, que le conseil d'État manda à Valladolid ; et le grand souverain qui avait eu pour adversaires François Ier, Clément VII et Soliman II, se vit alors en contestation avec un petit corrégidor de l'Estrémadure.

Le juge Murga fut appelé à Yuste pour y poursuivre les auteurs d'un vol audacieusement commis dans le coffre même de l'Empereur : on y avait enlevé 800 ducats destinés à des aumônes. Il n'y avait que des gens de la maison, connaissant les lieux et instruits du dépôt, qui pussent les avoir pris. Après des recherches infructueuses, Murga demanda à l'Empereur l'autorisation de mettre à la torture ceux qu'on suspectait d'avoir commis le vol ; l'Empereur ne le voulut point : « Il y a, dit-il, des choses qu'il vaut mieux ne pas savoir[2]. » Cette humaine indulgence ne lui était pas ordinaire : il était en certaines choses d'une dureté impitoyable, comme l'attestent les dispositions rigoureuses

---

[1] Lettre de Gaztelú à Vasquez du 5 janvier 1558. (*Retiro, estancia*, etc., p. 240, 241.)

[2] *Ibid.*, etc., fol. 158 v°.

de ses édits et de ses lois, et comme le montrèrent bientôt les cruelles invitations qu'il adressa à la régente sa fille et au roi son fils contre les protestants qui furent découverts en Espagne.

Peu de temps avant que ses sœurs quittassent la *Vera de Plasencia* et que le Père François vînt le voir à Yuste, Charles-Quint avait eu le premier accès de goutte dont il relevait à peine le 12 décembre. Le 4 janvier 1558, il en éprouva une nouvelle et forte attaque, qui des bras descendit dans les genoux, lui causa de grands troubles d'estomac et le retint au lit jusqu'au 20. Entre ces deux accès, et même lorsque durant l'accès la douleur était moins vive, il s'occupa avec une active sollicitude des intérêts de son fils, et porta sa prévoyante attention sur la France, où tous les efforts allaient désormais se concentrer, et de grands événements s'accomplir. Il fit venir à Yuste don Juan de Acuña, qui avait assisté à la dernière campagne et qui arrivait des Pays-Bas, « parce que, disait-il à Vasquez, je veux en-
« tendre de lui certaines choses de Flandre, et vous
« ferez bien de m'aviser de tout ce qui vous parvien-
« dra. »

Il avait reçu de sa fille une lettre du 14 décembre, dans laquelle, se montrant impatiente d'être débarras-

---

[1] Il arriva à Yuste le 8 janvier; l'Empereur le questionna le 9 et le 10. Lettre de Gaztelú à Vasquez du 10 janvier 1558. (*Retraite et mort de Charles-Quint*, etc., vol. I, p. 246.)

sée du fardeau de l'autorité, elle demandait que son frère Philippe II retournât en Espagne pour s'en charger lui-même et y prendre possession de la couronne d'Aragon. La princesse doña Juana avait, en outre, transmis à son père les délibérations du conseil d'État, qui faisait connaître l'épuisement financier du royaume, la difficulté croissante de continuer la guerre, et dès lors l'opportunité qu'il y aurait à profiter des victoires obtenues pour conclure la paix à des conditions avantageuses. L'Empereur lui répondit le 26 décembre, en se prononçant contre de semblables pensées. « Certai-
« nement, lui dit-il, la paix est en tout temps excel-
« lente et souhaitable. Aussi n'ai-je jamais donné pour
« excuse des maux grands et nombreux que la guerre
« fait souffrir à la chrétienté que le peu de sûreté qu'il
« y a du côté des Français, comme l'a montré l'expé-
« rience du passé, puisqu'ils n'ont jamais tenu et ne
« tiennent jamais ce qu'ils promettent qu'autant que
« cela leur convient. Je ne vois pas, d'ailleurs, quels
« moyens, bons pour lui, le roi aurait de traiter de la
« paix, ses affaires étant au point où elles se trouvent.
« Bien que je sache que sa venue dans ces royaumes
« serait aussi nécessaire que vous le dites, il ne con-
« viendrait cependant en aucune manière qu'il s'éloi-
« gnât de la Flandre, surtout en cette conjoncture[1]. »

[1] Lettre de Charles-Quint à sa fille doña Juana. (*Retiro, estancia*, etc., fol. 154 v°.)

Comme le conseil d'État proposait, si la guerre continuait, d'attaquer la France par la frontière des Pyrénées, avec une armée composée de gens de pied fournis par les villes et les grands d'Espagne, des gardes à cheval, de quatre mille Allemands et de deux mille Espagnols de vieille troupe, il ajoutait : « Je reconnais
« qu'on pourrait opérer par là une utile diversion ;
« mais il se présente à mon esprit trop de difficultés
« pour que je croie au succès qu'on attend d'une pa-
« reille entreprise. En entrant par la Navarre sans
« avoir de flotte et sans recevoir d'assistance en vivres
« de Vendôme (roi de Navarre), je ne sais comment on
« pourrait nourrir les troupes lorsqu'on marcherait en
« avant... Je pense donc qu'il conviendrait mieux que
« l'aide proposée pour cette expédition se convertît,
« l'année qui vient, en un grand effort pour pénétrer
« en Picardie et en Normandie, parce que j'espère en
« Dieu que, les affaires du roi de France étant aux ter-
« mes où elles sont réduites, on l'accablera à tel point,
« que de longtemps il ne pourra lever la tête. Jamais
« on n'a vu et il s'écoulera bien des années avant qu'il
« s'offre une occasion comme celle qui se présente pour
« achever son abaissement[1]. »

[1] « Porque espero en Dios que estando las cosas del rey de
« Francia en los terminos que están, se harian tales efectos que
« no pudiese levantar la cabeza tan pronto; pues no se ha visto
« ni se ofrecerá en muchos años tal coyuntura como la presenta
« para ponello en ejecucion. » (*Retiro, estancia,* etc., fol. 155 r°.)

Mais Philippe II ne ressemblait pas à Charles-Quint; il n'avait tiré qu'un médiocre parti de sa bonne fortune. Après avoir pris Saint-Quentin, Ham, le Catelet, Noyon, fortifié les deux premières de ces villes et démoli les remparts des deux autres, il avait licencié son armée, qui était d'un entretien ruineux, et n'avait conservé que les garnisons nécessaires à la défense des places les plus avancées et les plus importantes. Il avait laissé à Henri II le temps de rassembler ses forces et de réparer son échec. Ce prince, invoquant l'assistance de son peuple et le patriotisme de sa noblesse, avait obtenu des sommes considérables, réuni autour de lui tous ceux qui avaient déjà porté les armes, pris à sa solde douze mille Suisses et six mille lansquenets, convoqué toute la vaillante cavalerie de ses ordonnances, et nommé lieutenant général des armées françaises dans tout le royaume l'entreprenant duc de Guise, arrivé d'Italie avec l'élite de ses troupes et ses meilleurs capitaines. Son dessein était de profiter du désarmement des Espagnols et de réparer dans une campagne d'hiver les désastres qu'il avait éprouvés durant la campagne d'été.

Charles-Quint avait prévu ce projet de bonne heure et s'en était inquiété. « Il paraît, avait-il écrit à sa fille
« dès le 15 novembre, que le roi de France arme avec
« furie, et il pourrait bien se faire qu'il entrât en cam-
« pagne cet hiver et tentât de recouvrer quelques-unes

« des places qu'il a perdues ou d'en surprendre d'au-
« tres[1]. » Il proposait de faire servir à repousser les attaques probables de Henri II une petite armée de dix mille hommes de pied et de douze cents à quinze cents chevaux qu'un chef de bande de la Souabe, le baron de Polviller, avait levée par ses ordres et ceux de Philippe II pour pénétrer dans la Bresse et la Savoie et y opérer un soulèvement en faveur de Philibert-Emmanuel, qui en était le souverain dépossédé. « Si le roi,
« disait-il, n'a pas les forces nécessaires pour se porter
« où besoin sera, qu'il ordonne à Polviller de le join-
« dre... et, l'ayant auprès de lui, il pourra plus aisé-
« ment tenir tête à l'ennemi, s'opposer à ses desseins,
« et l'empêcher de réussir dans ce qu'il entreprendra...
« et, prenant des positions fortes et commodes, il lui
« sera facile de donner secours aux amis, d'assaillir
« avec avantage les ennemis, comme je le pratiquai à
« Valenciennes, à Namur, à Renty[2]. » Ce conseil était prudent, mais il ne put être suivi. L'expédition de Polviller avait échoué dans le comté de Bresse, où le chef allemand avait rencontré des troupes qu'il n'y at-

---

[1] « Y podria ser que juntando el rey de Francia su campo,
« quisiese este hinvierno intentar de recuperar algunas de las
« plazas que ha perdido ó ganar otras de nuevo. » Lettre de Charles-Quint à doña Juana du 15 novembre. (*Retiro, estancia*. etc., fol. 147 r°.)

[2] *Ibid.*

tendait pas, les corps français d'Italie, que le duc de Guise avait amenés par Marseille, et ceux qui avaient suivi le duc d'Aumale à travers les Alpes[1]. Sa petite armée avait été mise en déroute, et Philippe II, pris au dépourvu, essuya à son tour des revers considérables.

Accueilli comme un sauveur, le duc de Guise ne démentit pas les espérances qu'avaient mises en lui le roi et le royaume[2]. Il conçut une entreprise extraordinaire capable de réparer la défaite et la prise de Saint-Quentin. Les Anglais, qui avaient longtemps possédé presque toutes les côtes occidentales de la France, et auxquels Philippe-Auguste avait enlevé la Normandie et Charles VII la Guyenne, avaient encore un formidable pied-à-terre sur le continent, d'où ils n'avaient pas été complétement expulsés. Maîtres de Calais, dont Édouard III s'était emparé en 1347, ils étaient cantonnés depuis plus de deux cents ans dans cette place, qu'ils avaient fortifiée et où ils avaient transporté des bourgeois de Londres et des paysans du comté de Kent. Vraie colonie anglaise, Calais était comme le prolongement de l'Angleterre sur le continent; c'était l'étape de son commerce des laines avec les Pays-Bas et le point de départ de ses expéditions militaires contre la

[1] *Histoire des ducs de Guise*, par Réné de Bouillé. Paris, 1849, in-8°, t. I, p. 408 à 410.
[2] *Ibid.*, p. 411.

France. Située sur une partie peu accessible de la côte, environnée par l'Océan et par des marais, munie d'une citadelle intérieure, flanquée de quatre bastions, entourée de larges fossés que remplissaient les eaux des rivières de Hames, de Guines et de Mark, défendue par les deux forts de Nieullay et de Risbank, dont le premier commandait et foudroyait la chaussée qui seule conduisait à la ville du côté de la terre, et dont le second protégeait le port et en interdisait l'entrée du côté de la mer, la place de Calais passait pour imprenable. Ce qui semblait faire sa sûreté amena sa perte. Les Anglais, dont l'orgueilleuse confiance avait fait placer sur l'une de ses portes cette inscription : « Les François prendront Calais quand le plomb nagera sur l'eau comme le liége, » n'entretinrent pas même avec assez de soin ses fortifications. Ils avaient l'habitude d'en diminuer la garnison pendant la saison d'hiver, si contraire à un siége, que rendaient cette année, plus improbable encore les revers essuyés par les Français en Picardie et en Italie. Ils rappelèrent donc en Angleterre, selon leur usage annuel, une partie des troupes restées dans Calais, malgré les représentations de lord Wenworth, qui en était gouverneur.

Le duc de Guise profita de cette trop grande confiance pour enlever la place dans une attaque aussi vive qu'inattendue. Il la fit d'abord reconnaître secrètement; puis, trompant les Espagnols et les Anglais par d'adroites manœuvres, il se montra disposé à reprendre Saint-Quentin. Il parcourut toutes les places de la frontière française, depuis la Champagne jusque vers le Boulonnais, comme pour les mettre à l'abri d'une agression. Se rapprochant ainsi, sans inspirer de défiance, de la ville qu'il voulait surprendre, après avoir fait mystérieusement tous les préparatifs du siége et avoir donné aux navires échelonnés sur les côtes de la Gascogne, de la Saintonge, de la Bretagne, de la Normandie, de la Picardie, l'ordre de se rendre dans la Manche, il arriva tout d'un coup sous Calais, dans la nuit du 1er janvier 1558. Aussitôt il l'investit et il en commença le siége.

Il attaqua avec la plus grande vigueur les deux forts de Nicullay et de Risbank, qu'il enleva le 3 janvier. Dès qu'il en fut maître, il tourna son artillerie contre la porte de la rivière, dont il abattit les fortifications; il foudroya ensuite la citadelle, où il fit brèche, et y pénétra le 6 de vive force, en passant au fil de l'épée ceux qui la défendaient. S'il restait maître de cette forte position, qui dominait la ville du sud au nord, Calais ne pouvait pas tenir plus longtemps. Aussi les Anglais tentèrent-ils un effort désespéré pour la reprendre; mais n'y étant pas parvenus, ils demandèrent à capituler. Le 8 la capitulation fut signée, et le 9 le duc de Guise, retenant prisonniers lord Wenworth et cinquante officiers de la garnison, dont le reste put faire voile vers l'Angleterre, remit la France en possession de Calais[1], qu'il prit en quelques jours, tandis qu'Édouard III n'y était entré qu'après onze mois de siége. Il avait eu la gloire de lui conserver Metz, il eut celle de lui rendre Calais.

Poursuivant le cours de ses heureuses entreprises, le duc de Guise se porta le 13 janvier devant Guines, que les Anglais occupaient depuis 1351, s'empara le même jour de la ville, qu'ils avaient abandonnée, et les força, le 21, à capituler dans la citadelle, où ils s'étaient réfugiés. Il prit sans coup férir le château de Hames, qu'ils avaient évacué et qui formait le dernier poste occupé par eux dans le comté d'Oye, ainsi replacé tout entier sous la domination française. Le duc de Guise n'acquit pas peu d'honneur en terminant entre la France et l'Angleterre une lutte territoriale qui durait depuis des siècles : il fit rentrer l'une dans ses frontières maritimes et il repoussa dans son île l'autre, qu'il punit d'avoir pris part à une guerre sans motif et sans intérêt pour elle. Laissant le commandement de Calais, dont les fortifications furent réparées, au vaillant et expérimenté Paul de Thermes, chargé de défendre cette côte reconquise, le duc de Guise se dirigea bientôt vers les Pays-Bas, où le duc de Nevers prit les châteaux

---

[1] Voir, pour le siége et la prise de Calais, *Histoire des ducs de Guise*, par M. de Bouillé, t. I. p. 420 à 430.

d'Herbemont, de Jamoigne, de Chigny, de Rossignol, de Villemont, et où il devait aller assiéger lui-même l'importante place de Thionville.

La prise de Calais découvrait la Flandre maritime, et le siége de Thionville menaçait le duché de Luxembourg. Philippe II, réduit à la défensive, était placé, au commencement de 1558, dans la position dangereuse où il avait mis Henri II vers la fin de 1557. La nouvelle de la prise de Calais fut transmise le 31 janvier, par Vasquez, de Valladolid à Yuste. Elle désola l'Empereur. Il était depuis deux mois et demi malade presque sans interruption. Le 2 février, jour de la Purification, il voulut entendre la grand'messe dans l'église, où il se fit porter sur son fauteuil et où il communia. Bien qu'il fût entouré de coussins de plume, il sentait de la douleur jusque dans les os[1]. A ce mal profond s'ajouta la plus vive anxiété politique, lorsque Quijada, le 4 février, l'instruisit de la perte de Calais, qu'il lui avait tenue cachée la veille au soir pour ne pas trop l'agiter pendant la nuit[2]. Il dit « qu'il n'avait pas

---

[1] Lettre de Quijada à Vasquez, du 3 février. *Retraite et mort de Charles-Quint*, etc., vol. I, p. 254.

[2] « No se le ha dicho nada de este correo, porque duerma Su
« Magestad con mas reposo, y porque sentirá mucho esta
« nueva. » (*Ibid.*) Gaztelú écrivit le même jour à Vasquez : « Pa-
« reció al señor Luis Quijada y á mi que no se le debia dar ano-
« che cuenta de lo que resuelta desta nueva de Calés y lo demás
« porque, segun siente estas cosas y cualquier mal suceso que

« éprouvé de plus grande peine en sa vie[1]. » Il craignit que les Français victorieux ne marchassent sur Gravelines et que rien ne fût capable de les arrêter dans leur élan et leur succès. « Ma fille, écrivit-il le
« jour même à la régente d'Espagne, j'ai ressenti cette
« perte au degré où elle devait l'être. Plus j'y pense,
« plus je trouve de motifs et je vois de dangers qui m'en
« font tenir la nouvelle pour la pire que je pusse rece-
« voir, soit à cause de la grande importance de cette
« place au lieu où elle est située et de la position du
« roi, qui est désarmé et sans argent, soit à cause des
« conséquences qu'elle pourra avoir. Quoique j'aie
« cherché ce à quoi il fallait immédiatement pourvoir,
« je ne vois pas autre chose à faire, en attendant les
« avis et les projets du roi, que de presser le départ
« de la flotte qui lui porte de l'argent, afin qu'il puisse
« s'en servir. Donnez donc l'ordre de partir, sans per-
« dre un moment, à Pedro Menendez ou à celui qui
« doit la conduire. » Il invita, de plus, la régente à retirer, selon les ordres de Philippe II, l'or et l'argent qui étaient en lingots à Séville, pour en préparer le

---

« tengan las del rey, tengo por cierto que seria causa de que su
« indisposicion fuese adelante, y causase mayor inconveniente
« en su salud. » (*Retraite et mort de Charles-Quint*, etc., vol. I,
p. 254, note 2.)

[1] « Fué tanta la pena que sintio, que dijó que en su vida no
« la habia recebido tan grande. » (Lettre de Gaztelú, du 4 février. *Ibid.*, p. 256, note 1.)

prompt transport dans les Pays-Bas. Il ajouta : Quoi-
« que je sois certain, ma fille, que, connaissant le trou-
« ble et les embarras dans lesquels se trouvera le roi,
« vous lui viendrez en aide avec la diligence qui con-
« vient, j'ai voulu cependant vous dire tout ceci, parce
« que je sens à tel point ce qui est arrivé et ce qui
« pourrait en être la fâcheuse suite, que je ne saurais
« m'empêcher d'être en grande inquiétude jusqu'à ce
« que j'aie appris qu'on y a remédié[1]. »

Le courrier d'Afrique lui apporta en même temps l'alarmante nouvelle de l'attaque prochaine d'Oran, où le comte d'Alcaudete était allé s'enfermer. Il lui semblait que les Français ne trouveraient plus d'autre obstacle à leur marche sur Bruxelles que le château fortifié de Gand, et que les Barbaresques pourraient bien s'emparer de la ville que les Espagnols leur avaient enlevée depuis un demi-siècle, et avec laquelle ceux-ci tenaient en bride les anciens conquérants de leur pays. Il était plus troublé dans sa solitude qu'il ne l'avait jamais été sur son trône, et il demandait qu'on l'informât diligemment de tout ce qui arriverait sur la frontière de France et sur la côte d'Afrique. Vasquez, auquel il en donna les ordres les plus pressants, hâta l'envoi de l'argent préparé pour Philippe II. Le mau-

---

[1] Lettre de l'Empereur à la princesse doña Juana, du 4 février 1558. *Retraite et mort de Charles-Quint*, etc., vol. I, p. 257, 258.

vais temps ayant forcé la flotte à rentrer dans le port, il fit mettre sur-le-champ en mer un navire léger chargé d'une première somme pour Philippe II. Le reste de l'argent fut bientôt transporté dans les Pays-Bas par d'autres vaisseaux, également bons voiliers, que la saison d'hiver n'empêcha pas de sortir de Laredo. Vasquez transmit en même temps 140,000 ducats, en traites payables à la foire prochaine de Medina del Campo, au prince Doria, pour qu'il unît ses galères à la flotte d'Espagne dans la Méditerranée et qu'il protégeât les côtes de la Péninsule contre l'armée navale des Turcs qui avançait[1].

Ces grands soucis agirent sur la santé de l'Empereur. Il eut une nouvelle attaque de goutte : c'était la troisième de cet hiver ; elle ne fut cependant pas violente ni prolongée. Le 8 février, l'appétit lui étant un peu revenu, il mangea des huîtres fraîches, et il demanda à Séville du bois des Indes et de la salseparcille pour en boire des décoctions, ce qui faisait dire à Quijada : « Les rois se figurent sans doute que leur estomac « et leur complexion diffèrent de ceux des autres « hommes[2]. » Cependant l'humeur qui le tourmentait

---

[1] Lettre de l'Empereur à Vasquez, lettre de Vasquez à l'Empereur, du 7 février. *Retiro, estancia*, etc., fol. 162 et 163.

[2] « A los reyes debeles de parecer que su estómago y com-« plixion es diferente de los otros. » (Lettre de Quijada à Vasquez, du 9 février. *Ibid.*, fol. 163 v°.)

par des crises si douloureuses et si fréquentes se porta au dehors, lui envahit les extrémités inférieures du corps et l'obligea à dormir la nuit les jambes entièrement découvertes[1].

C'est au commencement de février, anniversaire de son entrée au couvent, et au moment même où il était le plus tristement retenu dans sa chambre, que Charles-Quint se serait, s'il faut en croire les récits des moines hiéronymites, prêté à un simulacre de profession monastique. Le maître des novices ayant rencontré le chevalier Moron, *guardaropa* de l'Empereur, lui dit en riant : « Señor Moron, il y aura bientôt un an que
« Sa Majesté est ici. Son noviciat sera alors terminé.
« Que Sa Majesté voie si le couvent lui convient et si
« elle veut y faire profession, et qu'elle le dise avant
« l'expiration de l'année; car, si elle cherchait à nous
« quitter après, nous ne la laisserions pas sortir. J'en
« avertis, afin qu'on ne se plaigne pas de moi quand il
« sera trop tard. » Moron se mit à rire, et il ne manqua pas de rapporter ce propos à l'Empereur pour l'égayer. Charles-Quint goûta la plaisanterie, quoiqu'il fût dans le moment tourmenté par la goutte, et il dit à Moron : « Va trouver le maître des novices et assure-
« le que, si le couvent est content de moi et s'ils veulent

---

[1] Lettre de Mathys à Philippe II du 14 février 1558. *Retiro, estancia*, etc, fol. 164, 165.

« me recevoir dans leur ordre, je suis content d'eux
« tous et je me donne dès cette heure pour profès. »
Le maître des novices ne s'attendait point à ce que
Moron racontât à l'Empereur ce qu'il lui avait dit. En
apprenant sa gracieuse réponse, il ajouta : « Señor
« Moron, nous serions bien difficiles si nous n'étions
« pas satisfaits d'un pareil novice, qui offre à tous les
« meilleurs exemples. Si Sa Majesté se donne pour
« profès, nous nous donnons tous pour ses serviteurs
« et ses chapelains. »

L'Empereur voulut pousser la chose jusqu'au bout.
Il fit venir Juan Regla, son confesseur, et s'informa
auprès de lui de ce qui se pratiquait lorsqu'on recevait un religieux dans l'ordre. Ayant appris qu'on examinait son origine pour savoir s'il était de *sang bleu*
(*sangre azul*) non mêlé de sang maure ou juif, qu'on
célébrait ensuite l'admission du nouveau profès par
une procession solennelle et par un sermon dans lequel on lui expliquait ses devoirs religieux, qu'enfin la
journée se terminait par un repas autour d'une table
bien servie et par une promenade aux champs, il ordonna qu'on en fît autant pour lui. Le 3 février, sans
qu'on procédât à la vérification préalable de sa descendance, il y eut donc messe, sermon, procession, *Te
Deum*. Le Père Francisco de Villalba prêcha sur l'abandon chrétien des grandeurs terrestres, et dit qu'à
se dépouiller de tout pour servir le Christ, l'empire

était plus grand qu'à gouverner les plus vastes États du monde. Les Flamands de Quacos vinrent ce jour-là au couvent avec leurs habits de fête, et l'on envoya de Plasencia à l'Empereur des perdrix, des chevreaux, du gibier, dont il régala les moines, qui purent parcourir librement la forêt aux doux rayons du soleil qu'ils n'avaient aperçu jusqu'alors que du fond de leur cloître. Pour s'honorer d'une association à leur ordre aussi haute, quoique aussi peu sérieuse, les hiéronymites de Yuste ouvrirent dès ce moment un nouveau registre des profès qui commençait par ces mots : « A l'éter-
« nelle mémoire de cet illustre monarque et puissant
« roi, et afin que les futurs religieux puissent se glori-
« fier de voir inscrits leurs noms et leurs professions
« à la suite du nom de ce glorieux prince[1]. »

Lorsque, quelque temps après, eut lieu la visite triennale des couvents hiéronymites, les visiteurs généraux de l'ordre, fray Nicolas de Segura et fray Juan de Herrera, en arrivant à Yuste, allèrent baiser les mains de l'Empereur et lui demander la permission de remplir leur office. Charles-Quint leur répondit qu'ils étaient les bienvenus, et que sa présence au couvent ne devait empêcher en aucune façon l'observation des usages consacrés. Ils le prièrent alors de les

---

[1] Sigüenza, part. III, lib. I, c. xxxviii, p. 198, 199. — Manuscrit hiéronymite, c. xxx, dans *Retraite et mort de Charles-Quint*. etc., vol. II, p. 35, 36, 37.

avertir s'il ne se passait rien dans le monastère qui fût contraire à ses désirs, afin qu'ils missent leur soin principal à y remédier. L'Empereur leur répondit que tout lui paraissait bien, à l'exception d'une seule chose. « Il vient, dit-il, à la porte du couvent beaucoup
« de jeunes femmes pour prendre part à la distribu-
« tion des aumônes, et les moines accourent s'entrete-
« nir avec elles ; ce qui fait causer mes serviteurs. ».
Aussitôt les visiteurs généraux ordonnèrent que les fanègues de grains distribuées jusque-là à Yuste seraient portées dorénavant dans les villages de la Vera, où les alcades les partageraient entre les pauvres habitants. La sanction pénale que l'Empereur donna à cette réforme se ressentit de sa nouvelle rigidité. Il fit publier à son de trompe, dans les lieux circonvoisins, qu'aucune femme n'approchât du monastère à plus de deux traits d'arbalète, sous peine de cent coups de fouet.

Lorsque les visiteurs vinrent prendre congé de l'Empereur, le plus vieux d'entre eux lui dit avec gravité : « Si Votre Majesté nous en accorde la permission, nous avons à lui présenter quelques petits griefs. — Dites, Père, dites, répondit l'Empereur un peu étonné. — Ce ne sera pas, sire, par voie de charges, mais bien de supplications, afin qu'il n'y soit plus donné lieu désormais. D'abord nous supplions Votre Majesté de vouloir bien ne plus permettre qu'on distribue de *pitance* extraordinaire aux religieux de cette maison. — Une seule fois, répliqua l'Empereur, je leur en ai fait envoyer, et peu, pour les récréer. — L'ordre, ajouta le visiteur, leur donne ce qui convient pour qu'ils aillent au service de Dieu dispos et joyeux. S'ils ont, par-dessus, l'abondance que Votre Majesté peut leur procurer comme un grand prince, au lieu de prier Dieu, de se livrer à la contemplation, de se rendre aux offices divins, afin de satisfaire en cela Votre Majesté, ils se mettront à dormir, à parler, à perdre leur temps, et Dieu veuille qu'ils ne fassent pas pis ! — Vous avez raison, dit l'Empereur, j'y remédierai; continuez. — La seconde chose que nous demandons à Votre Majesté, c'est de ne donner de l'argent à aucun moine dont elle aura à se servir. Tout religieux qui viendra auprès de Votre Majesté aura reçu de l'ordre ce qui lui est nécessaire pour le voyage, la demeure et le retour. Votre Majesté, en lui donnant avec la libéralité d'un prince, lui offrirait l'occasion d'offenser Dieu en ce qui touche la propriété. Le religieux croirait pouvoir dépenser cet argent pour son compte, ce qui lui est interdit, car aucun moine ne peut rien acquérir qui ne soit au monastère. — Je n'y reviendrai plus, dit l'Empereur; avez-vous quelque chose à ajouter? — Nous vous supplions, en troisième lieu, de ne prendre sous votre protection, ni de recommander à la protection de la sérénissime princesse votre fille, aucun religieux qui viendrait invoquer l'appui de Votre Majesté, en quoi que ce soit qui toucherait à la discipline, à la correction ou aux châtiments imposés par l'ordre, parce que cela pourrait avoir de grands inconvénients à cause du respect qui est toujours dû aux volontés des personnes royales. — J'ai eu cela en considération, dit l'Empereur, et je l'aurai encore davantage; n'y a-t-il plus rien? — La dernière supplication que nous adressons à Votre Majesté, c'est que, si elle a besoin d'un religieux quelconque et même du général, elle veuille bien l'appeler. Il quittera tout pour se rendre au désir de Votre Majesté. Mais qu'elle fasse à l'ordre la grâce de ne se souvenir d'aucun de ceux qui le composent, pour un honneur, un office, une dignité. Si l'ordre recevait ainsi une récompense de Votre Majesté, il perdrait tout le mérite qu'il peut avoir à la servir[1]. »

Si ces promesses furent faites aux rigides visiteurs, elles ne furent pas toutes tenues. Le profès impérial, que les religieux de Yuste avaient pompeusement inscrit sur leur registre, les traita bientôt avec une hauteur indifférente et fort peu monastique. Ayant perdu quelque temps après leur prieur, ils le supplièrent d'écrire au général des hiéronymites afin qu'il les autorisât à en élire eux-mêmes un autre. Charles-Quint

---

[1] Sandoval, *Vida del emperador Carlos V en Yuste*, § 6, fol. 827, 828. — Manuscrit hiéronymite, ch. xxiv, dans *Retraite et mort de Charles-Quint*, etc., vol. II, p. 29, 30, 31.

les refusa net, et leur dit « qu'il ne voulait se mêler en aucune façon de pareille chose, ni de leur ordre¹. »

Vers la fin de février, il éprouva un grand chagrin domestique. Les deux reines douairières de France et de Hongrie s'étaient rendues à Badajoz, où l'infante doña Maria était arrivée le 27 janvier pour voir la reine Éléonore, sa mère. La princesse doña Juana envoya pour complimenter l'infante don Antonio de Puertocarrero, qui vint baiser à Yuste les mains de l'Empereur. L'Empereur lui remit pour ses sœurs et pour sa nièce des lettres de compliment et d'affection qu'il ne put pas signer à cause de sa goutte, et auxquelles il fit apposer le sceau très-secret réservé pour ces occasions². En même temps que l'envoyé de la régente et de l'Empereur se rendait à Badajoz, don Manuel de Melo, qui avait accompagné l'infante, se dirigeait, avec un train somptueux, vers Yuste³. Mais l'infante, que les deux reines comblèrent de tendresse et de présents⁴, n'alla point visiter l'Empereur son oncle, et elle se refusa à vivre en Espagne dans la compagnie de sa mère. Après environ quinze jours passés à côté d'elle, cette fille

---

¹ « Pero Su Magestad (dice) se excusó rasamente y no quiere embarazarse en ninguna des estas cosas, ni de su orden. » (*Retiro, estancia*, etc., fol. 195 r°.
² *Ibid.*, fol. 158 v°.
³ *Ibid.*, fol. 160 r°.
⁴ *Ibid.*

altière et peu affectueuse reprit le chemin de Lisbonne, tandis que les deux reines revinrent tristement sur leurs pas, avec le dessein de faire un pèlerinage à Notre-Dame de Guadalupe. Mais elles ne le purent pas ; en arrivant à Talaveruela, la reine Éléonore tomba gravement malade. L'asthme dont elle était tourmentée, comme l'Empereur son frère, se compliqua d'une fièvre dangereuse, qui, dès le début de la maladie, laissa peu d'espérance au docteur Corneille, son médecin. Le secrétaire Gaztelú, que Charles-Quint avait envoyé au-devant de ses sœurs jusqu'à Truxillo, poussa jusqu'à Talaveruela en apprenant que la reine Éléonore y était malade. Le 18, qui devait être le dernier jour de sa vie, il la trouva sur un siége en proie à une fièvre violente, et oppressée à tel point par son asthme, qu'une respiration suivait l'autre[1] ; mais elle avait l'esprit si net et l'âme si ferme, qu'elle se fit rendre compte par Gaztelú de l'état des affaires et lui raconta son entrevue avec l'infante sa fille. Lorsqu'il retourna auprès d'elle le soir vers six heures, elle était à toute extrémité, et l'évêque de Palencia allait lui donner l'extrême-onction. Conservant la parole jusqu'au bout, elle lui dit avec une douceur et une sérénité infinie les choses les plus touchantes du monde. Elle demanda à être enter-

---

[1] *Retraite et mort de Charles-Quint*, etc., vol. I, p. 270, 271. Lettre de Gaztelú à Juan Vasquez, du 21 février.

rée sans pompe à Mérida, et voulut que l'argent qui aurait été dépensé pour ses obsèques fût distribué aux pauvres. Ses dernières paroles furent pour l'infante et pour l'Empereur[1] : elle recommandait tendrement sa fille à son frère, et elle expira sans que celle-ci pût revenir lui fermer les yeux.

La triste nouvelle de la mort de sa sœur jeta Charles-Quint dans une profonde affliction. Il avait eu une quatrième attaque de goutte, et c'est au milieu des souffrances qu'il en éprouvait que la maladie de la reine Éléonore était venue l'inquiéter. Il avait envoyé sur-le-champ Quijada vers sa sœur à la suite de Gaztelú. Le médecin Mathys, resté auprès de lui, avait écrit le 18 février à Valladolid que l'Empereur était aussi attristé que souffrant[2]. Il avait ajouté le 20, en parlant de l'augmentation de son mal causée par l'inquiétude : — « La douleur du bras droit s'est accrue
« et Sa Majesté a mangé par les mains d'autrui, et
« peu. Le soir elle eut de la fièvre et des angoisses, et
« les souffrances du bras devinrent plus vives. La nuit
« ne se passa pas bien. Hier le mal gagna le genou
« droit, et Sa Majesté eut les deux bras pris et immo-
« biles. Comme Gaztelú revint en disant que la reine

---

[1] Lettre de Quijada, que l'Empereur avait également envoyé auprès de sa sœur, du 21 février. *Retraite et mort de Charles-Quint*, etc., vol. I, p. 273, 274.

[2] Lettre de Mathys à Vasquez, du 18 février. *Ibid.*, p. 268, 269

« était au pire et sans espérance, vous pouvez juger
« quel chagrin en éprouva Sa Majesté[1]. » Lorsque
Charles-Quint apprit que cette sœur, qu'il avait toujours tendrement aimée, était morte, de grosses larmes coulèrent sur son visage. La reine Éléonore était son aînée de quinze mois ; il sentit qu'elle le précédait de bien peu : « Avant que ces quinze mois soient « passés, dit-il, il pourra bien se faire que je lui « tienne compagnie[2]. La moitié de ce temps n'était pas écoulée, que le frère et les deux sœurs s'étaient rejoints dans la dernière demeure.

La reine de Hongrie était au désespoir. Malgré la force qui la rendait maîtresse de ses sentiments, elle ne pouvait pas surmonter sa douleur ; lorsqu'elle voulait parler de sa sœur, les sanglots lui ôtaient la parole[3]. Elle alla chercher auprès de son frère des consolations et lui en donner. L'Empereur, qui avait fait demander en toute hâte à Valladolid des vêtements de deuil pour sa maison et la maison de ses sœurs, voulut que tout fût prêt à l'arrivée de la reine de Hon-

[1] Lettre de Mathys à Vasquez, du 20 février. *Retraite et mort de Charles-Quint*, etc., vol. I, p. 269.

[2] « Sintiólo cierto mucho, y se le arrasáron los ojos, y me « dijo lo mucho que él y la de Francia se habian siempre que- « rido... y que le llevaba quince meses de tiempo, y que, segun « él se iba sintiendo de poco acá podria ser que dentro de ellos « le hiciesse compañia. » (Lettre de Gaztelú à Vasquez, du 21 février. *Ibid.*, p. 271.)

[3] Lettre de Quijada, du 21 février. *Ibid.*, p. 273.

grie et qu'elle fût logée cette fois dans la résidence impériale. Il ordonna donc de préparer son appartement dans le quartier d'en bas [1]. En l'attendant, tourmenté par sa goutte, qui s'était portée sur le genou et la hanche gauches, ayant la bouche enflammée et la langue bouffie, réduit, pour toute nourriture, à des collations de massepains et de gaufres [2], il passa péniblement dans sa chambre le 24 février, jour anniversaire de sa naissance, qu'il avait célébré l'année précédente avec une satisfaction si joyeuse et si reconnaissante. Quatre jours après, le grand commandeur d'Alcantara étant venu à Yuste apporter avec ses condoléances les distractions de ses entretiens toujours si agréables à l'Empereur, il le trouva fort changé. « Je « l'ai *consolé*, écrivait-il à Vasquez, de la perte de la « reine de France, et aussi de celle de Calais et de « Guines, que Sa Majesté ressent comme la mort. Ce « chagrin, le trépas de sa sœur et les froids très-sévères « de cet hiver l'ont laissé extrêmement abattu [3]. »

La reine de Hongrie arriva à Yuste le 3 mars, à la nuit. L'Empereur désirait et redoutait sa venue; il avait

---

[1] Lettre de Quijada à la princesse doña Juana, du 25 février. *Retiro, estancia*, etc., fol. 176 v°.

[2] Lettre de Mathys à Vasquez, du 24 février. *Ibid.*, fol. 170 r°.

[3] Lettre de don Luis de Avila à Vasquez, du 28 février. *Ibid.*, fol. 170 v°.

dit plusieurs fois à Quijada : « Il ne me semble pas
« possible que la Reine Très-Chrétienne soit morte, et
« je ne le croirai que lorsque je verrai entrer la reine
« de Hongrie seule[1]. » Elle entra seule, et l'Empereur
en la voyant s'attendrit, quoiqu'il cherchât à contenir
son émotion. La reine ne put s'empêcher de montrer
la sienne[2]. Elle demeura douze jours avec son frère,
dont la santé se remit peu à peu, mais resta très-faible.
Il ne pouvait manger que des mets excitants, des harengs, du poisson salé, de l'ail[3], et il était sans disposition comme sans force pour les exercices qui lui auraient été le plus salutaires. Mathys le déplorait, en
écrivant à Philippe II : « Les fonctions corporelles de
« Sa Majesté, lui disait-il, sont presque oisives dans
« cette vie cellulaire. A mon grand chagrin, je déses-
« père qu'il en soit autrement. A peine l'Empereur
« fait-il quinze ou vingt pas par jour ; le reste du
« temps on le porte en litière, et rarement même
« marche-t-il autant. Il est vrai que ces jours derniers

[1] « Y Su Magestad me habia dicho á mi algunas veces que no
« podia creer que fuese muerta la cristianisima reyna, hasta que
« viese entrar á la de Hungria sola. » (Lettre de Quijada à Vasquez du 4 mars. *Retraite et mort de Charles-Quint*, etc., vol. I,
p. 280.)

[2] « Todavia sintió mucho vella entrar sola, y me parece que
« se enterneció algo, y la reyna no pudo dejar de mostrallo. »
(*Ibid.*, p. 280.)

[3] *Retiro, estancia*, etc., fol. 172 v°.

« il ne pouvait se servir de ses pieds à cause d'une
« petite plaie produite par l'éruption des jambes.
« Mais, ses pieds fussent-ils plus libres, et comme
« ils peuvent l'être pour lui, cela ne mènerait à rien,
« et il n'en ferait pas plus d'usage[1]. »

La reine de Hongrie quitta Yuste le 16 mars, dans l'intention d'aller fixer sa résidence à Cigales. Avant son départ, l'Empereur eut avec elle un entretien long et confidentiel[2]. Ayant éprouvé pendant plus de vingt ans l'habileté supérieure de sa sœur dans l'administration d'un État, il songea, au milieu des circonstances graves où se trouvait la monarchie espagnole, à la placer à côté de sa fille, qui semblait lasse de porter un si lourd fardeau, puisqu'elle avait naguère exprimé le désir de s'en décharger sur les épaules du roi son frère. Il la pressa donc de ne pas refuser son aide à la régente d'Espagne, et il la fit accompagner par Quijada, qui devait ramener de Villagarcia sa femme doña Magdalena de Ulloa avec le jeune don Juan d'Autriche, pour les établir à Quacos dans le voisinage le plus rapproché de Yuste. Quijada avait ordre de passer par Valladolid; il devait persuader à la princesse régente, au nom de son père, de consulter la reine de Hongrie sur les affaires les plus importantes, et notamment sur

---

[1] Lettre de Mathys à Philippe II, du 1ᵉʳ avril. *Retiro, estancia*, etc., fol. 178.

[2] *Ibid.*; fol. 173 rº.

celles des Pays-Bas. Quijada s'acquitta de sa mission sans y réussir. La princesse doña Juana prit assez mal cette invitation. Elle répondit que le caractère de la reine de Hongrie était tel qu'elle ne se contenterait pas de donner son avis, mais qu'elle voudrait commander; que l'autorité qui lui avait été conférée pour gouverner ne souffrait pas une pareille nouveauté; que, d'ailleurs, il naîtrait de là des embarras continuels pour le secret comme pour l'unité des résolutions, et elle signifia qu'elle se retirerait plutôt et renoncerait au gouvernement[1]. C'est dans ce sens qu'elle écrivit à l'Empereur. En même temps qu'elle résistait à tout partage d'autorité en Espagne, elle visait toujours à la possession du pouvoir qu'exerçait en Portugal la reine Catherine, sa tante et sa belle-mère. Le Père François de Borja s'était déjà entremis à ce sujet dans son précédent voyage à Lisbonne. La princesse doña Juana invoquait de nouveau l'assistance de l'Empereur et lui disait :
« Votre Majesté pourrait écrire à cette reine pour que
« la pragmatique de Portugal eût au plus tôt son effet.
« Quant à ce que conseille Votre Majesté de traiter
« avec cette reine pour que, au cas où Notre-Seigneur
« disposerait d'elle, elle me laissât par son testament
« la tutelle du roi et le gouvernement du royaume,
« bien que Votre Majesté s'entende en cela mieux que

---

[1] *Retiro, estancia,* etc., fol. 173 v°.

« moi, néanmoins il me semble qu'il pourrait en ré-
« sulter du dommage. La reine est mal vue de plu-
« sieurs personnages de ce royaume, et j'ai su que la
« plupart d'entre eux seraient bien aises que je fusse
« là. Il est clair qu'à défaut de la reine il ne pourrait
« pas y avoir d'autre tutrice du roi que sa mère; et
« peut-être que si la reine me léguait la tutelle, ceux qui
« lui sont défavorables le prendraient mal. Dieu lui
« conservera la santé, et, si Votre Majesté l'approuve,
« je tiendrai là des personnes qui m'aviseront de tout
« ce qui s'y passera et des volontés de chacun. Votre
« Majesté, en étant instruite, pourra mieux se résoudre
« en toutes choses. Le Père François est ici; que Votre
« Majesté voie s'il serait bien d'en parler avec lui,
« puisqu'il pourrait s'en occuper un peu lorsqu'il sera
« là-bas en Portugal.. Votre Majesté m'informera de ce
« qu'elle voudra qu'on fasse[1]. »

L'Empereur abandonna le projet d'adjoindre sa sœur
à sa fille dans le gouvernement de l'Espagne, mais il
songea à rendre l'expérience que la reine de Hongrie
avait acquise et les talents politiques dont elle était
douée profitables à son fils d'une autre manière. La
trop scrupuleuse ou trop ambitieuse régente conserva
le maniement unique de l'autorité en Espagne, sans

---

[1] Lettre de la princesse doña Juana à l'Empereur, du 22 mars.
tiro, estancia, etc., fol. 175 et 176.

avancer d'un pas vers la possession du pouvoir en Portugal, où, contre sa prévision, le cardinal infant don Henri devait prendre plus tard la place de la reine Catherine, pendant que durerait encore la minorité du roi dom Sébastien. Catherine envoya à Yuste don Alonzo de Zuñiga, l'un de ses plus intimes serviteurs, visiter l'Empereur son frère et lui offrir quelques présents qui pussent servir à son usage ou à ses distractions [1]. Quant à lui, qui de son cloître s'occupait constamment de sa famille et n'oubliait rien de ce qui tournait à l'avantage des vivants ou à l'honneur des morts, il ordonna le 25 mars de transporter dans la chapelle royale de Grenade les restes de sa mère et désigna pour les accompagner l'archevêque de Séville et le marquis de Comarès [2]. Peu de temps après, selon sa pieuse et tendre coutume, il assista, le 1er mai, anniversaire de la mort de l'impératrice sa femme, à un service solennel célébré pour le repos de son âme [3]. Le lendemain il apprit, à sa grande satisfaction, que la dernière couronne qu'il avait conservée jusque-là malgré lui, la couronne impériale, avait passé sur la tête de son frère Ferdinand.

---

[1] Elle lui envoya des lunettes, deux boîtes de parfum, une fiole d'or, deux petits chats venus de l'Inde et un perroquet qui parlait à merveille. *Retiro, estancia,* etc., fol. 180 r°.
[2] *Ibid.*, fol. 176 r°.
[3] *Ibid.*, fol. 181 r°.

Comme il le désirait depuis plusieurs années, il était enfin, selon sa propre expression, *desnué de tout*[1]. Ce n'avait pas été sans peine : il avait rencontré, pour se démettre de la suprême autorité, presque autant d'obstacles qu'on en trouve d'ordinaire à l'acquérir. Son fils l'avait supplié de garder l'Empire; et son frère Ferdinand, qui ne se montrait pas pressé de l'obtenir, lui avait demandé tout au moins d'en ajourner l'abandon. Lorsque Ruy Gomez était allé au monastère de Yuste lui exprimer les désirs de Philippe II à cet égard, Ferdinand avait écrit à ce dernier : « Au cas que Sa Majesté ait résolu de retenir le titre d'empereur en se rendant aux nouvelles instances que Votre Altesse lui en a faites, Dieu sait combien je m'en réjouirai. C'est ce que j'ai toujours désiré et ce que je désire encore[2]. »

Mais Charles-Quint, malgré la vive affection qu'il portait à son fils et le grand intérêt qu'il prenait à ses affaires, ne s'était pas laissé détourner de son dessein. Les adroites supplications de Ruy Gomez, les hardies représentations de Quijada, qui trouvait que renoncer à l'Empire, c'était découvrir l'Italie et exposer les Pays-

---

[1] Lettre de Charles-Quint à Ferdinand, du 8 août 1556. Lanz, t. III, p. 708.
[2] Lettres de Ferdinand Ier à Philippe II, de Prague, le 26 avril, et de Presbourg, le 24 juin 1557. *Documentos inéditos*, t. II, p. 475.

Bas, n'avaient rien pu sur son esprit résolu. Il s'était borné, comme il l'avait fait précédemment, à attendre le résultat de la diète, qui ne se rassembla point à Egra, les trois électeurs ecclésiastiques et le comte palatin n'ayant pas osé quitter leurs principautés [1] dans un moment où la guerre entre le roi d'Espagne et le roi de France se rapprochait des frontières allemandes. Sur la demande de Philippe II, Ferdinand éloigna le plus qu'il put la réunion des électeurs, qu'il avait beaucoup de peine, du reste, à mettre d'accord sur l'époque et le lieu où ils se rassembleraient [2]. Les trois électeurs septentrionaux préféraient Ratisbonne, les quatre électeurs méridionaux des bords du Rhin aimaient mieux Ulm ou Francfort. Ferdinand les ayant tous assignés à Ulm pour le 6 janvier 1558, jour des Rois, les électeurs de Saxe et de Brandebourg ne purent pas s'y rendre, et demandèrent à être convoqués un peu plus tard et dans une autre ville [3]. Ferdinand fixa la ville centrale de Francfort et indiqua le 20 février [4], qui devint le dernier terme de ce laborieux en-

---

[1] Lettre de Ferdinand Ier à Philippe II, du 19 avril 1557. *Documentos inéditos*, t. II, p. 474.

[2] Lettres de Philippe II à Ferdinand Ier, des 13 avril, 25 juillet 1557. *Ibid.*, p. 472 et 485-86.

[3] Lettres de Ferdinand Ier à Philippe II, des 12 octobre et 16 novembre 1557. *Ibid.*, p. 499, 500, 502-505.

[4] Lettre de Ferdinand Ier à Philippe II, du 27 novembre. *Ibid.*, p. 508.

fantement d'un nouvel empereur. Paul IV aurait voulu y mettre obstacle. Reprenant toutes les prétentions, depuis longtemps abandonnées, des souverains pontifes du moyen âge, il déclara que la résignation de l'Empire ne pouvait se faire qu'entre les mains du pape, en sa qualité de suzerain, et que Charles-Quint restait toujours empereur. Il contesta de plus au duc de Saxe, au margrave de Brandebourg, au comte palatin, le droit d'élire, dont il les disait déchus par leur hérésie, et au roi des Romains le droit d'être élu, parce qu'il était tombé lui-même sous le soupçon d'hérésie pour avoir accordé la paix de religion[1]. Malgré son audacieuse opposition, les trois archevêques de Mayence, de Cologne, de Trèves, le roi de Bohême, le margrave de Brandebourg, le duc de Saxe, le comte palatin du Rhin, après avoir admis le 28 février la renonciation de Charles-Quint à l'Empire, lui donnèrent, à l'unanimité, le 12 mars, Ferdinand Ier comme successeur.

Un mois et demi s'écoula avant que Charles-Quint sût que, conformément à son désir, il avait cessé d'être empereur. Le bruit en était arrivé vaguement à Yuste,

---

[1] *Propos du pape au sujet de la résignation de l'empereur Charles et de l'élection du nouvel empereur.* Dépêche de Rome, mars 1558; Ms. Béthune. n° 8657, p. 39; et lettres de l'évêque d'Angoulême à Henri II et du cardinal de Bellay au cardinal de Lorraine. Rome, 11 juin et juillet 1558. Ribier, t. II, p. 746, 759 et 760.

mais sans que celui qui était le plus intéressé à le connaître l'eût appris avec précision ; enfin, le 27 avril, Vasquez lui transmit la résolution de la diète électorale. Charles-Quint renonça sur-le-champ aux titres dont il s'était servi jusque-là. Cessant de désigner Vasquez comme son secrétaire et son conseiller, il lui répondit en mettant sur la suscription de sa lettre : *A Juan Vasquez de Molina, secrétaire, et du conseil du roi mon fils.* « J'ai reçu, lui dit-il, votre lettre du 27
« avril, et je me suis réjoui d'être informé avec cer-
« titude de ce qui a eu lieu touchant la renonciation à
« l'Empire ; elle s'est accomplie comme il faut, quoi-
« que différemment de ce qui s'était dit les jours pas-
« sés..... J'ai ordonné à Gaztelú de vous écrire au sujet
« de deux sceaux qui doivent être faits de la grandeur
« et dans la forme qu'il vous indiquera. Vous aurez
« soin qu'on y mette tout de suite la main et qu'on les
« envoie[1]. » Gaztelú écrivit en effet le même jour à Vasquez : « Sa Majesté m'a commandé de vous dire
« que, la renonciation à l'Empire ayant été acceptée, il
« ne devra plus être mis désormais sur ses lettres ni
« *l'Empereur*, ni autre titre semblable. Sa Majesté a
« voulu aussi qu'il fût fait deux sceaux sans couronne,
« sans aigle, sans toison, sans aucune armoirie, qu'on

---

[1] Lettre de Charles-Quint à Vasquez, du 29 avril 1558. *Retiro, estancia*, etc., fol. 181.

« les achevât et qu'on les transmît avec la plus grande
« promptitude possible[1]. » Ces sceaux n'offraient,
dans un écu sans ornements, que les armes d'Espagne
écartelées avec celles de Bourgogne[2].

Charles était arrivé enfin à ce dépouillement absolu
de toute grandeur, qu'il ambitionnait depuis si longtemps. Il fit enlever ses écussons de ses appartements,
et il recommanda que son nom fût omis dans les prières de l'Église et dans les offices de la messe, et qu'on
y substituât le nom de son frère Ferdinand. « Quant
« à moi, dit-il à son confesseur Juan Regla, le nom de
« Charles me suffit, parce que je ne suis plus rien[3]. »
Cette belle et simple parole, il la répéta devant ses serviteurs émus. Mais, quoique la couronne impériale eût
disparu de ses appartements, quoique ses titres eussent
été effacés de ses sceaux, quoique son nom ne fût plus
prononcé dans les prières publiques, il demeura ce
qu'il avait été pour tout le monde. De Valladolid,
comme de Bruxelles, on ne cessa pas de lui écrire :
A l'Empereur notre seigneur, et, lorsqu'on parlait de
lui, on disait toujours *l'Empereur*.

[1] Lettre de Gaztelú à Vasquez, du 3 mai. *Retraite et mort de Charles-Quint*, etc., vol. I, p. 292, 293.

[2] *Ibid.*, préface, p. xxxvii et xxxviii. M. Gachard s'est procuré à Simancas une copie du cachet apposé sur les dernières lettres envoyées par l'Empereur à Valladolid.

[3] Manuscrit hiéronymite, dans *Retraite et mort de Charles-Quint*, vol. II, p. 39, 40.

CHAPITRE VII

PROTESTANTISME EN ESPAGNE. — DON JUAN D'AUTRICHE.

Découverte de deux foyers de protestantisme à Valladolid et à Séville. — Doctrines luthériennes répandues dans la Vieille-Castille et dans l'Andalousie par Augustin Cazalla et Constantin Ponce de la Fuente, qui avaient suivi Charles-Quint en Allemagne comme chapelains et prédicateurs. — Nombre et qualité de leurs adhérents. — Indignation et trouble de Charles-Quint à l'annonce de cette découverte. — Ses lettres à la princesse doña Juana et à Philippe II. — Ses invitations à l'inquisiteur général Valdès. — Procès de Cazalla, de Constantin Ponce de la Fuente et de leurs adhérents dont Charles-Quint presse la conclusion. — *Auto-da-fé* de Valladolid et de Séville. — Établissement au village de Quacos de doña Magdalena de Ulloa et de don Juan d'Autriche, fils naturel de Charles-Quint. — Déclaration secrète de Charles Quint au sujet de la naissance de don Juan ; ses dispositions pour lui. — Éducation de don Juan, son séjour à Quacos, ses visites à Yuste. — Désir qu'exprime la princesse régente d'aller baiser les mains de son père au couvent, et de laisser auprès de lui le prince d'Espagne don Carlos, afin de le placer sous sa direction. — Préoccupations qui donnent à à Charles-Quint la marche du duc de Guise vers les Pays-Bas et l'apparition de la flotte turque dans la Méditerranée. — Conseils qu'il fait entendre ; précautions qu'il prescrit. — Prise de Thionville et d'Arlon par le duc de Guise ; invasion de la Flandre maritime par le maréchal de Thermes ; ravage de Minorque par les Turcs. — Bataille de Gravelines ; défaite du maréchal de Thermes par le comte d'Egmont. — Joie qu'en éprouve Charles-Quint. — Résultats divers de cette

PROTESTANTISME. — DON JUAN D'AUTRICHE. 353

campagne. — Négociations ouvertes à Cercamp et terminées à Cateau-Cambrésis par une paix qui assure la supériorité de l'Espagne, mais que ne peut pas voir Charles-Quint.

Charles-Quint ne goûta pas longtemps dans leur tranquille pureté les satisfactions auxquelles il avait si vivement aspiré, de n'être plus rien et de ne répondre que de lui-même. Un événement fort inattendu vint bientôt troubler la paix de sa solitude et inquiéter sa foi. On découvrit coup sur coup deux foyers de protestantisme en Espagne : l'un existait au centre de la Vieille-Castille, à Valladolid, où résidait la cour; l'autre, dans la ville la plus commerçante, la plus éclairée, la plus considérable de l'Andalousie, à Séville.

Aucun pays cependant ne semblait être mieux que l'Espagne à l'abri des doctrines religieuses qui, avec des caractères en quelques points dissemblables et sous des formes un peu différentes, prévalaient en Allemagne, dominaient en Suède et en Danemark, étaient admises dans la majeure partie de la Suisse, gagnaient la France, pénétraient dans les Pays-Bas, et allaient bientôt reprendre possession de l'Angleterre. Le tribunal du Saint-Office devait, par la crainte de ses châtiments et les rigueurs de sa surveillance, les empêcher d'y naître ou de s'y introduire. Ce tribunal, après la conquête de tout le royaume sur les Maures, avait reçu de Ferdinand d'Aragon et d'Isabelle de Castille une organisation et une autorité des plus redoutables, afin d'établir l'unité nationale par l'uniformité religieuse. Investie des pouvoirs de la couronne et des droits de l'Église, la nouvelle inquisition espagnole avait suffi à déterminer violemment la conversion ou l'expatriation des Juifs et des Maures. Elle avait fait périr plus de vingt mille victimes dans les flammes, poussé en fugitifs sur la terre étrangère plus de quatre cent mille Israélites et cinq cent mille musulmans[1], et rendu la Péninsule toute catholique en apparence, depuis les confins de la Navarre jusqu'aux extrémités de l'Andalousie, depuis Pampelune jusqu'à Grenade. Instituée par le roi, confirmée par le souverain pontife, ayant à sa tête un inquisiteur général, gouvernée par un conseil suprême, exercée, dans chaque grande province, par des tribunaux particuliers, couvrant de ses familiers, de ses alguazils, de ses juges, tout le territoire espagnol, unissant en beaucoup de points la juridiction civile à la juridiction religieuse, et poursuivant les délits en même temps que les croyances, n'ayant à subir aucun contrôle, car elle prononçait sans appel, exigeant et récompensant la délation, pro-

---

[1] Mariana, *Hist. d'Esp.*, liv. XXVI, c. I, porte à huit cent mille le nombre des Juifs expulsés, et Llorente, *Histoire critique de l'Inquisition d'Espagne*, t. I, c. VIII, art. I, § 7, évalue à **deux millions** les Juifs sortis de la Péninsule, les Maures émigrés en Afrique, les Espagnols etablis en Amérique, sous Ferdinand et Isabelle. Il y a de l'exagération.

cédant dans le mystère et par la torture, infligeant les peines les plus cruelles et les plus déshonorantes, déterrant les morts, brûlant les vivants, confisquant les biens des condamnés, et dégradant leurs familles frappées d'incapacité durant plusieurs générations, l'inquisition devait contenir les esprits entreprenants, terrifier les consciences chancelantes, et interdire sans peine toute dissidence dans la foi au midi des Pyrénées.

Ce formidable instrument d'uniformité, que Ferdinand le Catholique avait employé contre les races étrangères, Charles-Quint s'en était servi contre les doctrines hétérodoxes. Ce que l'aïeul avait fait pour la nationalité, le petit-fils le fit pour la religion. Continuateur de l'œuvre de Ferdinand, Charles-Quint, autant par croyance que par politique, maintint avec inflexibilité l'orthodoxie chrétienne dans ses États héréditaires. Il ne différa à cet égard ni de son grand-père Ferdinand, qui compléta pour ainsi dire le catholicisme espagnol, ni de son fils Philippe II, qui soutint de sa puissance le catholicisme européen. Il fut tout à fait de sa race, il partagea la violence de son zèle, et il obéit à la loi de sa position. S'il y contrevint en Allemagne, par suite des nécessités qui l'obligèrent passagèrement à tolérer ceux qu'il aurait voulu combattre, à transiger avec ce qu'il désirait détruire, il en éprouva des regrets profonds. Il craignit, comme il le disait sur le trône et dans le cloître, d'y *avoir exposé une partie de son salut*. Mais ailleurs il pratiqua durement cette politique religieuse. Il affermit l'inquisition en Espagne, la fortifia en Sicile, la fit recevoir dans les Pays-Bas, et il essaya même de l'établir à Naples, où le peuple se souleva contre elle et le contraignit de renoncer à cette institution odieuse[1].

Défenseur ardent de l'Église orthodoxe dans ses pays héréditaires, ennemi déclaré, quoique impuissant, des nouveautés protestantes dans l'Empire électif d'Allemagne, comment lui fut-il réservé de voir ces nouveautés introduites dans la Péninsule si bien protégée contre elles par le concert de la royauté et de l'inquisition? Les doctrines luthériennes, que la connaissance des langues grecque et hébraïque, l'étude des textes sacrés, quelques communications avec de hardis controversistes d'outre-Rhin, et la lecture de leurs ouvrages, avaient déjà fait pénétrer précédemment en Espagne, où elles avaient été étouffées[2], y furent alors répandues de nouveau, et plus abondamment par ceux-là mêmes qui avaient suivi Charles-Quint en Allemagne de 1546 à 1552. Mis en contact avec elles, plusieurs prédicateurs et chapelains espagnols de l'Empereur en

---

[1] Voir les faits, les pièces et les preuves dans Llorente, *Histoire critique de l'Inquisition d'Espagne.*

[2] *Ibid.*, t. II, c. xiv, et *Historia de los protestantes españoles*, por Adolfo de Castro. Cadiz, 1851, in-8°, p. 45 à 105.

furent bientôt atteints. L'examen animé des dogmes les conduisit plus loin encore que n'avaient été menés précédemment quelques linguistes espagnols par la science interprétative des textes sacrés. Alors, dans l'Europe érudite et raisonneuse, hardie par curiosité, religieuse en esprit, tout précipitait vers l'hérésie : le savoir y disposait, la piété en rapprochait, la controverse y entraînait. C'est ce qui arriva à deux des principaux théologiens de Charles-Quint, à Constantin Ponce de la Fuente et à Augustin Cazalla, pendant la croisade catholique que le fervent Empereur avait entreprise contre le protestantisme allemand.

Constantin Ponce étendit en Andalousie le germe des innovations que Cazalla propagea dans la Vieille-Castille. La ville de Séville, où se retira le docteur Constantin, était déjà soumise à l'active surveillance du Saint-Office, qui y avait poursuivi comme suspects des hommes recommandables par l'étendue de leurs connaissances et la pureté de leur vie, le chanoine magistral de l'église métropolitaine Juan Gil, évêque élu de Tortose, et le docteur Vargas, formé à l'université d'Alcala de Hénarès : le premier était éloquent dans ses sermons; le second, profond dans ses écrits. L'inquisition avait fait, en 1550, le procès à Juan Gil, qu'elle avait *réconcilié* en 1552, en le gardant en prison jusqu'en 1555[1]. Lorsque Juan Gil, dont les os fu-

[1] Reginaldi Gonsalvi Montani *Inquisitionis hispanæ artes de-*

rent brûlés plus tard dans un auto-da-fé, mourut en 1556, il fut remplacé, comme chanoine magistral de Séville, par Constantin Ponce, qui avait refusé cette position éminente à Cuenca et même à Tolède. Constantin dirigeait auparavant, dans cette brillante capitale de l'Andalousie, le collége de la Doctrine et y avait fondé une chaire alarmante d'Écriture sainte. Les trois savants docteurs avaient répandu, avec un mystère que devait percer à la longue l'œil toujours ouvert de l'inquisition, et avec un succès qui, pour être grand, n'en devait pas moins être court, les opinions proscrites. Après que la main du Saint-Office se fut étendue sur Juan Gil, beaucoup de luthériens cachés quittèrent Séville et se retirèrent ou dans la tolérante Venise ou dans la libre Genève · de ce nombre avaient été Cassiodoro de Reina, Juan Perez de Pineda, Cipriano de Valera et Julianillo Hernandez de Villaverde. De la terre étrangère, ces fugitifs, voulant servir dans leur pays la cause pour laquelle ils s'exilaient, avaient traduit en langue castillane et fait imprimer des catéchismes, des versions de la Bible, des sommaires de la doctrine chrétienne, selon l'interprétation protestante. L'entreprenant Julianillo s'était chargé de les y transporter :

---

lectæ. Heidelberg, 1567, p. 256 à 265. *Historia de los protestantes españoles,* p. 109 à 114. Llorente, t. II, c. xviii, *History of the réformation in Spain,* by Thomas M'Crie. Édimbourg, 1829, p. 152-154.

déguisé en muletier, il était parvenu à les introduire dans la Péninsule. Deux tonneaux qui en étaient pleins avaient été secrètement déposés et chez don Juan Ponce de Léon, second fils du comte de Baylen, cousin germain du duc d'Arcos et parent de la duchesse de Béjar, et dans le couvent hiéronymite de San Isidro del Campo [1], hors de Séville, dont le prieur, le vicaire, le procurador et la plupart des moines étaient attachés aux croyances réformées. Celles-ci avaient été adoptées par des moines dominicains, comme fray Domingo de Guzman, fils du duc de Medina Sidonia, le prédicateur du couvent de Saint-Paul, et par des religieuses franciscaines du couvent de Sainte-Élisabeth qui s'y étaient laissé gagner. L'Église luthérienne se tenait dans la maison d'Isabelle de Baena, dame pieuse et opulente de Séville [2].

L'ancien prédicateur de Charles-Quint, Constantin Ponce de la Fuente, attirait plus qu'un autre des partisans à ces croyances. Il avait paru avec éclat dans la chaire de la métropole, autour de laquelle accouraient la noblesse andalouse et le clergé de Séville. Dans ses sermons, le docteur Constantin mêlait beaucoup de maximes luthériennes aux dogmes consacrés : il accoutumait ainsi ses auditeurs aux nouveautés reli-

---

[1] *Historia de los protestantes españoles*, etc., p. 250 et 251.
[2] *History of the reformation in Spain*, p. 217-219.

gieuses. Le Père François de Borja l'ayant entendu en 1557, lors de son passage à Séville, compara le sermon de Constantin Ponce au cheval de Troie, et engagea les catholiques à s'en défier comme d'un piége destiné à surprendre leur foi [1]. Les dominicains, qui vinrent l'écouter pour le perdre, allèrent plus loin que le commissaire général des jésuites : ils le dénoncèrent à l'inquisition. Celle-ci, ayant sa doctrine pour suspecte, l'appela plusieurs fois au château de Triana, où siégeait le tribunal du Saint-Office, pour y rendre compte de certaines propositions qu'il avait avancées. Elle aurait bien été tentée de le poursuivre ; mais, sachant la grande considération que Charles-Quint avait pour lui, elle ne l'osait pas. Les amis du docteur Constantin ne s'alarmèrent pas moins de le voir appeler si souvent au château de Triana, et ils lui demandèrent avec anxiété pourquoi les inquisiteurs l'y faisaient venir. « Pour me brûler, leur répondit-il ; mais ils me trou-« vent encore trop vert [2]. » Afin cependant d'éviter le sort dont il se sentait menacé, il se débarrassa des livres de Luther et de Calvin qu'il avait chez lui et de ses propres manuscrits, qui contenaient une doctrine semblable à celle de ces grands novateurs ; il les confia

---

[1] *Vida de San Francisco de Borja*, por el cardenal Cienfuegos; et *Historia de los protestantes*, etc., p. 267.

[2] « Me quieren quemar; pero me hallan muy verde todavia. » (Ms. de Santivañaz, cité par Adolfo de Castro, p. 269.)

à une femme dont les sentiments religieux comme la loyale fidélité lui étaient connus, à la veuve doña Isabel Martinez, qui cacha ce dangereux dépôt derrière un mur de la cave de sa maison. Il n'en demeura pas moins dans Séville exposé au péril que douze hiéronymites de San-Isdro del Campo eurent la prudence de fuir en se retirant à Genève.

Pendant que cela se passait en Andalousie, Agustin Cazalla poursuivait la propagande luthérienne au cœur de la Vieille-Castille. D'une famille notable de l'administration financière espagnole, il avait pour père le *contador mayor* à Valladolid. Le docteur Agustin avait étudié à l'université d'Alcala de Hénarès. Prêtre régulier et chanoine éloquent de Salamanque, il avait été choisi par Charles-Quint comme l'un de ses prédicateurs. Il était instruit, doux, pieux, irréprochable dans ses mœurs, d'un esprit hardi et d'un caractère faible. Après avoir quitté l'Empereur, il revint dans son canonicat de Salamanque avec les opinions qu'il avait embrassées en Allemagne; il les exposa dans l'ombre à Valladolid, où il allait souvent et où elles firent des progrès quelque temps inaperçus. Les conciliabules se tenaient dans la maison de sa mère, doña Léonor de Vibero. Cette maison servait comme de temple aux nouveaux luthériens; on y lisait les livres saints, et l'on y entendait la parole évangélique. Agustin Cazalla avait converti des ecclésiastiques, des avocats, des juges, des personnes considérables par leur noblesse ou par leur position. Ce centre de protestantisme, placé dans le voisinage de la cour et dont les rayons s'étendaient jusqu'à Zamora, Toro et Logroño, fut découvert avant celui de Séville par l'inquisiteur général Valdès, au printemps de 1558.

Vasquez de Molina et la régente d'Espagne instruisirent, le 27 avril[1], l'Empereur de cette découverte, qui l'affligea profondément. Charles-Quint fut tout à la fois irrité et troublé en apprenant que les croyances nouvelles avaient envahi l'Espagne. Il voulut qu'on agît avec la dernière rigueur contre ceux qui s'y étaient laissé surprendre. Dans sa recommandation, sévère jusqu'à la cruauté, on trouve le politique espagnol qui ne voulait pas de cause de dissidence dans l'État, et le catholique ardent qui avait l'hérésie en horreur et craignait de s'être montré ailleurs trop tolérant envers elle. « Sérénissime princesse, ma très-chère et aimée
« fille, disait-il à la régente... quoique je sois certain
« que, cela touchant si fort à l'honneur et au service
« de Notre-Seigneur, ainsi qu'à la sûreté de ces royau-
« mes, où, par sa bonté, il a conservé intacte la reli-
« gion, on procédera aux enquêtes et aux poursuites
« avec une extrême diligence, je vous prie le plus in-

---

[1] Lettre de Vasquez à l'Empereur. (*Retiro, estancia*, etc., fol. 180 v°.)

« stamment que je peux d'ordonner à l'archevêque de
« Séville de ne pas s'absenter de la cour; chargez-le
« de pourvoir à tout des divers côtés, et invitez très-
« étroitement de ma part ceux du conseil de l'inquisi-
« tion à faire en ceci tout ce qu'ils jugeront convenir.
« Je m'en repose sur eux, pour qu'ils coupent court au
« mal bien vite, et sur vous, pour que vous leur don-
« niez l'appui et leur communiquiez l'ardeur dont ils
« auront besoin. Il faut que ceux qui seront trouvés
« coupables soient punis avec l'éclat et la rigueur
« qu'exige la qualité de la faute, et cela, sans excepter
« une seule personne. Si je m'en sentais la disposition
« et la force, je tâcherais de contribuer pour ma part à
« ce châtiment, et j'ajouterais cette peine à ce que j'ai
« déjà souffert au même sujet; mais je sais que cela
« n'est pas nécessaire et qu'en tout on agira comme il
« convient. » Il insistait pour qu'on punît vite et rude-
ment ces *luthériens* : « car, disait-il, il ne peut y avoir
« ni repos ni prospérité là où il n'y a pas conformité
« de doctrine, ainsi que je l'ai appris par expérience
« en Allemagne et en Flandre[1]. »

La princesse doña Juana montra la lettre de l'Empereur à l'inquisiteur général Valdès, dont le zèle n'a-
vait pas besoin d'être excité. L'avare et dur archevêque

[1] Lettre de Charles-Quint à la régente doña Juana. (*Retiro, estancia y muerte*, etc., fol. 182.)

de Séville était plus disposé à immoler des hérétiques à la conservation de la foi qu'à se dessaisir de ses ducats pour la défense du pays. Il poursuivit les luthériens espagnols avec un infatigable acharnement : il parvint à s'emparer de fray Domingo de Rojas, fils du marquis de Rojas, qui s'était caché, et il fit arrêter en même temps le frère de celui-ci, don Pedro Sarmiento de Rojas, chevalier de l'ordre militaire de Saint-Jacques et commandeur de Quintana, et sa femme; don Luis de Rojas, petit-fils du marquis et héritier de cette maison; doña Aña Enriquez, fille de la marquise de Alcañices, et Juana Velasquez, qui était de sa maison. A Logroño, le caballero don Carlos de Seso ou Sesse et le licencié Herrera; à Valladolid, doña Francisca de Zuñiga, fille du licencié Baeza, les deux frères du docteur Cazalla, tous deux membres du clergé, ainsi que l'une de ses sœurs, doña Catalina de Ortega, fille du licencié Hernando Diaz, la béate Juana Sanchez et l'orfévre Garcia; à Toro, don Juan de Ulloa, de l'ordre de Saint-Jean, et le licencié Hernando; à Zamora, don Cristoval de Padilla; à Palo, Pedro Sotelo; enfin Anton Pazon, serviteur de Luis de Rojas, furent pris et enfermés dans les prisons du saint office. L'inquisiteur général Valdès adressa à Philippe II, sur une aussi grave découverte et sur ces nombreux emprisonnements, un long rapport, qu'il transmit également à Charles-Quint. Quoique l'inquisition n'eût pas pénétré encore dans le foyer protestant de Séville, Charles-Quint éprouva une douloureuse surprise en apprenant les ravages faits en tant de lieux dans les croyances catholiques. Il écrivit, le 25 mai, à la régente :

« Croyez, ma fille, que cette affaire m'a mis et me
« tient en grand souci et me cause une si vive peine,
« que je ne saurais vous l'exprimer, en voyant surtout
« que ces royaumes, durant l'absence du roi et la
« mienne, ont été dans une entière quiétude et ont
« échappé à cette calamité, et qu'aujourd'hui, où je
« suis venu m'y retirer, m'y reposer et y servir Notre-
« Seigneur, il y survienne, en ma présence et en la
« vôtre, une aussi énorme et aussi impudente abomi-
« nation à laquelle se sont laissé entraîner de sembla-
« bles personnes, sachant que j'ai supporté sur cela
« tant de fatigues et de dépenses en Allemagne, et que
« j'y ai exposé une si grande partie de mon salut. As-
« surément, sans la certitude que j'ai que vous, et les
« membres du conseil qui sont auprès de vous, extir-
« perez le mal jusqu'à la racine, puisque ce n'est en-
« core qu'un commencement dépourvu de profondeur
« et de force, en châtiant avec rigueur les coupables
« pour l'empêcher de passer plus avant, je ne sais si je
« me résignerais à ne pas sortir d'ici pour y remédier
« moi-même. » Il ajoutait qu'il fallait être impitoyable, et qu'il avait autrefois agi de cette façon en Flandre, où l'hérésie était entrée par le voisinage de l'Allemagne,

de l'Angleterre et de la France. Les États du pays s'opposèrent à l'établissement de l'inquisition, parce qu'il n'y avait pas de Juifs; mais on désigna un certain nombre d'ecclésiastiques chargés de rechercher ceux qui tomberaient dans l'hérésie, et immédiatement de leur ôter la vie et de confisquer leurs biens : on brûlait vifs ceux qui s'y obstinaient, et on tranchait la tête à ceux qui s'en repentaient et se réconciliaient avec l'Église. « Croyez, ma fille, disait Charles-Quint en
« terminant sa lettre, que, si dans le principe il n'est
« pas fait usage des châtiments et des remèdes pro-
« pres à arrêter un pareil mal, et cela sans épargner
« qui que ce soit, je n'espère pas que plus tard ni le
« roi ni personne soit en état de l'arrêter[1]. »

Le même jour Charles-Quint écrivit à Vasquez, à Quijada, à la reine de Hongrie et à Philippe II[2]. Quoiqu'il eût déposé toute autorité, il conservait encore l'habitude du commandement, et le souverain se retrouva jusqu'au bout dans le solitaire. Aussi s'adressa-t-il de nouveau à Vasquez comme à son secrétaire[3]. En même temps il ordonna à Quijada de se rendre de Villagarcia à Valladolid et de conférer en

---

[1] Lettre de Charles-Quint à doña Juana du 25 mai. (*Retiro, estancia*, etc., fol. 191 et 192.)

[2] *Ibid.*, fol. 192, 193, 194.

[3] Dans les lettres du 25 mai, du 9 juillet, du 9 août 1558, il qualifie de nouveau Vasquez de *mi secretario y del mi consejo*. Gaztelù contre-signe les lettres en employant la formule : *Por*

son nom sur cette affaire avec sa fille la régente, avec l'inquisiteur général Valdès, avec les membres des conseils d'État, de Castille et d'inquisition, en les poussant à agir sans délai, à frapper sans merci. Il communiqua au roi son fils tout ce qu'il avait déjà fait à cet égard, en lui recommandant de montrer en cette rencontre une sévérité inexorable. Philippe II, dont les sentiments étaient en parfait accord avec ceux de son père, dans l'exaltation de sa joie fanatique, mit en marge de la lettre de l'Empereur : « Baisez-lui les « mains pour ce qu'il prescrit à cet égard, et sup- « pliez-le de continuer[1]. » Il l'en remercia vivement et se reposa sur lui des mesures qu'il y avait à prendre : « J'ai vu, disait-il à sa sœur dans une lettre « postérieure, ce que l'archevêque de Séville et ceux du « conseil de la sainte inquisition nous ont écrit et ce « que l'Empereur mon seigneur a envoyé l'ordre de « faire, selon les sentiments qu'éprouve Sa Majesté et « le saint zèle qu'elle a toujours eu et qu'elle a pour la « conservation et l'accroissement de la foi catholique. « Je suis certain qu'il a été mis et qu'il se met toute la « diligence nécessaire et possible contre les inculpés, « et qu'on ne retirera pas la main de cette affaire jus-

---

mandado de Su Magestad, p. 295, 508, 512, du 1er volume du recueil de lettres copiées aux archives de Simancas, et publiées par M. Gachard dans *Retraite et mort de Charles-Quint*.

[1] *Retiro, estancia*, etc., fol. 193 v°.

« qu'à ce qu'ils aient été punis et frappés avec toute
« rigueur, exemplairement, comme le requiert la na-
« ture du cas, qui intéresse le service de Dieu, le bien,
« la sûreté et le repos de ces royaumes. Afin qu'il n'y
« ait aucun retard dans ce qu'il sera besoin d'exécuter
« en m'envoyant consulter ici où je suis occupé de la
« guerre, j'écris à l'archevêque de Séville et au conseil
« de l'inquisition de rendre particulièrement compte
« à Sa Majesté de ces affaires, étant assuré qu'elle
« voudra bien prendre la peine de les entendre, d'y
« pourvoir, et de résoudre ce qui conviendra, comme
« je l'en envoie supplier par la lettre que je lui écris
« de ma main [1]. »

Quijada n'avait pas trouvé la régente et l'archevêque de Séville à Valladolid ; ils étaient aller passer les fêtes de la Pentecôte dans le bois royal de l'*Abrojo*. Quijada s'y rendit. Il transmit à la fille les impérieuses recommandations de son père. Doña Juana l'envoya auprès de l'inquisiteur général Valdès, du président du conseil de Castille Juan de Véga et des membres les plus importants des divers conseils du royaume. Quijada trouva l'archevêque de Séville non pas moins ardent, mais moins pressé que l'Empereur. Valdès

---

[1] Lettre de Philippe II á doña Juana du 6 septembre 1558. (*Retraite et mort de Charles-Quint*, etc., vol. I, p. 302 et 303, note 2.)

voulait, conformément aux effrayantes pratiques de l'inquisition, mettre une lenteur habile dans les recherches pour arriver à une sévérité complète dans les châtiments. Quijada lui ayant dit de la part de Charles-Quint : « Il convient de se hâter en cette occasion, et
« de punir ceux qui ont avoué dans les délais plus
« courts qu'on n'a coutume de le faire. — C'est ce que
« beaucoup de personnes demandent, répondit l'arche-
« vêque, et ce que le peuple même dit publiquement.
« J'en suis fort aise, car cela me prouve qu'on ne
« me condamne point et qu'on désire que justice se
« fasse des hérétiques. Mais il n'est pas à propos
« de la faire si prompte : on ne pourrait pas bien
« pénétrer dans toute cette affaire et la connaître à
« fond. Les chefs eux-mêmes la découvriront. Il ne
« convient pas d'aller plus vite qu'on ne le fait. On
« procède de manière à savoir toute la vérité; car, si les
« inculpés ne la confessent pas un jour, ils la confesse-
« ront un autre, soit par persuasion, soit par contes-
« tation; et, s'ils s'y refusent, on les y amènera par les
« mauvais traitements et par la torture. Ainsi on sera
« instruit de tout[1]. »

Cependant le conseil de l'inquisition et le conseil d'État, consultés à ce sujet, déclarèrent que, selon le

---

[1] Lettre de Quijada à l'Empereur du 31 mai, dans *Retraite et mort de Charles-Quint*, etc., vol. I, p. 289

vœu de l'Empereur, on ne perdrait pas un moment. — « Ils désirent tous, écrivit Quijada à Charles-Quint, « servir avec empressement Dieu et Votre Majesté... « Ce qu'ils voient en elle les a animés d'une grande « sollicitude et les pousse à agir plus vite. Le peuple « aussi, ayant su la volonté avec laquelle Votre Majesté « s'offrait à sortir du monastère pour se charger de « cette fatigue, en a montré un grand contentement[1]. » Les poursuites ne se ralentirent point, et chaque jour de nouveaux prisonniers furent arrêtés. L'inquisiteur général Valdès nomma comme son délégué dans la Vieille-Castille don Pedro de la Gasca, évêque de Valladolid, et il envoya au même titre en Andalousie don Juan Gonçalez de Muñibrega, évêque de Tarazona.

On venait de découvrir les luthériens jusque-là cachés de Séville. L'inquisition de cette ville emprisonna le savant Vargas, le pieux, mais simple fray Domingo de Gusman. Elle n'appela plus au château de Triana l'éloquent et suspect Constantin Ponce de la Fuente, elle le fit jeter dans un cachot. Ses livres et ses manuscrits avaient été trouvés dans la muraille où les avait cachés la veuve doña Isabel Martinez, qui avait été poursuivie comme hérétique et dont le fils épouvanté

---

[1] Lettre de Quijada à l'Empereur du 10 juin. (*Retraite et mort de Charles-Quint*, etc., vol. I, p. 385.)

les livra aux familiers du saint office. Le docteur Constantin, dénoncé par ses propres ouvrages, et contre lequel portaient cette fois témoignage les grands hérésiarques dont les livres étaient en sa possession et dont les pensées étaient d'accord avec les siennes, ne put recourir à aucun subterfuge ; il ne contesta plus rien. Il fut plongé dans une fosse profonde, obscure, humide, infecte, et traité avec d'autant plus de rigueur par l'inquisition, qu'elle s'était imposé plus de ménagements envers lui. Lorsqu'il apprit l'arrestation de son ancien prédicateur, Charles-Quint, qui connaissait toute la force de son esprit, dit : « Si Constantin est « hérétique, il est un grand hérétique. » Mais il ajouta en parlant de fray Domingo de Gusman : « On « aurait pu l'enfermer comme idiot plutôt que comme « hérétique[1]. »

Les inquisiteurs firent saisir dans Séville plus de huit cents personnes de tout sexe et de tout rang. La terreur se répandit dans la cité populeuse, d'où beaucoup de suspects s'enfuirent et allèrent chercher un asile en Angleterre, en Suisse, en Allemagne. Ces expatriés, dans le sûr abri de leur refuge, publièrent contre l'inquisition deux écrits dont l'un avait été précédemment adressé à l'Empereur, auquel l'avarice

---

[1] Sandoval, t. II, *Vida de Carlos Quinto en Yuste*, § x, p. 829. — Llorente, t. II, c. xviii.

ruineuse, l'ignorance chrétienne, l'inhumanité féroce du saint office, étaient représentées avec l'accent de la plainte la plus pathétique et de l'indignation la plus véhémente[1]. Mais Charles-Quint, à qui l'inquisition avait été si vivement dénoncée, la regardait, au contraire, comme le moyen le plus efficace de maintenir l'autorité religieuse et l'unité nationale. C'est ce qu'il dit au prieur de Yuste, fray Martin de Angulo, devant lequel il regretta même de n'avoir pas arrêté, en 1521, le cours du protestantisme par la mort de Luther, qui s'était placé sous sa main à Worms[2]; c'est ce qu'il exprima encore dans son codicille quelques jours avant de mourir, en signifiant ses suprêmes volontés au roi son fils : « Je lui ordonne, disait-il, en ma qualité de « père et par l'obéissance qu'il me doit, de travailler « soigneusement à ce que les hérétiques soient pour- « suivis et châtiés avec tout l'éclat et la sévérité « que mérite leur crime, sans permettre d'excepter « aucun coupable et sans égard pour les prières, le « rang et la qualité des personnes. Et, afin que mes « intentions puissent avoir leur plein et entier effet, je « l'engage à faire partout protéger le saint office de

---

[1] *Dos informaciones muy utiles la una dirigida à la Magestad del Emperador Carlos V*, etc., vol. in-12 publié en 1559, cité par Adolfo de Castro, p. 257.

[2] Sandoval, t. II, *Vida del emperador Carlos V en Yuste*, § IX, p. 829, d'après le manuscrit de fray Martin de Angulo.

« l'inquisition pour le grand nombre de crimes qu'il
« empêche ou qu'il punit... Il se rendra digne par là
« que Notre-Seigneur assure la prospérité de son
« règne, conduise lui-même ses affaires, et le pro-
« tége contre ses ennemis pour ma plus grande con-
« solation[1]. »

Les sentiments de Charles-Quint comme ses conseils, les vues de sa politique comme les recommandations de son orthodoxie, ne le laissèrent point étranger aux terribles exécutions religieuses de Valladolid et de Séville en 1559 et 1560. Il ne vécut pas assez pour les voir, mais il les prépara. Il eut donc sa part dans les quatre auto-da-fé qui furent célébrés avec tant de solennité à Valladolid, le 21 mai 1559, en présence de la régente doña Juana, de l'infant don Carlos, de toute la cour, et, le 2 octobre 1559, en présence du roi Philippe II; à Séville, le 24 septembre 1559 et le 22 décembre 1560, devant le clergé et la noblesse de l'Andalousie. Le triste Cazalla, malgré ses repentirs, et les os de Constantin Ponce de la Fuente, quoiqu'il fût mort dans son cachot avant la prononciation de sa sentence, furent placés sur les bûchers, dont les flammes dévorèrent soixante-trois victimes vivantes. A côté des immolés au nom du Dieu de miséricorde comparurent cent trente-sept autres

---

[1] Codicille, dans Sandoval, t. II, p. 881 à 891.

condamnés à des peines moindres, qui, revêtus de l'ignominieux *san benito*, furent reconciliés avec l'Église. Ces effroyables holocaustes et ces dégradantes reconciliations s'accomplirent au milieu des témoignages d'assentiment et d'allégresse d'un clergé dominateur, d'une cour impitoyable, d'un peuple fanatique. L'inquisition s'y montra triomphante : après avoir vaincu l'hérésie, elle maîtrisa, pour ainsi dire, la royauté. Elle reçut les serments de fidélité sans restriction et d'appui sans réserve de la régente, du prince royal, du roi[1]; elle avait déjà reçu les soumissions empressées de l'Empereur. Se conformant avec docilité aux défenses sévères de l'Église espagnole, qui interdisait l'usage de l'Ancien et du Nouveau Testament en langue vulgaire, l'Empereur demanda au saint office l'autorisation de lire la Bible en français[2]; il l'obtint comme une faveur due à la sûreté de sa foi et au respect de sa puissance. Sa bible fut la seule qui resta dans la cour impériale de Yuste ; et le savant docteur Mathys fut contraint de détruire devant le confesseur Juan Regla un bel exemplaire français des livres saints qu'il avait apporté de Flandre[3], et que l'inquisition ne lui permit pas de garder.

---

[1] *Historia de los protestantes españoles*, lib. II et lib. IV. Llorente, t. II, c. xx et xxi.

[2] *Retiro, estancia*, etc., fol. 195.r°.

[3] Lettres de Mathys à Vasquez des 30 mai et 19 juin 1558, ci-

Cependant le retour de l'été, qui s'était fait attendre, en 1558, plus que de coutume dans l'Estrémadure, avait un peu raffermi la santé si ébranlée de Charles-Quint. « Les forces de Sa Majesté, écrivait le médecin « Mathys le 18 mai, lui sont revenues dès après Pâ- « ques et lui donnent une extrême joie. Il y a plus de « quinze jours que les cerises ont paru. L'Empereur « en mange une grande quantité, ainsi que des fraises, « avec lesquelles il a coutume de prendre un écuelle « de crème. Il mange ensuite d'un pâté où entrent « beaucoup d'épices, du jambon bouilli, du salé frit, « et c'est ainsi que se fait la plus grande partie de son « repas[1]. » Ces mets épicés et salés, joints à l'usage opiniâtre du poisson de mer, détruisaient en lui les effets tempérants des fruits. Ils contribuèrent à rendre de plus en plus forte l'éruption de ses jambes, qui finit par l'empêcher de dormir, et fut accompagnée de symptômes singuliers. Mathys s'en alarma, et il ajoutait, en déplorant les habitudes malsaines de son indocile malade : « L'Empereur mange beaucoup, boit « encore plus, ne veut rien changer à son ancienne « manière de vivre, et se confie follement aux forces « naturelles de sa complexion, qu'on voit souvent tom-

---

tées en notes, dans *Retraite et mort de Charles-Quint*, etc., vol. I, p. 197-198.

[1] *Retiro, estancia*, etc., fol. 188 v°.

« ber plus tôt qu'on ne le croyait, principalement en
« un corps plein de mauvaises humeurs[1]. » Néanmoins,
à l'aide de bains, dont il prit quelquefois deux par
jour, Charles-Quint calma, sans la dissiper, l'irritation
de ses jambes. Il lui resta seulement une douleur de
tête, qui se déclarait de temps en temps vers la fin du
jour, et qui disparaissait avec sa collation du soir ou
durant le sommeil[2]. L'ardente température du mois de
juillet sembla dissiper ses maux. « Il fait extrêmement
« chaud ici, écrivit alors Mathys, et avec la grande cha-
« leur Sa Majesté se porte toujours bien[3]. »

Ce fut le premier jour du mois de juillet que Quijada
amena dans l'Estrémadure sa famille, qu'il était allé
chercher par l'ordre de l'Empereur à Villagarcia[4]. Il
établit à Quacos, dans la plus apparente maison du
village, qu'il avait fait arranger pour les recevoir, sa
femme doña Magdalena de Ulloa et l'enfant qui devait
être le vainqueur des Maures et des Turcs, le héros
des Alpujaras, de Tunis et de Lépante. Ce fils naturel
de Charles-Quint, si illustre plus tard sous le nom de

---

[1] *Retiro, estancia*, etc., fol. 189 r°.

[2] Lettre de Mathys à Vasquez du 24 mai. (*Ibid.*, fol. 189 v°.)

[3] « Acá hace gran calor con el cual Su Magestad siempre se
« halla bien. » (Lettre de Mathys à Vasquez du 6 juillet. *Ibid.*,
fol. 206 r°.)

[4] Lettre de Quijada à Vasquez du 9 juillet, et lettre de Quijada à Philippe II du 28 juillet, dans *Retraite et mort de Charles-
Quint au monastère de Yuste*, vol. I, p. 307 et p. 311.

don Juan, portait alors le nom obscur de Gerónimo. L'Empereur l'avait eu, le 24 février 1545, d'une jeune et belle fille de Ratisbonne, nommée Barbe Blomberg. Il avait soigneusement caché sa naissance à tout le monde, et l'avait confié, pendant ses jeunes années, à des mains sûres, mais vulgaires. En 1550, il l'avait fait remettre par deux des serviteurs de sa chambre, l'*ayuda* Adrien Dubois et l'huissier Ogier Bodard, seuls instruits de son secret, à Francisco Massi, son joueur de viole, qui retournait en Espagne avec Ana de Medina, sa femme. D'après un contrat passé le 13 juin, Massi avait pris à sa charge l'enfant, qu'il croyait appartenir à Adrien, et avait promis de le faire passer pour son propre fils et de le traiter comme tel ; il avait reçu pour le voyage et pour la première année cent écus, qui devaient être réduits à cinquante ducats les années suivantes [1].

Le papier qu'avait signé le joueur de viole Massi, et par lequel il s'engageait à restituer l'enfant lorsque Adrien l'enverrait chercher, avait été remis à Charles-Quint, qui l'avait déposé, en 1554, à côté de ses dispositions testamentaires les plus importantes et les plus intimes. Il l'avait placé avec le document secret concernant la Navarre et avec un écrit dans lequel il réglait lui-même le sort futur de son fils naturel.

[1] *Papiers d'État du cardinal de Granvelle*, in-4°, t. IV, p. 499 et 500.

« Outre ce qui est contenu, disait-il, dans mon testa-
« ment, je déclare qu'étant en Allemagne depuis mon
« veuvage j'eus d'une femme non mariée un fils natu-
« rel qui se nomme Gerónimo. Mon intention a été et
« est, pour certaines raisons qui me portent à cela,
« que, si l'on peut facilement l'y acheminer, il prenne,
« de sa libre et spontanée volonté, l'habit de quelque
« ordre religieux de moines réformés, sans qu'on l'y
« dispose par aucune violence et aucune contrainte. Si
« l'on ne peut pas l'y décider et s'il préfère suivre la
« vie séculière, ma volonté et mon ordre sont qu'il lui
« soit donné régulièrement, chaque année, de vingt à
« trente mille ducats de rente sur le royaume de Na-
« ples, en lui assignant avec cette rente des terres et des
« vassaux. Pour l'assignation des terres et pour la quo-
« tité de la rente, je m'en remets à ce que déterminera le
« roi mon fils, ou, à son défaut, l'infant don Carlos, mon
« petit-fils... Au cas que ledit Gerónimo n'embrasse
« point l'état que je désire pour lui, il jouira de ladite
« rente et des terres tous les jours de sa vie, et après
« lui en jouiront ses héritiers et successeurs légitimes
« descendant de son corps. Quel que soit du reste le
« genre de vie pour lequel se décide ledit Gerónimo,
« je recommande expressément au prince mon fils, à
« l'infant mon petit-fils... de l'honorer et de comman-
« der qu'on l'honore, de lui accorder la considération
« qui convient, de garder, d'accomplir et d'exécuter le

« contenu de cette cédule, que j'ai signée de mon nom
« et de ma main, fermée et scellée de mon petit sceau
« secret, et qui doit être observée et mise à effet
« comme une clause de mon testament. Fait à Bruxel-
« les, le sixième jour de juin 1554[1]. »

Pour faire découvrir l'enfant, à l'existence duquel il pourvoyait avec une affectueuse sollicitude, il avait écrit sur un autre papier : « Mon fils ou mon petit-
« fils..... si, lorsqu'on ouvrira mon testament et cette
« cédule, vous ne savez pas en quel endroit se trouve
« ce Gerónimo, vous pourrez l'apprendre d'Adrien,
« aide de ma chambre, et, en cas de sa mort, d'Ogier,
« huissier de ma chambre, afin qu'on use envers lui
« conformément à ce qui est dit ci-dessus..... Signé,
« moi le roi[2]. » Renfermés sous une enveloppe cache-
tée, ces papiers avaient été laissés, lorsque l'Empereur était parti de Bruxelles en 1556, entre les mains de Philippe II, qui avait alors reçu la confidence de son père, et avait écrit sur l'enveloppe : « Si je meurs
« avant Sa Majesté, que ceci soit remis entre ses
« mains ; si je meurs après, qu'on le donne à mon fils
« ou à mon héritier, sans faute[3]. »

L'enfant, confié à Massi, et mené par lui en Espagne

---

[1] *Papiers d'État du cardinal de Granvelle*, in-4°, t. IV, p. 496 à 498.

[2] *Ibid.*, p. 498.

[3] *Ibid.*, p. 495.

dans l'été de 1550, avait vécu quelques années au village de Leganes, à deux lieues de Madrid. Libre au milieu des champs, il était plus souvent parmi les blés, à faire la chasse aux oiseaux avec une petite arbalète[1], qu'auprès d'Ana de Medina devenue bientôt veuve, et il aimait mieux courir et jouer avec les jeunes enfants de son âge qu'aller au presbytère recevoir quelques leçons de lecture du curé et du sacristain du village. Exposé tantôt aux rayons ardents du soleil qui brûlait le plateau de Castille, tantôt aux vents glacés qui descendaient de la chaîne froide du Guadarrama, le mystérieux enfant dont les yeux bleus étincelaient déjà sous le grand front qu'il tenait de sa race et dont le charmant visage halé était encadré de longs cheveux blonds, était devenu fort, agile, hardi, lorsqu'il fut conduit du bourg de Leganes au château de Villagarcia. L'huissier impérial alla le reprendre en 1554, au moment où Charles-Quint disposait tout pour son abdication et pour sa retraite en Espagne, et, muni d'une lettre de Luis Quijada, il remit le jeune Gerónimo aux mains de doña Magdalena de Ulloa. Le majordome de l'Empereur, retenu par le devoir de son office auprès de son maître, écrivait à sa discrète compagne que l'enfant qu'il confiait à ses soins était le fils d'un

---

[1] *Don Juan de Austria Historia,* por don Lorenzo van der Hammen y Leon, petit in-4°, Madrid, 1627, p. 10.

de ses grands amis dont il devait taire le nom[1].

Doña Magdalena de Ulloa avait épousé Quijada en 1549. Elle descendait de la famille lettrée et guerrière des Ulloa[2], qui, depuis le roi Juan II, avait pris part aux plus importantes affaires et aux plus glorieuses conquêtes de la monarchie espagnole, et s'était alliée aux grandes maisons de Portugal, de Castille et d'Aragon. Sœur du marquis de la Mota, et fidèle aux traditions primitives des Ulloa, doña Magdalena unissait la culture de l'esprit à la fierté de l'âme. Sans enfant de son mariage avec Quijada, elle adopta avec amour le fils ignoré de Charles-Quint, qu'elle éleva comme une mère dévouée et éclairée. Auprès d'elle et dans les leçons pleines de bon sens et d'honneur du vieux soldat son mari, l'obscur Gerónimo se prépara à devenir l'héroïque don Juan d'Autriche.

Il serait venu plus tôt dans le voisinage de l'Empereur si l'habitation de Quacos eût été prête, mais elle ne le fut que dans l'été de 1558. C'est alors que Quijada y installa sa femme, ainsi que celui qui passait pour être son jeune page, et dont la haute origine fut bientôt

---

[1] *Don Juan de Austria Historia*, p. 11 à 13, et *Vida de Magdalena de Ulloa*, por Juan de Villafañe, in-4°, Salamanca, 1743, A 43.

[2] *Nobiliario genealogico de los reyes y titulos de España*, por plonzo Lopez de Haro, in-4°, Madrid, 1622, t. II, p. 240 à 242, et p. 444-445.

soupçonnée par la curiosité indiscrète des moines et des Flamands. En apprenant leur arrivée à Philippe II, seul instruit de ce qu'était cet enfant, Quijada s'enveloppait de mystère : « Je partis, lui écrivit-il, de ma
« maison le plus tôt que je pus avec doña Magdalena
« *et le reste* (y lo demas), et nous parvînmes le
« 1er juillet ici, où je trouvai Sa Majesté en excellente
« santé, plus vigoureuse que je ne l'avais laissée, avec
« très-bonne couleur et disposition. Elle a de temps en
« temps un peu de douleur à la tête et de démangeai-
« son aux jambes, mais sans être beaucoup tourmentée
« par l'une ni par l'autre[1]. »

Après que doña Magdalena se fut établie à Quacos, Charles-Quint s'empressa de la recevoir au monastère, où elle ne parut certainement pas seule. « Sa Majesté
« écrivit Gaztelú le 19 juillet, songe à envoyer visiter
« et régaler doña Magdalena, femme du seigneur Luis
« Quijada. L'autre jour elle est venue lui baiser les
« mains, et l'Empereur l'accueillit avec toute sorte de
« faveur[2]. » Charles-Quint dut sans doute voir souvent avec Quijada le petit page pour lequel il éprouvait l'affection d'un père sans pouvoir la lui montrer. Celui-ci se plaisait à parcourir les bois d'alentour avec son

---

[1] Lettre de Quijada à Philippe II du 28 juillet. (*Retraite et mort de Charles-Quint*, etc., par Gachard, vol. I, p. 311.)

[2] *Retiro, estancia*, etc., fol. 209 v°.

arbalète, et il tentait même quelquefois, dans les vergers de Quacos, des expéditions moins heureuses que celles que dans la suite il fit sur les hauteurs des Alpujaras ou sur les côtes d'Afrique. Plus de cent cinquante ans après, un voyageur, en visitant l'Estrémadure, y recueillit, comme une tradition qui s'y était perpétuée, que les rudes paysans de ce village avaient fait descendre à coups de pierres, d'un arbre dont il cueillait les fruits [1], celui qui mit plus tard les Maures et les Turcs en fuite. Le petit conquérant, que son ardeur entreprenante et son imagination aventureuse ne destinaient pas à vivre dans un cloître, visitait avec une respectueuse admiration le grand Empereur, qu'il eut la gloire tardive d'appeler son père, et à côté duquel sa plus chère ambition fut de reposer après sa mort. En expirant, à l'âge de trente-trois ans, il réclama cette faveur de son frère, Philippe II, comme la récompense de tout ce qu'il avait fait pour la cause chrétienne et la monarchie espagnole, dans les montagnes de Grenade, au golfe de Lépante, sur la plage de Tunis, dans les plaines de Gembloux. « Je supplie, disait-il, la Majesté
« du roi que, considérant ce que lui demanda l'Empe-
« reur mon seigneur et la volonté avec laquelle j'ai tâ-
« ché de le servir, il m'accorde cette grâce que mes os

---

[1] Don Antonio Ponz, *Viage de España*, t. VII, carta sexta, § 20, p. 140, Madrid, 1784, in-12.

« soient placés près de ceux de mon seigneur et père :
« avec cela tous mes services seront reconnus et payés[1]. »
Ce vœu devait être satisfait. Le noble et cher enfant que
l'Empereur avait rapproché de lui dans les derniers
jours de sa vie et dont il s'occupa encore la veille de sa
mort avec une mystérieuse sollicitude, fut placé à sa
droite dans le même caveau de l'Escurial[2].

La princesse doña Juana aurait voulu conduire auprès de Charles-Quint un autre enfant du même âge, dont la fin devait être encore plus prompte et surtout plus tragique : c'était don Carlos. Son caractère emporté, ses inclinations violentes, son peu d'application à l'étude, dont se plaignait le précepteur Honorato Juan, inquiétaient la régente, qui, sans doute ne pouvant rien sur lui, croyait que l'Empereur dominerait seul cette nature indomptable. Elle avait averti Philippe II des écarts du prince d'Espagne, en lui faisant connaître aussi l'utilité qu'il y aurait à transporter la cour hors de Valladolid, où elle était depuis cinq ans, et où son séjour prolongé avait produit des désordres. Philippe II l'avait laissée libre d'établir la cour dans la ville qu'il lui conviendrait de choisir, à l'exception de Madrid ; et, comme il avait l'intention de revenir au

---

[1] Lettre du confesseur de don Juan à Philippe II du 3 oct. 1578. (*Colleccion de documentos inéditos*, t. VII, p. 248-249.)

[2] *Ibid.*, p. 264 à 267.

plus tôt en Espagne, il souhaitait que l'Empereur décidât la reine de Hongrie à reprendre le gouvernement des Pays-Bas. Il exprimait en même temps le désir que l'infant don Carlos demeurât avec l'Empereur, et il écrivait à la régente pour qu'elle conjurât leur père d'y consentir. Doña Juana le fit dans les termes les plus pressants et les plus significatifs.

« Je me réjouis fort de ce projet, lui disait-elle, il
« doit en résulter un peu de peine pour Votre Majesté,
« mais ce sera donner la vie à l'infant. Je supplie donc
« Votre Majesté de vouloir bien ordonner qu'il soit
« conduit tout de suite auprès d'elle, car elle ne saurait
« croire combien il importe qu'elle nous fasse cette
« grâce[1]. Bien que je doive rester seule, je m'y rési-
« gnerai, parce que j'en vois tous les avantages[2]. »

Autorisée par son frère à éloigner la cour de Valladolid, elle demandait à Charles-Quint s'il fallait la transporter à Guadalajara, à Tolède ou à Burgos. « Si
« Votre Majesté, ajoutait-elle, consent à ce que la cour
« change de lieu, entre son départ d'ici et son établis-
« sement ailleurs, Votre Majesté me pourrait donner
« la permission d'aller lui baiser les mains. Nous irions
« ensemble, la reine de Hongrie, le prince et moi.
« Eux y resteraient, et moi je m'en retournerais, bien

---

[1] Lettre de la princesse doña Juana à l'Empereur du 8 août. (*Retiro, estancia*, etc., fol. 212 v°.)

[2] *Ibid.*

« contre mon gré. Je dis cela de la reine, parce que
« mon frère m'écrit de supplier Votre Majesté de la
« faire venir et de la presser vivement de se rendre en
« Flandre. C'est une chose qui convient, comme Votre
« Majesté le sait, et il la désire beaucoup, afin de lais-
« ser ces États sous un bon gouvernement. Si Votre
« Majesté veut faire cette grâce à mon frère, d'appeler
« la reine de Hongrie, elle pourrait bien me faire aussi
« l'autre. Quant au prince don Carlos, que Votre Ma-
« jesté croie que plus tôt il sera auprès d'elle, mieux
« ce sera[1]. »

Dans l'habitude où elle était de prendre son avis sur tout, la régente consultait Charles-Quint sur la conduite à tenir envers l'*adelantado* des Canaries, qui avait promis mariage à l'une des dames de sa suite et qui ne voulait pas remplir ses engagements après l'avoir compromise[2]. Elle l'avertissait aussi, au nom de l'inquisiteur général, que les luthériens prisonniers parlaient de l'archevêque de Tolède de manière à le rendre suspect. Ils faisaient remonter jusqu'à lui leurs nouvelles opinions ; et Valdès, qui nourrissait contre Carranza des sentiments de jalousie et d'inimitié, assurait qu'il l'aurait déjà fait arrêter s'il n'avait pas eu égard à sa dignité archiépiscopale. Il priait l'Empereur d'être

---

[1] *Retiro, estancia*, etc., fol. 213.
[2] *Ibid.*, fol. 214, r°

sur ses gardes lorsque le primat envié d'Espagne irait le visiter à Yuste et remplir une mission qu'il avait reçue pour lui en Flandre du roi son fils[1].

Charles-Quint était à cette époque vivement préoccupé de la guerre qui se poursuivait, avec des incidents peu favorables à Philippe II, sur la frontière des Pays-Bas et dans la Méditerranée. Il n'avait pas cessé d'aiguillonner le zèle des conseils et des ministres espagnols, trop portés aux délibérations et trop sujets aux lenteurs. Il avait ordonné que les îles de la Méditerranée et les côtes de l'Espagne fussent mises, par des fortifications, à l'abri d'une descente des Turcs dont les flottes approchaient. Il avait pressé l'envoi des sommes que le roi son fils attendait en Flandre[2] pour reprendre dans cette campagne la supériorité qu'il avait eue dans l'autre. Ouverte par une surprise si funeste à la puissance des Anglais et à la réputation des Espagnols, l'année 1558 continuait pour eux dans les revers. Le duc de Nevers s'était emparé de plusieurs châteaux dans les Ardennes, et le duc de Guise avait attaqué Thionville sur la Moselle. Commençant le 4 juin le siége de cette importante place, déjà investie par Vieilleville, gouverneur de Metz, il le termina glorieu-

---

[1] *Retiro, estancia,* fol. 215 r°.

[2] Lettre de la princesse doña Juana à l'Empereur du 8 août. (*Ibid.*, fol. 214 r°.)

sement en dix-huit jours. Le 22, après des travaux vivement poussés et des assauts hardiment conduits, il pénétra dans cette ville, qu'il contraignit à capituler. Il prit ensuite Arlon et quelques autres petites places, avec le dessein de conquérir le duché de Luxembourg.

Pendant que le duc de Guise était victorieux sur la Moselle, Paul de Thermes, à la tête d'une petite armée, envahissait avec succès la Flandre maritime. Laissant derrière lui les villes fortifiées de Gravelines et de Bourbourg, il s'était porté devant Dunkerque, qu'il avait prise d'assaut en quatre jours, et où il avait laissé garnison. Il avait ensuite pillé Bergues-Saint-Winoc, et son armée avait ravagé tout le pays jusqu'à Nieuport. Les affaires de Philippe II n'allaient pas mieux en Italie depuis que le duc d'Albe en était parti, et la flotte turque, envoyée contre les Espagnols par le vieux Soliman II, avait paru dans les mers chrétiennes. Composée de cent trente voiles, il était difficile de lui résister. Elle fit une descente dans le golfe de Sorrente, où elle enleva plus de quatre mille captifs, qui furent réduits en esclavage; se montra sur les côtes de l'île d'Elbe; se dirigea ensuite vers la Corse, avec l'espoir d'y joindre la flotte française, qui en était partie peu auparavant, et alla fondre sur l'île de Minorque, où les Turcs assiégèrent et prirent d'assaut Ciudadela, et transportèrent une partie de la malheureuse population sur leurs galères.

Charles-Quint, dont la prévoyance alarmée recommandait continuellement « qu'on n'omît aucun moyen « de secourir le roi, de munir les frontières, de ravi- « tailler les garnisons, » et qui demandait à être « in- « formé tous les jours des affaires de Flandre et « d'Italie¹, » n'apprit pas sans un chagrin profond ces revers multipliés. « Sa Majesté, » écrivit Gaztelú à Vasquez, « est si affectée de la perte de Thionville et des « ravages et enlèvements de captifs faits par les Turcs « à Minorque, que nous ne parvenons pas à l'en dis- « traire et à l'en consoler. Il se plaint des mauvaises « dispositions qui ont été prises sur l'un et sur l'autre « point². » Son fils, dont les finances étaient obérées, qui, au commencement de cette année, devait un million de ducats à ses troupes, six cent mille aux banquiers, et ne savait comment pourvoir aux dépenses de la nouvelle campagne, venait cependant d'accorder un don de cent cinquante mille ducats au duc d'Albe. Charles-Quint trouva cette libéralité déplacée, et, se souvenant de la paix désavantageuse conclue aux portes de Rome, il dit avec humeur : « Le roi fait plus pour « le duc que le duc n'a fait pour le roi³. »

Mais les faveurs de la fortune et les fautes de ses

---

[1] *Retiro, estancia,* etc., fol. 204 v°, 207-208.
[2] Lettre du 28 juillet. (*Ibid.*, fol. 211 v°.)
[3] « Mas hace el rey por el duque que el duque ha hecho por « el rey. » (*Ibid.*, fol. 207 r°.)

ennemis devaient aider bientôt Philippe II à réparer
ces échecs et à sortir avantageusement de cette guerre.
Il avait été arrêté dans le conseil de Henri II que le
duc de Guise, après avoir pris Thionville et Arlon,
marcherait sur la Flandre avec son armée et les troupes que son frère, le duc d'Aumale, avait rassemblées
vers la Fère, en même temps que s'y avancerait Paul
de Termes victorieux. Ce plan était excellent et son
exécution aurait mis Philippe II dans une situation
périlleuse; mais il est rare que des opérations concertées de loin ne manquent pas d'un côté, et souvent des
deux, soit par d'inhabiles retards, soit par des incidents
imprévus : c'est ce qui eut lieu en cette rencontre. Le
duc de Guise perdit deux semaines auprès d'Arlon et
de Virton, où il fit reposer son armée, et Paul de
Thermes ne put pas se maintenir dans la Flandre
maritime.

Le duc Philibert-Emmanuel avait assemblé ses
troupes à Maubeuge, et se portait vers le comté de
Namur pour s'opposer à la marche du duc de Guise.
Pendant ce temps, le comte d'Egmont, avec douze mille
hommes de pied et trois mille chevaux, s'était dirigé
vers Gravelines, entre Dunkerque et Calais, et il y attendit Paul de Thermes pour lui couper la retraite. Ce
valeureux capitaine, qui venait d'être nommé maréchal
de France à la place de Strozzi, tué devant Thionville,
ne démentit pas son habileté. Tourmenté par la goutte,

ramenant une armée inférieure en nombre et chargée de butin, il monta à cheval et s'avança jusqu'à une portée d'arquebuse du comte d'Egmont, qui lui barrait le chemin. Il prit alors le parti de se jeter sur sa droite et de se rendre à Calais par le littoral, en profitant du reflux de l'Océan. Il se mit donc en marche et passa facilement la rivière d'Aa vers son embouchure, au moment où la mer l'avait abandonnée. Mais le comte d'Egmont traversa, de son côté, la rivière au-dessus de Gravelines, et, gagnant du terrain sur l'armée française, il vint se ranger en face d'elle.

La bataille fut dès lors inévitable. Le maréchal de Termes ne pouvait rentrer dans Calais qu'en se faisant jour à travers les Espagnols; il s'y prépara résolûment et prit les meilleures dispositions. Attaqué par l'impétueux comte d'Egmont avec des forces supérieures aux siennes, il tint bon longtemps. La bataille restait indécise, lorsque douze vaisseaux anglais, que le hasard amena dans ces parages, tirèrent sur le flanc droit de l'armée française, que Paul de Thermes croyait abrité par la mer. Cette canonade, inattendue et meurtrière, y jeta le désordre : la cavalerie prit la fuite, l'infanterie fut taillée en pièces ; Paul de Thermes blessé tomba, avec les principaux de ses lieutenants, entre les mains du comte d'Egmont, qui, le 13 juillet, relevait ainsi par la victoire de Gravelines les affaires compromises du roi son maître.

Philippe II s'empressa d'écrire cette grande nouvelle à son père, qui en eut une extrême allégresse. Charles-Quint dit aussitôt « que c'était une bonne oc-
« casion pour investir Calais, dont la garnison avait dû
« être inévitablement réduite pour renforcer le camp
« du maréchal de Thermes[1]. » Philippe II recouvra peu de temps après bien mieux que Calais, dont la perte lui devint moins sensible lorsqu'il cessa quelques mois plus tard d'être roi d'Angleterre par la mort de la reine Marie et l'avénement au trône de la princesse Élisabeth. Le découragement inconcevable de ses ennemis, l'épuisement de leurs finances, qui n'étaient cependant pas en plus mauvais état que les siennes ; les conseils funestes du connétable de Montmorency, qui supportait impatiemment sa captivité, et qui, après avoir exposé la France à une invasion par l'imprudente défaite de Saint-Quentin, la condamna aux sacrifices les plus durs et les moins nécessaires par la paix humiliante de Cateau-Cambrésis ; la faiblesse et la légèreté de Henri II, qui céda aux conseils intéressés du connétable et à la pernicieuse influence de la duchesse de Valentinois, toute-puissante sur son esprit comme sur son cœur, firent recouvrer bientôt à Philippe II tout ce que les Espagnols avaient perdu non-seulement dans cette guerre, mais encore dans les guerres précédentes.

[1] *Retiro, estancia*, etc., fol. 215 r°.

La victoire, au fond peu importante, de Gravelines, ne devait pas conduire à de semblables résultats. Ce revers, plus éclatant que décisif, avait été promptement réparé. Le duc de Guise, quittant le duché de Luxembourg, s'était porté en toute hâte à Pierrepont, vers le point de jonction de la Champagne et de la Picardie, pour y couvrir ces deux provinces contre les attaques de l'ennemi. Il avait rallié autour de lui toutes les troupes françaises, que le roi, établi à Marchez, vint passer en revue le 7 août, et qui formaient une armée vraiment formidable de quarante mille hommes de pied, et de douze mille chevaux, devenue invincible sous le commandement d'un aussi habile et aussi vigilant capitaine. Le duc la posta sur la Somme, derrière de fortes lignes, depuis Amiens jusqu'à Pont-Remi. Il déconcerta les projets des Espagnols en faisant pénétrer un secours considérable dans Corbie, qu'ils avaient l'intention d'assiéger. Il tint aussi en échec l'armée de Philippe II, que le duc Philibert-Emmanuel retrancha à cinq ou six heures de distance de la sienne, et qui, réduite à la défensive, n'osa plus rien entreprendre.

Les avantages de la campagne étaient au moins partagés. La victoire de Gravelines avait été glorieuse, mais sans fruit pour les Espagnols, tandis que les importantes places de Calais, de Guines, de Thionville restaient au pouvoir des Français, qui les avaient conquises. Dans cette situation, des ouvertures qui avaient été déjà faites par l'entremise de la duchesse de Lorraine furent renouvelées, et des plénipotentiaires se réunirent des deux parts à l'abbaye de Cercamp. Il y eut une suspension d'hostilités et un licenciement partiel des deux armées. On ne put pas s'entendre encore cette fois. Mais quelques mois plus tard il fut conclu à Cateau-Cambresis, à l'instigation du connétable Anne de Montmorency et avec l'assentiment inconcevable de Henri II, un traité de paix dont les désavantages se seraient à peine expliqués par d'irrémédiables défaites et de pressants périls. Cent dix-huit places fortes ou châteaux furent abandonnés par la France, qui recouvra Saint-Quentin, Ham, le Catelet, le territoire de Thérouanne. dont Charles-Quint avait rasé la ville, et ne conserva de ses conquêtes que Calais, Guines, Metz, Toul et Verdun. Henri II restitua au roi Philippe II le comté de Charolais, Marienbourg, Thionville, Montmédy, Danvilliers, Valenza et tous les châteaux qu'il occupait dans le Milanais; au duc Philibert-Emmanuel, la Bresse, le Bugey, la Savoie, le Piémont à l'exception des villes de Turin, Quiers, Pignerol, Chivaz, Villeneuve-d'Asti, dont il restait dépositaire jusqu'à ce qu'eussent été réglés les droits de son aïeule Louise de Savoie; au duc de Mantoue, Casal et le Montferrat; à la république de Gênes, l'île de Corse; au duc de Florence, Montalcino et ce qu'il tenait encore dans l'État de Sienne; enfin à l'évêché de Liége, Bouvines et le duché de Bouillon. Afin de cimenter et de rendre durable une paix dont les avantages étaient si inespérés pour l'Espagne, Henri II, qui abandonnait son parent Antoine de Bourbon dans ses justes prétentions sur le royaume usurpé de Navarre, donna en mariage sa fille Élisabeth à Philippe II, devenu veuf de Marie Tudor, et sa sœur Marguerite de France, duchesse de Berri, à Philibert-Emmanuel. Charles-Quint n'eut point la joie de voir conduire à son terme le traité qui réconciliait les deux plus puissantes monarchies du continent, à l'honneur de celle qu'il avait agrandie, et qui fermait les longues luttes entreprises depuis plus d'un siècle en Italie, dont la possession définitive demeurait aux Espagnols. Un peu avant que ces négociations fussent reprises à Cercamp d'une manière sérieuse, il était tombé mortellement malade.

CHAPITRE VIII

MORT ET OBSÈQUES DE CHARLES-QUINT.

Grandes chaleurs et fièvres dangereuses en Estrémadure vers la fin de l'été de 1558. — Refroidissement auquel s'expose l'Empereur en dormant les fenêtres ouvertes pendant la nuit, et attaque de goutte inusitée qu'il a dans cette saison. — Arrivée à Yuste de Garcilaso de la Vega avec une mission de Philippe II. — Pressante intervention de Charles-Quint auprès de la reine de Hongrie pour la décider à reprendre le gouvernement des Pays-Bas. — Récit et examen des funérailles simulées que Charles-Quint, d'après les moines hiéronymites, aurait fait célébrer de son vivant. — Lieu, moment et cause de sa dernière maladie. — Sentiment qu'il a de sa gravité et de son péril. — Ses actes religieux; son codicile; son entretien avec Quijada sur le lieu où seront déposés ses restes à côté de ceux de l'Impératrice. — Réponse de la reine de Hongrie, qui consent à retourner dans les Pays-Bas; contentement qu'en reçoit l'Empereur. — Défaite du comte d'Alcaudète en Afrique cachée à Charles-Quint, de peur que cette nouvelle n'aggrave son mal, dont les paroxysmes deviennent plus rapprochés et plus violents. — Inquiétudes de la princesse doña Juana et de la reine de Hongrie, qui demandent à venir à Yuste pour voir et pour servir l'Empereur. — Refus de Charles-Quint. — Après dix-huit jours de maladie, accès du 17 septembre, qui le laisse vingt-deux heures sans parole et sans mouvement. — Craintes et douleur de ses médecins et de ses serviteurs. — Extrême-onction administrée par Juan Regla. — Viatique que Charles-Quint demande et qu'il reçoit le 20 septembre avec sa pleine connaissance et une grande dévotion. — Son suprême et secret entretien avec Quijada.—Arrivée tardive au monastère de l'archevêque de Tolède Carranza, venu de Flandre et chargé d'une mission de Philippe II auprès de Charles-Quint. — Accueil qu'il reçoit de l'Empereur mourant et assistance religieuse qu'il lui donne. — Dernières paroles de Charles-Quint.— Simplicité touchante et grandeur religieuse de sa mort, survenue le 21 septembre 1558, à deux heures et demie du matin. — Admiration de tous ceux qui en ont été témoins; lettres qu'ils écrivent au roi Philippe II et à la régente doña Juana. — Désolation de Quijada. — Obsèques de Charles-Quint dans l'église de Yuste. — Dépôt de son corps sous le maître-autel. — Départ successif de tous ceux que la présence de l'Empereur avait conduits ou fait établir à Yuste. — Services religieux célébrés avec une grande solennité en Espagne, en Italie, en Allemagne, dans les Pays-Bas, en l'honneur de Charles-Quint. —Son oraison funèbre prononcée à Valladolid par le Père François de Borja. — Fin de Quijada et de don Juan d'Autriche, qui repose après sa mort à côté de l'Empereur son père. — Visite de Philippe II à Yuste. — Translation, en 1574, des restes de Charles-Quint du monastère de Yuste au monastère de l'Escurial. — Dernières vues sur le règne, la retraite, l'esprit et le caractère de Charles-Quint.

Charles-Quint touchait au terme de ses jours. L'éruption des jambes était revenue avec violence. Ne pouvant supporter l'irritation qu'elle lui causait, il eut recours pour s'en délivrer à des moyens dangereux. « La démangeaison des jambes, écrivait Mathys le « 9 août, a recommencé. Elle est très-incommode à « l'Empereur, qui fait usage de répercussifs dont il « assure se trouver mieux que je ne le suppose. Ces ré- « percussifs me déplaisent, car ils sont très-périlleux. « Bien que Sa Majesté me dise qu'elle préfère une pe- « tite fièvre à cette démangeaison, je ne pense pas qu'il « soit en notre pouvoir de choisir nos maux. Je sais « très-bien qu'il pourrait en résulter un mal pire que

« celui qu'elle a. Plaise à Notre-Seigneur qu'il n'en
« soit pas ainsi, et puisse-t-il lui donner la santé
« dont nous avons besoin [1] »

Soumis aux volontés impérieuses de son intraitable malade, le clairvoyant mais timide médecin osait blâmer ses écarts de régime, sans être capable de les arrêter. Il le laissait dormir les portes et les fenêtres ouvertes pendant les nuits d'août, qui, étouffantes le soir, étaient très-fraîches vers le matin [2]. Aussi Charles-Quint prit-il un refroidissement qui lui irrita la gorge et lui donna ensuite un accès de goutte inusité dans cette saison. Le 10 août on fut obligé de le soutenir lorsqu'il alla entendre la messe; et le 15, fête de l'Assomption, il se fit porter à l'église, où il communia assis [3]. Le lendemain la tête lui tourna, et il eut une sorte de défaillance [4]. Depuis il resta faible, avec du malaise, de la chaleur, et sans appétit, ce qui était un mauvais signe. La saison était marquée par des maladies nombreuses qui régnaient aux alentours du monastère, et qui s'étaient étendues jusqu'à Valladolid et à Cigales. Les fièvres tierces ravageaient la contrée ;

---

[1] Lettre de Mathys à Vasquez, du 9 août, dans *Retraite et mort de Charles-Quint*, etc., vol. I, p. 314 et 315.

[2] Lettre de Quijada, du 9 août. *Ibid.*, p. 314, note 1, et *Retiro, estancia*, etc., fol. 215 r°.

[3] Lettre de Mathys à Vasquez, du 17 août. p. 315-316.

[4] Lettre de Quijada à Vasquez, du 17 août. *Ibid.*, p. 319.

beaucoup de gens en mouraient dans les villages voisins ; le comte d'Oropesa en était atteint au château de Jarandilla, et les serviteurs mêmes de Charles-Quint, dont un assez grand nombre étaient malades, n'y avaient pas échappé sur les hauteurs de Yuste[1].

Le temps commença à changer le 28 août. Ce jour-là un orage violent se déchaîna sur la montagne, où vingt-sept vaches furent frappées de la foudre[2]. L'air s'en trouva rafraîchi. Jusque-là Charles-Quint s'était occupé d'affaires importantes ou délicates, qui touchaient aux grands intérêts de la monarchie espagnole ou à la concorde un peu troublée de sa famille. Il avait reçu plusieurs visites à Yuste, et il en attendait d'autres. Le comte d'Urueña, avec une suite considérable, était venu lui baiser les mains[3]. Charles-Quint avait été charmé d'apprendre de don Pedro Manrique, premier député aux récentes cortès de Valladolid comme procurador du Burgos, ce qui s'était passé dans cette assemblée, close à la fin de juillet, et où avaient été votés un *servicio* financier ordinaire et un *servicio* extraordinaire. Don Pedro Manrique allait à Bruxelles informer Philippe II de cette utile assistance, dont il

---

[1] Lettre de Quijada, du 17 août. *Retraite et mort de Charles-Quint*, etc., vol. I, p. 519.

[2] Lettre de Quijada à Vasquez, du 28 août. *Ibid.*, vol. II, p. 489.

[3] *Ibid.*, p. 488.

rendit auparavant compte à l'Empereur, qui, sur la recommandation de doña Juana, lui remit une lettre de faveur pour le roi son fils. Cette lettre fut une des dernières qu'il écrivit [1].

En même temps que Pedro Manrique, Charles-Quint avait vu arriver au monastère Garcilaso de la Vega, qui venait de Flandre avec l'archevêque de Tolède Carranza et le régent d'Aragon Figueroa. Garcilaso lui avait apporté des dépêches de Bruxelles et de Valladolid, ainsi que les relations détaillées de tous les événements militaires. Philippe II avait chargé l'archevêque Carranza et le régent Figueroa de ses plus secrètes communications pour son père; il priait ardemment l'Empereur de décider la reine de Hongrie à reprendre l'administration des Pays-Bas lorsqu'il s'en éloignerait lui-même. Il le conjurait aussi d'intervenir avec son irrésistible autorité auprès du roi de Bohême, son gendre, pour l'obliger à rendre plus heureuse l'infante Marie, qui avait à se plaindre de lui [2].

Charles-Quint lut avidement les lettres et les relations qui lui étaient adressées des Pays-Bas ou envoyées de Valladolid. Il apprit avec satisfaction le bon état où se trouvaient les armées et les affaires de son fils sur la frontière de Picardie après la victoire de Gravelines; il ne se montra pas moins content du succès qu'avaient

---

[1] *Retiro, estancia*, etc., fol. 220 v°.
[2] *Ibid.*, fol. 222 v°.

obtenu le duc d'Albuquerque et don Carvajal au delà des Pyrénées françaises, où ils avaient fait une excursion et brûlé la ville de Saint-Jean-de-Luz; enfin il fut soulagé en acquérant la certitude que la flotte turque retournait dans les mers du Levant. Il passa presque toute la journée du 27 août à écrire des lettres pour la régente d'Espagne, la reine de Hongrie[1] et le ministre Vasquez, auquel il disait en terminant : « Qu'on ne « dépêche pas de courrier en Flandre sans une extrême « nécessité, jusqu'à ce que j'aie entendu l'archevêque « de Tolède et Figueroa, et répondu à ce que le roi « doit m'écrire par eux et à ce que Garcilaso m'a dit « de sa part[2]. »

Le 28, jour du grand orage, l'Empereur eut un long entretien avec Garcilaso de la Vega. Il lui donna oralement et par écrit ses instructions pour la princesse sa fille et la reine sa sœur. Il ne s'expliquait pas sur l'envoi si vivement sollicité de l'infant don Carlos à Yuste, ni sur la translation désirée de la cour dans une autre ville que Valladolid; mais il pressait, avec les instances les plus grandes et par les raisons les plus persuasives, la reine de Hongrie d'accepter le gouvernement des Pays-Bas. « La reine, disait-il, ne doit pas permettre que de notre temps notre maison subisse un affront et un affaiblissement tels qu'elle les subirait si

---

[1] *Retiro, estancia*, etc., fol. 221 v°.
[2] *Ibid.*, fol. 221 r°.

l'honneur et le patrimoine que nous avons hérités de nos pères et de nos aïeux, que nous avons conservés jusqu'ici et pour lesquels elle-même a essuyé tant et de si grandes fatigues, venaient maintenant à se perdre avec infamie pour nous et pour le roi, qui est son fils aussi bien que le mien. Dites-lui que j'ai cette confiance dans sa bonté, ainsi que dans l'amour et l'affection que toujours elle me montra et qu'elle a de même montrés au roi, que, nonobstant ce qui s'est passé là-dessus, soit entre elle et moi, soit avec d'autres personnes, et voyant clairement le danger qui menace notre maison, elle se disposera, sacrifiant toute autre considération, à aller aux Pays Bas pour le prévenir. C'est le plus notable service qu'elle puisse rendre à Dieu, comme le plus grand bien qu'elle puisse faire à tous et à notre maison en particulier, et dont le roi et moi lui aurons le plus d'obligation[1]. » Garcilaso partit ensuite pour Valladolid et pour Cigales, avec ordre de

---

[1] Lettre de Charles-Quint à la princesse doña Juana, dont la copie se trouve dans un manuscrit de l'Académie royale d'histoire de Madrid, intitulé *Libro de cosas curiosas de en tiempo del emperador Carlos V y el rey don Phelipe II nuestro señor, escrito por Antonio de Cercada, para el mismo.* — M. Gachard en a tiré le fragment qu'il cite et traduit aux pages XLIV et XLV. de sa préface de *Retraite et mort de Charles-Quint*, etc.; il n'y a pas trouvé la lettre adressée directement à la reine de Hongrie, mais il en a extrait celles que la reine de Hongrie a écrites à Philippe II.

revenir au plus tôt à Yuste y rendre compte de la mission dont le chargeait l'Empereur[1]. Le surlendemain de son départ Charles-Quint ressentit la première atteinte de la maladie à laquelle il succomba. Cette maladie, à en croire le récit des moines hiéronymites qu'ont généralement suivi les historiens, aurait été précédée et en quelque sorte causée par des obsèques que Charles-Quint voulut célébrer pour lui-même de son vivant.

Huit jours auparavant, c'est-à-dire lorsque la goutte le quittait à peine, au moment où l'éruption des jambes le tourmentait de nouveau, au milieu de ses vives préoccupations politiques et de ses correspondances les plus multipliées, l'Empereur aurait eu, d'après la chronique du prieur fray Martin de Angulo, la conversation suivante avec Nicolas Bénigne, l'un de ses *barberos* : « Maître Nicolas, sais-tu à quoi je pense ? — « A quoi, sire? répondit le barbero. — Je pense, con-« tinua l'Empereur, que j'ai là deux mille couronnes « d'économies, et je calcule comment je pourrai les « employer à faire mes funérailles. — Que Votre Ma-« jesté ne prenne pas ce soin, répliqua Bénigne, car, « si elle meurt et que nous lui survivions, nous sau-« rons bien les faire nous-mêmes. — Tu me comprends « mal, dit l'Empereur ; pour bien cheminer, il y a une

---

[1] *Retiro, estancia*, etc., fol. 222 r°.

« grande différence à avoir la lumière derrière ou à
« l'avoir devant soi. » La chronique du prieur de Yuste
ajoute que ce fut à la suite de cette conversation que
l'Empereur ordonna de faire les obsèques de ses parents et les siennes. Sandoval, qui rapporte la conversation, ne raconte pas les obsèques[1]; et, comme il les
omet, il est probable qu'il n'y croit pas.

Le moine anonyme dont M. Bakhuisen a analysé le
manuscrit que vient de faire imprimer M. Gachard,
et le Père Joseph de Siguenza, qui l'a probablement
copié dans son Histoire de l'ordre de Saint-Jérôme,
vont plus loin dans leur récit. Selon eux, Charles-Quint,
jouissant d'une santé parfaite et se trouvant mieux
disposé que jamais, appela son confesseur Juan Regla
et lui dit : « Fray Juan, je me sens bien portant, sou-
« lagé et sans douleur ; que vous semblerait-il si je
« faisais célébrer le service funèbre de mon père, de
« ma mère et de l'Impératrice ? — Le confesseur ap-
« prouva le dessein de l'Empereur, qui ordonna sur-
« le-champ de tout préparer pour ces religieuses
« cérémonies. La célébration en commença le lundi
« (29 août) en l'honneur de son père, et fut continuée

---

[1] Sandoval, *Vida del emperador Carlos V en Yuste*, § 3, à la
fin du t. II, p. 826. Sandoval ajoute même que ces deux mille
couronnes furent employées, après la mort de Charles-Quint,
à acheter la cire, les tentures et les vêtements de deuil pour
ses véritables funérailles.

« les jours suivants. Chaque jour, ajoute fray Joseph
« de Siguenza, l'Empereur y assistait avec son cierge
« allumé, qu'un page portait devant lui. Placé au pied
« de l'autel, il suivait tous les offices, en priant avec
« beaucoup de dévotion dans des Heures assez pau-
« vres et mal ornées. Ces commémorations pieuses
« étant achevées, il appela de nouveau son confesseur
« et lui dit : Ne vous paraît-il pas, fray Juan, qu'ayant
« fait les obsèques de mes proches, je puisse aussi
« faire les miennes, et voir ce qui arrivera bientôt pour
« moi ? En entendant ces paroles, fray Juan Regla
« s'attendrit, les larmes lui vinrent aux yeux, et il dit
« comme il put : Que Votre Majesté vive nombre d'an-
« nées, s'il plaît à Dieu, et qu'elle ne nous annonce
« pas sa mort avant l'heure. Ceux d'entre nous qui lui
« survivront s'acquitteront de ce devoir, si Notre-Sei-
« gneur le permet, comme ils y sont tenus. L'Empe-
« reur, qu'animait un esprit plus haut, lui dit : Ne
« croyez-vous point que cela me profiterait ? — Oui,
« sire, répondit fray Juan, et beaucoup. Les œuvres
« pieuses que quelqu'un fait pendant sa vie sont d'un
« plus grand mérite et elles ont un caractère bien plus
« satisfactoire que celles qu'on fait pour lui après sa
« mort. Plût à Dieu que nous tous en fissions autant et
« que nous eussions d'aussi bonnes pensées! L'Empe-
« reur ordonna qu'on préparât tout pour le soir et
« qu'on commençât aussitôt ses obsèques.

« On dressa au milieu de la grande chapelle un ca-
« tafalque entouré de cierges. Tous les serviteurs de
« Sa Majesté descendirent en habit de deuil. Le pieux
« monarque, également vêtu de deuil et un cierge à la
« main, y vint aussi pour se voir enterrer et célébrer
« ses funérailles. Il pria Dieu pour cette âme à la-
« quelle il avait accordé tant de grâces pendant la vie,
« afin que, arrivée au moment suprême, il prît pitié
« d'elle. Ce fut un spectacle qui arracha des larmes et
« des soupirs à ceux qui étaient présents, et qui ne
« l'auraient pas pleuré davantage s'ils l'avaient vu
« réellement mort. Pour lui, à la messe de ses funé-
« railles, il alla faire l'offrande de son cierge entre
« les mains du prêtre, comme s'il avait déposé entre
« les mains de Dieu son âme, que les anciens repré-
« sentaient par un semblable symbole. Aussitôt, sans
« laisser passer le milieu du jour, l'après-midi sui-
« vante du 31 août, il appela son confesseur, et lui dit
« combien il était joyeux d'avoir fait ces funérailles,
« et qu'il sentait dans son âme comme une allégresse
« qui lui semblait déborder jusque dans le corps.

« Le même jour, l'Empereur appela son garde-
« joyaux, et se fit remettre par lui le portrait de l'Im-
« pératrice, sa femme. Il resta un moment à le con-
« templer. Puis il dit au garde-joyaux : Enfermez-le,
« et donnez-moi le tableau de la prière dans le jardin
« des Oliviers. — Il regarda pendant longtemps ce ta-

« bleau, et ses yeux paraissaient répandre au dehors
« les sentiments élevés qu'il avait dans l'âme. Il le
« renvoya et dit : Apportez-moi l'autre tableau du ju-
« gement dernier. — Cette fois la contemplation fut
« plus longue, la méditation plus profonde, au point
« que le médecin Mathys lui dit qu'il prît garde de ne
« pas se rendre malade en tenant si longtemps sus-
« pendues les puissances de l'âme, qui dirigent les
« opérations du corps. Dans ce moment même, l'Em-
« pereur eut un frisson; et, se tournant vers son mé-
« decin il lui dit : Je me sens mal. — C'était le dernier
« d'août, vers les quatre heures du soir. Mathys lui
« toucha le pouls, et y trouva un peu d'altération. On
« le porta aussitôt dans sa chambre, et, dès ce mo-
« ment, le mal alla toujours en s'aggravant[1]. »

Voilà une scène parfaitement arrangée et à laquelle
il ne manque rien. La plupart des historiens l'ont acceptée des moines, et quelques-uns d'entre eux y ont
ajouté des détails plus extraordinaires encore. Non-
seulement ils ont fait assister Charles-Quint à ses propres funérailles, mais ils l'ont étendu comme un mort
dans sa bière. De là il mêlait sa voix à celle des moines

---

[1] *Manuscrit hiéronymite* analysé par M. Bakhuisen, c. xxxiii,
p. 44 et 45. Gachard, *Retraite et mort de Charles-Quint*, etc.,
vol. I. Appendice C, p. lxxxviii à xc; — *Historia de la orden
de San Geronimo*, etc., par Siguenza, tercera parte, lib. L,
c. xxxviii, fol. 200 et 201.

qui chantaient sur lui les prières des trépassés[1]. Cette scène singulière est-elle vraie? La nature de la cérémonie, la santé de l'Empereur, les occupations qui remplissaient son temps, les pensées qui absorbaient son esprit, le témoignage de ses serviteurs qui contredisent les récits des moines, les faits authentiques qui sont en désaccord avec la date assignée à cet acte bizarre, ne permettent guère d'y ajouter foi.

Comment admettre d'abord la cérémonie en elle-même? L'Église catholique la réserve aux morts et ne l'applique pas aux vivants[2]. Accomplie hors de propos, elle perdrait son efficacité avec sa raison, et devien-

---

[1] Robertson, entre autres, à la fin du livre XII de son *Histoire de Charles-Quint*.

[2] Un concile, tenu à Toulouse au commencement du quatorzième siècle, eut l'occasion de prononcer contre elle une condamnation formelle. Le 22 avril 1327, l'un des consuls de cette ville fit célébrer avec pompe ses funérailles de son vivant. Étendu dans un cercueil, au milieu de l'église des frères prêcheurs, il y entendit une grand'messe des morts, fut porté jusqu'au pied du maître autel comme s'il allait y être enseveli; puis, sortant du cercueil, il fut accompagné par les capitouls, ses collègues, jusqu'à sa maison, où était préparé et où ils mangèrent le repas funèbre. L'archevêque de Toulouse était alors absent. En apprenant, à son retour, ce qui s'était passé, il assembla en concile tous les évêques ses suffragants et tous les abbés de la province. Ce concile déclara que l'Église tenait pour un acte de superstition des *funérailles anticipées*, que n'autorisaient ni le droit ecclésiastique ni le droit séculier, et il défendit, sous peine d'excommunication, à tout prêtre ou religieux d'y consentir et d'y procéder désormais. Voici ce qu'on

drait une sorte de profanation. L'Église prie pour ceux qui ne peuvent plus prier eux-mêmes. Elle offre à leur intention le sacrifice chrétien, auquel il sont désormais hors d'état de prendre part. Cet accompagnement pieux et solennel de l'âme dans son passage de la vie périssable à la vie éternelle n'a son mérite et sa grandeur qu'en ayant sa réalité. Il ne doit faire défaut à personne, pas plus que la mort elle-même. L'Église eût été digne de blâme en accordant à la fantaisie déréglée d'un vivant ce qui est consacré à l'utilité spirituelle des morts. Charles-Quint savait bien d'ailleurs qu'il y a plus d'avantage à prier soi-même qu'à être l'objet des prières d'autrui, à s'approprier le sacrifice

lit à ce sujet dans les collections de conciles d'Hardouin et de Mansi :

« Die mercurii XXII aprilis MCCCXXVII, dominus d'Escalqueutio, unus de consulibus civitatis Tolosæ, voluit vivus tumulari; et sibi viventi, tanquam mortuo, exsequias fieri in ecclesia fratrum prædicatorum : quod factum fuit cum magna et funebri pompa, omnibus viris capitularibus præsentibus, et ipso d'Escalqueutio posito in feretro, et decumbente, more defunctorum adornato, manibus junctis, et quadraginta intertorciniis ardentibus illuminato. Missa alta de mortuis celebrata, et omnibus cœremoniis, quæ in hujusmodi funeribus adhiberi solent peractis, feretrum cum corpore fuit adportatum, tamquam sepulturæ demandandum, et prope majus altare depositum : et sic fuit terminus hujus officii funeralis; et inde cum collegis suis domum repetit, et ibi prandio funebri donati sunt.

« Dum hæc gerebantur, absens erat dominus archiepiscopus;

du Rédempteur par la communion eucharistique qu'à y être indirectement associé par une pieuse sollicitude de l'Église. C'est ce qu'il avait fait quinze jours auparavant, et c'est ce qu'il fit bientôt encore. Le reste n'est qu'un supplément religieux, la suprême et immanquable supplication de l'Église en faveur de ceux qui, sortis de ce monde, ne peuvent plus ni se repentir du mal, ni opérer le bien, ni perfectionner leur âme, ni changer eux-mêmes leur destinée.

Ces raisons générales seraient insuffisantes pour douter des obsèques, si elles étaient seules. Elles ne le sont pas. La plupart des circonstances racontées par les moines sont invraisemblables ou fausses. Les chroniqueurs hiéronymites prétendent que Charles-Quint

---

qui reversus, et de præmissis plene informatus, convocavit synodum suorum suffraganeorum, et omnium abbatum suæ provinciæ; qui convenerunt Tolosam, in palatio archiepiscopali, die octava mensis junii, ubi per tres dies sequentes, quæstione solemniter agitata : an justum et rationi consentaneum esset, exsequias et funera vivi, tamquam mortui, celebrare : definitum fuit plane, anticipationem funebrem nullo jure niti, nec ecclesiastico, nec sæculari; ab ecclesia tamquam superstitiosam teneri; injungendo omnibus ecclesiasticis tam regularibus, quam sœcularibus, ne in posterum talia præsumant, sub pœna excommunicationis.

« Concilium Tolosanum celebratum anno domini MCCCXXVII die VIII junii. » (Ex chronico ms. Guillelmi Bardini sub anno MCCCXXVII. Hard., conc., t. VII, p. 1535. — Mansi, conc., t. XXV, p. 807.)

consacra à cette cérémonie deux mille couronnes qu'il avait économisées. D'abord une forte objection s'élève contre l'énormité de la somme pour l'acte. Deux mille couronnes vaudraient au moins soixante-six mille de nos francs[1]. A peine si une très-faible partie aurait pu être employée à des obsèques sans éclat et presque sans dépense. Il est probable, au contraire, comme l'assure Sandoval, que sur cette somme furent pris plus tard les frais des véritables funérailles, dont le service solennel dura neuf jours[2]. D'ailleurs, les forces

---

[1] La couronne avait la valeur métallique de 11 francs. Quant à la valeur relative de l'argent, elle était en 1558 de trois à quatre fois supérieure à ce qu'elle est aujourd'hui.

[2] La somme de 2,000 couronnes était précieusement conservée dans la chambre de Charles-Quint, qui ne voulait pas y toucher. Les traces de cette soigneuse conservation se trouvent dans une lettre de Gaztelú du 27 janvier 1558. (*Retraite et mort de Charles-Quint*, etc., vol. II, p. 305.) Les 2,000 couronnes, dont j'avais précédemment (p. 409 de la 1re édition de cet ouvrage) contesté l'existence, étaient gardées à Yuste. Quel en fut l'emploi? Si elles étaient gardées dans la petite bourse de soie noire dont il est question dans l'inventaire, on n'y trouva que cinquante-quatre écus d'or lorsque l'inventaire fut dressé par Quijada et par Gaztelú : *cinquanta y quatro escudos de oro del sol en una bolsita de aguja de seda negra*. (*Retiro, estancia*, etc., Appendice n° 7, fol. 48 r°.) Qu'était devenu le reste? M. Gachard a trouvé, dans une lettre écrite le 12 octobre 1558 par Quijada à Philippe II, que 600 de ces couronnes furent remises, par ordre de Charles-Quint, la veille de sa mort, à l'*ayuda de cámara* Bodart pour Barbe Blomberg, mère de don Juan d'Autriche (Su Magestad me mandó el dia antes que

de l'Empereur ne se seraient guère prêtées aux fatigues d'une semblable cérémonie. Sa santé n'était pas, comme le disent les moines, meilleure que jamais. Il s'était fait transporter le 15 août à l'église, où il avait communié assis; la goutte ne l'avait quitté que le 24, l'éruption des jambes avait depuis lors succédé à la goutte, et il était peu capable de se rendre à l'autel le 29 et de s'y tenir debout pendant plusieurs matinées de suite. Loin d'avoir les pensées bizarres que le désœuvrement peut suggérer à l'imagination, il était

falleciese, que de su cámara se le diesen seiscientos escudos en horo que con ellos comprase doscientos florins de por vida para la persona qu'él dirá á Vuestra Magestad). M. Gachard se demande si les 1,346 autres écus d'or, dont l'emploi est inconnu, n'auraient pas servi aux obsèques simulées. Il ne me paraît pas possible de l'admettre. Ces 1,346 écus feraient au moins 44,418 de nos francs. Or comment supposer qu'ils aient été consacrés à la dépense nécessairement peu considérable de ces fausses obsèques célébrées à l'improviste et sans solennité, dans lesquelles on n'aurait pas acheté de vêtements de deuil aux serviteurs de Charles-Quint, puisqu'on ne le fit qu'après sa mort, et l'on n'aurait pas tendu l'église de noir, puisque les cent *varas* de drap noir qui eurent cette destination, avec le drap de deuil gardé dans l'office impérial, ne furent achetées par Quijada que pour les funérailles réelles, qui eurent un grand éclat et une longue durée? (Lettres de Quijada, des 25 sept. et 16 oct. 1558, dans *Retraite et mort de Charles-Quint*, etc., vol. I, p. 402 et 432.) C'est ce que dit aussi Sandoval : Y con las mismas coronas se compró la cera y lutos con que fue sepultado y se le hicieron las honras. (*Vida del emperador Carlos V en Yuste*, § 3, à la fin du vol. II, p. 826.)

fort sérieusement occupé des besoins de l'État et des intérêts de sa famille; il avait des décisions à prendre sur les demandes de sa fille, des résolutions à persuader à sa sœur, des conférences à tenir avec les envoyés de son fils, dont il écoutait les uns et attendait les autres; il donnait des instructions et il écrivait des lettres jusqu'à l'avant-veille de sa maladie mortelle, sans que les infirmités et les affaires lui laissassent beaucoup de repos et de liberté. Dans cette faiblesse physique et avec cette préoccupation morale, il était d'autant moins en mesure et en disposition de consacrer le 29, le 30 et le 31 août aux services funèbres de sa femme, de son père, de sa mère et de lui-même, qu'il avait déjà célébré celui de l'Impératrice le 1er mai, anniversaire de sa mort[1], et que, le 31 août, jour assigné au sien, il était depuis vingt-quatre heures retenu dans sa chambre par la maladie. Si ces invraisemblances et ces impossibilités n'arrêtaient pas, il resterait à expliquer pourquoi ni le majordome de Charles-Quint, ni son secrétaire, ni son médecin, qui mentionnent dans leurs lettres les incidents même ordinaires de sa vie religieuse, surtout lorsqu'ils ont quelque rapport avec sa santé, ne parlent pas d'un

---

[1] Le 1er mai 1558, Gaztelù écrit à Vasquez : « Juan Gaytan « ha venido para poner orden lo de la cera y otras cosas nece- « sarias para honras que cada año se hacen á primero de mayo « por la Imperatriz. » (*Retiro, estancia*, etc. fol. 181 r°.)

événement aussi extraordinaire; pourquoi, rappelant le service funèbre de l'Impératrice à l'anniversaire du 1ᵉʳ mai, ils ne disent rien des funérailles anticipées que l'Empereur aurait ordonnées pour lui même; pourquoi, ayant raconté qu'il avait été porté le 15 août à l'église, où il avait communié assis, ils se taisent entièrement sur ces étranges obsèques du 31, auxquelles leur maître les aurait conviés, et qui avaient été sitôt suivies de sa mort. Mais ils font bien plus que de s'en taire, ils les démentent indirectement. Leurs récits sont en complet désaccord avec ceux des moines. Le médecin Mathys, qui figure dans la scène racontée par les hiéronymites, ne put pas y être présent le 30, jour où Charles-Quint l'avait envoyé auprès du comte d'Oropesa, à Jarandilla, ni le 31, jour où Charles-Quint était déjà malade dans sa chambre. Lui et Quijada donnent à la maladie de l'Empereur une autre date et une autre cause. Voici ce que dit, à ce sujet, Mathys à Vasquez, le 1ᵉʳ septembre :

« Très-illustre seigneur, il y a peu de jours que je
« vous écrivis que Sa Majesté était dans une disposi-
« tion passable, mais que l'éruption était revenue, et
« que, vers le soir, Sa Majesté avait un peu de douleur
« de tête et avait eu recours aux répercussifs contre
« l'éruption. Maintenant j'ai à faire savoir à Votre Sei-
« gneurie que, mardi passé, 30 du mois d'août, Sa
« Majesté mangea sur la terrasse, où la réverbération

« du soleil était très-forte. L'Empereur mangea peu et
« avec peu d'appétit, comme il me le dit le soir, lors-
« que je revins de Jarandilla, où j'étais allé par son
« ordre pour l'indisposition du comte d'Oropesa. Pen-
« dant que l'Empereur mangeait, il lui survint une
« douleur de tête qu'il garda tout le reste du jour. Il
« dormit mal pendant la nuit, et passa plus d'une
« heure et demie sans sommeil : il eut de la chaleur et
« but. Le mercredi au matin il se trouva plus soulagé,
« mais avec de l'accablement et de la soif. Il se leva,
« mangea peu, et il eut plus d'envie de boire que de
« manger. Depuis, vers les deux heures, il sentit un
« peu de froid, et s'endormit quasi une heure. En s'é-
« veillant, il éprouva un froid plus grand qui lui cou-
« rait par les épaules, l'épine du dos, les flancs et la
« tête, et qui dura jusqu'à sept heures du soir. Alors
« commença avec douleur et grande chaleur de tête
« une fièvre qui s'est prolongée dans sa violence jus-
« qu'à six heures du matin d'aujourd'hui 1er septem-
« bre, a rendu la nuit très-agitée, et a porté la chaleur
« de la tête presque au délire. Sa Majesté s'est levée
« de son lit, a mangé très-peu et n'a pas été quittée
« par la fièvre, qui est cependant un peu remise. Ce
« qui m'inquiète en cela, c'est de voir que la fièvre ne
« cesse point, et de trouver Sa Majesté très-affaiblie à
« à la suite de ce premier paroxysme. Si dans la mati-
« née l'Empereur n'en est pas débarrassé, je suis dé-

« terminé à le saigner. » Après avoir prié Vasquez de communiquer ces fâcheuses nouvelles à la princesse doña Juana, Mathys ajoutait en post-scriptum : « On « s'aperçoit que Sa Majesté n'est pas sans crainte « parce que c'est pour elle une chose nouvelle, qu'une « fièvre principalement putride. Aussi a-t-elle songé « tout de suite à s'occuper de son testament. Jusqu'ici « la fièvre ne paraît pas devoir partir, et il s'est déjà « passé vingt-quatre heures[1]. »

Quijada, un peu moins inquiet que Mathys, chercha le même jour à rassurer la princesse, en lui disant que l'Empereur se trouvait un peu mieux; qu'il avait entendu la messe hors de son lit; qu'au moment même où il écrivait, vers huit heures du soir, l'Empereur faisait collation avec du sucre rosé, et que la demande du testament ne signifiait rien de sa part, parce qu'il avait voulu s'en occuper en santé[2]. Dans une lettre qu'il adressa aussi à Vasquez, le 1er septembre, il disait : « Je crains que cet accident ne soit survenu à Sa « Majesté pour avoir mangé avant-hier sur la terrasse « couverte. Le soleil était ardent et il réverbérait beau- « coup. L'Empereur y resta jusqu'à quatre heures de « l'après-midi, et lorsqu'il partit de là il avait un peu

---

[1] Lettre de Mathys à Vasquez, du 1er septembre 1558, dans *Retraite et mort de Charles-Quint*, etc., vol. I, p. 322-323.

[2] Lettre de Quijada à la princesse doña Juana, du 1er septembre. *Ibid.*, p. 324.

« de douleur de tête. Cette nuit il dormit mal, il pour-
« rait bien se faire que cela eût causé le froid et la
« fièvre[1]. »

Le 1er septembre même, Charles-Quint s'entretint de ses dernières dispositions testamentaires avec son majordome et son confesseur. Il se sentit comme frappé à mort. Depuis trente ans il n'avait jamais eu de fièvre sans avoir la goutte[2]. Il voulut ajouter un codicille au

---

[1] *Retraite et mort de Charles-Quint*, etc., vol. I, p. 326. Quijada, qui n'était point à Yuste, mais à Quacos, le 30 août (voir sa lettre, vol. I, p. 320, et la note qu'y joint M. Gachard), n'a été témoin que de l'accès assez alarmant du 31. Il place aussi la maladie de l'Empereur au 31, sans mentionner l'indisposition survenue sur la terrasse le 30. Tandis que le médecin fait remonter le mal jusque-là, le majordome le fixe au lendemain, frappé qu'il a été, ce second jour, de sa plus violente explosion; mais le médecin, le majordome et le secrétaire sont d'accord sur la date et le lieu du repas auquel ils attribuent l'origine de la maladie. « Martes « pasado, 30 del mes de agosto, » dit Mathys le 1er septembre, « S. Mad comió en el terrado, dove reverberaba mucho el « sol, » etc. (P. 322.) « Yo temo que este accidente sobrevino « de comer *antier*, » écrit aussi Quijada le 1er septembre, « en « un terrado cubierto, y hacia sol y reverberaba alli mu- « cho, » etc. (P. 326.) Gaztelú s'en remet à ce qu'écrit le médecin, p. 329. Aucun d'eux ne fait allusion, soit durant les vingt et un jours de maladie de l'Empereur, soit à propos de ses funérailles, aux obsèques anticipées qui, selon les moines, auraient été célébrées le 31 août.

[2] « Pónenos en cuidado, porque ha treinta años que S. Mad no « ha tenido calentura sin accidente de gota » (*Ibid.*, p. 326-327.)

testament qu'il avait fait à Bruxelles le 6 juin 1554 Pour que ce codicille fût valable, Quijada demanda à Vasquez, par les ordres de l'Empereur, que Gaztelú fût au plus tôt investi des pouvoirs de notaire public[1], et Gaztelú prévint, de son côté, Vasquez de faire établir par le maître général des postes des courriers et des estafettes sur la route de Valladolid à Yuste, afin de rendre les communications plus promptes entre la résidence impériale et la cour[2]. Chaque jour plusieurs lettres partirent du couvent ou de Quacos pour donner des nouvelles de l'Empereur à la princesse sa fille et au roi son fils.

La maladie alla en empirant. Le 2 septembre, le froid anticipa de neuf heures, et l'Empereur, très-agité, fut dévoré d'une soif ardente[3]. Le paroxysme eut une telle violence, qu'il le mit *hors de son jugement*, et, lorsqu'il eut cessé, Charles-Quint ne se souvint pas de ce qui s'était passé dans cette journée[4]. A la suite de

---

[1] *Retraite et mort de Charles-Quint*, etc., vol. I, p 327.

[2] Lettre de Gaztelú à Vasquez, du 1er septembre. *Retiro, estancia*, etc., fol. 225 r°.

[3] Lettre de Quijada à Vasquez, du 2 septembre. *Retraite et mort de Charles-Quint*, etc., vol. I, p. 330.

[4] « S. M^ad bevió con un poco de azúcar rosado, dadas las « siete, y hasta aquella hora habia estado siempre fuera de « su juicio, en tanta manera que no se le acuerdó nada de « cuanto habia passado aquel dia. » (Lettre de Mathys à Vasquez, du 3 septembre. *Ibid.*, p. 332.)

ce paroxysme, il avait eu des évacuations bilieuses et des vomissements de glaires. On lui demanda s'il voulait qu'on fît venir d'autres médecins; il répondit que non, et qu'on se bornât à appeler le docteur Corneille Baersdorp, qui était à Cigales, auprès de sa sœur la reine de Hongrie, et qui connaissait sa complexion de longue main[1]. La nuit du 2 au 3 fut pleine d'angoisses; cependant, comme il était très-fatigué, il s'endormit. Mais, à partir de deux heures après minuit, il ne passa point une demi-heure sans se réveiller. Le matin, la fièvre étant un peu abattue, Charles Quint, qu'avait surpris la terrible impétuosité du mal, et qui en craignait le retour, se confessa et communia[2]. Il voulait être prêt à la mort et avoir rempli ses devoirs religieux pendant qu'il était encore maître de lui-même, et avant la défaillance redoutée de sa connaissance et de sa volonté.

Vers huit heures et demie, Mathys le fit saigner de la veine médiane; il lui tira de neuf à dix onces d'un sang noir et corrompu. Cette saignée soulagea et satisfit beaucoup l'Empereur, qui resta sans fièvre, mangea, vers onze heures, peu, mais avec goût, but de la bière et de l'eau rougie, et dormit ensuite deux heures d'un sommeil calme[3]. Comme il conservait

---

[1] Lettre de Quijada, du 2 septembre. *Retraite et mort de Charles-Quint*, etc., vol. I, p. 330.

[2] Lettre de Mathys, du 3 septembre. *Ibid.*, p. 332.

[3] *Ibid*

encore de la chaleur à la tête, Mathys le saigna de nouveau à la main en ouvrant la veine céphalique, au très-grand contentement de l'Empereur, qui n'éprouvait plus qu'un peu de douleur à la nuque, et qui aurait voulu qu'on lui eût tiré plus de sang, *car*, disait-il, *il s'en sentait plein*[1].

Ayant mangé un peu de pain sucré et bu de la bière, le même jour, 3 septembre, entre huit et neuf heures du soir, il eut une forte angoisse vers dix heures ; le pouls s'altéra, et la fièvre, qui revint, le tourmenta jusqu'à une heure du matin. Les deux saignées ne prévinrent pas le paroxysme du 4, qui anticipa de trois heures, n'eut peut-être pas la même violence, puisqu'il ne lui donna point le délire, mais lui causa une soif si ardente et une si insupportable chaleur, qu'il but successivement huit onces d'eau avec du sirop de vinaigre, neuf onces de bière, et que, s'étant débarrassé de sa jacquette, de sa camisole, de ses chaussettes de fil, il resta seulement avec sa chemise et une couverture de soie sur la poitrine. La crise finit, comme les précédentes, par des évacuations et des vomissements de matières putrides[2].

---

[1] « Dijó que harto quisiera que le hovieran sacado mas cantidad de sangre pues se sentia ser lleno de ella. » (Lettre de Mathys à Vasquez, du 4 septembre. *Retraite et mort de Charles-Quint*, etc., vol. I, p. 333.)

[2] Lettres de Mathys et de Quijada à Vasquez, du 4 septembre. *Ibid.*, p. 330-336.

Jusque-là il s'était occupé des dispositions qui devaient être insérées dans son codicille. Il avait fait connaître à Quijada et à Gaztelú ses dernières volontés, et les témoignages de souvenir et de faveur qu'il désirait laisser à chacun des serviteurs qui l'avaient accompagné dans sa retraite. Il avait discuté avec Quijada le lieu de ses funérailles. Dans son testament de Bruxelles, il ordonnait de transporter ses restes à côté de ceux de l'Impératrice, dans la chapelle royale de Grenade, où étaient ensevelis ses aïeux Ferdinand et Isabelle, son père Philippe le Beau et sa mère Jeanne la Folle. « Je veux, disait-il avec une pieuse tendresse, « que près de mon corps se place celui de l'Impéra- « trice ma très-chère et très-aimée femme, que Dieu « ait dans sa gloire[1]. » Changeant alors de pensée, il souhaitait que le dernier séjour de sa vie devînt celui de son repos éternel. Mais il ne se séparait pas davantage de l'Impératrice, et, s'il n'allait plus se réunir à elle à Grenade, il commandait qu'on l'apportât auprès de lui dans le couvent retiré de Yuste. Quijada combattit ce projet. Il représenta à l'Empereur que le lieu n'avait pas les qualités requises pour recevoir et garder de si grands princes, et il soutint que Grenade convenait infiniment mieux, puisque les Rois Catholiques en avaient fait leur tombeau et celui de leur race. Sans se rendre entièrement aux objections de son

[1] Voir son testament dans Sandoval, t. II, fol. 860-861.

fidèle majordome, Charles-Quint se laissa ébranler par elles. « L'Empereur me répliqua, écrivait Quijada à « Philippe II, certaines choses que Votre Majesté saura « plus tard. A la fin il s'en remit à Votre Majesté, qui « ferait en cela ce qu'elle jugerait à propos. Mais, en « attendant que Votre Majesté vienne dans ces royau- « mes, il veut que son corps soit déposé ici et enterré « sous le grand autel de l'église, la moitié en dedans, « la moitié en dehors de l'autel, de manière que le « prêtre en disant la messe pose les pieds sur sa poi- « trine et sur sa tête[1]. »

Tels étaient les funèbres entretiens de Charles-Quint. Il maintenait toujours les dispositions de son testament, qui consacrait trente mille ducats en rachats de chrétiens captifs, en dots à des femmes pauvres, en aumônes à des nécessiteux cachés, et qui prescrivait de célébrer, peu de temps après sa mort, le service divin pour le repos de son âme dans toutes les maisons monastiques et toutes les églises paroissiales de l'Espagne, et fondait de plus des messes perpétuelles en plain chant, en demandant que le souverain pontife accordât un jubilé avec des indulgences plénières pour attirer plus de prières autour de sa tombe[2]. Après avoir

[1] Lettre de Quijada à Philippe II, du 17 septembre, dans *Retraite et mort de Charles-Quint*, etc., vol. I, p. 371, 372.
[2] Testament de Charles-Quint dans Sandoval, t. II, fol. 861; son codicille. *Ibid.*, fol. 881.

été purgé le 5 avec de la manne et de la rhubarbe[1], il eut le 6 un accès accablant qui dura de treize à quatorze heures[2], et il resta avec si peu de force, que Quijada ne lui parla de rien. Son délire avait été extrême, et d'ailleurs l'autorisation demandée pour que Gaztelú remplît l'office de notaire n'était pas encore arrivée. Elle arriva dans la nuit du 6 au 7, par un courrier exprès venu de Valladolid, qui apporta des lettres de la princesse doña Juana et des principaux personnages de la cour et des conseils. La grave maladie de l'Empereur les avait tous jetés dans l'anxiété, et la princesse sa fille demandait la permission de se rendre auprès de lui pour le voir et le servir[3].

Le 7 se passa assez bien; le pouls ne fut pas mauvais, et l'Empereur mangea le soir des œufs et but de l'eau rougie. Cependant l'inflammation intérieure gagna la bouche, qui devint sèche et douloureuse[4]. L'accès du 8 fut moins long que celui des jours précédents sans être moins violent; l'Empereur en sortit après un fort délire et la face livide[5]. On lui annonça

---

[1] Lettre de Mathys à Vasquez, du 5 septembre, dans *Retraite et mort de Charles-Quint*, etc., vol. I. p. 337.

[2] Lettre de Mathys à Vasquez, du 6 septembre. *Retraite et mort de Charles-Quint*, etc., vol. I, p. 339-340.

[3] *Retiro, estancia*, etc., fol. 229 v°.

[4] Lettre de Mathys à Vasquez, du 8 septembre. *Retraite et mort de Charles-Quint*, etc., vol. I, p. 353.

[5] *Ibid.*, p. 354.

alors l'arrivée de Garcilaso de la Vega et du docteur Corneille Baersdorp, qui venaient de Cigales[1], l'un avec une réponse assez favorable de la reine de Hongrie, l'autre afin de lui prêter le secours de sa vieille mais inutile expérience médicale.

Avant tout Charles-Quint acheva son codicille, qu'il se fit lire, signa et ferma le 9[2]. Le 10, il appela dans sa chambre Garcilaso de la Vega, qui la veille avait été l'un des témoins de son codicille et qui lui rendit compte alors de la mission qu'il lui avait donnée auprès de sa sœur[3]. La reine de Hongrie, que Philippe II avait conjurée de reprendre le gouvernement des Pays-Bas, ne s'était pas rendue aux pressants désirs de son neveu, qu'était venu lui exprimer l'archevêque de Tolède. Elle avait répondu que son âge avancé, sa santé détruite, la résolution bien arrêtée qu'elle avait prise de passer dans la solitude le peu de jours qui lui restaient à vivre, les périls auxquels seraient exposés son honneur et sa réputation si elle entreprenait d'administrer et de défendre des pays difficiles, mal pourvus et près d'être envahis, et surtout le vœu inviolable qu'elle avait fait à Dieu de ne plus s'occuper des affaires de ce monde, ne lui permettaient pas d'accepter

---

[1] Lettre de Quijada à Vasquez, du 8 sept. *Retraite et mort de Charles-Quint*, etc., vol. I, p. 355.

[2] Lettre de Quijada à Vasquez, du 10 septembre. *Ibid.*, p. 360.

[3] *Ibid.*

un fardeau dont elle avait été obligée de se décharger naguère. Se bornant à donner d'excellents conseils à son neveu, elle lui avait annoncé qu'elle ne quitterait pas sa retraite, pour la dignité et l'entretien de laquelle il devait lui accorder les villes d'Almonacid, de Zorita, d'Albalate et d'Illana, avec leurs revenus et leur juridiction[1].

Mais sa résistance fut moins ferme après qu'elle eut entendu Garcilaso et pris communication des lettres persuasives de Charles-Quint et d'une nouvelle dépêche de Philippe II. Elle écrivit qu'elle n'avait jamais été aussi troublée de sa vie : que l'attachement sans bornes, la vénération, l'obéissance, la soumission qu'elle avait pour l'Empereur, auquel elle désirait complaire en tout, la poussaient à se dépouiller de sa volonté, à ne tenir compte ni de son âge, ni de ses déterminations, ni de ses périls, mais qu'ayant promis à Dieu de ne plus conduire aucun gouvernement, elle ne pouvait enfreindre son vœu sans offenser sa conscience et exposer son âme. Prenant donc un parti moyen, elle offrait de se rendre pour un temps limité dans les Pays-Bas et de concourir à leur administration en présence du roi, sous certaines conditions, mais encore plus par ses conseils que par ses actes. Bouleversée de la maladie de son frère, qu'elle ne croyait

---

[1] Lettre de la reine de Hongrie à Philippe II. *Retraite et mort de Charles-Quint*, etc., vol. I, p. 341-352.

cependant pas aussi dangereuse, elle adressait une lettre plus brève que de coutume à Philippe II, à qui elle disait : « Je l'ai écrite avec beaucoup de peine, à « cause de la maladie de Sa Majesté. Bien que le mé- « decin ait bonne espérance et ne trouve pas que la « vie soit en péril, bien que je demeure dans cette « confiance, néanmoins là où il y a tant d'amour, il « est impossible qu'il n'y ait pas beaucoup d'anxiété. « Je ne sortirai d'inquiétude qu'en sachant Sa Majesté « entièrement délivrée. Ayant appris qu'elle traverse « une grande crise, et ne se gouverne pas comme il « serait nécessaire, je demeure bien en crainte[1]. »

Charles-Quint éprouva une de ses dernières joies[2] à la nouvelle que la reine de Hongrie s'était laissé ébranler dans ses résolutions jusque-là inflexibles, et qu'elle cédait à demi. Il espéra qu'arrivée dans les Pays-Bas, elle consentirait à en prendre l'entière direction pendant l'absence de son fils. Il renvoya ensuite Garcilaso de la Vega à Valladolid, où il commanda qu'on tînt prêt un sauf-conduit pour le docteur Corneille et dix ou douze personnes qui précéderaient en Flandre la reine de Hongrie. La forte attention qu'il avait donnée à son codicille et le vif intérêt qu'il prit à

---

[1] Lettre de la reine de Hongrie à Philippe II, du 9 sept. *Retraite et mort de Charles-Quint*, etc., vol. I, p. 356-359.

[2] Lettre de Quijada à Vasquez, du 10 septembre. *Ibid.*, p. 360.

la relation de Garcilaso ajoutèrent à sa fatigue et le laissèrent plus affaibli[1]. On lui cacha avec soin la défaite et la mort du vieux comte d'Alcaudete[2], qui pouvaient avoir des suites désastreuses pour les possessions espagnoles en Afrique, et dont la nouvelle arriva le 9 à Yuste. Le hasardeux gouverneur d'Oran, ayant fait une alliance avec le dey de Fez et se trouvant à la tête d'une armée de 10,400 hommes, que devaient seconder neuf brigantins chargés de munitions et de vivres, entra en campagne contre le dey d'Alger. Il s'avança par la côte vers Mostaganem, qu'il croyait surprendre et emporter. Mais, attendu par son ennemi, trahi par son allié, qui s'entendaient ensemble, il échoua dans son attaque et fut contraint de battre en retraite. A Mazagran, assailli par Hussan-Pacha, fils du fameux Barberousse, il vit le désordre se mettre dans les rangs des Espagnols, dont la retraite se changea en déroute.

L'issue funeste de cette expédition, où l'armée espagnole périt presque tout entière, où le comte d'Alcaudete fut tué, son fils don Pedro Cardone pris, et où la sûreté d'Oran se trouva compromise, aurait profondément troublé l'Empereur, s'il l'avait connue. On lui épargnait et il fuyait lui-même les émotions. Il ne

---

[1] Lettre de Quijada, à Vasquez, du 10 septembre. *Retraite et mort de Charles-Quint*, etc., vol. I, p. 560-561.

[2] *Retiro, estancia*, etc., fol. 231 v°

voulut auprès de lui ni sa sœur ni sa fille, qui désiraient y venir et ne l'osaient pas. Quijada l'ayant prévenu que la reine de Hongrie arriverait à Yuste pour le servir s'il se trouvait plus mal, il répondit qu'elle ne viendrait pas, d'après ce qu'il lui avait fait dire. Quijada ayant ajouté que la princesse doña Juana était dans une grande inquiétude, se tenait prête à partir et n'attendait pour cela que son autorisation, il s'y refusa. « Il me répondit que non, en remuant la « tête, écrivit Quijada, et se tut, car avec le mal de sa « bouche il ne parle point ou ne dit que quelques « paroles [1]. »

La fièvre tierce s'était changée en double tierce depuis le 11, jour où le grand commandeur d'Alcantara arriva de Plasencia à Yuste [2] pour ne plus quitter son cher et glorieux maître jusqu'à sa mort. Les deux médecins Mathys et Corneille purgèrent l'Empereur avec des pilules de rhubarbe. Il était d'une extrême faiblesse [3], bien qu'on essayât de soutenir ses forces, afin qu'il pût lutter contre le mal, en lui donnant tan-

---

[1] Lettre de Quijada à Vasquez, du 14 septembre, dans *Retraite et mort de Charles-Quint*, etc., vol. I, p. 365-366.

[2] Lettre de Quijada à Vasquez, du 12 sept. *Ibid.*, p. 362.

[3] « Estas tercianas son furiosas y largas, » écrivait Quijada, « S. M^ad está muy descaido... porque le aprietan mucho. » (Lettre du 14 septembre, *Ibid.*, p. 365). « La flaqueza de « S. M^ad es muy grande, y siempre va disminuyendo la virtud. » (Lettre du 15 septembre. *Ibid.*, p. 368.)

tôt quelques cuillerées de suc de mouton¹, tantôt quelques onces de jus de viande², que son estomac délabré gardait difficilement et vomissait presque toujours. Cependant le 16 il éprouva un peu d'amélioration, au moment où pénétrait dans le monastère un courrier envoyé de Lisbonne par la reine Catherine, qui demandait avec sollicitude des nouvelles de son frère, pour le rétablissement duquel elle avait ordonné des prières publiques dans toutes les églises du Portugal³. Le grand commandeur annonçait cet heureux changement à Vasquez en ces termes : « Il y a entre « l'état de Sa Majesté aujourd'hui et celui des jours « précédents la différence d'un vivant à un mort⁴. »

Mais ce mieux d'un instant fut suivi d'un terrible retour du mal. Dans la nuit même, Charles-Quint, après deux heures d'une agitation inquiète et d'un trouble profond, eut son accès de froid avec une intensité jusqu'alors inconnue. Il eut ensuite un vomissement de bile noire, épaisse, enflammée, et la fièvre chaude le saisit avec une si furieuse violence et une si longue durée, qu'il resta vingt deux heures sans parole et sans mouvement. Cet état effrayant, pendant lequel les médecins lui introduisirent à deux reprises

---

¹ Lettre de Quijada, du 10 septembre. *Retraite et mort de Charles-Quint.*, etc., vol. I, p. 361.
² Lettre du 14 septembre. *Ibid.*, p. 364
³ *Retiro, estancia*, etc., fol. 234 r°.
⁴ *Ibid.*, fol. 234 r°.

dans la bouche quelques onces d'une boisson d'orge sucrée, sans qu'il pût remuer ni la tête ni la main, se prolongea tout le 17 et ne cessa que le 18 à trois heures du matin[1]. Les médecins craignirent qu'il n'eût pas la force de supporter un autre accès. Cependant le 18 l'Empereur reprit toute sa connaissance, mais il dit « qu'il ne se souvenait de rien de ce qui s'était passé la veille[2]. »

Le onzième paroxysme se déclara le 19, à cinq heures du matin. Dans la nuit, Charles-Quint avait dormi, fait, selon l'usage qu'il n'abandonna pas même au plus fort de son mal, une légère collation, qui était presque immédiatement suivie d'un vomissement, et pris une boisson calmante. Le froid qu'il ressentit fut le plus vif qu'il eût encore éprouvé, et dura de cinq heures du matin à onze heures. Lorsque la chaleur commença, les médecins crurent que l'Empereur, dont les forces paraissaient épuisées, et qui était tombé dans le même silence et la même immobilité que la veille, succomberait pendant l'accès, et ils demandèrent qu'on lui administrât l'extrême-onction[3]. Quijada, par affec-

---

[1] Lettres de Mathys, des 17 et 18 septembre, dans *Retraite et mort de Charles-Quint*, etc., vol. I, p. 568, 569, 570, 574 et 575; lettre de Quijada à Vasquez, du 18 septembre, p. 577.

[2] Lettre de Mathys, du 18 septembre. *Retraite et mort de Charles-Quint*, etc., vol. I, p. 575.

[3] Lettre de Mathys à Vasquez, du 19 septembre. *Ibid.*, p. 379, 380.

tion et par sollicitude pour son maître, leur résista longtemps : « Les docteurs, écrivait-il vers huit heures « du soir à Vasquez, me disent que le mal augmente « et que la force décline, ce qu'ils reconnaissent au « pouls. Pour moi, il ne me semble pas que l'Em- « pereur soit aussi près de sa fin ; et aujourd'hui il « n'a pas été autant hors de lui que dans le paroxysme « passé... Depuis le milieu du jour, j'empêche qu'on ne « lui donne l'extrême-onction, craignant, quoiqu'il ne « parle pas, qu'il n'en soit ému. Les médecins se sont « retournés vers moi et m'ont dit qu'il était temps ; je « leur ai répondu que je me tiendrais prêt, qu'ils eus- « sent la main sur le pouls, et qu'ils attendissent au « dernier moment. Croyez qu'ils l'ont déjà enterré « trois fois, et que cela me va à l'âme et aux en- « trailles[1]. »

Mais, vers neuf heures, les médecins se montrèrent si alarmés, et pressèrent Quijada avec tant d'instance, qu'il se rendit. Le confesseur Juan Regla apporta l'extrême-onction, que Charles-Quint reçut dans son entière connaissance, sans le moindre trouble et avec une grande dévotion[2]. Quijada, bouleversé par cette funèbre cérémonie, ajoutait, en la racontant, ces tou-

---

[1] Lettre de Quijada à Vasquez, du 19 septembre, dans *Retraite et mort de Charles-Quint*, etc., vol. I, p. 381, 382.

[2] Lettre de Quijada à Philippe II, du 30 septembre. *Ibid.*, p. 409.

chantes paroles : « Jugez dans quel état doit être celui « qui depuis trente-sept ans sert un maître, et qui le « voit ainsi succomber. Qu'il plaise à Dieu de lui don- « ner le ciel, si sa volonté est de le retirer de ce « monde ; mais je persiste à dire qu'il ne mourra « point cette nuit. Que Dieu soit avec lui et avec « nous[1] ! »

Charles-Quint traversa, en effet, la nuit du 19 au 20 septembre, en résistant encore aux angoisses et à l'accablement du mal ; il était presque sans pouls, et jusqu'au matin on lui dit les prières qui préparent à la mort. Rentré depuis cet instant dans la pleine possession de lui-même, il conserva, peut-être par un dernier effort de sa volonté, la raison la plus nette et la sérénité la plus pieuse jusqu'au moment où il expira[2]. S'étant confessé de nouveau, il voulut communier encore une fois ; mais il craignit de n'en avoir pas le temps, s'il attendait que le viatique lui fût administré avec l'hostie que consacrerait Juan Regla en disant la messe dans sa chambre. Il ordonna donc qu'on allât chercher le

---

[1] Addition de la lettre du 19 septembre vers neuf heures du soir. *Retraite et mort de Charles-Quint*, etc., vol I, p. 582.

[2] « Dió el alma á Dios, sin haber perdido la habla ni sentido « hasta el punto que espiró. » (Lettre de Gaztelú à Vasquez, du 21 septembre. *Ibid.*, p. 587.) Quijada dit la même chose dans sa lettre à Vasquez, écrite le 21 septembre à quatre heures du matin, une heure et demie après la mort de l'Empereur. *Ibid.*, p. 585.

saint sacrement au grand autel de l'église. Quijada ne lui croyait pas la force nécessaire à l'accomplissement de cet acte suprême du catholique mourant : « Que Votre Majesté considère, lui dit-il, qu'elle ne pourra pas recevoir et faire passer l'hostie. — Je le pourrai, » répondit simplement et résolûment l'Empereur[1]. Juan Regla, suivi de tous les religieux du monastère, ayant apporté processionnellement le viatique, Charles-Quint le reçut avec la plus grande ferveur, et dit : « Seigneur, Dieu de vérité, qui nous avez rachetés, je remets mon esprit entre vos mains. » Il entendit ensuite la messe, et, lorsque le prêtre prononça les rassurantes paroles de le rédemption chrétienne : *Agneau de Dieu qui enlevez les péchés du monde*, il se frappa avec joie et avec humilité la poitrine de sa main défaillante[2].

Avant d'accomplir ces devoirs religieux, il avait donné encore un moment aux sollicitudes terrestres : vers huit heures il avait fait sortir tout le monde de sa chambre à l'exception de Quijada. Celui-ci tombant alors à genoux pour recueillir ses dernières paroles,

[1] Lettre de Quijada à la princesse doña Juana du 30 sept. *Retraite et mort de Charles-Quint*, etc., vol. I, p. 415, 416.)

[2] Lettre de Quijada à la princesse doña Juana du 30 septembre, et surtout lettre d'un moine qui était présent. (*Carta sobre los últimos momentos del emperador Carlos-Quinto escrita en Yuste á 27 de setiembre de* 1558, dans la *Colleccion de documentos inéditos*, t. VI, p. 667-670.)

Charles-Quint lui dit : « Luis Quijada, je vois que je
« m'affaiblis et que je m'en vais peu à peu ; j'en rends
« grâces à Dieu, puisque c'est sa volonté. Vous direz au
« roi mon fils qu'il prenne soin de tous ceux qui m'ont
« servi jusqu'à la mort... et qu'il défende de recevoir
« des étrangers dans cette maison[1]. » Pendant une
demi-heure il lui parla d'une voix basse et lente, mais
assurée, de son fils naturel don Juan, de sa fille la
reine de Bohême, qu'il aurait voulu savoir plus heureuse auprès de Maximilien, et de tout ce qui restait
encore l'objet de ses affections et de sa sollicitude dans
le monde qu'il allait laisser. Il le chargea de ses suprêmes recommandations pour Philippe II[2]. Cela fait,
il ne songea plus qu'à mourir.

Pendant toute la journée du 20, Juan Regla, Francisco de Villalba et quelques autres religieux du couvent lui récitèrent les prières et lui adressèrent les exhortations que l'Église réserve aux mourants. Il désignait lui-même les psaumes et les oraisons qu'il
désirait entendre[3]. Il se fit lire aussi, dans l'Évangile
de saint Luc, la Passion du Christ, qu'il écouta les

---

[1] Lettres de Quijada à Philippe II du 30 sept., *Retraite et mort de Charles-Quint*, etc., vol. I, p. 410 et 411, et à Vasquez du 26 septembre, p. 406.

[2] Même lettre du 30 septembre, p. 411.

[3] Lettres de Quijada à Vasquez du 21 septembre, *ibid.*, p. 385; à Philippe II du 30 septembre, p. 409.

mains jointes avec un profond recueillement[1]. Il fermait quelquefois les yeux en priant, mais il les ouvrait aussitôt qu'il entendait prononcer le nom de Dieu[2].

L'archevêque de Tolède, dont il avait vivement souhaité la venue, à cause de la mission dont l'avait chargé le roi son fils, arriva enfin au monastère vers midi[3]. Carranza s'était rendu bien tard à Yuste et à fort petites journées. Charles-Quint, dont il avait été le chapelain et le prédicateur, l'avait eu en grande estime, à cause de sa science, de sa piété, de sa vertu : il l'avait envoyé comme son principal théologien à Trente, où l'habile et éloquent dominicain s'était fait une immense réputation parmi les Pères du concile. Voulant récompenser ses services religieux et employer activement son zèle, il l'avait désigné deux fois pour être évêque, sans que Caranza, dans son humilité, consentît à le devenir. Il l'avait placé à côté de son fils en 1554, lorsque Philippe II avait épousé Marie Tudor, et que l'Angleterre avait été ramenée violemment au catholicisme. La part trop ardente que Carranza avait prise à cette restauration de l'ancienne croyance, les talents

[1] Lettre de Quijada à Vasquez, du 21 sept. (*Retraite et mort de Charles Quint*, etc. vol. I, p. 409.)

[2] *Ibid.*, p. 410.

[3] Lettres de Quijada à Philippe II du 21 septembre, *Retraite et mort de Charles-Quint*, etc., vol. I, p. 587; de Gaztelú à Vasquez du 21 septembre, *ibid.*, p. 588; de l'archevêque de Tolède à la princesse doña Juana du 21 sept., p. 590

qu'il avait déployés, les succès qu'il avait obtenus, l'avaient rendu cher à son nouveau maître, dont il était comme le directeur religieux en Angleterre et en Flandre, et qui, à la mort du vieux don Juan Martinez de Siliceo, l'avait, de concert avec le pape, nommé archevêque de Tolède, sans qu'il le désirât et même sans que tout d'abord il y consentît. Primat des Espagnes, pour ainsi dire malgré lui, Carranza encourut la haine jalouse de l'inquisiteur général Valdès et fit naître la défiance dans l'esprit de Charles-Quint[1].

L'Empereur s'étonna de son acceptation; il supposa que son humilité et sa vertu, assez fortes pour résister aux offres d'un évêché ordinaire, avaient fléchi devant le premier siége épiscopal de l'Espagne. A ces impressions défavorables s'étaient ajoutées les accusations plus graves de Valdès, auxquelles devait bientôt succomber le malheureux archevêque. L'inquisiteur général l'avait représenté à l'Empereur comme ayant encouragé par ses leçons les hérétiques espagnols récemment arrêtés à Valladolid et à Séville. Ce qui était vrai, c'est que, sans se séparer en rien de l'Église orthodoxe, à laquelle il restait soumis, Carranza s'était

---

[1] Voir t. V, p. 389 sq. de la *Coleccion de documentos inéditos para la historia de España*; Don Pedro Salazar de Mendoza, *Vida y sucesos prósperos y adversos de D. Fr. Bartolomé de Carranza*; Llorente, *Histoire de l'inquisition d'Espagne*, t. II, c. xviii, et t. III, c. xxxii.

rapproché de la doctrine fondamentale des novateurs, et s'était servi de leur procédé de démonstration en introduisant, dans ses *Commentaires sur le catéchisme chrétien* et dans plusieurs autres ouvrages, le principe de la justification gratuite par la foi dans le Sauveur Jésus-Christ, et en recourant à l'autorité incontestable des livres saints au lieu d'employer uniquement l'autorité traditionnelle de l'Église[1].

Charles-Quint n'était donc pas sans préventions contre lui. Lorsque Quijada l'introduisit dans sa chambre avec les deux dominicains qui l'accompagnaient, don Pedro de Sotomayor et don Diego Ximenez, l'archevêque se mit à genoux auprès du lit de l'Empereur, dont il baisa la main. L'Empereur, qui touchait presque à sa fin, le regarda quelque temps sans rien lui dire, puis, après lui avoir demandé des nouvelles du roi son fils, il l'invita à aller se reposer[2]. Un peu avant la nuit, il recommanda à Quijada de préparer les cierges bénits apportés du célèbre sanctuaire de Notre-Dame de Montserrat, ainsi que le crucifix et l'image de la Vierge que

---

[1] Voir les mêmes ouvrages et Adolfo de Castro, *Historia de los protestantes españoles*, lib. III, p. 191-199.

[2] Déposition du moine hiéronymite Marco de Cardona devant l'inquisition, dans Llorente, c. xviii, art. 2, § 11; récit du moine anonyme, analysé par M. Bakhuizen, c. xxxvi, p. 47, et publié par M. Gachard, vol. II, p. 43, 44, 45; lettre de l'archevêque de Tolède à doña Juana, dans *Retraite et mort de Charles-Quint*, etc., vol. I, p. 390.

l'Impératrice tenait en mourant, et avec lesquels il lui avait déjà dit qu'il voulait mourir aussi[1]. Peu d'instants après, sa faiblesse augmentant, Quijada rappela l'archevêque de Tolède, afin qu'il assistât l'Empereur dans ses derniers moments[2]. L'archevêque l'entretint pieusement de la mort, en présence du confesseur Juan Regla, du prédicateur Francisco de Villalba, du prieur de Yuste fray Francisco de Angulo, de l'ancien prieur de Grenade, du comte d'Oropesa, de son frère don Francisco de Toledo, de son oncle don Diego de Toledo, du grand commandeur d'Alcantara don Luis de Avila y Zuñiga, et de Quijada, qui étaient tous dans la chambre et autour du lit de l'Empereur. Sur la demande de l'auguste agonisant, il lut le *De profundis*, dont il faisait suivre chaque verset d'observations appropriées à la funèbre conjoncture ; puis, tombant à genoux et montrant à l'Empereur le crucifix, il lui dit ces paroles rassurantes, qui lui furent plus tard imputées à crime par l'inquisition : « Voilà Celui qui répond pour tous ; il n'y « a plus de péché, tout est pardonné[3] ! » Plusieurs des

---

[1] Lettres de Quijada à Philippe II du 30 sept., *Retraite et mort de Charles-Quint*, etc., vol. I, p. 409-410, et à Vasquez, du 26 sept., *ibid.*, p. 406.

[2] *Ibid.*, p. 406 et 410.

[3] Déposition du grand commandeur D. Luis de Avila y Zuñiga devant l'inquisition, dans Llorente, c. xviii, art. 2, § 13.

moines qui étaient dans la chambre impériale, et le grand commandeur d'Alcantara, s'étonnèrent de ces paroles, qui semblaient placer dans le Christ seul l'œuvre du salut pleinement acquis à l'homme par le grand rachat de la croix, sans que l'homme dût y concourir par le mérite de sa conduite. Aussi, lorsque l'archevêque eut achevé, don Luis de Avila engagea-t-il fray Francisco de Villalba à parler de son côté à l'Empereur de la mort et du salut, dans la pensée qu'il lui ferait une exhortation plus catholique[1].

Le prédicateur hiéronymite ne chercha point en effet si haut les consolations et les espérances qu'il adressa à Charles-Quint mourant. Il ne les puisa point dans la rédemption générale du Christ, mais dans l'assistance particulière des saints. « Que Votre Majesté se réjouisse, « lui dit-il, c'est aujourd'hui le jour de saint Matthieu. « Votre Majesté est venue au monde avec saint Mat- « thias; elle en sortira avec saint Matthieu. Saint Mat- « thieu et saint Matthias étaient deux apôtres, deux « frères, portant à peu près le même nom, tous les « deux disciples de Jésus-Christ. Avec de pareils inter- « cesseurs on n'a rien à craindre. Que Votre Majesté « tourne son cœur avec confiance vers Dieu, qui aujour- « d'hui la mettra en possession de sa gloire[2]. » Les

---

[1] Même déposition devant l'inquisition.
[2] Dans le manuscrit hiéronymite; c. xxxvi, dans *Retraite et*

deux doctrines qui divisaient le siècle comparaissaient encore une fois devant Charles-Quint sur le point d'expirer. Il les écouta avec une joie sereine, qui se répandait sur son visage affaissé, sans discerner probablement ce qui dans l'une accordait plus à l'action rédemptrice de Dieu, et ce qui dans l'autre exigeait plus de la coopération morale de l'homme. Se confiant tout à la fois dans le sacrifice réparateur du Christ et dans la salutaire intercession des saints, « il montrait, dit l'arche-
« vêque de Tolède, une grande sécurité et une intime
« allégresse, qui frappèrent et consolèrent nous tous
« qui étions présents[1]. »

Vers deux heures du matin, le mercredi 21 septembre, l'Empereur sentit que ses forces étaient épuisées et qu'il allait mourir. Se prenant lui-même le pouls, il remua la tête comme pour dire : « Tout est fini[2]. » Il demanda alors aux religieux de lui réciter les litanies et les prières pour les agonisants et à Quijada d'allumer les cierges bénits. Il se fit donner par l'archevêque le crucifix qui avait servi à l'Impératrice dans le suprême passage de la vie à la mort, le porta à sa

---

mort de Charles-Quint, etc., vol. II, p. 44 et 45, et fray Joseph de Siguenza, part. III, lib. I°, c. xxxix, p. 203.

[1] Lettre de l'archevêque de Tolède à la princesse doña Juana du 21 septembre, dans *Retraite et mort de Charles-Quint.*, etc. vol I, p. 393.

[2] Lettre de Quijada à Vasquez du 21 sept. (*Ibid.*, p. 385.)

bouche et le serra deux fois sur sa poitrine[1]. Puis, ayant le cierge bénit dans la main droite, que soutenait Quijada, tendant la main gauche vers le crucifix, que l'archevêque avait repris et tenait devant lui, il dit : « C'est le moment ! » Peu après il prononça encore le nom de *Jésus*, et il expira en poussant deux ou trois soupirs. « Ainsi finit, écrivit Quijada dans sa dou-
« leur et son admiration, le plus grand homme qui ait
« été et qui sera[2]. »

L'inconsolable majordome ajoutait tristement : *Je ne peux me persuader qu'il soit mort*[3], et à chaque instant il rentrait dans la chambre de l'Empereur son maître, tombait à genoux à côté de son lit, et baisait en pleurant ses mains inanimées[4]. Il écrivit, quelques heures après que Charles-Quint eut cessé de vivre, à la princesse doña Juana : « Notre-Seigneur a retiré à lui
« Sa Majesté ce matin à deux heures et demie avant le
« jour, sans que l'Empereur perdît ni la parole ni le

---

[1] Lttre de Quijada à Vasquez, du 21 sept. et lettre de l'archevêque de Tolède à doña Juana, *Retraite*, etc., vol. I, p. 391 et 392.

[2] « ...Acabó el mas principal hombre que ha havido ni abrá. » Lettres de Quijada à Vasquez du 26 septembre, *Retraite et mort de Charles-Quint*, etc., vol. I, p. 406, et à Philippe II du 30 septembre, *ibid.*, p. 410.

[3] « No puedo acabar conmigo de creer qu'es muerto. » (*Ibid.*, p. 406.)

[4] Ch. xxxix du manuscrit hiéronymite, dans *Retraite et mort de Charles-Quint*, etc., vol. II, p. 49, 50.

« sentiment jusqu'au moment où il trépassa. Bien que
« je sache que Votre Altesse doive le ressentir comme
« une fille qu'il chérissait tant, sa vie et sa fin ont été
« telles, qu'il y a plus à lui porter envie que compas-
« sion[1]. » En transmettant à Philippe II le codicille de
son père, dont il lui communiquait les derniers vœux,
il disait : « J'ai vu mourir la reine de France, qui a
« terminé ses jours très-chrétiennement ; mais l'Empe-
« reur l'a emporté en tout, car je ne l'ai pas vu un
« instant craindre la mort ni faire cas d'elle, bien qu'il
« assurât quelquefois n'être pas sans appréhension à
« son égard[2]. »

Tous ceux qui avaient assisté à ses derniers instants
en étaient profondément émus. L'archevêque de Tolède,
le comte d'Oropesa, le grand commandeur d'Alcantara,
écrivirent à la princesse sa fille pour lui exprimer leur
douleur et lui transmettre de religieuses consolations[3].
« Je ne puis m'en consoler, disait don Luis de Avila,
« ni m'empêcher de sentir cette perte dans l'âme en
« songeant surtout combien il a gardé connaissance de
« moi jusqu'à ce qu'il ait expiré. Mais je tiens pour

---

[1] Lettre de Quijada à la princesse doña Juana. (*Retiro, estan-cia*, etc., fol. 241 v°.)

[2] Lettres de Quijada à Philippe II du 30 septembre, dans *Retraite et mort de Charles-Quint*, etc., vol. I, p. 410.

[3] Leurs lettres sont dans *Retraite et mort de Charles-Quint*, etc., vol. I, p. 389, 396, 397.

« certain qu'il est dans le lieu que nous promettent
« notre foi et notre espérance. » En apprenant son
humble fin, le président du conseil de Castille, Juan de
Vega, qui avait été son vice-roi en Sicile et l'avait vaillamment servi dans plusieurs de ses guerres, écrivait
avec une surprise et une admiration éloquentes :
« L'Empereur est mort dans le monastère de Yuste en
« faisant aussi peu de bruit des grandes armées qu'il
« avait conduites par mer et par terre et avec lesquelles
« il avait tant de fois fait trembler le monde, et en con-
« servant une aussi faible mémoire de ses phalanges
« belliqueuses et de ses étendards déployés; que s'il
« avait passé tous les jours de sa vie dans ce désert.
« Certes nous pouvons juger ce que vaut le monde en
« l'estimant d'après son exemple, puisque nous avons
« vu le plus grand homme qu'il ait produit depuis bien
« des siècles si fatigué et si désenchanté de lui, qu'a-
« vant d'avoir achevé sa vie il n'en put supporter la
« manière d'être ni les peines qu'entraînent avec elles
la gloire et les grandeurs. N'y trouvant rien que d'i-
« nutile et de dangereux pour son salut, il s'est tourné
« vers la miséricorde de Dieu, et il a mis sa confiance
« dans le crucifix qu'il tenait dans les mains, et qu'il
« avait réservé pour cette heure suprême[2]. »

[1] *Retraite et mort de Charles-Quint*, etc., vol. I, p. 396.
[2] Sandoval, *Vida del emperador Carlos V en Yuste*, § 20,
fol. 836 et 837.

Pendant tout le mercredi 21 septembre le corps de l'Empereur, auprès duquel veillaient quatre religieux, resta exposé sur son lit de mort. Il était revêtu de sa robe de nuit. Un taffetas noir couvrait sa poitrine; le crucifix que l'Impératrice et lui avaient tenu en mourant était sur son cœur ; l'image de la Vierge était suspendue au-dessus de sa tête, et son visage pâle et serein respirait le repos[1]. Le lendemain, après s'être bien assuré de sa mort, en appliquant l'oreille sur sa poitrine et en passant un miroir devant sa bouche[2], on le plaça dans un cercueil de plomb, qui fut renfermé lui-même dans un second cercueil de bois de châtaignier, et on le transporta dans la grande chapelle du couvent, toute tendue de noir[3]. Au milieu de la chapelle avait été élevé depuis la veille un catafalque sur lequel se voyaient les images et les insignes de son ancienne grandeur[4]. Les obsèques, que dirigea l'archevêque de Tolède, et auxquelles vinrent assister le clergé de Quacos et les moines des couvents circonvoisins, furent célébrées avec une pompeuse solennité pendant plusieurs jours. Les hiéronymites de Yuste, les dominicains de Sainte-Catherine et les Cordeliers de Jaran-

[1] Manuscrit hiéronymite, c. xxxix, dans *Retraite et mort de Charles-Quint*, etc., vol. II, p. 49 et 50.

[2] *Ibid.*

[3] Sandoval, *Vida del emperador Carlos V en Yuste*, § 17 fol. 834-835.

[4] *Retiro, estancia*, etc., fol. 245 v°.

dilla chantèrent tour à tour les offices de l'Église, et le Père Francisco de Villalba prononça l'oraison funèbre de l'Empereur avec tant d'émotion et d'éloquence, qu'il remua vivement[1] tous ceux qui l'entendirent et s'acquit une renommée si éclatante, que Philippe II le choisit pour son principal prédicateur. Les serviteurs de Charles-Quint, en deuil, et les grands personnages qui avaient été témoins de sa fin, suivirent les funèbres cérémonies dans un recueillement profond. Au milieu d'eux était Quijada la tête voilée, ayant à côté de lui le jeune et attristé don Juan. Le rigide majordome exigea jusqu'au bout l'observation la plus stricte de l'étiquette impériale devant les restes vénérés de son maître. Apercevant un siége qui avait été placé dans le chœur de l'église pour l'un des principaux assistants que ses infirmités et sa faiblesse empêchaient de demeurer longtemps debout, il le fit enlever par un page, en disant qu'il ne permettrait pas qu'on s'assît en présence de l'Empereur, auquel on devait le même respect mort que vivant[2].

Avant que se terminassent les offices solennellement célébrés durant trois jours, et continués ensuite avec un peu moins de pompe jusqu'au neuvième jour, le corps de Charles-Quint fut, comme il l'avait prescrit,

---

[1] Manuscrit hiéronymite, c. XLIII, dans *Retraite et mort de Charles-Quint*, etc., vol. II, p. 54 et 55.
[2] *Ibid.*

déposé sous le maître-autel. Le vendredi 23 septembre son codicille fut ouvert devant le corrégidor de Plasencia, don Zapata Osorio, qui était venu à Yuste avec tous ses officiers, et qui, en vertu de sa juridiction, entendit présider à l'accomplissement de cette dernière volonté de Charles-Quint. En sa présence et par ses ordres, auxquels il fallut cette fois obéir, le dessus du cercueil fut soulevé, la face de l'Empereur fut découverte, et après qu'elle eut été reconnue par Luis Quijada et Juan Regla, comme exécuteurs testamentaires; par Henri Mathys, Charles Prévost, Ogier Bodard, comme témoins; par fray Martin de Angulo, fray Lorenzo del Lozar, fray Hernando del Coral, comme représentants de tout le monastère; Gaztelú, en qualité de notaire public, dressa l'acte de l'ensevelissement du corps dans la cavité de l'autel et de son dépôt sous la garde des moines[1]. Selon le vœu que Charles-Quint en avait exprimé, on dit chaque jour pour le repos de son âme un grand nombre de messes[2], parmi lesquelles ne furent jamais oubliées celles qui avaient été l'objet de sa dévotion particulière. Les moines de Yuste, qui avaient été les compagnons de sa solitude, furent les gardiens de son tombeau.

[1] Acte du dépôt, du 23 septembre, dans *Retraite et mort de Charles-Quint*, etc., vol. I, p. 398-401.

[2] On en dit longtemps quinze par jour. Lettre de Quijada du 16 octobre. (*Ibid.*, p. 429.)

Tous ceux que le séjour ou la mort de l'Empereur avaient amenés à Yuste en partirent successivement. Le samedi 25 septembre, le lendemain des obsèques, l'archevêque de Tolède quitta le premier le monastère[1]; d'où s'éloignèrent ensuite les serviteurs de Charles-Quint, après avoir reçu, du 5 au 10 octobre, le payement de leurs legs, de leurs gages et de leurs pensions[2]. Les moines hiéronymites qui avaient été appelés de divers points de l'Espagne pour la musique de sa chapelle ou les besoins de sa piété rentrèrent aussi dans leurs couvents, avec les récompenses destinées à chacun d'eux[3]. Le grand commandeur don Luis de Avila s'était déjà retiré à Plasencia, le deuil dans l'âme[4], et doña Magdalena de Ulloa, suivie de don Juan, avant de retourner au château de Villagarcia, s'était rendue en pèlerinage à Notre-Dame de Guadalupe pour y déposer ses prières aux pieds de la Vierge[5] devant laquelle s'était si souvent incliné Charles-

---

[1] Lettre de l'archevêque de Tolède à Vasquez, écrite de Vilafranca de la Puente, le 28 septembre. (*Retiro, estancia,* etc., fol. 250 v°.)

[2] Lettres de Quijada à doña Juana et à Vasquez du 10 oct. (*Retraite et mort de Charles-Quint*, etc., vol. I, p. 428-431 et suiv.)

[3] Rémunérations accordées aux hiéronymites, 15 octobre. (*Ibid.*, p. 424-427.)

[4] Lettre de Quijada du 26 septembre. (*Ibid.*, p. 407.)

[5] *Ibid.*, p. 407, et *Retiro, estancia,* etc., fol. 262 r°.

Quint, et dont l'image devait être arborée, treize années plus tard, par don Juan, sur la grande flotte chrétienne victorieuse à Lépante. Quijada et Gaztelú restèrent les derniers à Yuste, où ils dressèrent, jusqu'au commencement du mois de novembre, l'inventaire de tout ce qui avait appartenu à l'Empereur. Conformément à ses dernières volontés, les grandes provisions en blé, en avoine, en vin, etc., furent laissées au couvent, ainsi que le tableau du Jugement dernier du Titien élevé au-dessus du maître-autel, un dais de velours noir dressé dans le chœur, les tentures de deuil de l'appartement impérial, où pendant longtemps on ne reçut personne, et de l'église, où l'on ne cessa pas de prier pour lui. Quijada hérita du vieux cheval qui avait servi le dernier à Charles-Quint. Tous les autres objets dont il avait fait usage furent transportés sur des mules à Valladolid, et la princesse doña Juana les conserva pieusement[1] comme les précieuses reliques d'un père et du plus grand souverain de sa race.

En disparaissant, Charles-Quint laissa un vide immense et de profondes afflictions. « J'ai ressenti la « mort de l'Empereur mon seigneur, écrivit Philippe II,

---

[1] Lettre de Quijada à J. Vasquez du 16 octobre. *Retraite et mort de Charles-Quint*, etc., vol. I, p. 431 et suiv.; Codicille de l'empereur Charles-Quint, dans Sandoval, à la fin du t. II. *Retiro, estancia*, etc., fol. 261 v°.

« au point que je ne saurais le dire, et cela avec d'au-
« tant plus de raison que, outre le véritable amour que
« je portais à Sa Majesté comme à un père à qui je de-
« vais tant, sa seule autorité et l'ombre seule de sa
« personne étaient très-utiles et très-profitables à mes
« affaires[1]. » Mais la douleur de la reine de Hongrie
fut encore plus vive. Sa maladie de cœur en fut ag-
gravée, et elle en éprouva coup sur coup deux accès si
violents, qu'on la crut morte[2]. Voulant se rendre au désir
de l'Empereur son frère, elle s'était décidée à partir
pour les Pays-Bas. Mais, en l'annonçant à Philippe II,
elle lui disait : « Depuis la mort de Sa Majesté, mes
« indispositions se sont accrues de telle manière, que,
« avec quelques paroxysmes semblables à ceux que j'ai
« eus dans ces huit derniers jours, je pourrais bien être
« quitte de ce voyage[3]. » Elle ne se trompait pas : à la
suite d'un nouvel accès, elle succomba dans la nuit du
18 octobre et alla rejoindre le frère qu'elle avait perdu
vingt-sept jours auparavant[4].

---

[1] Lettre de Philippe II à la princesse doña Juana du 4 décembre 1558. (*Retraite et mort de Charles-Quint*, etc., vol. I,
p. 447.)

[2] Lettre de l'évêque de Palencia à Philippe II du 20 oct. 1558.
(*Ibid.*, p. 436.)

[3] Lettre de la reine de Hongrie à Philippe II du 8 octobre.
(*Ibid.*, p. 418.)

[4] Lettre de l'évêque de Palencia à Philippe II du 2 octobre.
(*Ibid.*, p. 436, 437.)

La mort de Charles-Quint appela encore un moment sur lui l'attention universelle du monde, qui s'en était détournée depuis deux années. On se rappela jusqu'où il avait porté la grandeur et le sacrifice de la puissance, et l'on célébra, avec tous les prodiges politiques de son règne, la merveille chrétienne de son abdication. Le deuil éclata dans les nombreux pays soumis à la maison d'Autriche. Toutes les églises retentirent de chants pieux et d'oraisons funèbres. A Valladolid, le Père François de Borja retraça, en présence de la régente doña Juana, du prince don Carlos et de toute la cour d'Espagne, cette grande vie terminée dans la retraite, et il appliqua au puissant Empereur qui avait déposé toutes ses couronnes pour se préparer en chrétien à l'éternité, ces paroles du roi prophète, si bien faites pour lui : *Ecce elongavi fugiens et mansi in solitudine.* Je me suis éloigné en fuyant et j'ai demeuré dans la solitude[1]. — L'archevêque Bartolomé de Carranza à Tolède, l'empereur Ferdinand à Vienne, la reine Catherine à Lisbonne, les Espagnols à Rome[2], et surtout le roi Philippe II à Bruxelles, rendirent à la mémoire de Charles-Quint des honneurs dont rien n'égala la magnificence. Après ce grand et

[1] Ribadeneyra, lib. II, c. xviii, p. 386.
[2] Sandoval raconte en détail les honneurs funèbres rendus à Charles-Quint à Valladolid, à Bruxelles et à Rome, vol. II, fol. 856-856.

dernier bruit, le silence se fit dans le siècle autour de
son nom transmis à l'histoire, comme la solitude s'était faite dans les montagnes de l'Estrémadure autour
de sa tombe.

Au mois de décembre, Luis Quijada, retenu le dernier à Quacos, quitta à son tour ces lieux, où il était
resté deux ans dans la glorieuse et attachante compagnie de son maître. Consacré par le souvenir impérissable de ce séjour, le monastère de Yuste vit arriver,
l'année suivante, le duc d'Albe et le cardinal Pacheco,
qui durant trois jours assistèrent constamment debout
aux offices chantés pour l'Empereur, et parcoururent,
la tête respectueusement découverte, les appartements
qu'il avait habités [1]. Philippe II, qui préparait à Charles-Quint, dans une des vallées méridionales de la sierra
de Guadarrama, un tombeau digne de lui, vint,
en 1570, visiter la résidence où il avait passé les derniers temps de sa vie, et s'agenouiller au pied de l'autel où il reposait encore. Pendant les deux nuits qu'il
passa au monastère, il ne voulut point, par respect,
coucher dans la chambre de son père, et il dormit près
de là dans un étroit réduit. Les restes de l'Empereur
furent laissés pendant quatre années encore dans l'église de Yuste. Mais lorsque, en 1574, l'Escurial fut

---

[1] Manuscrit hiéronymite, c. XLIII, dans *Retraite et mort de
Charles-Quint*, etc., vol II, p. 54 et 55.

assez avancé pour les recevoir, Philippe II les fit transporter dans ce majestueux et sévère monument, palais et monastère tout ensemble, qui devint le sépulcre vénéré du père, la résidence préférée du fils, et où Philippe II devait, comme Charles-Quint, finir ses jours au milieu des hiéronymites[1].

L'Empereur ne fut pas porté seul sous les voûtes de l'édifice gigantesque dédié au martyr saint Laurent en souvenir de la victoire de Saint-Quentin, gagnée le 10 août, jour de sa fête. Philippe II voulut l'y entourer de ceux qu'il avait le plus aimés. La même année, les cercueils de Charles-Quint, de sa mère Jeanne la Folle, de sa femme Isabelle de Portugal, de ses enfants don Ferdinand et don Juan, de sa bru doña Maria, de ses sœurs, la reine Éléonore, qui l'avait précédé de huit mois dans la tombe, et la reine Marie, qui l'y suivit de si près, partis de Yuste, de Grenade, de Mérida, de Cigales, furent conduits processionnellement à l'Escurial[2].

En ce moment le fidèle Luis Quijada n'était plus. Il

---

[1] Voir tout le troisième livre du t. III de l'ordre de Saint-Jérôme, par Siguenza, et notamment les *discursos* xx, xxi, xxii, fol. 668-690.

[2] *Ibid.*, *discurso* vii, fol. 566-571; *Memorias de fray Juan de San Gerónimo*, dans la *Coleccion de documentos inéditos*, etc., t. VII, p. 90-118; et c. xlvii, xlviii et xlix du manuscrit hiéronymite, dans *Retraite et mort de Charles-Quint*, etc., vol. II, p. 57 à 65.

avait été tué quatre années auparavant[1] d'un coup d'arquebuse en combattant les Morisques révoltés dans les montagnes des Alpujaras, où il avait accompagné l'héroïque pupille que lui avait laissé Charles-Quint et auquel Philippe II, qui l'avait reconnu pour son frère en 1559, avait donné, en 1569, le commandement des troupes espagnoles et permis ainsi la gloire à défaut de la puissance. Mais Gaztelú, devenu secrétaire de Philippe II, vivait encore : ce fut lui qui alla chercher dans l'Estrémadure le cercueil de son maître, qu'il accompagna, à travers les populations prosternées, jusqu'au seuil de l'Escurial. Charles-Quint avait laissé au roi son fils le choix de sa dernière demeure, « pourvu, avait-il « dit, que le corps de l'Impératrice et le mien soient « près l'un de l'autre, comme nous nous le sommes « promis de notre vivant. » Ce vœu fut alors rempli ; et cinq années après son fils don Juan d'Autriche, le glorieux héritier de sa valeur dans les batailles, le victorieux continuateur de ses desseins dans la Méditerranée, vint à son tour prendre place à côté de lui.

[1] Il était mort le 25 février 1570. Philippe II avait reconnu et récompensé magnifiquement les longs et grands services qu'il avait rendus à l'Empereur son père. Il l'avait nommé commandeur del Viso et Santa Cruz, de Argamasilla et del Moral, administrateur général de l'ordre de Calatrava, conseiller d'État et de guerre, président du conseil royal des Indes, gouverneur de don Juan d'Autriche et grand écuyer du prince don Carlos.

En terminant l'histoire longtemps inconnue ou défigurée des deux dernières années de Charles-Quint, j'ai peut-être à craindre de lui avoir donné trop d'étendue. Mais rien de ce qui touche à un grand homme n'est indifférent. On aime encore à savoir ce qu'il a pensé lorsqu'il a cessé d'agir, et comment il a vécu quand il n'a plus régné. D'ailleurs les détails intérieurs de son existence privée servent à expliquer la fin, sans cela singulière, de son existence politique; les infirmités multipliées de sa personne, les intempérances insurmontables de ses appétits, les lassitudes anciennes de son âme, les ardeurs croissantes de sa foi, l'ont conduit du trône dans la solitude, et rapidement de la solitude au tombeau.

Charles-Quint a été le souverain le plus puissant et le plus grand du seizième siècle. Issu des quatre maisons d'Aragon, de Castille, d'Autriche, de Bourgogne, il en a représenté les qualités variées et, à plusieurs égards, contraires, comme il en a possédé les divers et vastes États. L'esprit toujours politique et souvent astucieux de son grand-père Ferdinand le Catholique; la noble élévation de son aïeule Isabelle de Castille, à laquelle s'était mêlée la mélancolique tristesse de Jeanne la Folle sa mère; la valeur chevaleresque et entreprenante de son bisaïeul Charles le Téméraire, auquel il ressemblait de visage; l'ambition industrieuse, le goût des beaux-arts, le talent pour les sciences mécaniques de son aïeul l'empereur Maximilien, lui avaient été transmis avec l'héritage de leur domination et de leurs desseins. L'homme n'avait pas fléchi sous la charge du souverain. Les grandeurs et les félicités que le hasard de nombreuses successions et la prévoyance de plusieurs princes avaient accumulées sur lui, il les porta à leur comble. Pendant longtemps ses qualités si différentes et si fortes lui permirent de suffire non sans succès à la diversité de ses rôles et à la multiplicité de ses entreprises. Toutefois la tâche était trop immense pour un seul homme.

Roi d'Aragon, il lui fallait maintenir en Italie l'œuvre de ses prédécesseurs, qui lui avaient laissé la Sardaigne, la Sicile, le royaume de Naples, et y accomplir la sienne en se rendant maître du duché de Milan, afin d'enlever le haut de cette péninsule au rival puissant qui aurait pu le déposséder du bas. Roi de Castille, il avait à poursuivre la conquête et à opérer la colonisation de l'Amérique. Souverain des Pays-Bas, il devait préserver les possessions de la maison de Bourgogne des atteintes de la maison de France. Empereur d'Allemagne, il avait, comme chef politique, à la protéger contre les invasions des Turcs, parvenus alors au plus haut degré de leur force et de leur ambition ; comme chef catholique, à y empêcher les progrès et le triomphe des doctrines protestantes. Il l'entreprit successivement. Aidé de grands capitaines et d'hommes d'État habiles, qu'il sut choisir avec art, employer avec discernement, il dirigea d'une manière supérieure et persévérante une politique toujours compliquée, des guerres sans cesse renaissantes. On le vit à plusieurs reprises se transporter dans tous les pays, faire face à tous ses adversaires, conclure lui-même toutes ses affaires, conduire en personne la plupart de ses expéditions. Il n'évita aucune des obligations que lui imposaient sa grandeur et sa croyance. Mais, sans cesse détourné de la poursuite d'un dessein par la nécessité d'en reprendre un autre, il ne put pas toujours commencer assez vite pour réussir ni persister assez longtemps pour achever.

Il parvint toutefois à réaliser quelques-unes de ses entreprises. Ayant à s'étendre en Italie, à garder une partie de ce beau pays disputé, et à constituer l'autre dans ses intérêts, il y réussit, malgré François I*er* et Henri II, au prix de trente-quatre ans d'efforts, de cinq longues guerres, dans lesquelles, presque toujours victorieux, il fit un roi de France et un pape prisonniers. Il parvint aussi non-seulement à préserver les Pays-Bas, mais à les accroître : au nord, du duché de Gueldre, de l'évêché d'Utrecht, du comté de Zutphen, au sud, de l'archevêché de Cambrai ; il les dégagea en même temps de la suzeraineté de la France sur la Flandre et sur l'Artois. Mais comment empêcher la Hongrie d'être envahie par les Turcs, les côtes de l'Espagne, les îles de la Méditerranée, le littoral de l'Italie d'être ravagés par les Barbaresques? Il le tenta cependant. Lui-même repoussa le formidable Soliman II de Vienne en 1532; enleva la Goulette et Tunis à l'intrépide dévastateur Barberousse en 1535, voulut en 1541 se rendre maître d'Alger, d'où le repoussa la tempête. Il aurait complété sur terre et sur mer cette défense des pays chrétiens, et aurait devancé dans le protectorat de la Méditerranée son fils immortel, l'héroïque vainqueur de Lépante, s'il n'avait pas été constamment réduit à se tourner vers d'autres desseins par d'autres dangers. Quant au projet de ramener l'Allemagne à la vieille croyance catholique, il dut être impuissant parce qu'il fut tardif. Charles-Quint, obligé de souffrir le protestantisme lorsqu'il était encore faible, l'attaqua lorsqu'il était devenu trop fort pour être, je ne dirai pas détruit, mais contenu. Durant trente années, l'arbre de la nouvelle croyance avait poussé de profondes racines sous le sol de toute l'Allemagne, qu'il couvrait alors de ses impénétrables rameaux. Comment l'abattre et le déraciner? Le catholique espagnol, le dominateur italien, le chef couronné du saint-empire romain, auquel l'ardeur religieuse de sa foi comme l'entraînement politique de son rôle interdisaient d'admettre le protestantisme, qu'il n'avait jamais que temporairement toléré, crut en 1546 pouvoir le dompter par les armes et le convertir par le concile. Après avoir affermi ses établissements en Italie, renouvelé ses victoires en France, étendu ses conquêtes en Afrique, il marcha en Allemagne. Dans deux campagnes il triompha des troupes protestantes; mais, après avoir désarmé les bras, il ne put soumettre les consciences. Son triomphe religieux et militaire sur l'Allemagne protestante et libre, qui n'entendait être ni convertie ni opprimée, fut le signal d'un irrésistible soulèvement de l'Elbe au Danube, et ranima toutes les vieilles inimitiés contre Charles-Quint dans le reste de l'Europe, où tout ce qui paraissait décidé en sa faveur se trouva remis en question. Il fit encore face à la fortune; mais il était au bout de ses forces, de sa félicité, de sa vie. Accablé de maladies, surpris par ce grand et inévitable revers de son dernier dessein, hors d'état d'entreprendre, à peine capable de résister, ne pouvant plus diriger et accroître cette vaste domination, dont la charge devait être divisée après lui, n'entendant pas composer avec l'hérésie victorieuse en Allemagne, trouvant à agrandir son fils en Angleterre, ayant soutenu une lutte et fait une trêve sans désavantage avec la France, il réalisa le projet d'abdication qu'il avait médité depuis tant d'années, et que lui rendaient nécessaire les maladies de l'homme, les fatigues du souverain, les sentiments du chrétien.

La retraite ne le changea point; le profond politique se montra toujours dans le pieux solitaire, et l'habitude du commandement survécut chez lui à sa renonciation. S'il devint désintéressé pour lui-même, il demeura ambitieux pour son fils. Se prononçant du fond de son monastère en 1557 contre Paul IV, comme il l'avait fait en 1527 du haut de son trône contre Clément VII; conseillant à Philippe II de poursuivre Henri II avec la même vigueur qu'il avait mise à poursuivre dans son temps François Ier; songeant sans cesse à garantir les pays chrétiens des dévastations des Turcs, qu'il avait autrefois repoussés de l'Allemagne et vaincus en Afrique; défendant les doctrines catholiques des atteintes protestantes, sinon avec plus de conviction, du moins avec plus d'ardeur, parce qu'il n'avait point alors à agir, mais simplement à croire, et que, si la conduite est souvent obligée d'être accommodante, la pensée peut toujours être inflexible; arbitre consulté et chef obéi de la famille, dont les tendres respects et les invariables soumissions se tournaient incessamment vers lui : on peut dire qu'il ne fut pas autre dans le couvent que sur le trône. Espagnol intraitable par la croyance, ferme politique par le jugement, toujours égal en des situations diverses, s'il a terminé sa vie dans l'humble dévotion du chrétien, il a pensé jusqu'au bout avec la persévérante hauteur du grand homme.

FIN.

TABLE DES CHAPITRES

CHAPITRE PREMIER

CHARLES-QUINT AVANT SON ABDICATION.

Premières pensées d'abdication chez Charles-Quint. — Nécessités qui le détournent longtemps de les réaliser. — Gouvernement de ses États; étendue de ses entreprises. — Établissement qu'il forme en Italie; expéditions qu'il fait en Afrique; résistance qu'il oppose aux conquêtes des Turcs en Hongrie; guerres qu'il poursuit contre la France; démêlés religieux qu'il soutient avec les protestants d'Allemagne.— Difficultés pour un seul homme de remplir une tâche si vaste et si compliquée. — Complexion physique de Charles-Quint; son caractère; son esprit; ses sentiments; ses habitudes; ses infirmités. — Moment où, après avoir réussi dans ses divers desseins, il croit pouvoir exécuter le dernier et le plus périlleux de tous, en soumettant l'Allemagne à son autorité et en la ramenant au catholicisme. — Ses campagnes et ses victoires sur le Danube et sur l'Elbe. — Soumission momentanée de l'Allemagne. - Voyage du prince d'Espagne, que Charles-Quint prépare à lui succéder et auquel il veut ménager la possession même de la couronne impériale. — Accord à cet égard entre les deux branches de la maison d'Autriche. — Renversement de ce projet et de la domination de Charles-Quint dans l'Empire par l'attaque combinée des princes protestants qui se soulèvent en Allemagne et du roi de France qui envahit la Lorraine. — Situation dangereuse de Charles-Quint; sa fuite d'Inspruck.—Négociations de Passau; rétablissement de l'indépendance politique et religieuse des États germaniques. — Échec de Charles-Quint devant Metz. — Dispositions morales et infirmités physiques qui le décident à renoncer au pouvoir et à se retirer du monde. — Ses rapports avec les moines, et parmi les moines ses préférences pour les hiéronymites. — Religieux de Saint-Jérome en Espagne ; leur règle; leur savoir; leurs établissements. — Monastère de Yuste dans l'Estrémadure. — Ordre secret que donne Charles-Quint de construire à côté de ce monastère la résidence où, après avoir renoncé à ses couronnes, il doit passer ses derniers jours. 1

CHAPITRE II

L'ABDICATION.

Causes qui font ajourner la retraite de Charles-Quint. — Campagne de 1553 et de 1554 contre la France. — Mariage du prince d'Espagne, créé roi de Naples et duc de Milan, avec la reine Marie d'Angleterre. — Son départ de Valladolid; sa visite au monastère de Yuste pour y presser la construction de la résidence destinée à l'Empereur son père; son embarquement à la Corogne; son arrivée en Angleterre, où il épouse la reine Marie. — Dangers auxquels est exposée la domination espagnole en Italie, par l'avénement du pape Paul IV, ennemi ardent de l'Empereur, qui s'allie avec Henri II pour le déposséder du royaume de Naples et du duché de Milan. — Négociations de paix avec la France. — Abdication solennelle de la souveraineté des Pays-Bas. — Discours de Charles-Quint qui retrace les principaux événements de sa vie et fait connaître les causes qui le décident à déposer la puissance. — Abdications successives des royaumes de Castille, de Léon, de Grenade, d'Aragon, de Sardaigne, de Sicile. — Lettre noble et touchante écrite par Charles-Quint à André Doria sur la renonciation à ses couronnes et son prochain départ pour le monastère. — Trêve de cinq ans conclue à Vaucelles entre la France et l'Espagne. — Serment que les ambassadeurs de Henri II viennent demander à Philippe touchant l'observation de la trêve. — Leur visite à Charles-Quint dans la petite maison du Parc de Bruxelles où il s'était retiré. — Curieux entretien. — Nécessité où Charles-Quint se trouve réduit de conserver encore la couronne de l'Empire, qu'il ne déposa que plus tard. — Ses apprêts de voyage pour l'Espagne. — Maison qu'il conduit à Yuste : le majordome Quijada, le secrétaire Gaztelú, l'*ayuda de cámara* van Male, le médecin

Mathys, le mécanicien Juanello, etc. — Embarquement en Zélande. — Jugement que porte sur lui un ambassadeur vénitien après son abdication 67

CHAPITRE III

DÉPART POUR L'ESPAGNE. — ENTRÉE AU COUVENT.

Départ de Charles-Quint. — Sa traversée de la Zélande en Espagne. — Son débarquement à Laredo. — Préparatifs ordonnés par Philippe II et par la princesse doña Juana pour le recevoir; ils sont mal exécutés. — Mécontentement de l'Empereur. — Son voyage à travers la Vieille-Castille. — Son entrée à Burgos. — Négociation au sujet de la Navarre, en échange de laquelle Antoine de Bourbon fait demander par son envoyé Escurra le duché de Milan érigé en royaume de Lombardie. — Entretien de Charles-Quint avec son petit-fils don Carlos, qui va à sa rencontre jusqu'à Cabezon; caractère de ce jeune prince, jugement que l'Empereur porte sur lui. — Arrivée et séjour à Valladolid. — Départ de Charles-Quint pour l'Estrémadure. — Passage du *Puerto Nuevo* à la Vera de Plasencia par les montagnes de Tornavacas; paroles que prononce l'Empereur au sommet de la brèche. — Établissement de Charles-Quint durant trois mois au château de Jarandilla; visites qu'il y reçoit; provisions et présents qui lui sont envoyés de toutes parts. — Entretien de l'Empereur avec le Père François de Borja. — Négociation avec la cour de Portugal au sujet de la venue en Espagne de l'infante doña Maria, fille de la reine Éléonore; regret que Charles-Quint exprime à l'ambassadeur Lourenço Pires de Tavora de n'avoir pas accompli ses anciens projets de retraite après ses victoires en Allemagne. — Reprise des pourparlers sur l'échange de la Navarre avec Escurra. — Guerre en Italie; rupture de la trêve de Vaucelles par la France. — Succès militaires du duc d'Albe dans les États pontificaux; suspension d'armes qu'il accorde à Paul IV; mécontentement qu'en montre l'Empereur; habiles et prévoyants conseils qu'il donne. — Attaque de goutte. — Rétablissement de Charles-Quint, qui se sépare d'une partie de sa suite et monté avec le reste au monastère de Yuste. — Son entrée au couvent, réception que lui font les moines 130

CHAPITRE IV

INSTALLATION ET VIE A YUSTE.

Palais de Charles-Quint à Yuste : sa distribution intérieure; ses communications avec le monastère; ses terrasses; son jardin. — Ameublement de l'Empereur; son argenterie; ses tableaux; ses cartes; ses instruments de mathématiques; ses livres; ses mémoires. — Nombre et offices de ses serviteurs; logements qu'ils occupent, ou dans le cloître du monastère, ou dans le village voisin de Quacos. — Vie de Charles-Quint à Yuste; distribution de sa journée. — Ses relations avec les moines; son confesseur Juan Regla; ses trois prédicateurs; son lecteur, ses chantres. — Satisfaction qu'il éprouve dans la solitude et le repos du cloître. — Célébration à Yuste du 24 février, anniversaire de sa naissance, de son couronnement et de la victoire de Pavie. — Somme de vingt mille ducats d'or qu'il fixe pour son entretien. — Retour de Lourenço Pires de Tavora à Yuste, et reprise de la négociation à la suite de laquelle Charles-Quint obtient de Jean III la venue de l'infante doña Maria en Espagne. 199

CHAPITRE V

ÉVÉNEMENTS ET VISITES.

Regrets faussement attribués à Charles-Quint d'avoir abdiqué. — Guerre en Italie et sur la frontière des Pays-Bas. — Embarras et périls de Philippe II. — Mission qu'il donne à son favori Ruy Gomez de Silva d'aller à Yuste supplier l'Empereur de lui venir en aide en sortant du monastère et de conserver la couronne de l'Empire. — Refus de Charles-Quint, qui accorde néanmoins à son fils le secours de ses conseils et de son influence. — Levées de troupes et d'argent. — Sommes arrivées d'Amérique à la *Casa de contratacion* à Séville; leur détournement. — Colère de Charles-Quint: lettre qu'il écrit; mesures qu'il ordonne. — Efficacité de son intervention dans l'emprunt imposé par Philippe II aux prélats et aux grands d'Espagne; vivacité de sa correspondance avec l'archevêque de Séville, qui se refusait et qu'il contraint à y prendre part. - Envoi des sommes nécessaires a la guerre d'Italie et à la guerre de France. — Invasion du royaume de Naples par le duc de Guise, qui échoue devant Civitella, et que le duc d'Albe oblige à rentrer dans les États pontificaux. — Campagne de Picardie. — Siége et bataille de Saint-Quentin. — Lettre de Philippe II à l'Empereur son père sur la victoire gagnée par les Espagnols. — Joie que Charles-Quint en éprouve et regret qu'il ressent de ce que son fils n'a pas paru sur le champ de bataille. — Espérance qu'il a de la marche de l'armée espagnole victorieuse sur Paris. — État de l'Empereur à Yuste. — Son dîner au réfectoire du couvent. — Visites : l'amiral d'Aragon don Sancho de Cardona ; le président du conseil de Castille don Juan de Vega ; l'historien Sepulveda ; le grand commandeur don Luis de Avila. — Respect de Charles-Quint pour la vérité de l'histoire. — Reprise de la négociation de Navarre. — Mort de Jean III. — Minorité du roi dom Sébastien, petit-fils de Charles-Quint, qui intervient entre sa sœur la reine Catherine, investie de l'administration du royaume, et sa fille la princesse doña Juana, aspirant à la tutelle du jeune roi. — Arrivée en Estrémadure des reines Éléonore de France et Marie de Hongrie, qui viennent attendre l'infante de Portugal auprès de l'Empereur. — Leur visite à Yuste. — Joie et occupations de Charles-Quint. 245

CHAPITRE VI

GUERRES D'ITALIE ET DE FRANCE. — SENTIMENTS DE CHARLES-QUINT.

État de Charles-Quint dans l'hiver de 1557 à 1558. — Affaires d'Italie ; succès militaires du duc d'Albe ; départ du duc de Guise pour la France, où le rappelle Henri II ; paix des Espagnols avec le pape. — Mécontentement de Charles-Quint en apprenant les conditions de cette paix, qu'il trouve humiliante. — Venue prochaine à Badajoz de l'infante doña Maria ; départ des reines de France et de Hongrie, qui vont à sa rencontre après avoir pris congé de l'Empereur. — Arrivée à Yuste du Père François de Borja, que l'Empereur avait chargé d'une mission secrète de la plus grande importance à Lisbonne. — Leur entretien. — Conflit de juridiction entre le juge de Quacos et le corrégidor de Plasencia don Zapata Osorio, qui fait incarcérer l'alguazil de l'Empereur, et que l'Empereur fait suspendre de ses fonctions. — Vol commis dans les coffres de Charles-Quint à Yuste ; refus de mettre à la torture ceux qu'on soupçonnait d'en être les auteurs. — Vues de l'Empereur sur la campagne de France; ses conseils. — Siége et prise de Calais par le duc de Guise. — Chagrin profond que cette nouvelle, apportée à Yuste, cause à l'Empereur. — Ses accès de goutte. — Envoi d'argent à Philippe II. — Anniversaire de l'entrée de Charles-Quint au couvent; simulacre de profession monastique. — Visiteurs généraux de l'ordre de Saint-Jérôme à Yuste; conversation et rapports de Charles-Quint avec eux. — Entrevue de l'infante doña Maria avec la reine Éléonore à Badajoz; leur séparation. — Maladie de la reine Éléonore; sa mort. — Affliction touchante de Charles-Quint; ses tristes et prophétiques paroles à cette occasion. — Retour à Yuste de la reine de Hongrie, que Charles-Quint établit cette fois dans la résidence impériale. — Projet conçu par l'Empereur de rendre l'habileté de la reine de Hongrie utile à son fils en l'associant au gouvernement de l'Espagne. — Refus de la princesse doña Juana, qui aspire toujours de son côté à la possession de l'autorité en Portugal. — Diète électorale de Francfort; la renonciation de Charles-Quint à l'Empire y est acceptée le 28 février, et la couronne impériale y est décernée à Ferdinand le 12 mars 1558. — Paroles que prononce Charles-Quint et ordres qu'il donne en apprenant *qu'il n'est plus rien*. 298

CHAPITRE VII

PROTESTANTISME EN ESPAGNE. — DON JUAN D'AUTRICHE.

Découvertes de deux foyers de protestantisme à Valladolid et à Séville. — Doctrines luthériennes répandues dans la Vieille-Castille et dans l'Andalousie par Augustin Cazalla et Constantin Ponce de la Fuente, qui avaient suivi Charles-Quint en Allemagne comme chapelains et prédicateurs. — Nombre et qualité de leurs adhérents. — Indignation et trouble de Charles-Quint à l'annonce de cette découverte. — Ses lettres à la princesse doña Juana et à Philippe II. — Ses invitations à l'inquisiteur général Valdès. — Procès de Cazalla, de Constantin Ponce de la Fuente et de leurs adhérents dont Charles-Quint presse la conclusion. *Auto-da-fé* de Valladolid et de Séville. — Établissement au village de Quacos et de doña Magdalena de Ulloa, et de don Juan d'Autriche, fils naturel de Charles-Quint. — Déclaration secrète de Charles-Quint au sujet de la naissance de don Juan; ses dispositions pour lui. — Éducation de don Juan, son séjour à Quacos, ses visites à Yuste. — Désir qu'exprime la princesse régente d'aller baiser les mains de son père au couvent, et de laisser auprès de lui le prince d'Espagne don Carlos, afin de le placer sous sa direction. — Préoccupations que donnent à Charles-Quint la marche du duc de Guise vers les Pays-Bas et l'apparition de la flotte turque dans la Méditerranée. — Conseils qu'il fait entendre; précautions qu'il prescrit. — Prise de Thionville et d'Arlon par le duc de Guise; invasion de la Flandre maritime par le maréchal de Thermes; ravage de Minorque par les Turcs. — Bataille de Gravelines; défaite du maréchal de Thermes par le comte d'Egmont. — Joie qu'en éprouve Charles-Quint. — Résultats divers de cette campagne. — Négociations ouvertes à Cercamp et terminées à Cateau-Cambresis par une paix qui assure la supériorité de l'Espagne, mais que ne peut pas voir Charles-Quint. 352

CHAPITRE VIII

MORT ET OBSÈQUES DE CHARLES-QUINT.

Grandes chaleurs et fièvres dangereuses en Estrémadure vers la fin de l'été de 1558. — Refroidissement auquel s'expose l'Empereur en dormant les fenêtres ouvertes pendant la nuit, et attaque de goutte inusitée qu'il a dans cette saison. — Arrivée à Yuste de Garcilaso de la Vega avec une mission de Philippe II. — Pressante intervention de Charles-Quint auprès de la reine de Hongrie pour la décider à reprendre le gouvernement des Pays-Bas. — Récit et examen des funérailles simulées que Charles-Quint, d'après les moines hiéronymites, aurait fait célébrer de son vivant. — Lieu, moment et cause de sa dernière maladie. — Sentiment qu'il a de sa gravité et de son péril. — Ses actes religieux; son codicile; son entretien avec Quijada sur le lieu où seront déposés ses restes à côté de ceux de l'Impératrice — Réponse de la reine de Hongrie, qui consent à retourner dans les Pays-Bas; contentement qu'en reçoit l'Empereur. — Défaite du comte d'Alcaudète en Afrique cachée à Charles-Quint, de peur que cette nouvelle n'aggrave son mal, dont les paroxysmes deviennent plus rapprochés et plus violents. — Inquiétudes de la princesse doña Juana et de la reine de Hongrie, qui demandent à venir à Yuste pour voir et pour servir l'Empereur. — Refus de Charles-Quint. — Après dix-huit jours de maladie, accès du 17 septembre, qui le laisse vingt-deux heures sans parole et sans mouvement. — Craintes et douleurs de ses médecins et de ses serviteurs. — Extrême-onction administrée par Juan Regla. — Viatique que Charles-Quint demande et qu'il reçoit le 20 septembre avec sa pleine connaissance et une grande dévotion. — Son suprême et secret entretien avec Quijada.— Arrivée tardive au monastère de l'archevêque de Tolède Carranza, venu de Flandre et chargé d'une mission de Philippe II auprès de Charles-Quint. — Accueil qu'il reçoit de l'Empereur mourant et assistance religieuse qu'il lui donne. — Dernières paroles de Charles-Quint. — Simplicité touchante et grandeur religieuse de sa mort, survenue le 21 septembre 1558, à deux heures et demie du matin. — Admiration de tous ceux qui en ont été témoins ; lettres qu'ils écrivent au roi Philippe II et à la régente doña Juana. — Désolation de Quijada. — Obsèques de Charles-Quint dans l'église de Yuste. — Dépôt de son corps sous le maître-autel. — Départ successif de tous ceux que la présence de l'Empereur avait conduits ou fait établir à Yuste. — Services religieux célébrés avec une grande solennité en Espagne, en Italie, en Allemagne, dans les Pays-Bas, en l'honneur de Charles-Quint. — Son oraison funèbre prononcée à Valladolid par le Père François de Borja. — Fin de Quijada et de don Juan d'Autriche, qui repose après sa mort à côté de l'Empereur son père. — Visite de Philippe II à Yuste. — Translation, en 1574, des restes de Charles-Quint du monastère de Yuste au monastère de l'Escurial. — Dernières vues sur le règne, la retraite, l'esprit et le caractère de Charles-Quint. . . 396

FIN DE LA TABLE.

www.ingramcontent.com/pod-product-compliance
Lightning Source LLC
Chambersburg PA
CBHW071620230426
43669CB00012B/2016